U0902516

社会治理河南省协同创新中心智库丛书

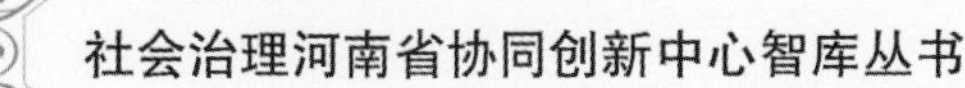

新常态下
地方社会治理

樊红敏◎主编

中国社会科学出版社

图书在版编目(CIP)数据

新常态下地方社会治理／樊红敏主编．—北京：中国社会科学出版社，2016.3

ISBN 978－7－5161－7964－2

Ⅰ.①新…　Ⅱ.①樊…　Ⅲ.①地方政府—社会管理—研究—中国　Ⅳ.①D625

中国版本图书馆 CIP 数据核字(2016)第 070524 号

出 版 人　赵剑英
责任编辑　冯春凤
责任校对　张爱华
责任印制　张雪娇

出　　版　中国社会科学出版社
社　　址　北京鼓楼西大街甲 158 号
邮　　编　100720
网　　址　http：//www.csspw.cn
发 行 部　010－84083685
门 市 部　010－84029450
经　　销　新华书店及其他书店

印　　刷　北京君升印刷有限公司
装　　订　廊坊市广阳区广增装订厂
版　　次　2016 年 3 月第 1 版
印　　次　2016 年 3 月第 1 次印刷

开　　本　710×1000　1/16
印　　张　24.5
插　　页　2
字　　数　402 千字
定　　价　88.00 元

凡购买中国社会科学出版社图书，如有质量问题请与本社营销中心联系调换
电话：010－84083683

丛书总序

中国三十多年改革开放是一个经济社会全面发展走向社会进步的可持续过程。在经济建设获得巨大成就的同时，社会发展的新要求和新挑战正在催逼着我们进一步解放思想，在社会建设的重点领域实施突破性变革，实质性地推进国家社会治理能力和水平。党的十八届三中全会将“创新社会治理”提升至推进国家治理体系和治理能力现代化的战略高度，以专章形式对创新社会治理的目标、方向和任务等进行了全面论述。党的十八届四中全会提出了“依法治国”的重大方略，提高社会治理法治化水平成为“推进国家治理体系和治理能力现代化”的应有之义和重要路径。

在当前经济新常态背景下，社会变迁和社会发展呈现出一系列新态势：新型城镇化加速新态势、社会权利不断发展新态势、变动的社会需求和冲突性利益格局新态势、老龄化社会加剧新态势、“互联网+”时代来临新态势等。着眼于社会变迁和转型的新态势，创新社会治理体制机制，保障经济社会持续发展是社会治理理论和实践面临的重大课题。社会治理河南省协同创新中心立足区域性专业型特色智库定位，着力于发挥协同创新平台功能，服务地方经济社会发展，推动地方社会治理现代化。现已形成一支稳定的研究队伍，在数据库平台建设、人才培养、科学研究和社会服务上开展了有成效的探索。中心通过开展跟踪社会调查，建立了地方社会治理数据库。中心定期编印《决策参考》，针对河南省社会治理实践中的突出问题，提交决策咨询报告，内容涉及：新型城镇化、工业化、公共服务、公共财政、食品安全、自贸区建设、新型农村社区建设、基层公共文化、公共安全形势、政府门户网站评估、政府购买社工服务、城乡一体化、农民工市民化、农村基督教治理、城乡教育资源分配等。中心成功发布了2014年度、2015年度《河南社会治理发展报告》，报告围绕深化社会治理改革、公共安全、社会组织参与、公共服务以及新型城镇化等重点和难点问题，将当前社会治理领域的学术研究、政策论述和政策建言，以易于阅读的语言编辑，为各级党委、政府创新社会治理提供理论支撑和决策参考，受到社会和媒体的广泛关注和好评。

社会治理河南省协同创新中心智库丛书以推动地方社会治理现代化为旨归，围绕地方社会治理面临的新形势、新任务和社会治理的重大问题，聚焦于地方社会冲突治理、新型城镇化、社会组织参与、互联网社会治理等重大现实问题。智库丛书以最大限度激发社会活力，增益全社会福祉为根本目标，着眼于创新地方社会治理，推动理论创新；凸显社会治理的实践性和地方性特色，与各行动主体的创新性探索和地方实践相结合，推广一批社会治理的成熟经验，推动社会治理变革和实践创新。

抓住新的机遇，全面深化改革，积极应对当前新常态下社会建设和社会治理面临的各种挑战和风险，须理论研究者和社会实践者同心协力地投入到实践探索当中，更好地为现实服务。希望丛书的出版，能为推动地方社会建设和社会治理能力现代化发挥应有的作用。

郑永扣

2015年12月

目 录

地方社会冲突治理

县乡政府治理

社会组织参与

农村社会治理

基层公共服务

❖地方社会冲突治理❖

中国信访治理及其限度分析

刘正强①

一　为什么要使“容量”成为分析的议题

信访制度是中国独有的一套融汇了诸多功能的社会设置，在不同的历史时期发挥了其独特的社会治理功能。信访制度的理论原点当属于中国共产党的群众路线，它在科层组织与民众之间打通了一条“一切为了群众、一切依靠群众、从群众中来、到群众中去”的操作化信道，从而成为中国共产党一种基础性的执政资源。但在今天，信访制度陷入了极大的困境：井喷式的信访洪峰不断刺激着社会的神经，进而迫使人们追问这套制度体系的有效性、合法性和可持续性。伴随着依法治国、以人为本等理念的彰显，信访研究也出现了不同的视角和范式，而其中的焦点又集中在对信访的“存”、“废”之争及作为两者之间折中地“创新”、“完善”上。比如，曾数度搅起信访“存”“废”“修”之争的于建嵘，以其鲜明的法治立场及扎实的信访田野调查基础，力主废除信访制度，将其承担的各种功能回归各职能部门。② 而以贺雪峰领衔的学术团队则从基层农村“治权”的丧失来反省信访运行的绩效，甚至把重

---

① 刘正强，上海社会科学院研究员。研究方向为信访治理。

② 相关文章请参阅于建嵘《信访的制度性缺失及其政治后果》，载《凤凰周刊》2004 年第 32 期；《中国信访制度批判》，载《中国改革》2005 年第 2 期；《当前农民维权活动的一个解释框架》，载《社会学研究》2004 年第 2 期；等等。

建国家的“专断权力”作为一个重要论题。[①] 更多的研究则介于两者之间，倾向于调整信访制度，为其打上各种补丁。[②] 这些研究有一定的学术价值和现实关怀，对我们理解信访困局颇有启发。但是，他们的研究尚有一些缺憾，比如，对于信访制度的改革过于理想，主张废除者有之，主张拆分者有之，甚至把信访化约为一个民主法治、选举权与被选举权问题者有之[③]，过于坐而论道，无法操作；对于信访治理特别是无理访的化解，过于注重技术化的手段，像贺雪峰的团队非常有洞见地提出了分类治理的概念，但又把希望寄托在“治权”与国家“专断权力”的恢复与重建上。其实，信访的局势比我们所想象的要严峻得多，却缺乏关于信访治理的一些基础性的分析与策略。很少有学者通过信访运作机制本身来分析信访通道的淤塞及其危险，并给出削减信访存量的操作方案。

鉴于此，本文尝试借助对信访的“容量”分析来描述当前的信访困局进而研判解困的思路。这种方法秉持价值中立的立场，以中国信访制度的接纳和处理能力为议题，力图超越“有理—无理”、“合法—非法”、“牟利—争权”、“刁民—良民”等对立二分的理论预设，专

---

① 相关文章请参阅徐勇、贺雪峰等《村治研究的共识与策略》，载《浙江学刊》2002 年第 1 期；吴毅、贺雪峰等：《村治研究的路径与主体》，载《开放时代》2005 年第 4 期；贺雪峰：《中国农村研究的主位视角》，载《开放时代》2005 年第 2 期；吴毅：《“权力——利益”的结构之网与农民群体性利益表达的困境》，载《社会学研究》2007 年第 5 期；申端锋：《治权与维权：和平乡农民上访与乡村治理》，华中科技大学博士论文，2009 年；吕德文：《治理钉子户——基层治理中的权力与技术》，华中科技大学博士论文，2009 年；申端锋：《乡村治权与分类治理》，载《开放时代》2010 年第 6 期；陈柏峰、申端锋：《无理上访与基层治理》，载《中国社会科学内部文稿》2011 年第 1 期；田先红：《从维权到谋利——农民上访行为逻辑变迁的一个解释框架》，载《开放时代》2010 年第 6 期，等等。

② 一些重要研究如：曹锦清：《黄河边的中国》，上海：上海文艺出版社 2000 年版；金国华、汤啸天：《信访制度改革研究》，北京：法律出版社 2007 年版；应星：《大河移民上访的故事》，北京：生活·读书·新知三联书店 2001 年版；李秋学：《建国初期信访及信访权利问题分析》，中国人民大学博士论文，2002 年；李蓉蓉：《信访与地方政府治理中的问题》，载《中国行政管理》2000 年第 1 期；赵晓力：《信访的制度逻辑》，载《二十一世纪》2005 年第 6 期；张修成：《1978 年以来中国信访工作研究——以山东威海为个案》，中央党校博士论文，2007 年；叶笑云：《平衡视阈下的当代中国信访制度研究》，复旦大学博士论文，2008 年。

③ 张千帆：《上访体制的根源与出路》；任剑涛：《信访制度是否适应时代潮流》，载《探索与争鸣》2012 年第 1 期。

注于对信访“存量”消长的理性分析，在既有信访格局不变的前提下对信访减负提出建议，从而维持信访的可持续治理能力。其思路，就是通过揭示信访制度的理想与现实容量及其运行态势，形成对信访治理功能与限度的大致判断。并认为只有在大规模削减信访存量的基础上，才能为信访制度的进一步调整和改革创造条件。这种针对当下信访的核心困境作出的实然性描述与分析，或许会为信访解困提供新的思考和启发。

二 信访的两个容量及其运行态势

作为一项具有中国特色社会设置的信访制度，其能否应对持续不降的信访洪峰，是对信访制度存废、臧否论争的一个重要依据。至于目前全国的信访总量尚无权威数字，一般认为每年不低于1000万人（件）次。但这只是党政口（即作为党委、政府一个机构两块牌子的信访部门）的统计，人大、法院、检察院等亦有各自的信访机构，但数据不完整、不连贯。[①] 除了统计口径、标准不一等问题外，重复与漏登这两种相反的情况并存：一方面，一些访民会就同一问题跑遍他所能找到的所有部门，或肆

① 至于全国每年的信访总量是多少，却没有官方的数据。于建嵘在《信访制度改革与宪政建设》（载《二十一世纪》2005年6月号）一文中提到“2003年全国党政信访部门共受理1272.3万人（件）次公民来信来访；全国党政信访部门共接待公民集体上访31.5万批次，712万人次”，但没有提及数据出处。赵凌在《中国信访制度实行50多年走到制度变迁关口》（载《南方周末》2004年11月4日）一文中提道，“中国去年全年信访超过1000万件”，但也没有出处。张修成在《1978年以来中国信访工作研究》（中共中央党校博士学位论文）一文中提道：“1996年至2000年的5年内，全国31个省、自治区、直辖市的县以上党政机关信访部门受理信访总量达3900万件/人次，其中集体访89.5万批次2202万人次，1995年全国县以上党政机关信访部门受理信访总量为479万件/人次，而2000年为1024万件/人次，首次突破1000万，其中集体访24.57万批次564.8万人次，2002年全国法院处理告诉、申诉信访365.6万人/件次，2005年全国人大常委会办公厅信访局收到来信13万多封，接待来访5.8万多人次，2006年收到来信15万多件次，接待来访7.5万多批次。最高检察院2006年处理信访47.8万件次，依法处理涉检信访2942件。”张的数字大都引自《人民信访》，比较可信。据国务院《2009年中国人权事业的进展》：“最高人民法院全年共办理群众信访30.3万件次，接待群众来访105.5万人次。”据新华社《中国连续7年信访总量下降》一文（http://news.qq.com/a/20121025/002105.htm）称：“2011年，全国县级以上领导干部接待群众来访达337.2万人次。”

意向各级领导人发信[①]，这使不同部门的信访统计必然有重复的成分；另一方面，自上而下的考核机制迫使各地信访部门不得不极力压低信访总量。[②] 此外，来信与来访、个体访与集体访、初信初访与重信重访、正常访与“非正常”访等在消耗信访资源方面迥然有异，把这些数据统计在一起，只能使我们对信访洪峰有一个粗浅的直观而已。如果把信访受理、处理看作是一个“吞吐”机制的话，当前信访的一大弊病就是吐出不畅，造成信访事项的不断“驻留”、积压。显然“吐”出量，即当事人是否案结事了、息诉罢访，真正退出信访处理流程更有实际意义；如何化解、削减信访的“存量”才是信访制度面临的真正挑战所在。信访的“容量”分析是以信访制度的承载力为核心展开的。

（一）信访制度的理想容量，即信访容量的应然状态，是信访制度承载力的上限

从狭义上讲，理想容量主要表现为信访部门自身的理论承载能力。伴随着日益严峻的信访局势，信访部门也不断扩容，协调议事处断能力不断提高。如各地信访局长（主任）往往同时兼同级党委办的副主任（副秘书长），信访工作一般由地方党委的专职副书记分管，而党委书记则是信访的第一责任人等。2005 年中央建立联席会议制度[③]后地方也纷纷效法，进一步完善了信访机构的协调平台。此外，窗口化信访大厅的推行[④]、受理流程的完善、编制的扩充、经费的投入等也使其处理信

---

① 上海一访民在约 5 年的时间里就同一事项赴京近百次、发信上千封。见《上海疑难信访访谈系列（WXF）》。

② 这主要表现为：对一些信访事项，特别是能够尽快解决或摆平的不予登记；“销号”，即通过各种方法将上级机关对本地的上访记录（特别是“非正常”访）注销；变更填报的各种信访统计数字等。

③ 即中央处理信访突出问题及群体性事件联席会议。

④ 信访大厅的运行模式 2008 年始创于沈阳，后在全国推广。其指导思想是以解决信访问题为中心，集中职权、直接调处，从而把信访吸附在当地。其运行方式是政府各职能部门和人员派驻大厅，实行“一站式”办公，直接处理信访案件。由于信访大厅同时是本地“联席会议”的办事机构，因而法院、检察院等部门也有入驻。联合办理、信访共享、资源整合的大厅模式在一定程度上降低了各职能部门之间协调、沟通的成本，成为一种卓有成效的探索。但在大厅模式中，信访部门被打造成了一个小而全的形式上的“小政府”、“二政府”，更多体现的是职能的集中。

访的能力大幅提高。但从广义上才能更好地理解信访制度的理想容量。由于维稳成为各地的第一责任，在“大信访”的语境下，信访工作实际上延伸到了几乎所有的国家机构，在某些时间节点，整个社会也会被动员起来参与信访工作。[①] 在乡镇和街道这一层次，信访和招商是其主要的工作，而且往往信访压倒招商，稳控、截访、劫访等往往要由这个层面的政府人员来实施。

由于执政党仍具有一定的社会动员能力、高度统一的权威和社会治理的物质技术基础，信访制度尚有一定容纳空间和存量余地。在制度是完善和自洽的，官吏是清明和敬业的乃至各种执政资源是可以优化整合的等理想情况下，信访制度本身能够释放出更多的活力来。因此，信访量的增多并不可怕，这一方面在客观上将社会矛盾吸附到了信访部门，从而减轻了对党政机关的冲击；另一方面，信访特别是集体访同群体性事件是此消彼长的关系[②]，信访体制实际上为社会矛盾设置了一个缓冲地带，从而抑制了政治抗议等倾向，“政治基本稳定”可以理解为信访制度尚未突破它的理想容量。因而，信访量的正常上升并不可怕也无须担心。

（二）信访制度面临的挑战表现在其现实容量，即信访制度本身对信访事项的实际解决和化解能力

信访的现实容量取决于其存量，即未决信访量。2010 年，上海市的信访量约为 20 万批次，其中重信重访占了一半。[③] 保守的估计，全国各地重信重访至少占信访量的 1/3。由于获取不到更权威的数据，主要从理论上对信访存量进行分析。目前信访部门对信访事项的处理“三级终结”，即对办结事项经过复查、复核后，信访部门对该事项的处理终结，对当事人就同一事项的信访不再受理，执意信访就属于内部掌握的“无

① 曾有报道称北京公交车司机在发现疑似上访人乘车时会打小报告。

② 张海波、童星：《社会管理创新与信访制度改革》，《天津社会科学》2012 年第 3 期。

③ 上海市政府一人士匿名提供。但重信重访也有一个虚高的问题，当事人可以就同一事项既来信、又来访，既在当地上访、又赴省进京信访，既来信访部门、又去各职能部门，由于信访信息在不同部门间没有共享，所以其一个事项可能形成若干个访量。

理访”。但这个终结制几乎没有任何意义[①]，当事人只要不服答复和处理意见，不管是否走了复查复核程序，一般还会继续信访，即复查复核程序很难将已终结的信访事项排除出去（图 1）。它唯一的作用是信访的“账面”效应，应对了对信访的各种量化考核。但问题仍然存在，甚至转化为更为头痛的稳控问题。举例来说，一家医院每天可以承受的门诊量是 1000 人次，如果门诊病人因季节性流感等而增多达到 2000 人次，医院可以安排加班加点、急诊、院际调剂等方式消化。从长远来看，还可以进行医院扩容、人员扩招以及优化诊断流程等来提高处理容量。但如果存在这样一些现象：某些患者反复来看病，一些以前在小诊所、乡镇卫生院可以看的病，或者可以自己拿点药处理的病也一股脑儿地来医院诊断，这就会使医院面临极大压力。门诊、急诊都有潜力可挖，但“床位”数量却是一个瓶颈性的制约因素。通常来讲，求诊者只有一部分需要复查，二次乃至多次复查及住院的比例应该递减。如果有更多的人想住院，一些人实际上没有病，而是去泡病号，而部分已痊愈的患者不想办理出院手续，滞留在病房的话，将导致住院比例的不正常提高（比如占患者的 2/3），这会导致医疗资源极度紧张。这不是增加床位能改变得了的，相对于有限的床位，床位需求者增长的速度可能更快。当前信访面临的正是这类严峻的问题。信访制度可以有较高的理想容量，却由于存量过高导致处理能力下降，沉陷于“过度医疗”式的困境。

这同样可以拿春运来比拟。在可以预见的未来，中国交通运力不足与客流增大的结构性张力仍会存在，每年春运时节，庞大的人流成为世所罕

① 根据《信访条例》的规定，“（第三十四条）信访人对行政机关作出的信访事项处理意见不服的，可以自收到书面答复之日起 30 日内请求原办理行政机关的上一级行政机关复查。收到复查请求的行政机关应当自收到复查请求之日起 30 日内提出复查意见，并予以书面答复”。“（第三十五条）信访人对复查意见不服的，可以自收到书面答复之日起 30 日内向复查机关的上一级行政机关请求复核。收到复核请求的行政机关应当自收到复核请求之日起 30 日内提出复核意见。信访人对复核意见不服，仍然以同一事实和理由提出投诉请求的，各级人民政府信访工作机构和其他行政机关不再受理。”从信访设计初衷来说，复查、复核机构应该独立于信访部门，但实际上复查、复核办公室一般设置在信访部门内部，由同样的人来处理这些事务。如果要实际运行，可能就要从上到下建立叠床架屋式的另一套信访机构，就像法院的设置一样，实际上这是不必要的也不可行的。从信访人来讲，很少有人不服信访处理意见时申请复查及对复查不服时申请复核，复查或复核改变原处理结论的情况更是少见。

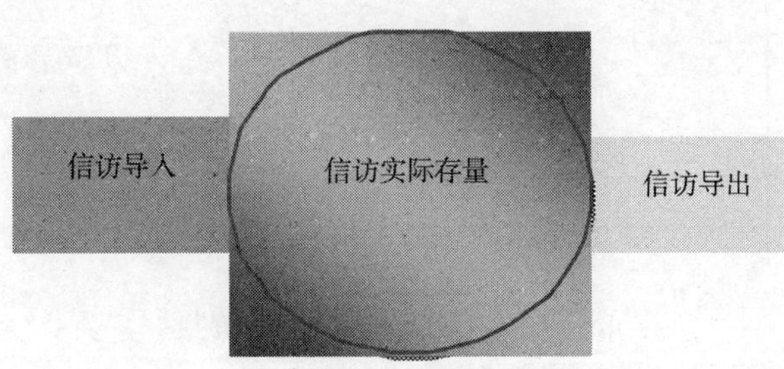

图1 信访“吞吐”的失衡

见的景象。但即便客流再多，我们也会有组织地完成这场有惊无险的人口大迁徙，每年几乎每个人都会到达自己的目的地，这还无须启用征集民用（旅行社、机关单位等）的大巴、动用军用大型运输机等非常规措施。信访与春运相比，其要害在于春运中的乘客是有目的地的，很少有人不知道去哪儿，或者能够一直赖在车上。不幸的是，在信访通道中，总有一定比例的信访户不断积淀在、生长在（甚至寄生在）了这个系统中，他们没有目的地，或者找不到自己的目的地，或者已经习惯了这种生活方式，使得信访系统极其淤塞。信访存量高企，这是信访制度的致命风险所在。从这个意义上讲，目前的信访制度已超载并且到了十分危险的境地。

（三）信访已形同一制度意义上的“地上悬河”，在高位、高危运行

目前，信访实际上在由理想容量和现实容量组成的狭窄“河道”中运行。信访中的无理访、有理无解访等未决访得不到导出，因而像沙子一样不断沉积，形成黄河开封段的景象，随时有管涌、崩岸、决堤的危险（图2）。与此相关的判断，一是信访制度的运行已超过了它的实际容量，这是相对于政府对信访实际上的化解能力而言的。这个判断的依据是，信访制度面临若干制约条件（信访数量的庞大使其手忙脚乱；判断合理与无理、合法与非法使其焦头烂额；与责任单位、部门的协调使其力不从心；上级的信访考核排名使其狼狈不堪，等等），特别是维稳

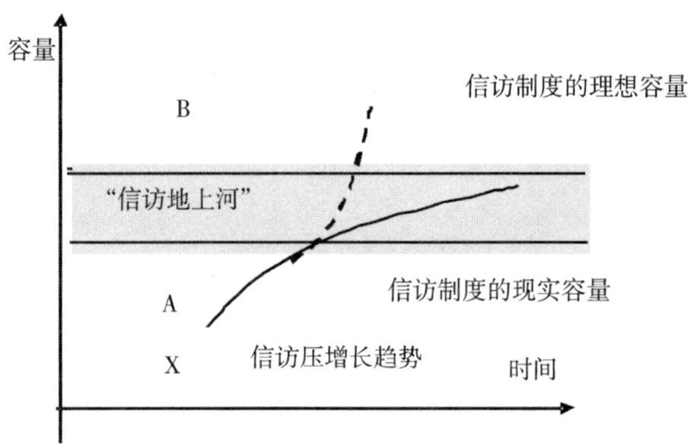

图 2 信访制度的两个"容量"

的压力使政府已丧失常态化、长远性的化解能力。而超载的核心是巨量的存量信访无法导出，迫使信访处于"河床"不断增高——岸堤不断加高这样的被动循环中。一些超常规的信访治理策略，如领导包案、下访、隐患矛盾排查乃至越来越普遍地动用治安拘留、劳教等控制信访人等就是显著的标志。二是信访制度的运行会不断接近它自身的理论容量，但仍然有一定的接纳能力。比如，信访量中有一些泡沫的成分（主要是重信重访，特别是恶意的重信重访）①，将其打捞出来，就不会产生实际的危害。用加固堤坝和严防死守的方式进行信访治理眼前是有效的但不可持续，一旦决堤，信访制度的理想容量被打破，抗议风潮就会溢出体制外，群体性事件就会成为常态，这意味着中国的一场政治灾难。信访"地上河"刻画了信访突破现实容量而逼近理想容量的运行态势。代表现实容量与理想容量的两条线（A、B）如同这条"地上河"的堤坝，当信访压力从 A、X 组成的常态空间突破 A 线的时候，则意味着信访"地上河"形成。而代表信访理想容量的 B 线是其运行的

① 重信重访的畸多也与访民抓住了地方政府惧怕信访考核的软肋有关，这成为他们与地方政府博弈的一个手段。据唐山市原信访局局长张占忠讲，曾有集体访的访民赴京至国家信访局后却不登记集体访，而是逐人登记个访，而且在登记完后即离开，不要求接待和陈述要求。这纯粹是为了给地方政府施压。如果登记为集体访则唐山的进京集体访只增加了一项，如果每人都个别登记，则唐山的进京个体访量则会蹿升数十上百，一举改变唐山在河北的信访排名，甚至让唐山在中央挂号。这对地方一把手的压力是致命的。在这种情况下，攻关"销号"自然有其合理和无奈之处。

政治底线。如果信访压力突破 B 线，则意味着信访运行进入政治风险区间，到那时，信访制度再不改革就会危及政治安全。

三　信访的扩展性与“地上河”的生成

信访制度建立伊始，就具有鲜明的中共执政伦理色彩，被打造成为落实人民主体地位、贯彻群众路线、正确处理人民内部矛盾等诸多功能的一个平台。而以毛泽东本人的秉性，他对中共建政后的官僚体系抱有深深的警惕，他所假想的所谓修正主义、资本主义复辟也是以这个官僚体系为载体的。毛纵容打烂公检法、踢开党委闹革命，以致在“文化大革命”中亲自指挥几乎砸烂了由他亲自建立的国家机器，其实这背后的理念与信访制度有着密切的关联。同我们今天熟悉的信访制度不同，信访制度最原初的功能是政治动员和社会参与，毛既然是发动群众的高手，他自然会将信访作为人民群众监督政府、批评政府，反对官僚、遏制腐败的重要手段，通过这个信道，让人民群众的要求和声音可以不经过官僚机构的过滤而直接传递到不同的层次。由此可以看到，信访制度的初衷，是清除政权机体中的无组织力量、异己力量，以一种特殊的方式保持群众对政府的批评权及中央政府对地方政府、上级政府对下级政府的监督权，使政权的运作始终处于鲜活状态。而处理群众所反映的自身问题及困难是其次要的功能，并被置于帮助政府了解民情、改进工作的话语中。①

（一）信访存量与信访的扩展逻辑

在诸多历史合力的作用下，信访制度在悄悄地发生着异变。“人类必须意识到，当他们用某种预定的方法去改变世界时，他们和这些方法本身

---

① 相关文章可参阅：李秋学：《建国初期信访及信访权利问题分析》，中国人民大学博士论文，2002 年；张修成：《1978 年以来中国信访工作研究——以山东威海为个案》，中央党校博士论文，2007 年；叶笑云：《平衡视阈下的当代中国信访制度研究》，复旦大学博士论文，2008 年；冯仕政：《国家政权建设与新中国信访制度的形成与演变》，《社会学研究》2012 年第 4 期等。

必定会被改变了的世界所改变。”[①] 当年信访制度以清除政权肌体内的无组织力量为己任，今天，令人始料不及的是，信访制度本身在流动中悄悄地积累了危及自身的无组织力量。如同黄河中湍急的水流并不可怕，悄悄淤积的泥沙才是致命的一样，天量的信访数字一般来说只有统计学上的意义，而只有那些不断沉淀下来、淤积下来，甚至像息肉一样生长在了信访肌体上的“驻留”访才是要害。那么，导致这种信访存量不断扩张的机制是什么呢？许多论者提出了不少富有启发的洞见，比如贺雪峰领衔的学术团队在研究农村信访问题时，涉及了农村“治权”流失、国家意识形态转型、维权话语放大、国家“专断权力”式微等论题。[②] 这些研究提供了信访量上升的结构性因素和背景，却无法对信访存量增多作出细致描述。

本文通过信访分类来揭示信访存量扩张的逻辑。关于信访的分类，信访系统内主要依据的是涉案部门和事项性质[③]，或者分为求决类、建议检举类、诉讼类等，主要是基于工作上特别是统计上的便利。学者的分类，主要是通过分类来解释现象，如牟利型上访、维权型上访、治理型上访、商谈型上访、底线型上访等[④]，其分类背后往往有一种浓厚的“治理”情结，对策性较强，但对信访存量的解释无助。本文将信访分为两大类，一类是原发型信访；另一类是扩展型信访。所谓原发型信访，顾名思义，就是符合信访事项受理要求的初信初访，所谓扩展型信访，是由原发型信访衍生、再生、扩展出来的信访，这是在前一类信访的基础上生长起来的，可以依附于前访，也可以单独存在。

由于中国人秉持实质正义的理念，又有着独特的情理法观念结构，并兼受市场化的洗礼，个人逐利的动机也不断释放，对同样的问题会有不同的看法，对于是非对错、有理无理很难有一个统一的标准。这个分类标准回避了对这些问题的分析和评判，从一个中观和中立的角度来解释信访存

① 金观涛：《系统的哲学》，新星出版社 2005 年版，第 169 页。

② 贺雪峰：《农民上访：治理的视角》（未刊稿）。

③ 如临县人民政府的信访分类（http：//www. linxian. gov. cn/content/2007 - 10/08/content_ 21188. htm）。

④ 将分类作为治理的基础也是贺雪峰团队的一个特点，见贺雪峰主编：《农民上访：治理的视角》（未刊稿）。

量，这实际上是一种无组织力量①扩张的现象。扩展型信访可以是诉求改变、要求提高（包括对原问题的要求提高及提出了新的问题和要求），比如因信访受理的技术性规定、地方政府的截访甚至强制措施等引起的与原问题并不直接相关的上访，或因对政府或司法部门的处理不满，转而把矛头对准了政府或司法部门。② 扩展性信访往往表现为增加上访频次、层级、要求，甚至也包括被邀请、碍于情面参加的跟风上访、效法上访、攀比上访等。用这对概念来对比不同时期的信访情况，或许会发现信访存量不断增加的一个秘密：信访制度是用来解决麻烦的，但压力型的考核体制及“维稳”要求的赋予使信访制度在某种意义上演变为一个访民与政府博弈的平台，在扩展的逻辑下很大比例的信访量在信访体系内循环、生长，为信访“地上河”的形成添上了一把一把的沙子。正是信访的存量而不是流量形成了对信访制度的威胁。

（二）现行信访的“响应”模式在一定程度上加剧了信访无组织力量的集聚

2005版本《信访条例》的一个重要特点是“畅通信访渠道”，这使得信访程序的启动非常便利，即便是越级访也是如此，地方政府的“截访”、“劫访”是不得已而为之。目前，尽管信访部门可以对信访事项进行专业分类，但对有理与否已丧失识别能力。这就如同在医院的挂号窗口，值班人员对于恶意多科室挂号、重复挂号的人是无法干预的。在诊断环节，如果许多实际上没有病的人在看病（不管这些病人是否真诚地认

---

① 在组织学中，无组织力量被认为是在组织运行过程中产生的阻碍组织本身目标实现的力量。本文中无组织力量的使用仅就其影响信访制度的运行而言，不作价值评判。无组织力量可以分为两大类：第一类属于信访事项，如历史上反右受害人的诉求无法解决，现实中有关拆迁的诉求（无论合理与否）不敢解决，防止引起连锁反应。第二类实际上不属于信访事项，但当事人仍然上访，比如在上访的事项已进入司法渠道的情况下，信访部门无权处理，但也要做劝解工作以及对缠访、闹访、超级访、非正常访（“非正常上访”是指信访人到天安门广场、中南海周边、外国驻华使馆区、中央领导人驻地等非信访接待场所“上访”的行为。北京奥运会期间还包括涉奥场所〈包括分赛区〉）等的稳控。

② 随着政策的调整和政治环境的宽松，不同类别的上访群体会渐次呈现出来。目前，一些地方开始出现因计划生育中被强制终止妊娠而导致后遗症的妇女上访群体；而涉军类的上访近年来也不断涌现。

为自己有病）甚至虚拟或夸大自己的病症，特别是当一些人执着地在各个科室中轮流看病时，这将影响医生的诊断效果，在这种情况下，他们怎么可能还有精力和耐心望闻问切、听诊号脉呢？然而，一些信访部门为“民意”所裹挟，把“以人为本”推向了极致，助长了信访的扩张。如有的地方提出了三个推定：面对群众的诉求首先作“有理推定”，对引发群众上访的原因首先作干部“有过推定”，对群众反映的问题首先作“有解推定”①，这如同一个人在挂号时就先假定他有病、他的病可以治愈、一定要有人对他的病负责一样荒唐。国务院秘书长马凯在2013年1月10日召开的全国信访局长电视电话会议上说：“各地各有关部门要深刻理解信访工作是党的群众工作重要组成部分这一本质属性和职能定位，真正把来访群众当家人，把群众来信当家书，把群众反映的问题当家事，把群众工作当家业来做，千方百计解决群众的合理诉求。”② 这作为一种政治口号没有错，但访民常常将此类内容演绎成调侃、要挟信访部门具体工作人员的行动，让信访部门惹不起、躲不开，非常狼狈。③

信访中一些本意在于规范信访办理秩序的规定往往导致了相反的效果。初访的第一周是处理信访的黄金期，但信访处理流程规定信访部门要在15日内确定是否受理。河北省则要求信访人与信访部门在15日内签订双向责任书，作为办理信访事项的前置条件。④ 不但如此，信访部门为了根治令人头痛的重信重访、特别是无理访，借鉴诉讼制度，建立了信访事项的复查复核制度，即经过了复查和复核程序，对同一信访事项的诉求即为终结。这是案结，仅仅从形式和指标上提高了信访的办结率，但对当事人并无多大约束，绝大部分信访人并不会罢休，依旧会滞留在信访通道内，即事未必了。信访处理的迟滞，使信访个案更易于沉积，这同当黄河水流舒缓时更易积沙的道理是一样的。许多信访人一开始并没有一个清晰的问题和诉求，处于可上访、可不上访的临界点上，但信访响应快、处理

---

① http：//news. sina. com. cn/c/2010 - 02 - 15/055219689956. shtml

② http：//www. scopsr. gov. cn/zxdd/201301/t20130111_ 200317. html

③ 其他诸如报纸社论、温家宝总理关于“公平正义比太阳还要有光辉”的言论、习近平总书记关于“把权力关进制度的笼子”的论断等常常成为访民上访的理论依据。

④ 见《河北省逐级信访制度》：http：//www. bzhqlgk. lfgov. cn/xiangzheng8/ShowArticle. asp? ArticleID = 3511。但在河北省政府及信访局等网站检索不到这个文件。

慢的特点往往会使其建构起自己的问题，或使自己的问题更加明确和复杂。

（三）“维稳”压力强化了基层的“筑坝”心理定式，使信访怠于疏浚，“河床”不断抬高

黄河治理的上策乃在于源头治理，即上游的水土保持；中策在于河道的疏浚；下策在于垒土筑坝。不幸的是，目前我们的信访治理在自上而下的“维稳”压力下，取其下策，高高筑坝，严防死守。信访通道内的巨额存量使信访部门疲于数人头，统计各种报表及上级交办、转办的案件，不可能有精力分析一起起具体的个案。[①] 这些不断淤积的信访存量，可以看作由三部分组成：无理访、有理无解访、有理有解访。无理访、有理有解访顾名思义可以理解，有理无解访则比较复杂。所谓有理无解访就是有一定的道理却没有解决的办法，而这个“有理”本身又是多元和个性化的。比如，历次政治运动受冲击者要求恢复政治身份，公私合营中的财产要求归还，因闹访被劳教而提出国家赔偿，动拆迁补偿标准前后不一等，即使确实有道理，也很难解决。对此，《信访条例》实际上作了模糊化处理，复查复核终结制度只是从程序上的认定，并不涉及当事人的实体问题。在当前的信访语境下，“理”是一个越辩越模糊的东西，也是信访博弈双方最纠结的所在。目前官方仅见的一个涉及对信访评判性的估计是前国家信访局局长周占顺提出的著名的“四个80%”：在当前群众信访特别是集体访反映的问题中，80%以上反映的是改革和发展过程中的问题；80%以上有道理或有一定实际困难和问题应予解决；80%以上是可以通过各级党委、政府的努力加以解决的；80%以上是基层应该解决也可以解决的问题。[②] 周的判断有一定道

① 仅就来信而言，囿于“件件有着落”的要求，信访部门和有关单位往往要给来信者邮寄回执，或告知已转当地信访部门，或告知已转有权处理的部门等。据《上海年鉴2008》，2007年，上海市各区县，市委、市政府各部委办局，法院，检察院，人民团体共81个单位和部门收到人民群众信访事项1294013件（批次），不算实质性的处理工作，仅仅对信访事项的登记、统计、摘要、归类、回复等技术性事务就几乎要把信访工作人员的精力耗尽。

② 王永前、黄海燕：《国家信访局局长：80%上访有道理》，《半月谈》2003年11月20日。

理。但与四个80%相对应的四个20%却是问题的要害，按照帕累托定律，这20%的部分，可能占用了各级部门80%的精力，成为信访“地上河”淤沙的主体。

由于信访体制的辐射效应，越来越多的社会问题，甚至不属于信访受理的法律问题、社会救助问题等也被导入和吸附到了信访机制中，一些本应由其他部门和机构处理和净化的“污水”被排到了信访这条河流中，从而超越了它自身的净化能力。如果单纯把病人与非病人区别开，有针对性地疏导正常人和病人，医院就能从过载的状况下解脱出来。信访也是如此。当几乎所有的问题都可以来上访时，信访就像一个筐一样装入了过多的东西，处于关系社会稳定的一个中枢位置。能否降低信访存量，清除积聚在信访通道里的无组织力量，是破解信访困局的关键环节。

四 信访制度调整“窗口期”：以削减信访存量为核心

基于上述分析，我们认为当前信访容量已突破信访制度的极限。这个判断的一个依据是，信访部门已无法依赖自身的力量和手段进行常规化的治理，而是越来越依赖于“包保责任制”、领导“包案”等办法及“联席会议”等运转平台，将领导干部和街道、乡镇拖入到信访体系中。从信访制度的理想容量来看，其已接近临界值。所幸目前只是在节日、重大会议等节点才进行信访稳控的全民性动员。随着稳控的日常化，信访理想容量面临巨大压力，它的突破意味着政治风险的到来。而当前建立在属地化管理基础上的信访治理模式，将访民与地方政府捆绑在了一起，使其荣损共俱，严重透支了整个社会的治理资源①，这种治理方式是不可持续的。在图1中，由现实容量A和理想容量B形成的信访“地上河”的空间状态，其实也可以从时间的意

---

① 2013年1月召开的全国政法工作会议确定，2013年将停止使用劳教制度。当前，关于劳教制度的讨伐充斥于不少媒体，由于劳教制度被地方政府广泛应用于缠访、闹访等情况中，可以想见，一旦劳教制度正式废止，在解教人员群体中可能会形成一个上访的井喷，要求“恢复名誉”或“国家赔偿”。2003年出现的信访高峰就与在孙志刚事件后仓促取消城市收容遣送制度相关。

义上来理解（图3），从信访存量对现实容量（A）的突破到理想容量（B）这个时间段，是信访制度调整的一个机遇期和挑战期，即“窗口期”，在信访治理的矛盾、问题、困境充分暴露的情况下，应该利用“窗口期”削减信访存量至现实容量线A附近。信访存量的削减是保障信访制度正常运行的前提，只要信访的存量下不来，关于信访的改革、创新都是空谈。

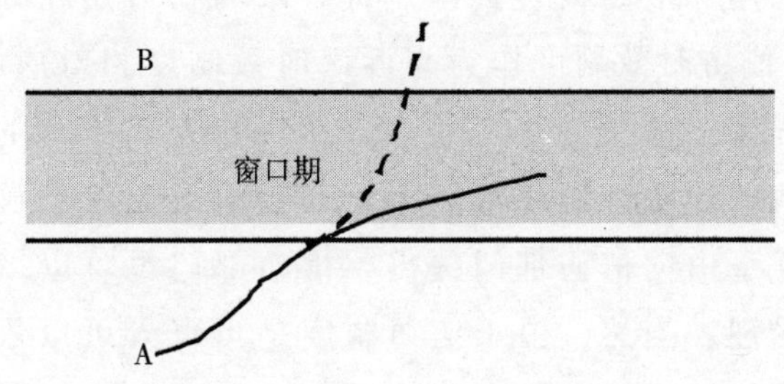

图3 信访制度调整的“窗口期”

（一）改变信访力量配置，提高信访受理准入门槛

信访部门应当借鉴诉讼的立案制度，以受理审查为核心，在信访受理环节引入审查机制，即将主要的力量配置在前端，使受理适度司法化，通过时效、证据、当事人资格等条件的设置，形成第一道拦截网，将一些疑似无理访、无解访过滤掉。这里仅以时效制度的设置来说明。我国信访制度更多地体现了中国传统文化中“实质正义”的价值追求，强调“事要解决”，对信访事项的受理并没有设置一套严密的过滤程序，致使一些年代久远、证据湮灭的事项也被纳入受理流程。无疑，如果在信访体系中引入体现了程序理性的时效制度，就有可能建立起科学的信访案件准入机制，形成良好的信访事项受理秩序。一般说来，信访事项解决的前提是对诉求所依赖事实的确认，也就是尽可能地让某一事件回复或还原到原初状态。信访事项的时间跨度越长，事件本身就可能变得越复杂。从技术上说，越是未过信访时效的信访事项，越容易固定证据、查清事实、把握政策、化解矛盾。对于某些信访事项，一旦时间流逝，要想恢复事物面目、查清事实真相是很困难的，在这期间政策会变化、法

律会修订、观念会变迁、证据会遗失，从而使得在当时看起来简单明了的案件在今天变得扑朔迷离。退一步说，即便有可以追溯的线索，哪怕是微小的诉求，也会占用很大一部分行政资源。信访时效制度可以通过只对信访事项进行形式审查的方式确定该事项是否可以进入信访处理程序，即实现对信访事项审查的“关口前移”。对那些无法查清也不必查清，剪不断、理更乱的信访事项不予受理，就可以有效利用和节约信访资源，将有限的精力用在处理紧要的信访问题上。[①] 信访时效制度作为与诉讼时效制度相对应的制度设计，可以在一定程度上缓解访民只信“访”、不信“法”的状态。对于已过诉讼时效的涉法涉诉事项，由于信访时效制度的确定，信访人无法再以同样事由向信访部门提出，信访部门也可以以信访时效已过为由拒绝受理。当然，由于信访制度是当事人可以依赖的兜底性的救济渠道，信访时效可长于同类同等情况下的诉讼时效。两种时效制度的接轨，维护了法律制度的严肃性，也防止了少数不良信访人利用制度漏洞恶意上访的企图。

其他一些司法制度，如证据制度也值得借鉴，当事人对自己的主张应当履行起码的举证义务和责任[②]，而不能以假想的、虚拟的事实为依据。对当事人资格的要求也很有必要，如不具有民事行为能力的人（如精神病人）由于神智的原因无法准确表达自己的意志，他们的诉求就不宜作为信访事项处理，或应由其监护人代理。[③]

① 司法中设置时效制度的社会意义是，司法资源是有限的，必须珍视和节约使用，更要防止司法制度陷入到无谓的社会纷争中去。它的学理前提是理性人假设，即每个人都是自己利益的最佳判断者和照料者，若本人对自己的利益漠不关心，那他人更无关心、照料其利益之义务，在一定期限后不得随意启动司法程序来提出诉求。当然，其实体权利并没有丧失。在信访实践中，一些访民旧事重提，往往在于牟取利益。这些事项因年代久远、证据灭失、当事人亡故、取证困难等，已无处理的必要和意义。对于此类信访事项，主管部门为了安抚当事人，表面上还得接收，承诺要进行“调查”以搪塞他们。信访时效制度设定，如果信访人对与自己切身利益相关的事实不闻不问，则信访制度不会无条件地、永久性地为信访人提供救济渠道，信访人理应自行承担利益减损等后果。

② 当然，信访中的证据要求可以低于司法上的证据要求。如唐山刘某反映其父亲在抗日战争时期为救八路军而牺牲，要求政府给其父亲以荣誉，但无法提供任何证据。

③ 还有一种常见情形，如父母上访要求为已退伍的儿子安排好一些的工作、不进企业进事业单位等，不管合理不合理，严格讲应由本人提出诉求。

对于信访事项的受理，《信访条例》的规定是粗放式的，不可能形成硬约束。[①] 受理环节的拦截系统将会把大部分的无理访截留住。[②]

（二）积极削减信访存量，形成信访吞吐平衡机制

信访渠道将大量社会矛盾吸附在信访体制内，从而防范了社会问题政治化的倾向。但畅通信访渠道只解决了一个信访入口的问题，由于吞多吐少，信访出口不畅导致治理压力过大，就像超载的客车，一旦出事就是致命性的。仍以医院门诊为例，初诊者如果没有病，就不要轻易给他们拿药、让他们住院，更不必做过多的检查，这不仅能节约医疗资源，而且也可以防止他们交叉感染。信访的道理也是如此，如果没有切实、具体的问题，或者不能明确表述自己的问题，或者所提问题属于情绪、情感类的，或者明显不符合常识、常情、常理等情形，就应该断然不予受理，已受理的则应随时中止而不要通过常规的答复意见书来驳回。[③] 经常有一些不必要受理的事项进入了信访流程，使信访部门非常尴尬。比如，每年年底都会有季节性的农民工讨薪高峰，由于中央的重视、媒体的渲染、法律的支持[④]，工人的权益得到了保障。但在我们的调研中，经常发现有些民工上访讨要工资，却说不清楚对方欠他们多少钱；也有包工头租车

---

① 《信访条例》是由国务院颁发的，理论上它只能指导行政系统的信访工作（并没有所谓的《中华人民共和国信访条例》），其他如人大、法院、检察院乃至政法委、纪委等都有自己的信访机构，《信访条例》对这些系统从学理上没有约束力。访民最认政府的信访局（办），访量也主要集中在这里。从另一方面来看，似乎也说得过去，因为信访部门一般是一个机构两块牌子，分别是地方政府和党委信访局（办），作为党委的信访部门其受理的范围受政治原则制约，比较模糊。此外，信访部门也是各地联席办的办事机构，由于联席单位囊括了党政法司诸多部门，从这一层意义上讲，其受理涉法涉诉类信访也说得过去。2013 年 1 月 7 日召开的全国政法工作会议传出消息，涉法涉诉信访将从普通信访中分离出来，“纳入法治轨道”。

② 劝说此类访民息诉罢访也需要费一些时力，但相比让他们进入信访流程后再让他们终止上访要简单得多。后者，一旦让他们进入流程，他们就认为信访部门有先行的义务，他们就有了一种更明确的“有理”感。信访实践中这样的例子俯拾即是，一旦让他们缠上，就很难脱身。

③ 当断不断，必受其乱。访民往往把信访事项的受理视作对他们要求的肯定，对实现自身诉求的期望值也会不断提高。拖得时间越长，则剥离的难度越大。

④ 全国人大常委会 2011 年 2 月 25 日表决通过刑法修正案（八），其中规定“恶意欠薪”入罪。

送民工来上访从而达到其他的目的;[①] 甚至也有民工受教唆，在冬天讨要夏天的高温补贴。对这些要求如果信访部门不加分析一概受理，就会耗尽行政资源，让真正有问题和困难的人无法及时获得帮助。对于已受理事项的处理则仍应以行政化的方式运作，即受理程序化，而处理则要实体化，以沟通、协调、谈判为主。对有理访应该迅速解决，不要拖延至答复期届满。对重大、疑难、复杂的事项可及时导入司法渠道。司法处理主要是进行判断，其具备一整套关于证据、辩论、回避等制度的规定，更有利于厘清问题，这是信访部门所不具有的优势。[②] 在处理过程中，要加强情感、心理等方面的干预，并且要充分利用地方性的知识进行沟通说服，必要时要让社工的力量介入进来。[③] 要守住底线，摒弃收买与稳控两种极端的化解方式。

① 地方的一些工程项目特别是一些形象工程是在资金没有到位的情况下仓促施工的，政府会让中标企业垫资施工，而施工企业为了预期利益不得不接受政府的条件，同时会效法政府的做法，将工程层层转包下去。这种风险最终会传递到最末端的民工那里，让他们兜底。末端承包商暗中支持民工上访，就在于他们也受制于上游承包方，是被垫资者。通过民工讨薪的运作，将层层转包这个脓包捅破，让政府接过这个烫手的山芋，也符合他们的利益。事实上，政府部门经常做冤大头：每到年底，关于民工讨要工资的政治话语会建构起来，具有很强的政治敏感性，加之年关已近，此事解决不好，政府部门也休想过个安顿年，而想要把这层层的承包、转包关系梳理清楚，不用说过年，就是过了正月十五也未必搞明白。所以，最终往往还是由政府替开发商垫付了工人的工资。如果一开始政府部门让开发商垫资，那么，政府垫资也权当找平了开发商。问题是，开发商比政府要精明，即使在该当由其出资的情况下，他们也会想尽各种办法转移资金风险。

② 信访法治化的思路至少在目前是不可取的，其实质是让信访河流改道。信访本身有一定的制度惯性，法治“河道”尚不足于接纳信访的洪流。许多学者认为最根本和彻底的解决办法就是消除信访制度，使其职能回归各个政府职能部门，这是不现实的。比如，宪法学者张千帆认为，西方发达国家的地方民主和法治有效解决了地方矛盾，但“中国的‘上访’现象如此普遍，正说明其地方民主和法治严重滞后，因而不能及时与有效解决地方发生的问题”，张甚至把解决信访问题等同于一个体制问题（即西方式的民主与法治问题），甚至化约为一个宪法第 34 条（选举权与被选举权）的问题。见张千帆：《上访体制的根源与出路》，载《探索与争鸣》2012 年第 1 期。

③ 这方面有一些成功的运作，如 2009 年上海公益社工师事务所成立“维稳妈妈”项目团队，针对浦东川沙施湾（镇）社区的 66 位曾进京上访的妇女开展工作，两年后 22 户完全息访（半年以上没有上访记录），36 户明显减缓了上访频率和情绪。不仅如此，通过组织这部分妇女参与社区文体活动，丰富了她们的日常生活，提高了她们的生活质量，转变了她们的行为方式，形成了新的社会交往关系、社会身份角色和社会参与自信。“维稳妈妈”项目的特点：由女性做女性的工作，即由女社工及街道妇女干部等做上访女性的工作；专业及技术手段的使用，即由专业社工主导，并由专业社工师事务所提供技术支撑；根据女性心理，注重情感、心理等方法及熟人社会网络来化解矛盾。见《发挥基层社会组织在维护社会稳定中的作用研究》（研究报告，2012 年度上海咨询委课题）。

(三) 理顺央地信访关系，松动“属地”责任

中央压力式的信访治理模式，强化了地方政府的信访责任和治理压力。访民进京赴省上访屡屡触动中央和地方的敏感神经，在某种程度上规制了地方政府的行政行为，但往往为访民不当利用，演化为对抗地方政府的有效武器。相应地，地方政府只能延续“筑坝”思维，对访民围追堵截或者分化收买。中央一方面畅通信访渠道，开门接访；另一方面又搞各种信访排名，对地方施加压力，让地方左右为难。因而地方政府一些看似荒唐的行为，其实是彼时彼地在当时场景下的一种最理性的选择。① 比如让地方政府最为纠结地对所谓非正常进京访的排名，让各地第一责任人（往往是党委书记）提心吊胆、寝食难安，只能使尽浑身解数安抚、收买那些上访“死硬”分子，不得已时甚至祭出了劳教的武器。随着劳教等制度不得用于缠访、闹访等情形，地方政府的治理手段更加萎缩，这将导致两个极端：要么是沿着“人民币解决人民内部矛盾”路线走下去，以更大的代价收买访民，要么是迫使一些财力有限的地方用更“黑”的非法手段整治“钉子户”。湖南永州唐慧事件同时展示了中国信访与劳教两种传统治理制度的尴尬。事件发生后，舆论一边倒地支持声援唐慧，抨击信访和劳教制度，却没有一篇报道揭示唐案所折射出来的中国信访治理困境。唐以剧烈的“非访”形式使自己的事件得以逆转——其实，“非访”更容易达到自己的目的，不管正当与否，这是不少访民的共识。就唐来说，她之被劳教的理由其实很充分②，后迫于舆论的压力匆匆

① 参阅：《禹州式截访》，《南方周末》2013年2月21日。

② 据永州公安局等提供的资料，唐慧在案件审理期间和案件判决后，要求判处全部7名被告人死刑，处理所有与其女儿发生关系的嫖客，赔偿184万元等。唐从2011年3月至2012年7月，先后7次在永州中院、湖南高院、湖南省党代会代表驻地、湖南省人大常委会机关大门口、长沙市雅礼中学、长沙市南门口和湖南省公安厅大门口，吵闹、堵门、拦车。2011年3月15日至3月29日，唐慧及家人在永州中院立案大厅无理取闹，晚上睡在立案大厅，连续滞留15天；2012年5月22日上午，唐在湖南高院大门口手举状纸跪地喊冤，欲冲进大门，被拦后甚至趴在大门处；2012年6月2日下午，唐慧与其婆婆到湖南省党代会代表驻地，唐慧跪地拦车；2012年7月3日上午，唐及其丈夫到湖南省公安厅大门口举牌跪地喊冤，工作人员将其搀扶到信访接待室后，唐跪地并以撞墙相威胁，后又到公安厅大门口哭闹。而判决后被告各方亦同时以处罚过重为由上访。唐的行为可分为两部分，如果说在女儿被逼卖淫立案前的上访有正当性，甚至正是其非正常上访的过激行为才导致事情有了进展，那么在案件审理过程中，对她的闹访行为法律和社会可以承受的限度在哪里？（http：//baike.baidu.com/view/5989323.htm）

撤销。

中央、地方及访民这种博弈关系是在实践中运作出来的，并一步步得到强化。正是由于中央对各地进京访、集体访、非正常访等的排名，使许多访民热衷于进京给地方政府施压，而地方政府则忙于截访、“销号”[①]。信访排名之所以是不必要的，是因为国家信访局是真正意义上的信访传达室和中转站，它根本没有能力区别地方的信访事项，更不用说处理了。去中央挂号，还得回地方看病。仅仅把各地潮涌般的来信、来访登记返回各地，就是一项巨大的工程。因此，中央不需要受理信访事项，而只需起督导作用。对于执意进京上访者，则必须付出相应代价，比如要支付往返交通费[②]，对确实没有道理的上访要予以训诫，对确实扰乱社会秩序的行为仍要依法处置等。只要中央不再进行排名，访民以进京上访要挟地方的消耗战就会消停，而地方政府截访的积极性也会降低，起码基于中央、地方和访民三者之间攻防而造成的信访虚高这一部分会自然消退。由于信访越来越被置于维稳的话语下，地方责任的属地化得到强化。许多难题，问题在下，而根子在上（中央），比如，一些历史问题，中央没有政策，地方只能干等，不能贸然出台地方政策，以防引起其他省市的被动。目前应该松动属地责任，加强信访治理的全国统筹力度，强化分类与专业化治理。这样，起码可以去除信访中的泡沫，将信访的存量削减至一定程度，为信访的有效治理赢得时间、创造条件、打下基础。

原载于《开放时代》2014 年第 1 期

---

① 销号是存在的，为此于建嵘曾与国家信访局某领导发生过争执，后者对此否认。销号有两种，一种是从国家信访局中销掉某些信访登记，这其中不乏恶意上访、即专门为地方挂号而进行的上访；另一种是“非访”，这是由北京警方来登记的，需要在警方处理前把人“捞出来”。当然，也有乡到县、县到省这样地方版本的销号。2010 年全国两会时，某省给各地市下达了死命令，要求会议期间进京非正常访“零”记录。事后，果然全省实现了“零”非访。其实，这只是在销号上下了大功夫，“零”上访是不现实的。

② 目前赴京上访者大部分是蹭票，即只买最近一站，保证能上车就好办。

林权纠纷与林农抗争的底层政治研究

贺东航　朱冬亮　储建国[①]

当前我国正在实施的集体林权制度改革，被称为农村生产关系的“第三次革命”。任何改革都会涉及利益的重新调整和分配，林改也不例外，在不少省份已频发一系列的林权纠纷，和土地相比林地的产权权能分割更加复杂，因此林权纠纷与林农的抗争也相对比土地纠纷与维权更加复杂。本文在闽赣两省实证调查的基础上，试图从微观的角度透视林农“弱者的武器”所具有的隐性力量以及抗争的原因，并提出采用“经济共和主义”来处理“底层争议政治”的原则和办法。

一　理论问题与研究意义

当前我国农村集体林权制度改革正在推进之中，闽赣两省作为国家确定的农村集体林权制度改革试点省份，在过去的五年间，已把山林所有权、经营权、处置权、收益权“四权”的落实作为一个整体来推进，其最终目标是实现林业经营主体的多元化和所有制的多样化，提高林业的集约经营水平。2003 年至 2009 年，闽赣两省的林改在提升林业经营绩效，提高林业规模化经营水平方面取得了明显的成效，但在促进林业的规模化经营水平的同时，部分农村地区也出现了林权过度集中的现象。其结果是少部分人借林权改革之机“快速致富”，而大部分农民却因社会排斥而失

---

① 本文为复旦大学学术工作坊“集体林权制度改革背景下的失山林农抗争与维权研究——以闽赣两省为例”（项目编号：IAS - FudanXSGZF08005）的结题成果。贺东航，华中师范大学政治学研究院教授，主要研究领域国家转型与乡村治理。朱冬亮，厦门大学公共事务学院教授、博导，主要研究领域土地制度与乡村治理；储建国，武汉大学政治与公共事务学院教授，博导，主要研究领域中国政治和治理。

去了原本属于“大家集体所有”的山场。

实地调查发现，有的村民因为在林改中没有获得收益或者获得的收益非常有限，出于对林改政策的不满，盗砍盗伐、林木走私的现象比前几年明显增多，有的村甚至出现了全村劳力普遍盗砍林木的现象；有的地方，农民则采取拦路阻桥向林业经营者收取过路过桥费的方式来表达他们的不满；也有农民一旦发现有哪一片他们认为“属于不合理转让”的山场林木被砍伐之后，就以群体行为的方式，不顾一切占领林地，不让林权经营者来重新造林。类似这样抗争的例子乃至群体性抗争事件，不仅严重干扰了林业的正常经营秩序，而且也直接危及林权所有者的利益以及林改后的整个林权制度安排，对林业的可持续发展也构成了极大威胁。在林改中农民群体性利益表达以及因农民群体性利益表达而引起的群体性事件抑或农民维权行动等正在成为学者们关注的焦点。

国内学者已就农民维权行动提出了多种解释框架，这为我们理解和解释林权制度改革过程中的农民维权行动提供了很好的视角和思路。如于建嵘、李连江、欧博文认为农民维权行动不同的阶段呈现出不同的特征，他们提出了“以法抗争”的解释框架，认为“以法抗争”是以具有明确政治信仰的农民利益代言人为核心，通过各种方式建立了相对稳定的社会动员网络，抗争者以其他农民为诉求对象，他们认定的解决问题的主体是包括他们在内并以他们为主导的农民自己，抗争者直接挑战他们的对立面，即直接以县乡政府为抗争对象，是一种旨在宣示和确立农民这一社会群体抽象的“合法权益”或“公民权利”政治性抗争。[①] 他们认为：农民抗争时援引有关的政策或法律条文的行为，是农民积极运用国家法律和中央政策维护其政治权利和经济利益不受地方政府和地方官员侵害的政治活动。而应星则从“草根行动”的特定视角切入分析。他认为：“草根行动”是底层民众中的积极分子自发地把周围人动员起来加入群体利益表达行动的过程。草根行动者所进行的草根动员，使农民群体利益表达机制在表达方式的选择上具有权宜性，在组织上具有双重性，在政治上具有模

① 于建嵘：《当代中国农民的以法抗争——关于农民维权活动的一个解释框架》，《社会学研究》2004 年第 2 期；李连江、欧博文：《当代中国农民的依法抗争》，载吴毅主编：《乡村中国评论》（第三辑），山东人民出版 2008 年版，第 2—17 页。

糊性；草根动员既是一个动员参与的过程，同时也是一个进行理性控制并适时结束群体行动的过程；[①] 应星认为农民的“群体性利益表达”属于“弱组织化特征和非政治化取向”，对此，吴毅给予肯定，同时他认为对转型期中国政治之复杂性和过渡性特点应给予足够的重视，不应在思维逻辑上陷入了“民主—极权”这一泛政治化思维陷阱，将复杂的问题简单化。农民利益表达之难以健康和体制化成长的原因，从场域来看，是由于乡村社会中各种既存“权力—利益的结构之网”的阻隔，这一结构之网已经越来越成为影响和塑造具体场域中农民维权行动的更加常态和优先的因素。[②]

笔者赞同吴毅的“场域而非结构”视角，它为我们进一步研究林权制度改革中的林农抗争提供了恰当角度。我们在全面理解和阐释林农的群体性利益表达时需要注意到具体场域的资源属性。就林农所争夺的对象上，需要探讨的是一定环境中的资源具有什么样的属性，而这种属性又给利益的表达结构与过程带来什么样的影响。首先，本课题探讨的是森林资源权利是如何在农户、社群和政府之间分配的。森林资源的权利是复杂的一组权利，简化一点可以分为林地、林木的所有权、使用权和管理权，它们之间的界限并不十分清楚。其次，我们在对这种资源属性认识的基础上，从地方性的传统和文化特质来研究林农的社会公正感及其对森林的认知和感受、理解他们具体的生活境遇和生存策略。最后，本课题从政治学的角度，采用“经济共和主义”的观点和视角，揭示在这种具体场域中如何实现处境公平、民主治理、法制均衡，从而在价值领域和公共安排上，避免制度和治理对底层社会的剥夺，建立畅通的利益表达渠道和有效的利益均衡机制。

二　底层争议政治的表达

在各类林权纠纷中，卷入纠纷争议的各方都试图根据自己的理性判断

① 应星：《草根动员与农民群体性利益的表达机制——四个个案的比较研究》，《社会学研究》2007 年第 2 期。

② 吴毅：《“权力—利益的结构之网”与农民群体性利益的表达困境——对一起石场纠纷案例的分析》，《社会学研究》2007 年第 5 期。

而采取各种不同的方式来表达自己的利益诉求。对于农民而言，和集体山林流转存在“规范”和“非规范”方式类似，在林权纠纷中，农民表达利益诉求的方式有两种：一种是属于正规也就是法律允许的利益表达方式，包括上访、信访、公开与当事人交涉等，试图以此夺回集体林权；另一种则是属于“非规范”或者是法律不许可的利益表达方式，其具体方式包括盗砍盗伐、林木走私甚至以群体行为的方式直接从林权经营实体（主要是林业企业）手中“夺回”林地经营权。一旦村民采取“非规范”甚至违法方式来表达自己的利益诉求，往往意味着矛盾的进一步激化，整个林权纠纷也因此显得更加复杂化。

（一）两个典型案例的描述

福建与江西作为林业大省和集体林权制度改革的首要试点，率先引入外来资本，改革集体林场，结果也导致诸多纠纷和林农抗争。

1. 福建省将乐县白莲镇林农群体性事件

白莲镇地处将乐县南部，全镇下辖 11 个行政村，97 个村民小组，3434 户，总人口 1.5 万多人。全镇林地 27.02 万亩，其中集体林业用地面积 217070 亩。集体林权改革前，全镇原有村集体经营面积 74902 亩，农民自留山面积 2150 亩。集体商品林应列入深化改革面积 174449 亩。截至林改验收时，白莲镇集体商品林已完成改革面积 162300 亩，其中自留山经营面积 7570 亩，山林承包经营面积 86883 亩，林地租赁经营面积 12985 亩，林木转让面积 28132 亩，村集体经营面积 15149 亩，其他经营面积 24971 亩。按照白莲镇官方的集体林改总结资料提供的信息，在实施集体林改过程中，该镇“两公司”之间面积不符合问题始终未能得到妥善解决。主要争议点在于小王村与投资公司山场面积相差 900 亩。

和将乐县别的乡镇不同，白莲镇从 20 世纪 80 年代末以来就有不少村民在深圳等地经商办厂、发家致富，有的人甚至拥资数百万、上千万乃至上亿，有了房产、小车，并已经在外安家落户。该镇农民每年过春节的时候，仅开回来的小车就有数十部至上百部。对于这个总人口只有 1.5 万的小镇来说，该镇农民可以称得上是富甲一方。

但就是这个镇，出乎意料地发生了一起因集体林改而引发的大规模的群体性上访事件。最初上访的只有当地的一个名为大王村的村子，后来随着事态的发展，参与的村庄和村民越来越多，最终扩展到8个行政村、66个自然村。由这些村民组成的上访群体曾经分别于2008年6月底和7月底两次大规模地到省政府上访，成为将乐县集体林改后发生的规模最大的群体性上访事件。应该说，大王、大里等村为此次事件进行了较为充分的组织准备，他们不仅以集资的方式筹措了一笔上访经费，同时还雇用专门的地方精英人士为他们办事，包括逐一梳理每份合同内容，选派代表配合政府调查等，并有专人负责组织协调工作。

据了解，作为这次村民群体上访的主角大王村，该村现有人口2688人、688户，辖大王、新厝、将安、羊角山、洋坊、林厝、下坊、毛公墩8个自然村，共16个村民小组。改革开放后，和白莲镇的其他村类似，该村村民陆续外出打工，现今村内70%的年轻人都分布在广东、浙江、上海等地打工，留守家中的多是中老年人，他们依靠种植水稻、烟叶及少许的茶树为生，并有两户人家开辟荒山种植橘林。

在集体林改实施前，和将乐县其他村一样，为了填补日益枯竭的村财缺口，大王村开始通过拍卖、招标、协议等方式把集体山林承包给大户经营。1997年后，大王村大量拍卖、招标流转集体所属山林。从1997年至2003年，大王村一共转让山林面积高达几千亩。由于受当时的环境约束，这些林子的流转多半不规范，为后来的林权纠纷埋下了伏柄。除此之外，在“林权转债权”中，大王村共抵押山林4500亩，折合价款为814967.6元，抵押期限是30年。1999年，县林业投资公司又将部分山林流转给将乐县腾荣达公司，并延长了合同期20年，也既是说这些林地要50年后才能返还到村民手中。

到2003年白莲镇正式启动林改之前，大王村剩余的5000多亩林地已陆续被各届“村两委”干部以法人代表身份签订转让合同，集体林权已大都流转完毕。其受让人包括外来资本（腾龙达公司）、村干部（如吴振福）、镇领导亲戚（如王小英等）及其他林业精英和能人。由于当时山林流转的价格大都非常低，且拍卖山场所得的收益也没有分给各户村民，均作为“村集体的公共事务”留用，因此大王村村民对其中的流转程序的合法性提出质疑。其中吴振福曾经任大王村林业社护林员，与镇林业站关系很好。在护林期间，吴振福大量购买村内的林地。白莲镇工作人员陈祖亮也是林业大户，他以其妻子和儿子的名义在大王村购买林地1000余亩。

在上访村民看来，当初的林权流转等于留下了一笔糊涂账，因此有必要重新予以清查。

集体林改实施时，大王村全村共有林业用地面积21663亩（含插花白莲村、天许村的山场）。其中，生态公益林2687亩，商品林18976亩。集体林改实施后，该村的商品林中权属如下：转让腾荣达林业有限公司2509亩；转让林业总公司2083亩；转让个人5355亩（其中非规范转让个人2289亩）；村民自留山245亩；个私造林个人种植3545亩，其中个人种植杉木1146亩（含个人承包造林774亩），个人种植毛竹671亩，个人种植经济林1728亩。村集体经济林面积2205亩，其中柑橘、梨山438亩（已承包），油茶山1767木（落实到村民小组），村集体毛竹山659亩（已承包），村集体林2322亩，其中挂联合承包1730亩（264亩已被村民零星种植），与南口乡南胜村争议山林43亩。

据白莲镇镇政府在《关于〈省长信箱〉来邮的情况反馈》[①] 报告中提到的情况，我们可以大致了解该镇大王村村民上访的基本原因和情况。大王村村民集体上访的整个过程大致是这样的：

2008年6月10日，大王村70余名村民带着由邱发祥等170户村民签名的材料到镇政府集体上访，反映2003年以来村委会签订的山场转让合同不规范、质疑转让合同的有效性和村干部的廉洁问题，要求终止所有林木转让合同，收回所有山场，由村民自行管理。同日下午3点左右，大王村30余名村民又到县政府集体上访，并打出了“我要生存，还我山林”的条幅。在县政法委、公安部门、林业部门、信访部门的协调及镇政府的劝说下，集体上访者离去。与此同时，还有部分大王村村民直接“分兵”到三明市政府集体上访。

从2006年6月20日白莲镇镇政府《关于对大王村邱发祥等170户村民信访的答复》（白政〔2008〕35号）报告及同月24日“白莲镇人民政府关于大王村6.10群体上访事件的情况说明及答复建议”中可以看出，当时大王村村民反映的关于集体林改实施中的问题主要包括15个方面：

（1）村民反映大王村版图林地21663亩，若含外插花山，则有22030亩，除生态公益林被划2687亩外，其余山场属于什么人经营不了解，要

① 报名签注时间为2008年7月22日。

求明晰各类面积；(2)通过林改方案时村民代表大会的决议有份村民代表签名大多由他人代签，是否合法有效；(3)关于老虎石场转让的相关问题；(4)陈祖亮（镇防火办)、张纯彬（镇防火办)、邓俊宽（同镇天许村党支部书记）3个受让山场业主，至今未交任何的林地使用费；(5)县林业总公司损坏将安自然村道路、灌溉水渠、自来水管道的赔偿问题；(6)部门经济林面积和非规范转让面积的总的面积有虚夸扩大现象；(7)至群众上访时，全村仍有760多亩非规范转让山场未接受清理；(8)大王村耕山队于1982年解散后，经当时村里同意，有20多位队员把原耕山队经营的张坊姚家全45亩油茶林，分户继续经营已达26年。2007年村两委在未召开村民代表大会、未事先征求这些老耕山队员的意见、也未告知他们可以参与投标的情况下，仅由村两委同意就以12元/亩的林价承包给下坊村民谢光兴；(9)村委与邓贤顺、曾月生两人签订的羊角山659亩（现已扩编800多亩）毛竹山的承包管护合同，2008年到期，但在2005年10月没有经过村民代表大会研究，村里擅自签订延期30年合同；(10)关于九十九行山场被盗伐的问题；(11)有些村民持有《将乐县林业资金借贷（投资）造林承包合同》，现在这些山场被卖，持证人却未得到经济利益，要求解释此证是否合法有效并维护合法权益；(12)大王村村民认为林地有2万多亩，但林改后，村民没有分到山林，要求尽快落实承包管护山林及分配自留山；(13)对于两公司的林地延租有意见，要求一伐林采伐完后，林地要归还集体；(14)村干部在转让山场时有不正当行为，要求政府调查；(15) 要求财务公开。

从大王村村民的上访陈述中可以看出，该村上访村民把凡是有争议或者不清楚的山林流转都列为质疑对象。上访材料所反映的15个问题几乎涵括了集体林改后可能出现的各种问题类型。这一方面表明在集体林改实施过程中，普通村民没有真正地参与林改过程；另一方面，即使有的林改方案经过了村民代表开会讨论通过，但上访事件表明普通村民并不信任村民代表，村民代表的权威性明显受到质疑。归根结底，还是与村民民主制度发展不健全有关。概言之，大王村当初推行集体林改的工作明显过于粗糙。

事实上，大王村村民之所以频频上访，从镇里上访到县里最终到了省里，主要是想反映本村林木流转不规范及村财账目不清等问题。事实上，白莲镇群体上访群众反映的焦点问题主要有两方面：先是林木问题，各村涉及林业问题突出，如：盗伐滥伐现象时有发生；大部分山场转让合同未经民主议定程序通过；林木合同存在界限不清问题；林木转让价格过低等，要求全体村民介入共同清查所有林木转让合同，并重新核定。随着矛盾的扩大，村民发现部分村村委会未落实村务村民理财制度，于是进一步要求清查村财问题。包括如：建设学校、村部、水泥路面硬化、水利渠坝以及闭路电视联网等公益设施所需款项支出与出售山场、上级补助、接受捐款等收入有差额；村财日常账目开支不清，存在大吃大喝现象等。要求全体村民介入共同清查所有村财账目，严肃处理问题村干部。

2. 江西省铜鼓县红苏村林农群体性事件

江西铜鼓县，1548 平方公里的面积中，山地占去 87%，共有 14 万人口，是典型的地广人稀山区县。2008 年 10 月 23 日至 24 日，在这个原本平静的地方，一场纠纷迅速演变成一场暴力流血冲突，又升级成为一场大规模群体性事件。在两天的冲突中，11 位村民、4 名特警、1 位镇长受伤，一名特警一度生命垂危。保守估计围观者多达数千，在它的背后，是一场多年来深埋隐患的林权纠葛，更是一场“资本上山”后影响深远的山乡巨变。

2004 年，江西作为全国试点开始新的集体林权改革，铜鼓是试点县之一。自 80 年代中期开始，在世界银行贷款支持下，铜鼓的人工造林开始。到 2008 年，铜鼓完成各项造林育林 19.9 万亩（其中退耕还林 8.3 万亩，荒山造林 4.5 万亩，封山育林 1 万亩），建设长防林 6.1 万亩。全县活立木蓄积量 947 万 m^3，活立竹 4495 万根。[①] 20 年过去后，已长成材的优质杉木正进入最佳的采伐期。从造林时的国乡联营模式、到“林业三定”政策的实施，再到 2004 年在铜鼓开始试点的集体林权改革，林农逐渐获得了对山林的经营权。2004 年，集体林权制度改革（以下简称林改）在铜鼓县开始启动。江西 L. H 木业有限责任公司（以下简称 L. H）作为当年招商引资的重大项目，由县委书记引入铜鼓。L. H 据称是目前国内细木工板行业生产规模最大、产品档次最高、市场品牌最响、资源综合利

① T 县人大常委会，政协 T 县委员会生态林业产业专题调研报告。

用率最高、产品产业链最长的一家企业。[①]

在林权改革启动后不久进入铜鼓县的 L. H，提出在铜鼓收购 10 万亩杉木林。建立原材料基地的计划。作为县里招商引资的重大项目，县委、县政府对 L. H 的计划和收购行为给予了充分的重视，下文层层向下传达，要鼓励“流转”，最初的“流转”并没有激起林农对买山的强烈警惕，当时每立方木材的市场价格为 200 元左右，每亩林地生长的杉木为 140 棵左右。即使如此，L. H 也不顺利，于是由县里专门成立一家中介公司负责先行收购，但大多数林农不愿意“流转”，村干部和林农鉴于林改的政策和精神刚刚下来，都想自主经营。为确保 L. H 的 10 万亩山林基地的收购顺利进行，铜鼓县专门召开县、镇、乡（村）三级会议，要求各级干部，特别是乡村干部，以大局为重，去做各林农的工作，让其把属于自己的林地“流转”给 L. H。在此过程中，由县出大头，干部出小头，为镇乡（村）干部以一次性交清的方式办理了养老保险，此举被人们理解为动员向 L. H 买山的筹码。迫于上级的压力和可能的利益诉求，镇乡（村）干部采取行政、个人权威、亲戚朋友网络等多种方式、方法去做林农的工作。[②] 与此同时，铜鼓县开始了申报国家级自然保护区的工作。根据《关于申报江西官山国家级自然保护区有关问题的会议纪要》显示：该县的大段镇红苏村、太平村和三都镇战坑村都将被划进了官山国家级自然保护区的范围之内，这意味着：辖区内林木可能不能再作为商品林砍伐，而只能是当公益林来进行管护（管护费每年每亩 4 元钱），面对可能被划进公益林范围的风险，最后多数村庄选择出售给政府的林业公司，这样经过国有林业公司这一手后，L. H 在进入铜鼓县两年内，成功收购到了 7. 8 万亩山林经营权，且大多为优质杉木林。绝大多数林农未见到购林合同条款，他们只知道，每亩山林签字后领到 70 元钱。至今，在出现铜鼓县因林权而生的群体性事件后，也未见当时林农们“流转”林地的合同。[③]

---

① 宜春政府公开的企业信息介绍。

② 如幽居村村民黄飞，其不同意买也不签字拿钱，但其父亲签了字，拿了钱，他的姐姐在村上做妇女主任。

③ 在调研中，有村民称其和村里签的合同是 70 元/亩，而县林业公司和 L. H 签订的合同是 400 元/亩，但村民除村干部（支书、村长）外无一人看见任何一份合同。

L. H 在进入铜鼓县两年内，随着林改得深入，相关税费的大幅度下调和市场的需求增长，使当地木材的价格大幅上涨。L. H 的采伐量也迅速上升，无限制砍伐和烧山造成了对环境的破坏，并侵犯了林农自小就培养起来的对山林的感情。2006 年，L. H 开始砍伐，很快得了个外号——“光头队”，不少山林被“剃光头”，甚至连幼苗都不放过。铜鼓县每年 10 万方林木砍伐指标中，有 4 万方归于 L. H。在大段镇双红村，不少前几年流转给 L. H 的山被成片成片地砍伐一空。栽下树苗，经过六年到七年的抚育，三年的除杂，再等到木材成林——以十数年为周期的林地栽培，构成林农们的生活方式。他们从小谙熟一个法则：砍下成林，留下幼林，木材才能一代代延续，山林才不会枯竭。在调研报告中，专门提道：“有的林农超计划采伐，采伐的木材甚至超过计划的 50%。一些买山经营者为了尽快收回成本，采取‘剃光头’的做法，超计划采伐，掠夺性采伐。”在调研报告的附件中，我们可以发现 L. H 的砍伐立方数是以数量级的趋势在上升。

在大段镇的红苏等几个自然村，L. H 整体砍伐以后还要明火烧山，然后种上速生林。据林业部门有关人士介绍：7 年生的速生枫树林，对地力破坏较大，不适合在生态林区栽培。而且，调查中，当地林农说 L. H 雇用的采伐、运输等人员都不是卖了林的林农，甚至当地人都不是。这让当地人，特别是林农相当不满，认为 L. H 除了掠夺当地的资源，破坏环境，什么都没有带来。

在林改之前，和耕地相比，由于林地并没有直接关系到农民的“吃饭”问题，再加上山区封闭落后及信息不通畅，致使农民普遍认为“山场不值钱”，大家对林改中的产权制度安排不太关注。而林改三年之后，山场迅速升值，铜鼓县的林农不愿意以原价格（70 元/亩）流转。后经县委、县政府的协调，L. H 额外每亩每年补助林农 5 元，补到 2014 年，到时每亩山林的价格就会达到 125 元左右。① 而现在当地每立方木材的价格是 2500 元左右，毛竹是 15 元/根。2007 年开始，几乎所有林农都为巨大的价格反差而不安：“当年卖一亩山的钱，现在连一棵树的价钱都赶不上

① 2005 年 4 月，大段镇新木材交易中心收购木材的保护价是 260 元/立方米，当地林农估算，当时每亩山林的价格在 400 元左右。

啊!”随着山林价格的日渐走高，盗伐行为开始成为林农选择的“弱者的武器”。[①] 林农心中合法性的杠杆，悄然发生了偏移。当普通农民终于意识到“山场这么值钱”的时候，才发现原本属于大家集体所有的山场，在林改中却大量集中在少数人及某些经济实体手中。再加上一些村干部在林改中存在的寻租腐败行为，强烈的被剥夺感进一步引发群体的愤怒和抗争行为。在此过程中，他们首先是采取包括上访、信访等“合法”的方式来表达自己的利益诉求，一旦“合法的反抗”方式难以奏效，他们就可能进一步采取更加激进的手段。“（一些不法分子）携带油锯、开着小车，昼伏夜出，大肆偷盗。更有甚者，一些偷盗者改变‘战术’，公然偷盗堆放在公路两旁的木材。”祖辈与山为邻的人们，将木材堆放在路边，以前从不担心。相对于此，L. H 雇用当地人组建了“护林队”，职责是防范公司的财产损失。而“护林队”的组成人员当地村民称之为“罗汉”，意为地痞流氓。L. H 的“护林队”曾多次以“偷盗木材”为由采取非法拘留、审讯等手段对付当地村民。以 L. H 的“护林队”和林农的盗伐行为为中心，矛盾持续产生和不断激化。

这种冲突在 10 月 23 日发展到顶峰，绿海公司的负责人称村民盗伐绿海公司林木，要没收全村砍伐的林木。村干部不同意，双方发生摩擦。时历阳等人砍断双红村检查站的横杠，持长刀砍烂房门、砸碎门窗玻璃。双方发生肢体冲突，绿海公司的一辆小车被掀翻，两辆摩托车被砸。事态不断恶化。大段镇镇长帅江、派出所民警、绿海公司负责人等人晚上赶到，分头劝说，并拨打 110，请求警力增援。10 月 24 日上午 8 点 50 分，双红村 150 余人来到绿海公司，要求讨还公道。至上午 10 点，围观者达到数千人。铁门被冲开，打砸随即开始。一楼的玻璃全部被打烂，沙发被碎玻璃划烂，桌椅被打翻。场面失控后，有人开始拿走绿海公司的办公用品，包括部分已经打烂的家具，甚至最普通的拖把。当从宜春市和周边县抽调的警力赶来时，群众的情绪进一步被激化。特警手持盾牌，整齐划一，现场人群却毫不躲闪、直冲上去。人们向他们投掷石块、投掷院子里堆积的木材。人群从各地云集而来。连距离县城 60 余公里外、毗邻湘赣边界的

① 詹姆斯·斯科特将作为弱势群体的农民以破坏性的方式向政府部门表达不满称为“弱者的武器”。详见［美］詹姆斯·斯科特：《弱者的武器》，译林出版社 2007 年版。

幽居村，也有几十人闻讯赶来。一位村民说：“要不是离得远，还会来得更多。”

（二）作为“弱者的武器”的行为特点

从以上两个案例可以看出，在福建将乐，林农采用上访等体制内的手段，采取诉诸法律和上级机关的形式来抗议林地流转中的不透明，维护受损的利益；在江西铜鼓县，地方政府利益化，凭借手中的公共权力，与逐利性的外来资本合作，排斥林农，使林农的合法利益被变相盗用，对公共权力失望的林农改而启用“弱者的武器”，对抗公权力与市场的强权剥夺。

李连江和欧博文在《当代中国农民的依法抗争》中提出“依法抗争”的概念，即“以政策为依据的抗争”，是农民积极运用国家法律和中央政策维护其政治权利和经济利益不受地方政府和地方官员侵害的政治活动，从其内容和形式两方面看，依法抗争都兼有政治参与和政治抵抗的特点。就其过程和结果看，依法抗争有可能通过促进国家法律或中央政策的落实而演变成完全的政治参与，而且恰好是处于一般意义上的“政治抵抗”和“政治参与”之间的灰色地带，它在内容上基本属于“政治参与”，但在形式上则明显地兼有“抵抗”和“参与”的特点。[①] 于建嵘则在此基础上提出了“以法抗争”，作为对这一理论的修正和补充。在“以法抗争”的解释框架里，农民是利用中央政府的政策来对抗基层政府的土政策，以上级为诉求对象，抗争者认定的解决问题的主体是上级，抗争者不直接对抗他们控诉的对象。这种反抗形式是一种公开的、准制度化或半制度化的形式，采用的方式主要是上访，以诉求上级政府的权威来对抗基层干部的枉法行为，而且它一般是以具体的“事件”为背景，主要是一种有关集体具体利益的抗争。其特点表现在抗争的内容具有公共性，抗争精英的维权活动具有明确的组织性。

福建将乐的林农抗争在某种程度上印证了这一模式，利用中央政府的政策来对抗基层政府的土政策，以上级为诉求对象，采用组织化的上访手

① 李连江、欧博文：《当代中国农民的依法抗争》，载吴毅主编：《乡村中国评论》（第三辑），山东人民出版社 2008 年版。

段，以上级政府的权威来对抗基层的枉法行为，对抗基层政府与外来资本的强势渗透与剥夺。但是从江西铜鼓县的个案可以看出，林农的抗争远远还未达到结构化、组织化的阶段。农民的维权已经随着市场化和送法下乡实现了政治化、组织化与公共性是不合中国的现实的。用场域而非结构的观点，能够更好地解释林农的维权抗争行为。一方面，市场化的发展使农民具有了更现代的观念意识、更强的权利和法制意识；另一方面，传统的利益链接、社会关联断裂，族群、家族等碎裂成单一的个体，利益格局多样化，社会碎片化。这些复杂的变化，难以用单一的进化结构来解释，而更多地应该视为在具体的场域中，在不同的社会经济条件下，面对具体利益剥夺时林农表现出的不同选择逻辑。当农民遭受利益侵害时，是否维权，如何维权，维权到何种程度，除了主体利益受损和权利意识程度等因素的作用，还必然要受制于主体生活其中的制度、社会和人际关系网络。

斯科特认为公开的、有组织的政治行动对于多数下层阶级来说是过于奢侈了，因为那即使不是自取灭亡，也是过于危险的。有鉴于此，他认为更为重要的是去理解农民反抗的日常形式，这些日常形式的反抗通常包括：偷懒，装糊涂，开小差，假装顺从，偷盗，诽谤，纵火，怠工等等。[①] 这些弱者武器的使用在江西的群体性事件中也有体现。在缺乏草根精英的动员组织、缺乏能人强人主动出头的情况下，有组织的上访、体制内的抗争难以形成，尤其是考虑到参与成本及便利性，就更少有人愿意采用体制内的斗争方式，弱者的武器是他们的最佳选择。它们适合于农民的社会结构和社会特点——一个散布在广大乡村的阶级：缺少正式的组织和纪律，日常的反抗形式是一种没有正式组织、没有正式领导者、没有纲领、没有期限、不需合作的抗议行为。

农民之所以会进行利益抗争，首先是因为他们感受到在集体林改实施过程中遭受到不公平、不合理的待遇，强烈的被剥夺感会引发群体的愤怒，于是他们用各种方式进行抗争。通常而言，贫困与生存伦理并不能完全解释农民的抗争行为。中国人历来有“不患寡而患不均”的思想，只有当农民的生存道德和社会公正感受到侵犯时，他们才会奋起反抗，甚至铤而走险。而农民的社会公正感及其对剥削的认知和感受，植根于他们具

① ［美］詹姆斯·斯科特：《弱者的武器》，译林出版社 2007 年版，第 2 页。

体的生活境遇，同生存策略和生存权的维护密切相关。因此，要考察林农抗争的动机，就要仔细考察各种地方性的传统和文化特质，探寻那些看似琐碎的农民日常行为的丰富含义。农民投入政治行动并不一定都是为了物质利益，而可能是为了德治秩序下具有的差序性位置而战斗，为了公平而战，尤其这种利益损害与其他人的受益或者外来势力的欺压感纠缠在一起时，就会产生一种机会主义的“日常抵抗”。其对抗已经不再仅仅针对施加欺压的对象本身，而是他们所仇视的一切对象，甚至无辜者也会成为他们发泄的对象，自发的农民政治行动具有较强的跳跃性特点：要么是不去行动，一忍再忍，要么是在忍无可忍的时候，投入激烈的、意气的、不知底线的行动。农民群体利益表达行动借用蒂利的说法，是“反应性的”而非“进取性的”群体行动。也就是说，农民群体行动的斗争目标是局部性的而非整体性的，是较为具体的而非抽象的。但是这种反抗一旦展开，就会变成集体的非理性，也会扩及集体抽象权利的诉求，尤其当这种利益诉求的对立面是地方政府时，就会更加难以妥协，公共权力压迫感和自身无力对抗的脆弱感会加剧这种对抗的悲壮性和激烈性。

而对于林权这个具体场域来说，存在着严重的资源和信息不对称情况。按照集体林改的政策规定，山场拍卖必须通过市场化的“公开”招投标的方式进行。在这个过程中，并没有对参与招投标的资本属性进行界定。这样一来，各种外来的非农业非农村资本就可以直接参与林权的市场化竞争。面对动辄数万乃至数十万的投标抵押金或者定金，普通个体农民参与竞标的资格都不容易得到。信息的不对称也导致林权集中，由于山区的封闭落后及信息不通畅，使得农民对林地和林权的价值缺乏足够的认识。在林改中，即使有少数的农民成功地竞标到小部分林权，他们也容易以相对低得多的价格出让。普通农民缺乏对宏观经济的分析能力，对林业市场变化的信息掌握不全。[①] 此外，逐利性的地方政府还会利用公权力的优势，对林农的权益进行变相剥夺。林地的资源属性由于具有林地所有权和林木所有权之分，加上林地的经营由于涉及管护和防火等问题的限制，需要一定程度的合作，林地的生长周期长，一次投资大，见效慢，因此单

① 朱冬亮、肖佳：《集体林权制度改革：制度实施与成效反思——以福建为例》，《中国农业大学学报》（社会科学版）2007 年第 6 期。

户林农的力量就显得更加弱小。在利益受损时，经济发达地区，林农愿意采用上访等组织化的形式维权。一旦这种侵害涉及地方政府，强大的压力产生的无力感就会使林农转而采用弱者的武器，对抗外来资本与逐利政府的强势剥夺。

以福建省将乐县林权纠纷为例，由于失山林农普遍存在不平衡的心理，加上利益诱惑，最终引发了 2006 年至 2008 年风靡全县的林木盗砍盗伐之风。一般而言，当地村民盗砍的全部是杉木，松树等其他树种没有人偷砍。由于地方政府以及林业部门仍然没有找到有效的打击林木走私和盗砍盗伐的举措，当地村民“竞相效仿”，致使盗砍盗伐现象愈演愈烈。在有些山区，公路旁边的树木都有被盗伐，砍倒的树木末枝横七竖八倒在山上。村民甚至公然开着拖拉机或者三轮车之类的运输工具去偷，而交通不便的村则采取肩扛或者用板车推等形式来偷。偏僻的村庄甚至往往是全村有劳力的都出动，他们以合伙的形式，采取“阵地战”和“游击战”方式，与当地木材走私贩子及公司雇用的林木看护人一起，共同建立了一个完整的盗伐林木—走私贩子收购盗砍林木—走私盗砍林木—企业收购走私林木的“产业”链条。

除了盗伐滥伐林木案件为主，农民的抗争也出现一些新特点：一是林农与“两公司”纠纷的案件上升。林改后，将乐县盗伐滥伐林木案件由过去的对各种所有制林权单位向现在的县营林投资有限公司和腾荣达林业有限公司“两公司”和部分非公有制个私林场转移，且“两公司”经营区盗伐滥伐林木案件呈明显上升趋势。将乐县各地的村民想方设法破坏“两公司”正常经营秩序，包括把“两公司”的采伐基地“抢”过来自己造林。他们以集体行动的方式，一旦发现有哪一片他们认为“属于不合理转让”的山场林木被砍伐之后，他们就不顾一切占领采伐基地，不让外人来重新造林。在安仁乡的安仁村，当地的几十户村民联合起来抢种了属于腾荣达公司的一片面积近 400 亩的采伐基地，然后大家每户出了 1000 元，合股造林。尽管后来在政府施加压力的情况下，部分农户退出了，但是仍然有十几户农户一直坚持到现在。在万安镇的里源村，也存在类似的情况。2006 年该村的几个农户在腾荣达公司的五六十亩采伐基地上种上了毛竹，同时他们还扬言要抢占“两公司”的另外一片面积相当的采伐基地来造林。2008 年我们在安仁乡伍宿村走访时，发现当地的农民普遍把遭到盗伐的“两公司”林地视为“荒山”（其实还留下一些小的林木），而在上面种植毛竹。

对于大部分农民来说，直接到山上盗砍盗伐别人的林木毕竟有很大的风险。有的村民开始采取其他方式来进行维权。其中一种方式是利用自己的地利优势，拦路断桥，向林业经营者收取过路过桥费。由于近年来国家实施新农村建设，将乐县的各个村普遍实现乡村道路硬化，而在修建乡村道路的过程中，很多村集体组织都有发动村民集资修路，以弥补建设资金不足的问题。按照当地村民的推理，既然“此路是我开”，那么林地经营者砍伐运输木头时就要经过“我的路”，那么对方自然就要向村民支付“买路钱”。如 2007 年，将乐县光明乡渠许村、古镛镇的玉华村和黄潭镇的祖教前边自然村都发生村民堵路拦车乱收费等现象。此外，如果“两公司”砍伐木头，一旦有木头滚到农民的水田里而损害了农民的农作物，其农户往往也可能漫天要价，要求对方赔偿损失。

安仁乡的朱坊村还发生这样一件事情。2007 年，该村村民集资重新维修位于村庄“水口”的一座有丰富历史记忆的风雨桥。按照预算，这个工程需要花费 20 多万元。因腾荣达公司在桥对面有 700 多亩的山场，砍伐时木头运输必须经过这座桥。为了筹集资金，村集体和村民曾经向腾荣达公司发出信函，要求对方“赞助”5 万元修桥费，但是对方始终没有答复（实际上是拒绝了）。这座桥维修完工后，该村屡次阻挡腾荣达公司砍伐的运木车经过该桥。

类似这样“刁民”抗争①或者说农民维权的例子②，显然严重干扰了林业的正常经营秩序，但是在村民自身看来，这是他们在集体林改中遭受不公正待遇后采取的无奈之举。不过，这样一来，即使那些通过正规途径获得林地经营权的经营者的合法权益也得不到保障，从而可能直接威胁到集体林权制度改革后的整个林业产权制度安排。

---

① Li Lianjiang & O' Brien, "Villagers and Popular Resistance in Contemporary china", *Modern China*, 1996, (1) 22, pp. 28 - 61.

② 于建嵘：《当前农民维权活动的一个解释框架》，《社会学研究》2004 年第 2 期。

三 底层争议政治原因分析

从前文所述的两个较有典型的林权纠纷事件中可以看出，导致集体林改后林权集中的因素是多方面的，这其中既与林改制度自身的设计缺陷有关，也与林改政策在村级实施中的操作违规有关，如外来非农村资本对林权集中的影响。在林改过程中，林权价值上涨幅度惊人，之所以会出现这种情况，与外来资本特别是非农业资本的介入炒作有很大的关系。信息的不对称也导致林权集中。普通农民缺乏对宏观经济的分析能力，对林业市场变化的信息掌握不全。① 政策排斥、资本排斥、信息排斥和林改过程中的“非规范”操作，是失山林农群体形成的主要原因，还有下面三个因素也是导致林权纠纷和林农抗争的原因。

（一）林权制度变迁与农民林权观念变化

毫无疑问，林权纠纷与集体林权制度的变迁过程有密切关系。从深层次的角度来看，每一次的集体林权制度变迁，都包含了相应的制度期望的调整。由于制度期望的调整，才会导致相应的制度变革。我们分析福建省的林权纠纷事件时，既要注意到正式制度实施对林权纠纷的影响，更要注意到农村中各种民间俗例等非正式制度对林权纠纷的影响。这里所说的民间俗例，“即所谓‘乡俗’、‘乡例’是一种地方性的习惯法，在特定的地域范围内，约束人们的社会行为。它是传统的承继，即不易受社会变迁打破的文化积淀；又有新传统的创造，带有时代的烙印。”② 套用过来的意思就是指当地村民在长期的林地利用中所形成的关于集体林地的地方性观念和认识。从接下来的分析中，可以发现林权纠纷与村庄中长期约定俗成的各种民间俗例等非正式制度因素有密切的关系。只不过，正式制度容易因频繁的制度变迁而发生变化，而非正式制度深植于村民心中，相比而言反而显得更加稳定。当然，非正式制度与正式制度往往以相互矛盾的形式

① 朱冬亮、肖佳：《集体林权制度改革：制度实施与成效反思——以福建为例》，《中国农业大学学报》（社会科学版）2007 年第 6 期。

② 杨国桢：《华南农村的“一田二主”：闽西汀州与台湾的比较》，载《华南农村社会文化研究论文集》，“中央研究院民族学研究所” 1998 年版，第 43 页。

出现，这点是引发林权纠纷的真正深层原因。

新中国成立以来，我国集体林改政策的多变性留下了不同的制度变革遗产，并直接影响后续的集体林权制度改革。同样，在集体林改政策施行之前，福建省不同时期的集体林权制度改革也都不彻底，并给后续的集体林地安排留下了不同的制度遗产，导致农民对集体林权认知的变化。这其中最突出的一点是每一次新的集体林权制度改革的施行，都未能从根本上解决前一次集体林改中存在的问题，其结果是导致山林权属越改越混乱，并由此衍生出产权不清、经营主体缺位等一系列其他问题。这种复杂的林权配置关系为林权纠纷的出现提供了制度前提。

新中国成立以来至 2003 年集体林改实施之前，我国经历的四次集体林产权安排与变迁都是属于政府主导型的产权变迁，很少或者根本没有考虑到农民的意愿，农民很少参与或者基本上没有参与集体林产权决策和实施。这点和耕地制度变迁略有不同。总的来看，我国集体林产权变迁的重要教训在于过于急躁冒进。如向初级社、高级社和人民公社产权制度变迁过程中，以及推行家庭经营的过程中，因急躁冒进，虽然短期内显示出轰轰烈烈，表面上实现了政府规定的目标，但是由于集体林产权制度变迁过程短，工作粗糙，遗留大量问题，出现了很多林权纠纷。①

具体而言，1951 年的土改同时实现了林地（包括耕地）的私有和均等，与传统的“不患寡而患不均”的小农意识相吻合。正是因为土改之后的林地私有只有短暂的几年，反而在农民心目中留下了难以磨灭的“祖宗山”回忆。因此一旦有机会，他们就会回忆起这段时期。安仁乡泽坊村新洋自然村与泽坊自然村的林权纠纷案例，就暗含了这样的假设。在该乡的洞前村，据说在集体林改实施时，处于强势地位的部分村民甚至强行要求按照土改前的林地清册，把原属于集体的大部分毛竹山占为己有，致使那些处于弱势地位的村民只能分到很少的毛竹山。

土改满足了农民平均占有林地的要求，这种意识在接下来的人民公社时期得到进一步的强化。30 年的人民公社历史，使农民的心目中已经形成一种很深的“集体土地成员权”意识。在他们的观念中，林地是属于

---

① 刘璨、吕金芝、王礼权、林海燕：《集体林产权制度分析——安排、变迁与绩效》（续三），《林业经济》2007 年第 2 期。

“大家的”，因此每个集体的成员，包括现在的和将来出生的，都应该无条件均等地享有分配林地的权利。20 世纪 80 年代“林业三定”政策的实行，实际上迎合了农民的这种认知意识。我国大部分省市也因此把大部分的集体林地“分山到户”，采取了类似耕地承包制的经营方式。应该说，在当前我国农村人口众多，人均占有的林地耕地资源极其稀缺而农民又没有其他非农性就业门路的情况下，均等地占有林地耕地实际上是一种最为有效的社会保障。所以，在全国绝大部分农村地区的农民看来，林地和耕地一样，都是他们的“命根子”，是他们赖以生存的基本的资源依托。这种观念深深地影响着农民对林地的认知。

在集体林地制度的村级实践中，名义上我国集体林地所有权由全体成员共同拥有，即村民群体才是财产的所有权主体，但实际上却是村集体组织“村两委”在代表村民行使所有者权利。“村两委”作为集体林地产权的代理主体，必然会以“村两委”为载体，以行政力量为手段来对村集体林地实施管理和经营，从而使得“村两委”成为事实上的集体林地经营主体，普通村民的产权主体地位被虚置架空。由于 20 世纪 80 年代实行耕地承包制后，我国的村级组织制度建设却没有随之进行调整，导致农村自治组织制度建设严重滞后，无法有效约束村集体组织特别是村干部的寻租和腐败行为。即使是 1998 年国家颁布实施《村民委员会组织法》后，短时期内也无法真正有效运作。特别是村集体组织和村干部在失去了耕地这个村财创收的资源依托之外，必然会以兴办村公益事业等为借口，把目光转向仍然实行村集体经营的集体林林地，从中获取收益。而且他们的这种做法在制度上存在合理性依据，也被大部分村民所认可。

尽管农民认为林地也是他们生存的资源依托，他们对林地的认知和情感却有很大的差异。和耕地直接关系到农民的温饱吃饭问题不同，林地在某种程度上不直接关系到农民的生计问题，而集体林地的共有产权属性又使得他们可以几乎不用支付任何成本就可以从集体林地获得廉价的收益，主要是盖房、砍柴等。再加上长期以来，国家垄断林木购销市场，并征收高额的林木经营税费，林木经营的剩余价值几乎全部归属于国家和地方政府。普通农民如果以正常的方式经营林地或者从事林木购销（除非是走私），根本就无利可图。在这种情况下，林权的价值自然也被人为因素压低到不可思议的程度。这就不难理解，为什么在集体林改实施前，林权转让的市场价是如此之低，以至于一亩成熟林居然只能“卖”几十元至一二百元。更为致命的是，超低的林权价值，导致了包括村集体、村干部和普通村民在内的社会各方对林地经营的低价值预期。他们普遍认为“山场根本就不值钱”。既然林权是个“不值钱”的东西，普通村民自然也就不会关心村集体林地的经营情况。长此以往，农民就慢慢形成一种随意利用集体林地但却不真正关心集体林地经营的局面。这种局面整整维持了20多年，一直到集体林改政策时。这种淡然处之的林地认知理念在客观上为村干部暗箱操作买卖山林提供了便利。事实上，在20世纪80—90年代中，虽然时时耳闻当地村民提到本村的集体山林正在被村干部变卖，但是却很少有村民真正站出来维护集体的林权权益。失去了村民群体的监督，村干部买卖集体山林更加猖獗，并迅速向其他周边地区蔓延。将乐县南口乡陈厝村的林权纠纷案例就很好地证明了这点。

（二）“三维护”政策与分山到户之间的矛盾

此次林改明确表示对在改革前签订的合同要均予以维护，尽量维护原业主的利益（即“三维护”政策[①]）。这样的目的是尽量降低改革的经济和社会成本，但却使改革失去了公平性和正义性。

由于福建省在集体林改中贯彻执行“三维护”政策，在将乐县，几乎所有林改前“非法”获取的山林都被界定为属于“非规范”转让性质，业主只要交纳一笔让利款就可以“合法”地占有。如此一来，他们占有的山林在法律上得到了承认，其私人产权主体的排他性开始逐步显现。

2008年，我国出台了《关于全面推进集体林权制度改革的意见》，明确提出要把集体林地通过家庭承包方式落实到本集体经济组织的农户，从而确立农民作为林地承包经营权人的主体地位，确保农民平等享有集体林地承包经营权。这就给广大农民这样一个强烈的信息，中央只实行类似分山到户的政策。特别需要强调的是，包括中央媒体在内的各类媒体又连篇

① 一是对已明确林权的予以维护，不打乱重来或借机无偿平调；二是对在改革前签订的合同，只要是符合国家法律政策、转让行为规范、合同真实有效并依约履行的，均予以维护；三是对合同有不完善和不规范的地方，也采取“动钱不动山”的办法进行利益调整并加以完善规范，尽量维护原业主的利益。“三维护”政策的实施实际上让集体林权制度改革之前已通过各种途径转让的山场不必参加此次“分山到户”的林改。

累牍地报道和传达中央集体林改是为了达到“分山到户”这样的信息，从而强化了农民的分山到户理念。

然而在闽赣两省的农民看到的现实情况却是，集体林改政策实施后，大部分的集体山林成了别人的山林，他们中的绝大部分人并没有分到山林。这样一来，他们就依据自己的日常知识推理出这样一个事实：即他们没有分到山林，完全是地方政府官员念歪了经。他们确信，中央的政策是好的，是地方政府不执行或者曲解中央的政策。泽坊新洋村村民在写给胡锦涛同志的上访报告中就是这么认为的：

> 胡锦涛总书记曾指出：“应当说中央的政策是公平的，然而却常常被‘歪嘴和尚’将‘经’念歪了，搞偏了。什么原因？主要是有的领导屁股坐歪了，不是坐在广大人民群众一边，而是坐在少数人一边，不是坐在穷人一边，而是坐在富人一边，更为严重的是有的领导干部与少数心术不正的有钱人结成‘利益同盟’，所以不解决领导干部屁股是否坐歪的问题，把维护社会公平放到更为突出的位置，则是一种乌托邦”。总书记说得多好，讲到我们新洋村民的心坎上来了，对照，本次林改的任务应该是：在保持林地集体所有的前提下，明晰林木所有权和林地使用权，落实以家庭承包经营为主体的多种经营并存的集体经营体制，将林地使用权和林木所有权落实到户，调动农民育林造林的积极性，增加农民收入，加快农村全面建设小康社会的步伐，经确权核实，优先给予登记发证等公平的林改政策，却被安仁乡党委书记吴健成、泽坊村支书曾庆浪等人搞歪了、搞偏了。他们的屁股坐歪了……

村民们相信，上级政府特别是中央政府是公正的，只是不了解实情，他们被地方政府官员蒙蔽了。只有通过上访，把真实的情况反映给上级政府领导，由上级政府和领导出面，并派人来调查真相，他们的维权愿望才能实现。根据这种设想，于是他们就不断地逐级上访，从乡（镇）到县里、再到市里，省里甚至到中央。他们把希望寄托在更高级的政府，泽坊新洋村民近10年的上访路径就是如此。白莲镇大王村等村的上访村民在面对县里派下来协调此事的副县长时，他们当面拒绝与这位副县长对话。

其理由是，这位副县长不能拍板决定此事。因此在派出几个代表到三明市上访无果的情况下，村民们就直接组成一个多达近百人参与的大规模上访群体，分乘50多部小汽车直接到省里上访了，整个事态因此而逐步扩大。在白莲镇大王村村民的认知中，即使他们已经上访到省里，在目前事情还没有得到妥善解决的情况下，他们认为还可以上访到中央。因为他们相信，中央是公平的，中央会替他们说话。通常在上访村民能够支付上访的各项成本支出情况下，一旦他们上访到中央，如果事情还不能得到让他们满意的解决，那么上访村民往往是在对政府的极端失望之余，无奈地接受地方政府对林权纠纷的处理结果。当然，也可能会出现另外一种情况。

（三）林权升值：林农抗争的催化剂

引发林农抗争的另一个因素是集体林改后林权的大幅度升值。这在很大程度上加剧了林权纠纷的烈度，是农民大规模上访的直接促成因素。

有研究者指出，由于我国农村集体林地的所有者同他们的代理人村集体组织之间既没有明确的委托契约，又缺乏内在的约束机制。在这种情况下，远离了财产所有权的农民群体无法对集体山林财产实施有效的监督，自然也难以获取经济收益。当然他们也就不会关心集体林业财产的运行情况和集体林业的发展，进而导致作为集体林产权所有者的农民在集体林权制度安排与变迁中缺乏主动权和能动性。① 实际上，这种推理是以农民对集体林地的低价值预期为前提的，一旦这个前提条件发生变化，农民的自主的集体产权主体意识就会被激发出来。

众所周知，任何的矛盾和纠纷都是起因于对现有的利益分配不满。由于在集体林改实施之前，林权的价值被人为地压低了，因此，无论是村干部还是普通的农民都认为集体林地林木“根本不值钱”。在这种认知意识作用下，他们即使知道村干部或者其他所谓的经营大户在“搞”村集体的林地林木，大部分村民也是无动于衷。不仅如此，即使是那些通过各种“非规范”途径流转而获得山林的业主，也对此持无所谓态度。最典型的一个表现就是偶尔有村民到他们的山场上去“盗砍”一点林木什么的，他们也一般不予追究。原因在于，“林木不值钱”。村民、业主和村干部

---

① 汪四臻：《江西林业产权制度改革》，《江西林业科技》2005年第6期。

之间也因此始终维持一种脆弱的均衡。但是到了集体林改实施完后的2006年，这种脆弱的均衡终于被打破了。

集体林改的第一步是明晰林权主体，之后，配套措施跟着出来，政府进行了大幅度的减税让利，加上林木市场的复苏，各种非农村非农业资本开始大规模地进入集体林权交易市场，林地经营者所获得的剩余价值大幅提升，林地林木价格因之迅速抬升。在这种情况下，无论是普通村民还是林地使用权或林木所有权者，都对林权的价值认识预期发生了根本性的变化。对于普通农民而言，他们很难想象，何以在几年之间山林变得那么值钱？而另一个更加令他们难以接受的事实则是，何以在集体林改完之后，原本属于大家所有的集体山林都变成私人或者是公司的了？到了这时候，农民对林地林权的价值认知也发生了根本的变化，从过去的不关注转变为强烈关注。特别是在有的村，未获得林地承包经营权的农民不仅没有获得任何收益，相反地，因为集体林改的实施，他们反而蒙受了不小的损失。事实上，在集体林改之前，由于林权属于村集体所有，林业产权主体的模糊性以及集体“成员权”的确定性①，使得任何本村集体的村民都可以从中获取某种近乎免费的收益。如此一来，他们不仅没有得到任何林改收益，反而要支付更多的生活生产成本。这点显然是他们最难以忍受的。

而对于山林所有者而言，如果说他们在林改前还可以容忍村民的“盗砍盗伐”行为的话，那么林改后在获得“合法”的林权主体身份前提下，他们再也不能容忍当地村民随意去侵犯他们的林权权益了。这样一来，双方的矛盾情绪逐渐积累，随时可能一触即发，所缺少的只是一根不经意发生的小小的导火线而已。

林权纠纷的大量出现与村民的博弈能力增强有着直接关系。用制度变迁理论分析，林权纠纷的普遍性预示着我国具有公有性质的现行集体林权制度处于非均衡状态，制度变迁已成为可能。但制度从非均衡到制度变迁，起决定作用的是对现行制度不满的变迁主体。对现行制度不满的主体，一旦对新制度有了需求，并具有利用非均衡条件的能力即博弈能力时，就会主动采取行动进行制度创新。从这种意义上讲，村民对山林资源

---

① “成员权”是指在村集体中，每个属于集体的成员都对本村的集体资产享有平等的财产权利。

的产权需求只是制度变迁的内在驱动力，村民博弈能力的大小决定了村民维权行为的种类、强度以及有效性。由于现代社会越来越开放，即使是封闭的山区也能够从电视等媒体获取相关的信息，村民参与程度与水平不断提高，特别是《村民委员会组织法》的实施赋予了村民对社区事务的民主管理权利，强化了他们的博弈能力。① 不仅如此，由于城乡社会流动大为增加，那些见过世面的年青一代对外面的信息和法律更为了解，拥有更多的经济资本、文化资本和社会资本，自然其博弈能力比一直居住在农村的村民更强。他们能够迅速组织配置资源，高效地追求自己的群体目标。

四 建立一种新的农村林权改革论述

（一）林改改革政策的经济自由主义背景

1978 年年底，务实的领导人启动了中国的改革开放进程，在此过程中，经济自由主义思想逐渐引进，并在经济改革思想的竞争中取得了某种优势。地权改革是中国经济改革中的重中之重，而林权又占了地权的大半个江山。据有关部门的测算，在中国现有的土地面积中，耕地约有 18 亿亩，而林地却有 43 亿亩，相当于耕地面积的 2.4 倍，其中属于农村集体所有的林地有 25.48 亿亩，涉及农民 4 亿多。② 带有经济自由主义色彩的林权改革尝试始于 20 世纪 80 年代，2003 年，福建、江西两省在国家林业局的支持下，先后出台了《关于推进集体林权制度改革的意见》，将集体林改定性为要“给予林农真正意义上的物权”③。

资料显示林改后林产业得到快速发展④，从货币化的数字来看，效率的确提高了，但如果仔细分析增长原因，这几年林业总产值增加的一个原因是木材的砍伐量的增加和政府税费的减免。如果在经济效率中加入生态

① 张红霄、张敏新、刘金龙：《集体林权制度改革：林权纠纷成因分析——杨家墟村案例研究》，《林业经济》2007 年第 12 期。

② 国家林业局政策法规司有关负责人：《林权制度改革如何让农民受益》，《人民日报》2008 年 7 月 17 日。

③ 参见 2006 年 5 月 14 日国家林业局局长贾治邦在由国家林业局、福建省人民政府、中共中央党校、中国人民大学联合主办的福建省三明市举办的“全国集体林权制度改革高峰论坛”上的讲话。

④ 春华：《醒来的大山——福建省林权制度改革纪实》，《今日国土》2007 年第 7 期。

因素和社会成本因素，效率提高就要进一步打折扣。

对于经济自由主义来说，其价值目标除了效率优先之外，也考虑到兼顾公平，当然这里的公平主要是机会公平。[①] 也就是将村集体林权分解后，平均分配给每户农民。然而，从改革实践来看，这个均权的目标是没有达到的。不少农村地区的林农心里感到不公平。从各地大部分村庄的村级改革实践看，此次林改只是把林改前已经流转出去的集体林权给予重新确权发证（即“三维护”），而不是从根本上对原有的产权配置作出变动。然而，林改前的林地占有状态是不公平的，一些人通过非规范的方式占有了大片林地。因此，“三维护”式林权改革没有实现初始产权在集体成员间公平分配的目标，也就是均权的目标。[②] 如果说起点已经是不公平的话，那么在接下来的过程中，机会也是不公平的。集体林改在实施过程中存在着政策排斥、信息排斥、资本排斥等诸多因素，使得林改后的林权大规模转移到少数林地经营大户手中。另外，林改中政府大幅度地实行减税让利，引发林权大幅度升值，导致林地经营大户在没有多少投入的情况下迅速暴富。面对这种情形，失去集体山林的农民自然会觉得心理上失衡，与林地经营大户的矛盾也逐渐加深。任何的制度变革过程，本质上都是一种利益再调整和再分配，改革本身要兼顾到效率与公平。换言之，改革要经济效益与社会效益并重，仅仅追求经济效益而忽视社会效益，那么就很难说这个改革是成功的，反之亦然。[③] 就目前中国农村状况而言，无论是林地还是耕地，它们在某种程度上都是农民的“命根子”，是农民赖以生存的最基本的资源依托，也是实现农村社会保障的根本基础。对于集体林改一些偏离“耕者有其山”目标的做法，需要我们在推进集体林改过程中及时纠正，以确保林权改革的公平、安全和效率。[④]

---

① 《福建省林业厅关于集体林权制度改革若干问题的指导意见》，闽林综〔2004〕148号。

② 张红霄、张敏新、刘金龙：《集体林权制度改革：林权纠纷成因分析——杨家墟村案例研究》，《林业经济》2007年第12期。

③ 贺东航、朱冬亮：《集体林权制度改革：“效率”与“公平”能否兼顾?》，《中国社会科学院院报》2008年第12期。

④ 黄建兴：《认识和把握林改的正确方向——在全国林改办公处长会议上的讲话》（2009年2月20日），http：//www. hljslg. com/lgdt/hjxjh. html。

（二）以均衡思维解决林权纠纷与林农抗争问题

为了使我国正在全面推行的集体林权制度改革顺畅发展，我们应该用均衡思维来处理解决林权纠纷与林农抗争。

均衡思维是一个由结构概念引申出的思维方式概念。从结构的角度讲，主要指多维状态下的一种衡定结构，外力如何作用，始终保持一种基本的衡定性。中国改革不断深化的一大表现，就是由垂直的社会管理结构，演变为相对扁平的金字塔式管理结构，由单一的利益主体演变成为多元利益主体。立足于多维状态思考与追求衡定，显然是切合改革开放深化期实际的选择。① 用均衡思维引申到集体林权制度改革的层面，就是既坚持原则性又体现协调性与稳固性的整体思维方法。在这种思维下，林权改革的公平取向需要贯彻经济资源的拥有、经济过程的治理和经济成果的分享三个层面。其价值目标主要体现在经济资源的公平拥有上，我们可以订立几个原则来处理好林改的公平正义问题。

1. “处境公平”原则

在资源稀缺和利益冲突的条件下，公平问题总是表现为“谁应该得到什么”的问题，也就是权利问题，于是公平问题就转化为如何分配权利问题。在林权改革过程中，当权利问题进入公开论争时，似乎法律和政策上如何规定的成了解决纠纷的标准。但根据现有法律和政策规定的权利常常无法解决纠纷，在农民心中唤不起应有的公平感，有时反而会带来更大的冲突。

为什么林农普遍有这种不公平感觉？因为那种“合法林权”根据的是经济自由主义的经济效率原则，只将它换算成某个固定时期的经济收益，而且没有考虑可能的生态成本和社会成本，也没考虑到与之密切相连的共同体权利。但农民即使不知道现代“权利”术语，但内心中也有某种权利意识，那就是祖祖辈辈生长于此所形成的乡村共同体成员资格，这种资格让他们对集体山林有某种正当要求，而这种要求不是现有法律和政策规定的林权所能涵盖的，它意味着自己能够长期地有尊严地生活在这个共同体当中。据此，在农民心目中，自己对于这片林山的正当权利要远多

① 翁杰明：《以均衡思维处理现阶段的矛盾和问题》，《改革》2008 年第 5 期。

于现有法律和政策规定的那种林权。这就是某种处境公平观，它是某种形式公平所难以包含的，存在于乡土社会的地方性知识中。①

2. “民主治理”原则

乡村共同体成员对于影响共同体生活的重要事项拥有集体决定权，这是乡村民主治理的基本含义。地权改革对于乡村共同体生活来说显然具有根本性的影响，其过程应该由共同体成员全程参与和控制。小岗村分田承包和永安洪田村的林权改革被证明是具有深远意义的集体理性决策，就是由农民开会研究决定的。这里必须注意的是，乡村民主不只是一种投票的民主，也不只是一种讨论加投票的民主，而是一种乡村共同体的生活方式，乡村民主的扩大过程就是乡村公共生活的丰富过程。村民整体对于确定何为乡村共同体的公共事务，应该通过何种方式作出决策，以及如何让决策得到落实并控制决策风险等拥有该共同体内最高的权力。中国的乡村民主有了很长时间的实践，尽管出现了一些问题，但总的走向是好的。它是尊重和保障农民首创性的基础性制度。在农民无法抗拒现有法律和政策的情况下，保护自己的办法就是要通过集体审议而认真对待自己的权利，防止在信息不完整的情况下轻易地处置它们，“民主治理”中的集体协商比一个个分散的农民决策能更好地凝聚智慧。

3. “法律平衡”原则

在处理林权纠纷的执法过程中，要在法律、政策条文与源于处境公平的诉求之间取得平衡。在林权纠纷的解决中，存在两种极端化的理解：一是权力主义理解；二是法条主义理解。前者奉行的原则容易使林权纠纷滑向霍布斯式自然状态。后者奉行的是一种僵化逻辑，当事者摆出一副公正的模样，说要严格依法办事，但如果真正按法律条文来办事的话，乡村很多事情的确办不成，林权纠纷也无法解决。中国似乎有必要吸收英国衡平法和衡平法院的经验，在基层创新一种司法实践，或者司法制度，让司法者（目前不只是法官）能够在以法律文本与本土观念之间取得一种平衡。司法上如何做到平衡是个复杂的问题，可以设立直接受省级法院和政府联合管辖的巡回工作组，各处巡视，专门处理辖区内农村土地流转案件。这种平衡也要通过各种纠纷解决的案例体现出现，要认真对待这些案例，使

① 孟德拉斯：《农民的终结》，李培林译，社会科学文献出版社2005年版，第37页。

之成为以后的司法甚至立法的参考。需要立法者认真思考在法律文本中平衡考虑现代公平与本土公平的关系；需要有关机构在执法过程中认真对待本土公平观念，在法律条文与乡土观念之间取得平衡，以达到长期冲突成本最小化的共和目标。

4. “产权有限”原则

处境公平原则意味着没有绝对的产权，尤其是没有绝对的私有产权，所谓“私有财产神圣不可侵犯”更是站不住脚的。正如马克思所说，“权利永远不能超出社会的经济结构以及由经济结构所制约的社会的文化发展”。[①] 可是，如何判断某种权利安排的正当性呢？经济共和主义认为，在一个共同体当中，其正当性是某种经济结构和文化传统的约束下，在不损害任何一个成员的生存和基本尊严的前提下，能够增进该共同体的总体利益。实际上，处境公平中的生存权利和人格尊严构成了产权变更的约束条件，主张的是人权高于产权的原则，反对让“人权成为产权的牺牲品”。[②]“以人为本”观念如果要在林权改革中体现出来的话，那就是人权高于产权的观念。农民在转让林权过程中，要认真思考和保留某些对于生存和尊严来说是必要的权利，并以此为根据，谨慎地决定是否转让产权，即使转让，也要对转让出去的产权施加某种制约。譬如说，有的地方规定，一个公司如果取得了一定量的流转土地，在雇工时要优先考虑本村失地农民。这项规定说明本地农民对该公司拥有某种权利，而这种权利构成该公司地权的约束性条件。农民的这种权利来源于何处呢？应该说来源于其祖祖辈辈生长于这块土地上的事实，这种事实构成一个村庄的某种共同体权利，其中某些权利附着在土地上面，在转让地权时保留下来。因此，取得流转之地权的主体应受到这种权利的约束，以保证乡村共同体生活的延续和提升。

本课题通过福建与江西两个林权纠纷与林农抗争的个案，采用细致的田野调查的方法，揭示了这种纠纷的缘起，林农抗争和利益表达的逻辑与选择，最后从政治学的角度，解读了在这种林权改革这一具体场域中，如

① 《马克思恩格斯全集》第19卷，人民出版社1995年版，第22页。

② 这是马克思引用英国政治活动家和政论家赛米尔·兰格的话，参见《马克思恩格斯全集》第23卷，人民出版社1972年版，第722页。

何实现价值取向、制度安排与治理绩效上的公平与均衡。但因为我们关注的限度，在结论部分，我们没有社会学的解读。未来我们的研究仍须从具体场域来做长期的跟踪调查，从文化形态、制度安排与利益博弈格局来进一步解读林权纠纷与林农抗争的底层政治。

资源型农村妇女维权行动研究

——基于山西省 X 村的个案研究

李利宏[①]

一　问题提出与个案背景

美国学者塞缪尔·P. 亨廷顿在《变化社会中的政治秩序》一书中指出："现代性孕育着稳定，而现代化过程却滋生着动乱。"[②] 一个社会中如果它的政治、经济、文化变化程度较大，而且这些变化不能被社会中的人们及时接受和消化，那么就很有可能发生社会运动，甚至出现社会革命。当前，我国正处在经济社会转型的关键时期，社会结构不断变动、利益格局不断调整，社会不断发展的同时也带来了新的社会矛盾。2008 年以来由于煤矿企业的兼并重组，中小煤矿的改组撤销，使得依托村办煤矿的资源型村庄经济结构发生了重大变化，这些村庄经济受到影响、农民生存环境进一步恶化、农村贫富差距增大，以这些村民为主体的维权行动也在这一时期明显增加。

学者们对我国近年来抗争事件中基层社会维权行为的手段、方法进行过大量研究，提出了一些很有解释力的分析框架。于建嵘认为中国村民的抗争行动可以用"以法抗争"来解释，村民把自己行动的合法性或者应得利益的合法性作为与政府博弈的工具。美国学者欧博文与国内学者李连江用"依法抗争"这一理论框架来解释当前中国村民的抗争行动。他们

---

① 基金项目：国家社会科学青年基金项目"煤矿产权模式与农村发展走向"（11CZZ042）。
李利宏，山西大学政治与公共管理学院副教授，研究方向为农村社会治理。

② ［美］塞缪尔·P. 亨廷顿：《变化社会中的政治秩序》，王冠华等译，生活·读书·新知三联书店 1989 年版，第 243 页。

认为“依法抗争”是“以政策为依据的抗争”，即参与群体性事件的这些村民将国家颁布的法律和中央有关部门出台的相关政策作为武器来维护他们自身的政治和经济上的权利。王洪伟提出了“以身抗争”[①]，他发现“求助于内”的底层社会抗争的逻辑，即“以身抗争”已经成为底层社会维权抗争的一种重要策略，并得出中国底层村民抗争的“非政治性”、“弱组织性”和“具体利益性”取向使得“有组织”的政治抗争乃至革命性转化是不太可能的结论。董海军借用“势”的含义，提出一种融合性的解释框架——依势博弈，包含知势、造势、借势、用势四个方面，依势博弈解释框架体现了维权行动的主体多元性、博弈平等性、策略权宜性、因素多样性、内容丰富性等特征，反映了中国基层社会变迁的倾向，拓展了基层维权抗争的视角。[②] 王金红认为，中国弱势群体的社会抗争剧目发生了新的变化，出现了各种以牺牲尊严甚至生命为表现形式的悲情抗争，具体表现为自残、自焚、自杀、集体下跪、集体哭诉等。[③] 应星从具有浓厚中国传统文化特性的“气”这一概念出发，来阐释中国乡村社会的集体行动[④]，推动了农民上访研究“从策略到伦理”的转变。[⑤]

既有的抗争研究，学者们注意到参与者的个体差异与抗争行为的关联，如石发勇的研究认为体制内成员如公务员、教师、军人在信息供给、资源获取和策略选择上扮演重要角色。[⑥] 朱健刚和王超的研究发现老年人群体是业主维权的中坚力量。[⑦] 这些学者的研究大多基于“社会性别中

① 王洪伟：《当代中国底层社会“以身抗争”的效度和限度分析——一个“艾滋村民”抗争维权的启示》，《社会》2010 年第 2 期。

② 董海军：《依势博弈：基层社会维权行为的新解释框架》，《社会》2010 年第 5 期。

③ 王金红、黄振辉：《中国弱势群体的悲情抗争及其理论解释——以村民集体下跪事件为重点的实证分析》，《中山大学学报》（社会科学版）2012 年第 1 期。

④ 应星：《“气”与抗争政治》，社会科学文献出版社 2011 年版，第 3 页。

⑤ 吴长青：《从“策略”到“伦理”：对“依法抗争”的批评性讨论》，《社会》2010 年第 2 期。

⑥ 石发勇：《关系网络与当代中国基层社会运动——以一个街区环保运动个案为例》，《学海》2005 年第 3 期。

⑦ 朱健刚、王超：《集体行动的策略与文化框架的建构》，载朱健刚主编《公共生活评论》，中国社会科学出版社 2010 年。

立”的原则[①]，较少考虑社会性别差异对抗争者行为及其行动逻辑的影响。然而，男女两性的差异实为个体分化特征中“更深刻、持久且不对称的”[②]。陈晓运通过研究都市女性在环境抗争的重要作用，认为性别角色与抗争有一定的关联。[③]

上述学者的分析为我们解释基层社会维权行为提供了有益的借鉴，但这些解释框架还不足以解释农村妇女在维权中的主体地位问题，在维权行动中，农村妇女利用其自身条件获得了男性在维权中无法获得的优势，在维权中凸显了自己的主体地位。而这样的抗争无法用“以法抗争”、“依法抗争”、“以身抗争”、“依势博弈”和“悲情抗争”等来解释，它是基于农村妇女的性别优势获得的，在本文中笔者命名为“以性别抗争”。

X 村由于煤矿兼并重组时补偿款的分配问题[④]，出现了多次女性领导并且以女性为主体的维权行动，在笔者所调研的众多村庄中颇具代表性，因此本文将 X 村作为典型案例进行深度分析。X 村的集体煤矿 1983 年建成，集体经营。1990 年煤矿建设需要大量资金，村集体无力承担，把煤矿承包给个人经营。1997 年 1 月到 5 月，沈某丈夫（沈某是维权行动的主要领导者）承包并负责出煤，但最后村庄以无钱为理由拖欠销售费用，这笔钱后来被上诉至法院，法院认定要求合理，责成村集体赔偿，沈某已拿到一部分，目前还欠 14 万元，这是沈某积极维权的主要原因。1997 年 5 月到 2001 年，村支书李某及其亲戚（包括贺某的丈夫，贺某是维权行动的主要参与者）承包煤矿。在承包过程中，为扩大产量修建煤窑，在村民中进行了集资，其中贺某集资 5 万元，但之后煤矿没修建成功，李某因为村民告状就离职了，村集体为此拖欠了一大笔村民的集资款；2001 年，新任村支书张某又把煤矿承包给了外村村民吴某。2008 年，村集体煤矿被国有企业整合，整合后补偿款去向和分配问题成为 X 村人上访的

---

① 陈晓运、段然：《游走在家园与社会之间：环境抗争中的都市女性》，《开放时代》2011 年第 9 期。

② ［加］朱爱岚：《中国北方村落的社会性别与权力》，胡玉坤译，江苏人民出版社 2004 年版，第 202 页。

③ 陈晓运、段然：《游走在家园与社会之间：环境抗争中的都市女性》，《开放时代》2011 年第 9 期。

④ 按照学术惯例，文章所用人名、地名均为学名。

激发点。补偿款最终分配状况如下：按照评估报告确定的补偿款1638万元，扣除税费399万元，剩余1239万元。经双方反复协商X村村委会获得830万元，吴某个人获得409万元。自款项的最初分配，到确定由X村享受的830万元，以及款项到账后应作何处理，这些村民均不知情。没有了土地和煤窑这些赖以生存的生产资料，村民心里极度缺乏安全感，在得知自己应得的补偿也被他人截留和所有时，这种长久以来压抑的不满爆发了出来，采取集体行动维护自身利益成了唯一的法宝。

二 维权行动中妇女的角色扮演

本文对妇女维权行动的研究，不再拘泥于以往的“结构—过程”的视角和宏观、整体性的把握，着重从个体行为的视角进行微观层面的透视。[①] 维权行动中所有参与者均有各自的目标与利益，由于她们所拥有的资源（包括权威、能力、知识、信息等）不同，在行动中扮演的角色就有差异。

麦卡锡和左尔德认为20世纪60年代美国社会运动增多的原因在于当时社会中可以被社会运动参与者利用的资源数量大大增加了，“社会运动所能动员的资源总量将会越来越是决定这个社会运动规模和成败的关键”[②]。尽管他们的资源动员理论中研究的社会运动不能等同于本文所研究的维权行动，因为社会运动通常是指高度组织化的、反对社会变革的制度行为，而维权行动不一定具有相应的组织，很多都是自发的、临时性的，领导也是多变的。但是影响社会运动发展的因素，如自由支配时间的增加和社会运动组织利用的钱财、资源等的丰富，与影响维权行动发生的因素颇具相似之处。

2011年10月到2013年12月，X村发生的维权行动共有12次之多，由男性组织策划实施的只有1次，其余均由女性组织。沈某组织的维权行动共有9次，贺某组织的有2次，且参与者几乎都是女性。她们之所以积

---

① 王芳：《行动者及其环境行为博弈：城市环境问题形成机制的探讨》，《上海大学学报》（社会科学版）2006年第6期。

② 赵鼎新：《社会与政治运动讲义》，社会科学文献出版社2012年版，第186页。

极参加维权行动，是由于男性大多外出打工，她们在村庄的时间更充裕。她们事先通过非正式组织传递维权行动的具体时间、地点以及主要目标，然后按照要求在指定的地方集合，进而形成集体行动。X 村的女性村民在多次维权行动中出现了较为固定的组织者、不可或缺的重要参与者以及数量众多的追随者。

（一）维权行动的组织者

成为组织者或行动精英的标准在于他们拥有重要的资源，包括权威、能力和信息等。沈某之所以能成为维权行动的组织者，首先，在于她在村内拥有较高的权威。沈某能说会道、性格豪爽，她在上初中期间曾作为学校文工团的代表去附近乡镇参加过多次演出，是学校的辩论高手，对于一个农村妇女来说，这是不可多得的才能，这使她在村庄内部享有较高的声誉，这种权威性影响是她成为组织者的重要因素。其次，她能够及时了解到重要的信息。她能从在农行任职的亲戚得知村支书提走煤炭资源整合的补偿款的具体时间和数目，从而掌握了其他村民无法获得的重要信息和材料，也就是说沈某掌握了麦卡锡和左尔德所说的可供社会运动所使用的资源，这些资源为她选择组织维权行动的时机提供了最可靠的信息。最后，沈某年龄不到 50 岁，年富力强，两个孩子均在县城工作，没有家务拖累，因此，她有充足的时间和精力在组织维权行动之前对潜在参加者进行充分动员。

2011 年 1 月 31 日，即农历腊月二十八，沈某带领村民去镇政府讨要煤炭资源整合的补偿款。沈某事前得知村支书从银行提走 20 万元现金，她认为这是村里煤炭资源整合的补偿款，应该发给村民，而不是由村支书独吞。临近春节，村集体还是没有发钱的迹象，沈某便萌生了带领大家去要钱的念头。她走家串户，以拉家常为名，把这一消息告知了周围的女性村民，并且说自己想去镇政府讨个说法，想让大家一起去。她说：“我是知道他提走二十万不给我，我就气了，我就问大家谁给我捧捧场，只要大家给我捧捧场就行，遇事有我了。”（20110708SM）① 有着相同利益诉求

① 我们对村庄的调查主要采用个案访谈和参与式观察的研究方法，访谈的对象是村民若干，我们对所有个案访谈材料进行了必要的技术性编码处理，即访谈日期——村民代码。下同。

的女性村民表示愿意参加。当天，沈某带领村里七八个和她关系不错的女性村民到达镇政府，要求镇领导主持公道，希望镇政府责成村集体为农户兑现煤炭资源整合后的补偿款，并且诉说各家没钱过年的现状，要求政府予以解决。起初，镇长承诺给大家一个说法，但是希望大家回家等待。沈某认为这只是暂时的托词，并不想真正替她们解决问题，因此没有丝毫回去的迹象。最终，镇长通知 X 村长李某在镇长面前答应给村民发钱，并答应具体的兑现时间。腊月二十九，村集体给每户发放现金 400 元，沈某觉得 400 元相比数额巨大的补偿款来说太微不足道。在发钱现场，沈某等人表示不满，随即号召正在领钱的村民去质问镇长补偿款到底应该怎样分配。这次参加人数达 40 多人，规模较前一天的集体行动要大很多，参与者主要还是女性，少数男性只是跟从。以沈某为代表的谈判队伍同村长进行了商谈，在镇长的协调下，最后商定给每户发 1000 元。在这次维权行动中，沈某正是因为抓住了解决问题的关键，才为她成功组织维权行动提供了必要条件。在当前的维稳形势下，中央三令五申要求保持社会稳定，尤其是在重大节日、重大活动等关键节点，各级政府都不希望自己所辖区域出现大规模的维权行动。沈某正是有效利用了这些政策向村支书施加压力，才有效维护了村民的权益，从而为日后的维权行动积累了经验。在对沈某的深入访谈中发现，她对自己组织维权行动的时间和机会选择上有一定的认识，再加上敏感与历练，她总是能够选准最恰当的时机来行动。所以，此后数次维权行动中，沈某均以维权行动的号召者和领导者出现。

（二）维权行动的重要参与者

康豪瑟的大众社会理论认为，一个正常的社会结构有三层，政治精英、中层组织和民众，而发达的“社会中层组织能够对精英政治进行组织化和民主化的控制；能够提供一个交往和讨论的平台，从而使民众对现实的感知更为真切和现实”。[①] X 村承包过村集体煤矿的村民，他们虽然没有掌握村庄的公共权力，但由于财富和见识的增长，与一般村民相比，他们属于村落共同体的中层，这些村庄的经济精英对村庄的经济形势有比较明确的判断，对煤矿管理体制更为了解，对采煤成本和收益了然于心，

① 赵鼎新：《社会与政治运动讲义》，社会科学文献出版社 2012 年版，第 89 页。

这些重要信息的掌握使得他们能够迅速判断出自己的利益是否被侵犯，并清楚知晓被侵犯利益的数额。这部分村民家庭中的女性成员在X村多次的维权行动中扮演着重要参与者的角色，贺某就是其中的代表。

X村的多次维权行动中，都有着同一个身影——贺某。她50多岁，其丈夫曾经作为队长管理村集体的煤矿并和亲戚一起集资修建煤矿，因此贺某熟知煤炭管理情况以及村集体煤矿的收益与成本。当初修建煤窑时，村集体拖欠了一部分村民的集资款，涉及贺某的款项为5万元，贺某特别希望通过维权行动从村集体煤矿兼并重组的补偿款中获取自己应得的补偿。因此，她作为重要的利益相关者，积极参与维权行动，包括2011年到镇政府讨要补偿款、去国有煤矿为村民争取煤炭、去县城索要集资款等，并在多次维权行动中充当火上浇油的角色。沈某这样评价她“说话可猛了，去了就和人家置气（发脾气）了”（20110709SM）。几次维权行动中，贺某均积极发表诉求，但她说话不讲究迂回，没有条理，只知道发火，大家每次都为贺某捏一把汗，并替其缓和僵局。贺某说：“女人去告状，拉着他（工作人员）的衣服，在地下打个滚儿怕什么，他照样不能把你怎么样。”（20110709HGP）毋庸置疑，贺某是维权行动中重要的参加者。贺某等人的行为感染着周边的村民，X村越来越多受到利益侵害的家庭开始派出女性代表加入到维权行动。这些村庄社会中的“中层组织”，对于维权行动的发展起着关键性的作用。正是由于她们的加盟，使得维权行动有了充足的人力资源，同时由于她们掌握了大量的煤矿储量、产量等重要信息，为行动精英提供了重要的物证。

（三）维权行动的追随者

X村的维权事件中还有一类行动者，我们称之为追随者。由于她们的能力和见识有限，在行动中不能担当组织者和重要参与者等重要角色，只是作为集体行动的“搭便车”者。她们也是极为重要的一类行动者，因为她们人数最多，占参与者的绝大部分，由于这类行动者的加入，在一定程度上增加了组织者与政府谈判的砝码，加大了政府处理事件的压力，也促进了维权行动取得更多成果。这部分行动者明白仅凭自己有限的能力去和政府讨说法维护权益几乎不可能，因此她们希望通过追随组织者，从而为自己谋取一些利益，所以她们会热切关注事件的进程，并积极参与其中，配合组织者的行动，成为维权行动忠实的支持者。

X 村的赵某是多次维权行动中的积极追随者。她已年过七旬，由于从小没念过书，自身能力和水平很有限，对村庄很多事情的分析都糊里糊涂。她老伴前几年过世，现在一人独居，尽管有孩子们的帮助，但生活还是很拮据。因此，她最希望通过参与维权行动为自己谋取一些实际利益。她与组织者沈某是邻居，两家交往较为密切，她对沈某言听计从，沈某一旦决定进行集体行动，她总是自告奋勇前去通知大家。赵某说："咱自己没能耐，那就只好跟着人家了，这样也好，不用操心，省事。"（20110709ZLH），而沈某也表达了同样的看法，"她（赵某）比较二，不够数，糊涂"（20110710SM）。赵某的行为促进了"从众效应"的产生，越来越多的 X 村妇女加入到维权行动中，行动者的规模在不断扩大。

这些追随者一般不发挥主要作用，在维权行动中只是充当凑人数的功能。作为行动的组织者和重要参与者，有时会对这些"搭便车"者产生不满，认为她们所得的利益远远大于她们的付出，这也可能成为日后群体性事件发展变化的重要影响因素。

三 妇女维权行动的策略选择

X 村妇女不仅在维权行动中扮演多重角色，同时运用多种策略组织维权行动并有效维护权益，具体体现为：

（一）形成相对稳定的联系网络

联系网络是人们在交往中形成的社会单元。[①] 在利益、生活、生产、娱乐等内在驱动下，人们通过各种社会关系组织起来，而这种非正式联系中所产生的信任、凝聚力、互惠、忠诚等社会资本，促使联系网络的产生。[②]

X 村的维权成员在长期的人际交往中形成了相对稳定的联系网络，且

① 朱晓明：《论传统村落中聚居环境的变迁》，《同济大学学报》（社会科学版）1999 年第 1 期。

② 李小建：《欠发达农区经济发展中的农户行为研究：以豫西山地丘陵区为例》，《地理学报》2002 年第 4 期。

成员基本固定，目标一致，聚会周期相对稳定。调研发现，X 村妇女有着村民独有的交往形式。夏天她们聚在一起聊天或者打麻将，冬天每家的炕头上都坐着几个一起纳鞋垫、打毛衣的妇女，她们一边专注于手中的活儿，一边又不时地说说笑笑，拉拉家常。在这些日常交往中，她们有意无意地互相交流各自的意见和想法，融洽彼此之间的关系。由于她们交往比较密切，彼此之间自然相互信任，大家日常交流中最关心的话题就是能否从煤矿兼并补偿款中分得一杯羹，受利益高度一致的内在驱动，这些农村妇女结成了相对稳定的联系网络。沈某正是利用这样的网络把自己的想法分享给大家，长期的接触中大家对她的才干形成了共识，因此当沈某提出要组织大家一起和政府讨说法维权时，与她关系要好的均积极支持（如赵某等)，这为她第一次组织维权行动打下了基础。相对于农村妇女，这些农村的男性常年在外打工，形成稳定的联系网络的机会较少，由于交流时间有限，即使存在这样的交往网络，其成员之间的关系也不密切。

（二）采取多样化的维权手段

1. 实施理性行为

美国学者菲什拜因和阿耶兹提出的“理性行动理论”的基本假设认为人是理性的，在决定作出某一行为之前会尽可能地综合多种信息来分析自身行为的意义和行为可能产生的后果。

X 村女性村民在维权行动中不管作为领导者还是重要参与者，她们的行为均有策略、有计划，十分理性。沈某参与和组织维权行动，是在充分掌握大量信息的基础上进行的。首先，熟知村庄煤矿情况。承包煤窑的经历使得沈某对煤窑的利润了如指掌，因此她知道村委会通过出租矿井的开采权应该得到承包费用的大致数目。虽然现在村办煤矿已经整合划归国有，但是资源补偿费却是一笔巨大的数目。她多次打听临近村庄煤窑整合后村集体得到的补偿款，并通过 X 村现有煤炭储量大体算出本村补偿费应该在 4000 万元左右，但是实际上 X 村拿到的补偿款只有 1638 万元，这笔补偿款本就不多，扣除承包人应得部分，最后能够兑现给村集体的只有 830 万元，更是少得可怜。沈某觉得村集体得到的补偿款本来就少，村委还准备将这笔款项全部截留，因此她萌生了组织村民向村委会施加压力的念头，希望村委会在这样的压力下把煤炭资源整合的补偿款全部发给村民。其次，及时获取有利信息。在组织维权行动之前，沈某能从亲戚口中得知村干部从银行提款的情况，这就为获得相应补偿创造了良好时机。最后，有效控制行动过程。沈某多次就集体行动的规模和行为咨询当地律师，了解其行动可能带来的后果，并知道如何让集体行动控制在法律允许的范围之内。X 村出现的多次维权行动中，沈某带领大家直接到乡镇政府讨说法，来自上级的压力和想要保住自己村干部头衔的愿望，使得村干部在维权行动中更容易妥协和让步。沈某说话讲究分寸，组织维权行动从来不越法律界限，能把维权行动的事态控制在一定范围之内。由于沈某她们所追求的不是制度性的权力，只是想从村干部的手中获得她们应有的利益，加之响应她号召的大多为留守在家的女性，完全听从她的指挥和部署，集体维权行动很少出现不可控制的局面。由此可见在组织群体性行动之前，她在条件允许的情况下，已经充分考虑维权行动发生的后果，并将理性行为理论应用到实际行动中，从而保证了维权行动的顺利进行。

2. 凸显弱者身份

弱者具有强大的社会力量，还蕴含着巨大的道德潜力，更易赢得社会的同情。[①] 从社会性别视角分析，女性经常被认为是较弱势的一方，这种天然的“弱势”使得她们更容易受到社会的同情。而社会上对女人“头发长见识短、成不了大气候”的评价，导致相关部门认为妇女组织的维权行动“成不了气候”，没有必要为这些事情采取应急措施，这种“宽容”与放纵恰恰为 X 村妇女多次组织维权行动提供了空间和机遇。

X 村妇女在维权中不仅使用理性手段，更擅长使用非理性手段，其中“撒泼打滚”为她们惯用方式。调研中贺某就说如果政府官员不给她以满意的答复，她就会“拖住扒你衣服，地下打个滚儿你也没办法”(20120709HGP)。她们把自己的这种“弱势”转化为维权的武器，正如斯科特提到的“东南亚村民采用嘲笑、粗野、讽刺、不服从等小动作，用偷懒、装糊涂、反抗者的相互性、不相信精英的说教，用坚定强韧的努力对抗无法抗拒的不平等”。[②] 这些“弱势”成了她们取得行动成功的重

① 董海军：《“作为武器的弱者身份”：农民维权抗争的底层政治》，《社会》2008 年第 4 期。

② ［美］詹姆斯·斯科特：《弱者的武器》，郑广怀、张敏、何江穗译，译林出版社 2011 年版，第 35 页。

要武器。

以沈某为代表的女性尽管不屑于用“撒泼打滚”这些有失尊严的做法，但同样在维权中也获得了更多的同情与帮助。沈某当初承包煤窑，村集体以无钱支付为理由欠她几十万元。当她得知村集体煤矿获得近千百万元补偿款时，马上去找村干部讨要。村干部没有答应，她随即去法院进行咨询。法院的工作人员觉得沈某一个年近六十的老婆婆到处奔波实属不易，就主动提出帮助沈某，并建议她到法律援助中心寻求无偿帮助。在法律援助中心，律师为他提供免费服务，帮助她获得了其中一部分的赔偿。沈某之所以能够在社会中得到众多热心人的帮助，正在于女性这种“弱者”的身份。

与女性容易得到同情相比，调研中发现，男性组织维权行动易遭到利益相关者的打击报复，在X村临近村庄Y村的调研中就发现了类似情况。Y村村主任与黑社会有关联，因此村民轻易不敢与外人谈论本村事情，害怕遭到打击报复，甚至有自家亲戚来访，都不去触碰一些敏感事情。笔者第一次对Y村进行调研时，村民基本都避而不答，人人自危的状况让我吃惊。第二次对Y村进行调研时，大多数村民已经搬迁至县城新村，留守在旧村的仅有几户村民才对笔者诉说Y村的实际状况，并嘱咐笔者千万不能和其他人透漏相关信息。Y村男性村民裴某曾到镇里告状，反映村支书的贪污行为，回来之后当晚就被村支书雇佣的地痞流氓群殴致残，至今都无法正常走路。这件事使得Y村村民即使利益受到再大的损害也不敢向相关部门寻求帮助。其他村庄的调研同样发现了类似情况，大多数受到绑架、恐吓或者人身伤害的都是男性，这使得男性村民参与维权行动时顾虑增大，这就为女性参与和组织维权行动留下了空间。

（三）组成最大范围的利益共同体

利益是人类一切行动的起点和归宿。马克思认为，“人们奋斗所争取的一切，都同他们的利益有关”。[①] X村也曾经出现过男性组织的维权行动，但是行动的结果却让村民大失所望。2011年3月，村内3个比较有威望的男性村民带领另外15人（其中有3名女性）到省纪检委递送材

① 《马克思恩格斯全集》第2卷，人民出版社1957年版，第103页。

料，希望纪检部门对 X 村的煤矿整合补偿款的去向做调查，并没有得到相应的答复。村主任得知他们一行人到省城告状后，赶到省城劝他们回村，并承诺给他们每人 1000 元。但是从省城回来，大多数参与这次集体行动的村民并没有获得这 1000 元，大家一致认为是行动中的 3 个组织者把钱私分了。据笔者调查，事实上从省城回来之后，村主任请这 3 位男性村民吃饭，并支付他们每人 3000 元，得到好处的他们答应村主任不再为这件事情上访告状。这几位男性村民只顾及自己的利益，甚至私底下与村主任称兄道弟、承诺发誓。因此，他们得罪了所有的村民，失去了村民对他们的信任和支持。

与男性组织者相比，沈某在维权行动中更多的是出于公心，她动员妇女积极参加维权行动，不仅是为自己争取权益，更多的是为全体村民争取直接的经济利益。她组织维权行动一旦谈判成功，不仅在场的妇女得到一定的利益，所有的村民均能获取同样的利益，由此组成了最大范围的利益共同体。村民的积极支持，加上事前细致周密的策划，确保了沈某组织的维权活动一次次顺利开展。而一次次维权行动的成功，使沈某在村庄获得了极高的声誉，渐渐树立起了威信，得到了村民的充分信任。

四 结论

以往学者研究维权问题提出了“依政策抗争”、“以理抗争”、“依法抗争”、“以法抗争”、“以身抗争”和“悲情抗争”等理论。其中“依政策抗争”、“以理抗争”、“依法抗争”和“以法抗争”有相近之处，这些抗争形式中，村民均以国家的政策、政府的文件、法律法规等为“武器”与基层政府博弈，或者以此为依据向更高层级的政府表达他们的诉求。因此，他们为维护自身的利益而选择的不同抗争手段是有合法性的；“以身抗争”和“悲情抗争”是用自己“身体”的伤害甚至毁灭来引起社会和政府的关注，并借此维护自己的利益。这样的抗争方式显得有些极端和悲剧，但这种方式易引起大家的同情，在实践中更为有效。X 村妇女维权行动中运用的抗争手段与前几种抗争方式明显不同。X 村妇女通过有理有据的说服来争取权利，而非采用“以身抗争”这样激烈的手段。更为关键的是，她们发现“女性”可以被社会和政府认为是“弱者”的标志，甚至可以因为她们是“女性”在利益上予以一再让步，既然这种介于法律允许和禁止之间的维权行动有了强大的“保护伞”，她们就理所当然地将自己的性别作为抗争的武器，即“以性别抗争”。在X村发生的多次维权行动中，“女性”性别成为维护其权益的重要“武器”，而更多地方的实践中也普遍反映出“以性别抗争”已成为基层社会维权的一种重要手段。

“以性别抗争”作为农村妇女特有的维权形式，反映出农村妇女的政治参与意识在不断增强。当前男性劳动力大量外出打工，妇女成为农村社会的主体人群，她们的公共生活空间得到扩展，开始逐渐突破传统的家庭、私人生活领域，融入社会并从事公共活动①，在公共活动中逐步担当起重要角色。陈晓运通过研究都市妇女在环境抗争中的重要作用，认为性别角色与抗争有一定的关联②，本文“以性别抗争”就是在此基础上的进一步发挥，主要是为了凸显妇女在维权中所发挥的主体地位。现阶段，国际社会女权运动蓬勃开展，国内妇女政治权利已经写入法律条文，十八届四中全会强调要全面推进依法治国，在这样的时代背景下，我们需要积极推动和鼓励农村妇女参政议政，不断激发农村妇女参政议政的意识，持续强化农村妇女的政治权利和主体地位。

但是农村妇女运用性别武器维权，这与合理运用法律武器、依法维护自身权益还有很大的差距。农村妇女由于自身及社会原因，较少参与村庄公共生活，缺乏在实践中锻炼成长的机会，政治参与经验不足，因此，她们对于自己的维权行动是否合法并无准确认知，只是在参与多次维权行动后凭感觉认为“性别”是她们最好的“保护伞”，即使行动比较过分，也不会受到惩罚，这是对法律的误解。事实上法律的尊严不允许任何人践踏，一旦越过法律红线，必将受到法律制裁。因此，农村妇女应该积极提升自身素质，通过学习文化知识和了解相关法律法规，学会运用法律保护自己，而不是一味地“以性别抗争”。政府相关部门应该支持和保护农民尤其是农村妇女正当的维权行动，健全农民的利益表达机制，为农民提供必要的法律援助，确保农民权益的有效维护。

---

① 王素平、张奎勤：《英国资产阶级革命期间妇女的政治参与》，《中华女子学院学报》2013年第2期。

② 陈晓运、段然：《游走在家园与社会之间：环境抗争中的都市女性》，《开放时代》2011年第9期。

治理转型中的“钉子户”及其抗争

刘　伟①

所谓“钉子户”，从其最主要的含义上讲，即是指那些不肯迁走的私人土地或房产拥有者。应该说，在世界各国的城市扩张和公共建设过程中，“钉子户”及其抗争都有可能出现，它并非一个中国特有的社会现象。但“钉子户”抗争现象的频繁出现及其引发的公共关注事件之多，特别是它在众多群体性事件的发生频率中占到最高的比例，或许确是当下中国所特有的。特别是，随着2007年重庆“最牛钉子户”的出现，以及2009年成都的唐福珍事件和2010年的“宜黄事件”，钉子户抗争演化为全国瞩目的公共事件，充分彰显着中国在治理转型中遭遇到的现实难题。“钉子户”一词在中国的语境下，其内涵也由此发生着悄然变化，它甚至扩展成为坚持不配合、不服从行为者的宽泛称呼。公众也从当初的简单否定逐渐转变为肯定态度，至少是相对客观中立的对待立场：“钉子户”在公共领域中被“正名”了。传媒在围绕一些焦点性“钉子户”事件的报道和评析中，呈现出诸多的争论；而自从2007年重庆“最牛钉子户”出现之后，不同学科的学者也纷纷介入这一话题的讨论，呈现出不同的谈论立场和学理逻辑。鉴于中国的城镇化和工业化仍将持续推进，在可以预见的未来，“钉子户”及其抗争现象依然是基层治理中的一个重要问题，而

---

① 基金项目：国家社会科学基金青年项目“农民政治支持与乡村社会管理的路径选择研究”（12CZZ048）、国家社会科学重大项目“在社会管理体制创新中推动基层民主发展”（11&ZD029）。刘伟，武汉大学政治与公共管理学院副教授、“珞珈青年学者”，农村改革发展协同创新中心研究员，主要研究方向为当代中国基层治理。

现有的严肃的学理探讨其实并不充分。[①] 因此，有必要回顾总结围绕这一问题所形成的相关争论，反思其讨论对象、讨论立场和理论资源的分歧与局限，从而更科学地认识“钉子户”及其抗争现象，并着眼于国家治理现代化的需要，充分挖掘该现象背后的普遍性逻辑。

一 “钉子户”：城镇与乡村的不同类型

实际上，在传媒和学界讨论“钉子户”及其抗争现象时，他们虽然使用的是同一概念，所指却可能存在重大差异。因为，在中国现有的公众话语和传媒语汇中，“钉子户”是一个其内部构成非常多样、边界也非常宽泛的概念。有些地方政府已经习惯于将那些坚持不配合和不服从的公民都称之为“钉子户”。这一称呼，从广大乡村地区拒绝缴纳税费的个别农户，到拒绝移民搬迁的住户[②]，再到广为使用的在城市扩张和旧城改造过程中拒不搬迁的住户，甚至包括那些坚持上访的“上访钉子户”[③]，都有讨论者将其称作“钉子户”。为实现讨论的聚焦，需要将“钉子户”的范围适当限定。既然是“钉子”，就一定是深嵌于某一社会土壤或社会关系中的；既然是“户”，就要强调以家庭为主要的行动单位。这样，我们就大致可以从城镇和乡村两大空间作出“钉子户”的分类，继而再作“钉子户”的具体分类。媒体和学界现有的讨论中，并未明确地认识到这样做的重要性。

其实，真正从事“钉子户”实证研究的学者，他们最开始纳入视野的是乡村治理实践中作为“钉子户”的少数农民。研究者往往将其作为乡村社会“边缘人”的一种类型来处理，这也是华中村治研究传统的一个转向。[④][⑤] 一

① 就“钉子户”及其抗争这个主题来说，主要的讨论多集中在非学术性的新闻报道和评论中。社会科学界虽然也有不少相关的论文，但真正深入的实证研究并不多。也因此，本文在选择相关的讨论文本时，并未局限于纯学术杂志。

② 应星：《大河移民上访的故事——从“讨个说法”到“摆平理顺”》，生活·读书·新知三联书店2001年版。

③ 吕德文：《上访钉子户的诉求》，《人民论坛》2013年第22期。

④ 吕德文、陈锋：《在“钉子户”与“特困户”之间——重新理解税费改革》，《中国农业大学学报》（社会科学版）2008年第1期。

⑤ 田先红、高万芹：《发现边缘人——近年来华中村治研究的转向与拓展》，《华中科技大学学报》（社会科学版）2013年第5期。

位研究者在其博士论文中，立足于对河南扶沟、湖北京山、江西安远及福建武平四县农村的调查，通过对计划生育、农业税费征收等涉农政策的实践分析，把握了我国农村地区“钉子户”的总体状况。进而通过分析“钉子户”的产生、构成及行为逻辑，揭示基层治理中的权力结构及技术特征，进一步检讨近代以来国家政权建设的成效。文章将治理“钉子户”上升到“基层治理的核心”的地位，认为有效地控制和利用边缘人是农村变革有序进行的基础。而“钉子户”为国家权力进入乡村社会提供了一个支点，基层治理领域因此开放成为国家政治的一部分，“钉子户”甚至直接进入国家治理领域，触动国家政治的神经。[①] 其后，也有学者将解决“钉子户”的问题视作利益密集型农村地区治理的首要问题，并发现为了解决这一问题，利益密集型农村地区目前大多采用“摆平术”，且往往会援引体制外的社会势力。他的担心是，体制外社会势力进入正式的治理过程，可能导致基层治理的合法性危机。[②] 可以发现，研究者们在讨论乡村地区的“钉子户”时，主要还是沿用了地方政府和基层政府的称呼习惯，指的是那些在税费征收、计划生育、房屋拆迁、土地整治等方面不配合乡村政权的部分农民。从深层上追究，可以发现，乡村地区“钉子户”的言行所体现的，恰恰是国家逻辑与农民道义之间的深层矛盾。[③] 但是，在学术和公共讨论上，不宜简单沿用地方政府的思维和话语。将拒不配合或拒不服从政府要求的个别农民称为“钉子户”，在学术上是否合适还有待商榷。

“钉子户”最为通常的类型，主要是在城市空间产生的。与乡村的熟人社会与土地集体所有不同，城市更具陌生人社会的特征，其土地也主要是国有制。由于迥然不同的社会形态和治理生态，城市中的“钉子户”也就不同于乡村的“钉子户”。但即使是城市中的“钉子户”，也存在具体类型上的差异。从城市空间上看，就有闹市区与非闹市区的差异，其中的土地价格相差巨大，“钉子户”形成的可能性和“钉子户”抗争的激烈程度也会存在较大差异。有研究者就发现，与一般的城区相比，“城中

① 吕德文：《治理钉子户》，华中科技大学硕士论文，2009 年。

② 贺雪峰：《论利益密集型农村地区的治理——以河南周口市郊农村调研为讨论基础》，《政治学研究》2011 年第 6 期。

③ 尹晓磊：《国家逻辑与农民道义之间》，《读书》2005 年第 7 期。

村”的土地性质是集体所有，并存在城市中心地带和边缘地带的差异性。[①] 而就“钉子户”对房屋及其土地使用权的拥有状况而言，也存在不同的“钉子户”类型。比如，有的城市出现的店铺拆迁“钉子户”，他们实际上并没有房屋的所有权（即“产权”），而只是普通的租户，但他们同样也可能成为“钉子户”。这样的案例在全国来看也并不少见。进一步来讲，“钉子户”的抗争其实也有两种，一种是日常反抗型的“钉子户”抗争，这类抗争发生于日常生活的场景中，往往比较平和，且充满“钉子户”与相关方面“扯”和“磨”的特征；另一种则是“钉子户”引发社会力量包括传媒广泛介入的一种抗争政治或社会运动，其中涉及政府、开发商、拆迁公司、媒体、公众和“钉子户”等多方主体的密集互动，甚至充满着紧张感和冲突性。行文至此，可以看出，媒体和学界已有讨论中的“钉子户”，在中国众多的“钉子户”类型中仅仅是其中的一部分。因此，我们还需要进一步关注“钉子户”及其抗争的其他类型，并拓展这方面的比较研究。

二　讨论立场：社会本位、政府本位与“钉子户”本位

在围绕“钉子户”的相关争论中，聚焦最多的是拆迁引发的“钉子户”。这一大类的“钉子户”及其抗争，主要是城市扩张和城市改造的伴生物。有学者认为，拆迁从大的维度上看，则主要有法律、政府与公民三个方面。[②] 仔细分析围绕“钉子户”及其抗争的现有讨论，我们也可以大致发现其中存在的不同讨论立场，即社会本位、政府本位和“钉子户”本位三个立场。

社会本位的立场，将“钉子户”及其抗争引发的关注，立足于社会层面来看，并试图呈现其中的社会运行逻辑。保守主义的社会本位立场，往往强调“钉子户”的出现，至少说明我国基层社会的部分解体或基层社会的整合性低。一方面，“钉子户”是个体行动者，甚至持有比较激烈的主张，他们在坚持和捍卫自己的利益问题上毫不退让；另一方面，正是

① 霍方：《征地拆迁中的公共利益与个体利益平衡研究》，中南民族大学硕士论文，2012年。

② 邹仰松：《审视城市拆迁问题的三个维度——以“史上最牛钉子户”事件为例》，《四川行政学院学报》2007年第4期。

因为“钉子户”所在社区的道德约束力的失效，才使“钉子户”致力于自己的利益最大化而罔顾社区其他成员的利益。要么是基层社区对个别“钉子户”的约束失效，要么是社区成员之间难以达成有效的集体行动以提高共同的补偿标准，“钉子户”最终能够或只能“单打独斗”。如有论者就认为：“绝大部分被拆迁户早早地就签订协议，除了预期要价与拆迁补偿标准的距离比较接近的原因外，还与熟人社会逻辑密切相关。”[①]“钉子户”的孤立性及其不受周围熟人的认可，也说明，在中国社会，实际上仍然存在着一个基层民众的集体压力。这位研究者还发现一个值得我们重视的反常现象：2010 年广州杨箕村 1000 多居民集体签名要求对“钉子户”强拆，一些钉子户甚至被村民殴打；同年，武汉土库村的村民也集体签名要求村中的唯一一户“钉子户”搬迁；2012 年 12 月 1 日，河北衡水市又出现了同意拆迁的回迁户因拖延 5 年无法回迁打砸“钉子户”邻居的事件。[②] 与此相对地，则是激进主义的社会本位立场。该立场并不像保守主义的社会本位立场那样强调解释，而是基于社会利益主动建构。他们往往强调公众和社会包括传媒，面对“钉子户”及其个体抗争行为不应袖手旁观；相反，应该以此为契机，充分调动并发挥社会的各种力量，监督政府和开发商在房屋征收和拆迁过程中的滥用职权和违法违规行为，从而推动成熟和理性社会的形成。

政府本位的讨论，往往强调“钉子户”问题对地方政府管理带来的困扰，落脚点在于：面对“钉子户”及其抗争，地方政府应该如何破解这一难题？以及面对由“钉子户”抗争引发的群体性事件，地方政府应当如何进行危机公关？实际上，“钉子户”这个词最开始就出自政府之口，是政府本位的一个治理概念：既然出现了“钉子”，对政府来说其中心任务就是“拔钉子”。[③] 政府从其本位看，“钉子户”显然是地方治理

---

① 吕德文：《钉子户的抗争“艺术”》，《社会观察》2013 年第 1 期。

② 吕德文：《钉子户与“维权话语”的局限》，《文化纵横》2013 年第 1 期。

③ 这在应星的书中有相当生动的描述，他分析了国家信访治理最为常用的三种技术手段，即所谓的“拔钉子”、“开口子”和“揭盖子”三种摆平术来应对民众的上访。“拔钉子”针对的是集体上访，“开口子”和“揭盖子”针对的是可能危及权力合法性的上访。应星：《大河移民上访的故事——从“讨个说法”到“摆平理顺”》，生活·读书·新知三联书店 2001 年版，第 324—327 页。

的麻烦制造者，利益最大化的机会主义者，而非捍卫权利者或追求正义者。在一篇帮政府解套的对策性文章中，作者就提出政府破解“钉子户”漫天要价、无理取闹行为的几个办法，包括“做好宣传动员工作；依法实施征收；建立利益诱导机制；破解滥用诉权策略；破解被征收人信访行为；见证留置送达法律文书”等非常具有操作性的对策。该文作者最后建议，“在征收拆迁这个矛盾集中的地方善于做群众工作，在征收拆迁这个风险极大的地方拥有足够的政治智慧和法律智慧。”① 这位作者后来又继续写作了相关的系列论文②③，显然都是站在政府的立场，致力于问题的有效解决。当“钉子户”抗争引发群体性事件，政府本位的讨论往往将其视作公共治理的危机④，并致力于这一危机的化解。或将其视作政府“公关危机”的治理，并认为“钉子户”事件显现出政府“公关危机治理”方面的问题，如政府危机公关体系不完善，对媒体重视不够，与公众沟通不畅等。研究者往往强调，政府是突发公共事件危机公关的主要角色，应培养政府人员的现代公关意识，运用法律手段完善危机管理体系，建立公关危机管理机制，健全双向沟通机制，从而成功地解决危机。⑤ 政府本位的立场，在寻找法律依据时主要援引的文本包括，我国宪法修正案第 20 条规定：“国家为了公共利益的需要，可以依照法律规定对土地实行征收或者征用并给予补偿。”《土地管理法》第 2 条规定：“国家为了公共利益的需要，可以依法对土地实行征收或者征用并给予补偿。”《物权法》第 42 条规定：“为了公共利益的需要，依照法律规定的权限和程序可以征收集体所有的土地和单位、个人的房屋及其他不动产。”并强调政府在界定公共利益上的合法性和主导权。

钉子户本位的立场通常见诸媒体⑥，也见诸法学界的部分讨论，它与

① 王达：《破解征收拆迁“钉子户”策略》，《中国房地产》2014 年第 2 期。

② 王达：《产生“钉子户”的原因及破解对策》，《中国房地产》2014 年第 5 期。

③ 王达：《“钉子户”产生原因再分析及破解对策》，《中国房地产》2014 年第 7 期。

④ 宋彦锋、胡朱信：《从“最牛钉子户”事件谈化解公共治理危机》，《学习月刊》2007 年第 12 期。

⑤ 王欢明、刘鹤鹤：《从“钉子户”事件看政府危机公关》，《西南交通大学学报》（社会科学版）2007 年第 6 期。

⑥ 如有关重庆“最牛钉子户”，“宜黄事件”的大量新闻报道，以及《中国青年报》题为《别墅群里的“钉子户”》的报道等。

社会本位的立场紧密关联并时有转换。“钉子户”本位的讨论中，表达最为充分的即是公民权利论，强调“钉子户”抗争意味着他们权利意识的觉醒，维权行动力的增强。记者出于对“钉子户”个人境遇的同情，而尽力凸显“钉子户”的弱者处境和维权正当性，强调“钉子户”仅仅是政府和开发商眼中的“钉子”，他们并未妨碍公共利益和社会发展；相反，他们不过是行使法定权利，反而具有推动法治进程的重大意义。在《中国青年报》的一篇报道中，甚至有人将暴力反抗的某“钉子户”与1926年黑人亨利·史威特枪杀骚扰其住宅的白人一案作类比，因为该案后来的无罪判决一举确立了美国的住宅不受侵害以及公民在家中行使无限防卫权的法律准则。而该报采访的中国政法大学法学院副院长焦洪昌教授也认为，在全国各地努力践行科学发展观的今天，被拆迁户遭到房地产开发商组织的殴打和非法暴力拆迁时，当地政府应尽职尽责，保护公民的人身安全和合法财产权。[①]

在公共讨论和学术研究中，不同的立场之间应该进行适度的换位思考和反思平衡，否则就会只有争议，而难有理解或共识的生成。有关“钉子户”及其抗争的既有讨论，各方往往执着于自己的立场，未能尊重其他立场的一定正当性。如政府本位的立场，只看到“钉子户”及其抗争带给治理的“麻烦”，却难以看到其中的一定合理性以及公民权利话语成长的事实，其结果反而不利于政府理念的及时更新。而“钉子户”本位或社会本位的立场，往往忽视政府在应对相关问题上的困局和尴尬，也忽视了中国作为一个社会主义国家其土地的公有制属性，更忽视了“钉子户”及其抗争行为给社区其他成员利益带来的影响以及补偿差异的非公平性。

三 援引理论：法学、政治学、经济学、社会学与传播学

在观察、分析和评论“钉子户”及其抗争现象时，舆论界和学界最为强势的话语即来自法学中的权利理论、法治理论和宪政论。权利话语中的私有财产权观念，是支持“钉子户”抗争的最重要话语。“钉子户”作

① 宋广辉、王晨：《别墅群里的“钉子户”》，《中国青年报》2009年10月19日。

为公民，拥有法律保障的对房屋的私有财产权，因此，其维护财产权、要求合理补偿的行为是正当的，也是应予鼓励的。在此学理下，他们对“钉子户”这种“弱者的博弈”给予了高度肯定。有一句很典型的话，则可以反映此类分析逻辑：“‘钉子户’被一些人看成是扎在中国经济发展高速公路上搞破坏的钉子，但从另一角度看，‘钉子户’恰恰正是扎在转型中国不甚稳固的法治大厦上加固用的钉子。只有各方面的观念都彻底转变过来，公共利益得到合理界定，‘弱者的反抗’才不会演变成惨剧；从某种意义上说，正是‘钉子户’的存在，开拓了弱者与强者的博弈空间，推动了社会的法治进程。”法治视角下的学术性讨论，则强调分析立项阶段、签订协议阶段、补偿阶段、拆迁过程、安置阶段存在的法治问题。认为这些问题的存在原因在于：法律对公民利益保护的缺失；对公共利益概念的模糊界定；政府不作为或不正确作为；司法机关陷入尴尬境地；缺乏完善的保护机制。[①] 从《物权法》角度的研究，则看到被拆迁人在征地拆迁的过程中，民众的相关物权会因政府运用行政的征收而消失，根据《物权法》的规定，理应获得补偿；但同时，被拆迁人权利主张也是有限度的，在符合公共利益条件的征地拆迁中，如果经合法程序并充分补偿，被拆迁人再抗拒拆迁则丧失了法律上的正当性，现实中这种被拆迁人也是存在的。被拆迁人拥有实体权利、程序权利和特别情况下获得社会保障的权利。[②] 宪政论往往认为，“钉子户”引发的抗争运动，意味着中国公共社会力量的崛起和成熟，它将有利于对地方政府的权力运行实施强有力的社会制约，从而有助于中国宪政的稳步推进。这种看法自然让人鼓舞，但问题是，被媒体广为关注的“钉子户”毕竟只是少数，还有大量其他的“钉子户”及其日常抗争，他们的情况和动机也各有不同。单一的权利理论及维权话语，显然难以解释“钉子户”行动的全部逻辑，更加难以透视“钉子户”所在社区对他们的真实反应。

在政治学视野下，讨论者们往往首先强调，需要在宏观的国家与社会关系中理解“钉子户”及其抗争这一新的政治行为。在国家与社会的视

① 马士玉：《房屋拆迁中的公民权益保护问题研究》，山东师范大学硕士论文，2014 年。

② 牛慧娟：《“钉子户”现象的物权法分析》，中国社会科学院研究生院硕士论文，2011 年。

野下，“钉子户”的出现意味着普通公民个体的解放，也说明当代中国的国家与社会关系发生了局部转型，而“钉子户”抗争则重新塑造着这一关系。而作为抗争政治，“钉子户”是个人利益的追求者，地方政府亦在既定的政治与法律框架下行动，媒体则试图利用“钉子户”事件塑造中国的公民社会，各方力量在合作和冲突中推进着具体的抗争进程。其次是看到，“钉子户”牵涉的公共利益与个人利益之间的纠葛，是当代中国政治与治理领域的一大难题。政府一般将拆迁许可证发给开发商，开发商再来做商业开发，在许可证的伪装下，拆迁披上了“公共利益”外衣，还获得了行政甚至司法力量的支持。而且，目前国内对公共利益的界定存在很大的困境，结果则由政府界定公共利益的边界。问题是，“公共利益并没有赋予政府强制权力，也没有给公民施加法律义务，而是为公民提供了一个借此改善生活的选择权。”① 同时，政治学视野往往看到“钉子户”行为背后的宏观结构和制度约束，并认为钉子户的行为与宏观结构之间存在互相塑造的关系，并强调解决问题的出路在于重塑沟通理性，致力于中国公民社会的建设。②

经济学视角下的“钉子户”讨论，将“钉子户”作为被征收方的一种来看待。非常深刻地看到了拆迁过程中各方主体围绕经济利益展开博弈的本质和核心，包括涉及被征土地的资产专用性、征地双方的机会主义、征地方对征地剩余的追求和被征地方对征地补偿的期望，这当中自然包括“钉子户”本身的利益最大化考量。如有一篇论文就将“钉子户”视作“提升土地资源利用效率”的理论困局，完全是从经济效率的角度来看待这一问题。③ 另有研究则认为，利益格局失衡以及“争利”是“钉子户”出现的重要原因，应该从制度上规范各利益相关者的利益，让利于民，建立被拆迁户分享开发效益的机制，并为被拆迁户，尤其是弱势群体提供一

① 陈源静：《城中村拆迁场域中被拆迁主体的行动演绎》，华中师范大学硕士论文，2012年。

② 金细簪：《国外关于土地征收中“钉子户”决策行为研究的借鉴与启示》，《经济论坛》2013年第11期。

③ 同上。

个公开、公正、公平的争议及裁决的渠道。[①] 经济学视角下的“钉子户”讨论，紧扣“利益”这一核心机制，具有相当的解释力，也有利于我们对部分“钉子户”言行的“去魅化”理解。但它也可能忽视了“钉子户”及其抗争行为背后更为复杂的原因，以及“钉子户”行为本身的多义性和不可预期的社会政治后果。

社会学视角的“钉子户”抗争分析，往往从“过程—事件”[②] 的角度剖析“钉子户”的形成及其行为逻辑，包括其与外部社会产生关联和互动的具体过程。在钉子户的行为逻辑上，他们敏锐地看到，“钉子户的本质是反集体行动，强势的被拆迁户与其和其他的被拆迁户联合起来与拆迁方谈判，共同获得更高的收益，还不如单独向拆迁方要价，这有可能获取更多的利益……弱势的被拆迁户倾向于联合，因为这样可以增加谈判的砝码，恰恰是有实力担当钉子户角色的强势的拆迁户不愿意统一行动，因为他们有获取比别的被拆迁户更多利益的需求。”[③] 但这种看法可能并不适用于一般的“钉子户”身上，毕竟仍有一部分“钉子户”确有其特殊情况，也是在要求其应得的补偿，并不都是简单追求自身利益的最大化。而在“钉子户”与媒体的关系上，社会学视角的分析就发现，“从根本上说，媒体和钉子户之间具有完全不同的目的，钉子户抗争只是为了获取更多的利益，媒体关心的是将钉子户抗争个案操练成公共事件，以达成特定的目标，两者在特定情况下可以联盟……但是，一旦两者的目标出现竞争，这一联盟必然破裂。”[④] 同样，这也仅能解释那些成为媒体事件的“钉子户”及其抗争。

传播学视角下的讨论，往往聚焦于那些成为新闻热点的“钉子户”及其抗争事件，解读“钉子户”媒体形象的建构逻辑和“钉子户”事件的媒体演化过程，或者反思媒体的作用。[⑤] 有研究者就选取了四份权威报

① 陈绍军、刘玉珍：《城市房屋拆迁中“钉子户”的博弈逻辑——以N市被拆迁户为例》，《东疆学刊》2011年第1期。

② 孙立平：《“过程—事件”分析与当代中国国家—农民关系的实践形态》，《清华社会学评论》2000年第1期。

③ 吕德文：《“和谐拆迁”只是一厢情愿》，2014年10月20日，http://www.guancha.cn/。

④ 吕德文：《钉子户的抗争“艺术”》，《社会观察》2013年第1期。

⑤ 袁敏杰：《重庆“钉子户”事件中的媒体作用及其思考》，《新闻战线》2007年第6期。

纸——《人民日报》《法制日报》《第一财经日报》和《南方周末》，采用量化研究和内容分析法，从报道切入视角、报道再现主题、报道关键词和报道倾向性四个方面进行具体分析，进而对拆迁“钉子户”的媒介形象进行了总体分析，试图还原“钉子户”的真实形象。[①] 又由于“钉子户”事件发生在互联网时代，传播学视角的研究也多将其作为网络舆情的范畴来探讨。一份针对2007年重庆“钉子户”事件的传播学透视就发现，网民首次参与事件现场报道使得这一事件成为一个极佳的研究范本。这种传播路径凸显媒介叙事的转型，即从传统媒体致力于想象共同体的建构到新媒介时代网民的个体化修辞。这种参与式草根新闻叙事模式带给我们的冲击将是深远的，即使在Web 2.0时代也富有某种“革命”气质。[②]

可以发现，来自不同学科视野的理论资源背后，是极其不同的意识形态和政治价值观。经济学和法学往往强调个体利益或权利，其价值取向多是自由主义的：捍卫个人权利，限制政府权力；个体先于社会，社会先于政府。在此政治价值观之下，“钉子户”及其抗争便是鲜明的公民行为，并具有法治意义。相比之下，社会学和政治学则要相对保守。社会学要么强调社会关联的重要性因而具有共同体主义的意识形态，要么强调社会运行的多面性而倡导价值中立的机制分析；政治学则直面国家治理（基层治理）的现实压力和政治过程的复杂机制，往往具有一定的权威主义色彩。因而对于“钉子户”及其抗争，不管是社会学看到了“社会”，还是政治学关照到国家，往往都少了浪漫主义的想象和推波助澜，多的则是冷静客观的深刻把握。传媒学的理论资源同样也多是自由主义的，强调对个体和社会利益的捍卫，但由于传媒自身强烈的建构色彩，传媒学的理论资源要么是建构性的，要么则是消解性的。现有讨论在运用不同学科理论资源时，显然缺乏对其背后意识形态和分析路径的深入反思。

当然，专门研究钉子户的部分学者，也试图将政治学中的抗争政治理论、社会学的“过程—事件”分析和新闻学中的传播理论相结合，试图

① 张东进：《“钉子户”的媒介形象建构分析》，《东南传播》2013年第2期。

② 罗锋：《网络传播视阈下的“钉子户”事件解读》，《重庆邮电大学学报》（社会科学版）2008年第1期。

呈现标志性的“钉子户”抗争政治内在的复杂机制和政治社会后果。吕德文的个案研究就发现，“宜黄事件”具有某种标志性意义，它颠覆了当代中国抗争政治的刻板印象，创造了一个新的抗争政治类型。宜黄事件原本是一个普通的钉子户抗争事件，在进入媒体的视野之前，它只是底层政治的一部分，当事人采用的基本上属于“弱者的武器”的方式，并且是地方性的、特殊的和双轨的，显著性和协同性都不高。由于媒介动员将政策的内在张力呈现于公众视野，“钉子户”利用这一政治机遇结构，不断创新了抗争表演，从而使“宜黄事件”发生了规模转变和极化，最终使事件发展成为一场要求保护弱势群体利益、发动制度变革的专业化社会运动的一部分，“宜黄事件”也就具有了普适性的、模式化的和自主的特征。“宜黄事件”的遣散是因为“钉子户”和媒体的抗争目标出现了竞争，而并非明确的适度制度化所致，这是当代中国国家建设中“反体制”的体制重建的一部分。[①] 但这样结合不同学科理论资源的研究并不多，今后的研究应该跨越狭隘的学科局限，以问题为导向，提升讨论的延展性和纵深性。

四 “钉子户”及其抗争：一个有待深化的学术问题

“钉子户”及其抗争作为我国政府治理领域的一个现实问题，吸引了媒体和学界的高度关注，也产生了相关的公共讨论和学术讨论。但现有的讨论，在“钉子户”的类型选择上比较有限，今后应该拓展对更多类型的“钉子户”的实证研究。而在讨论立场上，社会本位立场、政府本位立场和“钉子户”本位立场，都存在固有的局限，今后的研究应该在不同立场之间进行反思平衡，以更充分地呈现“钉子户”及其抗争内涵的丰富意蕴。而在学理资源的运用上，不同学科的逻辑起点、分析框架、分析路径和价值取向，丰富了对“钉子户”及其抗争的理解，但也存在着“盲人摸象”的尴尬，尤其是缺乏对不同学理资源背后意识形态的反思。今后的研究应该是以问题为导向，跨越不同学科的理论资源进行充分对话。

---

① 吕德文：《媒介动员、钉子户与抗争政治——宜黄事件再分析》，《社会》2012 年第 3 期。

更重要的是，从学术深化的目标看，需要明确今后我们应进一步研究的学术问题：中国当下的“钉子户”抗争，既不同于一般的集体抗议，也不同于通常所讲的社会运动与革命，怎样选择最有解释力的理论类型？“钉子户”的个体抗争行为为何会转变成为公众普遍关注的政治事件？如何从频发的“钉子户”抗争案例中，准确把握当前中国国家与社会关系的性质与实践形态？在中央集权的体制下，中国政府对“钉子户”抗争的应对方式具有何种独特性？“钉子户”抗争是否促进了当前中国国家与社会关系的制度性变革？在转型期的中国，“钉子户”抗争事件的频发，更多地是促进了中国国家治理技术的进一步精密化，还是成为中国政治发展和治理转型的潜在动力？

而要回答上述这些问题，围绕“钉子户”及其抗争，我们要结合不同层面的分析框架来分析。宏观上，“变迁—结构—话语”①② 的分析框架值得借鉴，即要看到我国经济社会政治大转型的现实，中国政治结构以及国家与社会关系，以及中国的主流意识形态，这些从根本上决定了“钉子户”及其抗争的边界。中观层面，则可以采用“过程—事件”③ 的分析策略，依托具体的案例展开机制和过程的分析。微观上，则可以立足于利益相关主体的心理、策略和行动来展开。只有结合了宏观、中观和微观的分析，结合了结构与行动，我们才能深刻而丰满地理解“钉子户”及其抗争的真实逻辑。也只有以问题为导向，结合不同层次的分析框架，超越现有的不同立场和学理资源的争论，才能全面深化对“钉子户”及其抗争的学术研究，为突破基层治理的内在困局寻找出路。

原载于《南京农业大学学报》2015 年第 5 期

① 赵鼎新：《西方社会运动与革命理论发展之述评》，《社会学研究》2005 年第 1 期。

② 赵鼎新：《社会与政治运动讲义》，社会科学文献出版社 2012 年版。

③ 孙立平：《“过程—事件”分析与当代中国国家—农民关系的实践形态》，《清华社会学评论》2000 年第 1 期。

县（市）区信访法制化调查与思考

樊红敏　岳　磊[①]

随着经济社会转型不断深入，新型城镇化建设加速推进，社会利益冲突和矛盾逐渐凸显，基层信访工作面临的压力越来越大。中共十八届三中全会明确提出加强法治保障，运用法治思维和法治方式化解社会矛盾，信访法制化成为当前转型期社会治理的重要目标和任务。基于此，社会管理河南省协同创新中心就当前信访形势和信访法制化开展了十县区综合调查，综合调查主要包括问卷调查、案例调查和数据收集，问卷调查主要涉及十县（市）区 40 个社区，其中包括 16 个城镇社区、8 个新型农村社区、20 个传统农村社区，调查采用面访的形式，共发放调查问卷 1000 份，实际收回 979 份；案例调查主要是通过座谈会、个人访谈的方式搜集典型案例，文字资料包括信访工作总结、信访统计数据、典型经验等。本文基于以上县（市）区综合调查，分析当前县（市）区信访形势及信访法制化状况，提出信访法制化的对策建议。

一　县（市）区行动主体法治理念有待进一步提升

法治理念是行动主体（包括政府和个人）对法律的功能、作用和法律的实施所持有的思想、信念和观念的总和。法治理念包括对法治的认知、情感、践行法治的意志以及对法治的信念和理想。综合问卷调查表

---

① 樊红敏，博士，教授，社会管理河南省协同创新中心研究员，主要研究方向为基层社会治理与社会发展；岳磊，博士，社会管理河南省协同创新中心研究员，研究方向为廉政建设与社会治理。

明，居民对法治认知、法治情感和法治信念都处于相对较低水平，而政府部门作为法治的行动主体依法履职的情况相对较差。

第一，居民法律认知相对薄弱，对申请法律援助、诉讼等事项的了解程度较低

在“居民对基本法律知识、如何申请法律援助、如何诉讼、打官司三个方面认知情况”的调查发现，在“完全了解、比较了解、一般、不太了解和完全不了解”五个选项中，三个方面的法律认知居民选择“完全了解、比较了解”的比例都不到40%。其中选择对基本法律知识“完全了解和比较了解”的人数所占比例最高，但也仅仅为36.2%，选择了解“如何申请法律援助”的占24.9%；选择了解“如何诉讼、打官司”的比例最低，仅占23.6%（具体见图1）。这说明，居民的法律知识比较匮乏，对于法律知识的了解和掌握程度较低。

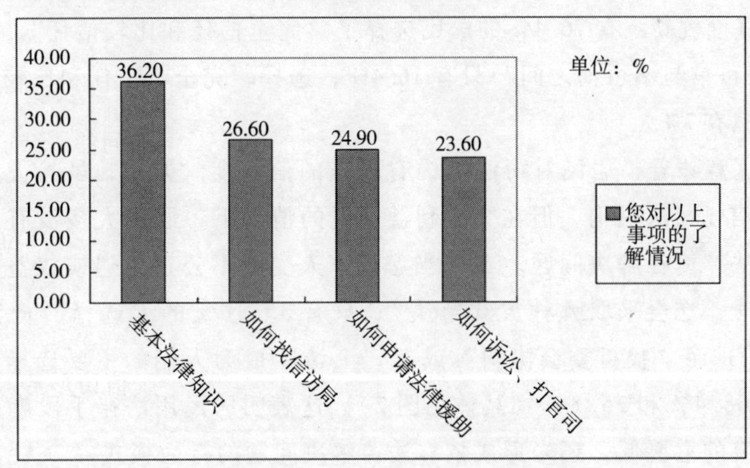

图1　您对以上事项的了解情况

具体而言，法律援助作为法律制度的重要组成部分，为弱势群体提供法律帮助，使他们能够平等地站在法律面前享受平等的法律保护。但是，在居民法律知识相对匮乏的情况下，多数居民并不知道“如何申请法律援助”，选择“不太了解和完全不了解”的人数占总数的50.7%；选择“比较了解和完全了解”的人数仅占总数的24.9%。在“您对如何诉讼，打官司的了解情况”这一问题中，53.6%的人选择了“不太了解和完全不了解”，其中“完全不了解”和“不太了解”分别占17.7%和35.9%。

第二，政府部门依法执行公务情况有待提升

政府部门中践行法治理念的重要行动主体，政府部门依法履职的情况对法治化水平有重要影响。在“政府执法部门（工商、税务、城管）在执行公务时，严格遵守法律规定的情况”这一问题中，超过一半以上的人认为政府执法部门依法的情况一般或比较差，其中有42.10%的被调查者选择了一般，所占比例为最高；选择比较好的为33.8%；选择非常好的为14.4%；有9.6%的被调查者选择了不太好和非常差。

第三，对司法系统的信任度较高，但是用法律手段解决矛盾冲突的意愿低

通常情况下，居民只有在对法律及司法系统的高度信任情况下，才会选择通过法律途径解决自身利益受损的事实。调查表明，居民对司法系统的信任度较高，有76.4%的居民选择了“完全信任和比较信任”，选择“介于可信与不可信之间”只有16.4%；选择“完全不信任和比较不信任”只有7%。

这意味着，居民对司法机构有较强的信任度。但是，虽然大多数居民信任司法机构，但在个人利益受损的情况下，居民大多没有选择通过法律途径解决问题。在“当您或家人受到不公正待遇或权益受到侵害时，您会采取哪种方式解决”，只有35.10%的人选择“向法院起诉”；而“找村委会协调”或者“上访”成为人们的主要选择，分别为68.4%和35.3%（具体见图2）。这表明居民用法律手段解决矛盾冲突的意愿低，还未形成依靠法律解决问题的行为模式。

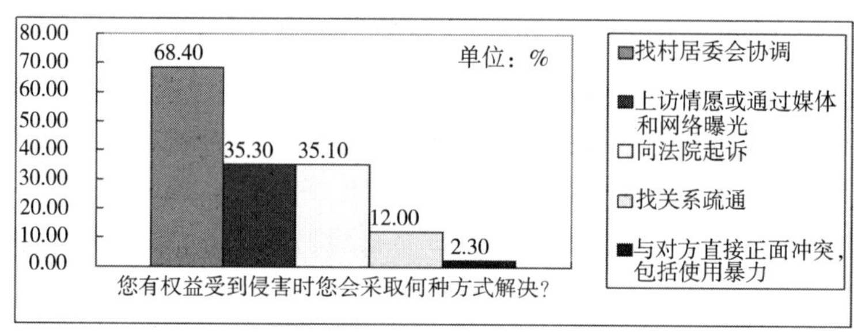

图2　您的权益受到侵害时您会采取何种方式解决？

二　城镇化建设加速推进，土地征用矛盾突出

在新型城镇化推进过程中，县（市）区信访工作面临新的挑战和问题，各县（市）区信访量依然维持在高位运行，土地征用引发的社会矛盾和冲突不断增多。“土地征用不合理”和“征地拆迁补偿不合理”已成为引发社会矛盾和社会冲突的最主要的两个方面，分别占总数的62.8%和67.2%（具体见图3）。

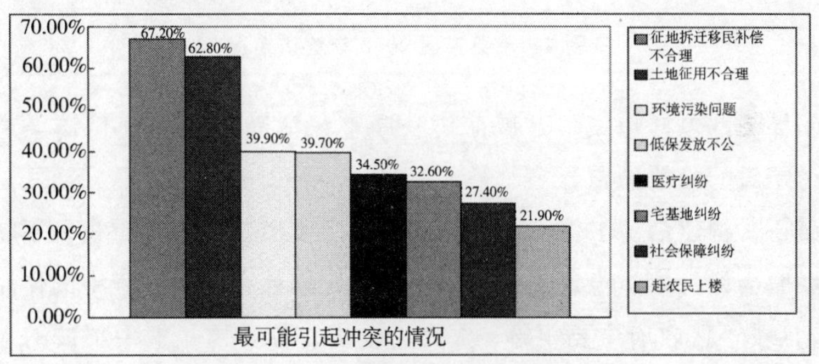

图3　最可能引起冲突的情况

从十县（市）区信访案件统计数据分析，土地征用引发的社会矛盾上升为群众信访的首要问题，土地征用信访案件约占信访总量的35%左右，位居第一位。位居第二位的是涉法涉诉信访问题，约占信访总量的25%左右。反映有关企业改制方面问题各地差异较大，从15%到20%不等，平均在15%左右；反映劳动社保问题（主要是拖欠农民工工资、低保发放不公平），占信访总量的15%左右；涉及干部作风的信访案件有所下降，包括民事纠纷在内约占信访总量的10%左右（具体见图4）。

三　各县（市）区多措并举建立大信访格局，但缺乏切实有效的治理手段

在信访矛盾日益突出的形势下，各县（市）区党委政府将信访工作纳入县区公共责任目标，统一检查、评比、考核。在群众工作实践中普遍采取了诸如“领导干部定期接访、领导干部走访入户、领导干部基层调

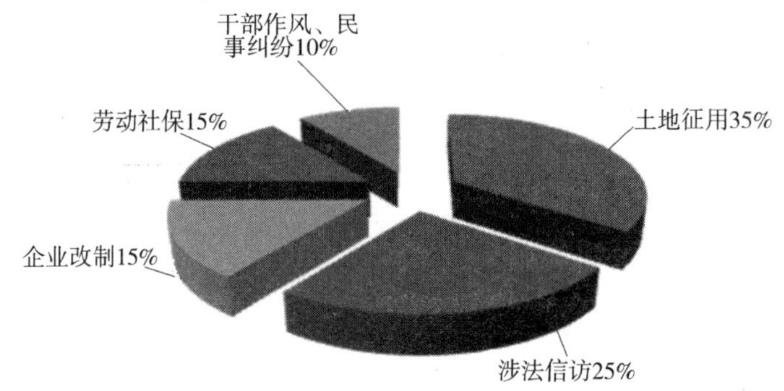

图4 十县市区2012年信访情况

研、领导干部包村包案、开展信访秩序整顿活动”等畅通信访渠道、化解信访矛盾的相关措施。

第一，构建信访工作大格局。各县市区委市政府高度重视，不断强化信访联席会议、信访稳定工作领导小组在化解社会矛盾过程中的作用。县（市）区委、区政府主要领导、人大、政协、各委局一把手都被纳入信访工作格局之中。第二，实行主要领导干部定期接访、干部下访、领导包案包村制度。各县（市）区通过领导干部定期接访，不断推进信访问题的解决。部分地方通过领导轮换公开接访，现场协调解决群众反映的热点难点问题；部分地方通过干部下访，加强信访问题的源头治理；部分地方通过领导包案包村制度，不断落实信访责任制。这些措施目的在于把群众的合理诉求与问题了解在基层、解决在基层。[①] 第三，畅通群众诉求表达渠道，建立矛盾排查网络。各县（市）区在畅通群众诉求表达方面采取了一系列措施，如开设书记市长信箱、政府门户网站设立网上信访专栏，引导群众通过写信或发电子邮件等形式反映问题；成立矛盾纠纷调处志愿服务队，坚持矛盾纠纷排查化解，建立了矛盾排查三级或四级网络。第四，设立专项配套资金，推动信访问题解决。各县（市）区普遍设立了信访维稳基金，在人员、资金等方面不断增大投入，促进问题解决。通过筹措配套专项资金，化解重大疑难信访问题，对“无主案”、“骨头案”进行

① 濮阳市华龙区区委书记张宏义在2012年全省信访工作经验交流会上的发言材料“强化接访责任，推动科学发展”。

救助。

通过上述举措，各县（市）区能够通过快速行政动员，在短期内解决了一定数量的信访问题，初步实现了稳控的目的。但总体来看，当前县市区信访仍处于信访治理失灵状态，具体表现在以下两个方面：一是历史遗留问题解决难度不断加大，各县市区都存在信访突出问题和部分信访积案仍停留在教育稳控和帮扶救助层面，难以得到有效解决；二是信访总量仍在高位徘徊。各县区不同程度上出现了因征地补偿、拆迁安置引发的群体性上访有所增加现象。因此，我们可以有这样一个大致的判断，即虽然各县（市）区政府在应对群众信访活动过程中采取一系列措施和方法，但依然缺乏有效的治理手段。

四　陷入“信访不信法”的法制困局，信访秩序扭曲

第一，“信上不信下”，“爱哭的孩子有奶吃”。调查发现，从中央政府到地方政府，县市区居民的信任度是逐渐下降的，对中央政府选择“完全可信”的达到了61.8%，而对乡镇政府的完全信任度只有42.5%，相差21.3%（具体见图5）。这一调查结果与访民的信访行为相吻合，访民希望通过赴京、省越级访向县（市）区政府施加压力以解决问题。

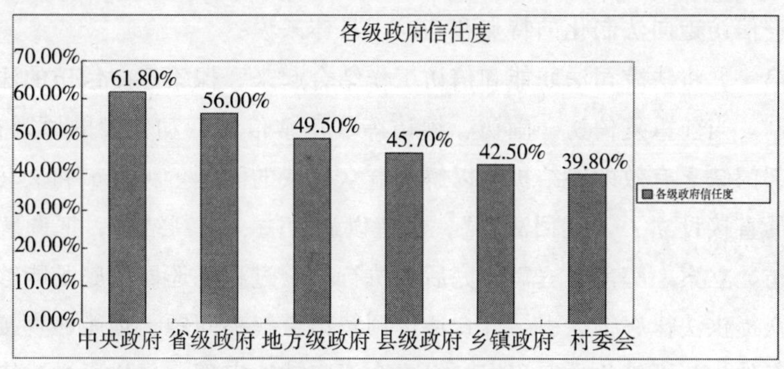

图5　各级政府信任度

第二，“信访不信法”，涉法信访问题不断攀升。从信访案件情况来看，目前涉法信访问题占到了县（市）区信访的第二位，解决的难度也越来越大，对法律制度、司法权威形成挑战。当前县（市）区政府化解矛盾最有效的办法是花钱买稳定式权宜性治理，其后果是“按下葫芦浮

起瓢”，群众工作长效机制没有形成，越来越背离法治化，扭曲了信访秩序。第三、信访利益链条形成，信访成本不断攀升。其一，随着信访稳定压力得不断加大，县（市）区投入的人力物力财力不断增加，信访机构编制大幅增加，人员编制是2008年之前的2~3倍，有的县（市）区聘用的村组一线的信访信息员多达4000名。各地的信访救助基金也在持续增长，有的县（市）区年度信访救助基金已经达到辖区人口人均5元以上。其二，信访利益链形成。少数访民利用基层政府怕上访、花钱买稳定的心理，将信访作为牟利的工具；信访中介通过收留上访户从中牟利；各级信访局推波助澜，除向基层政府摊派各种费用外，还明码标价收取协调费，形成了“信访人—信访中介—信访局”的灰色产业和利益链。在访谈中，一乡镇主抓信访的副镇长谈到，基本上到北京接一个人要交2万元。

五 各县市区的实践探索呈现出促进信访走向法制化的特点和趋向

围绕信访难题，各县市区在群众法治理念、矛盾化解法制化、法制化体制机制等方面进行了不同层面的实践探索，这些探索在某种程度上呈现出促进信访走向法制化的特点和趋向。具体来说：

第一，将法院司法职能和信访工作结合起来，探索建立信访的法律终结机制。当前重复信访、闹访、缠访等非正常信访活动频发的原因在于，信访部门缺乏有效的终结机制以解决群众反映的问题。巩义市和义马市在信访局直接设立了“巡回法庭”，坚持以调为主、调判结合，把调解贯穿于接访、立案、庭前、庭审、庭后和执行的全过程。巡回法庭既能够为信访群众提供法律咨询，引导群众通过调解渠道解决问题；也能够直接受理信访案件，从而简化立案程序、组成合议庭就地审理，尽快通过法律渠道解决信访事项。新密市法院设立立案信访局，立案信访局成立诉讼服务中心，集诉讼服务、纠纷合流、矛盾化解三大职能于一体，提供除开庭以外的所有诉讼服务，具备一站式服务、一体化运行、一揽子解决纠纷的“门诊式”综合诉讼服务功能。通过立案信访局的诉讼服务中心，能够突出矛盾化解的重点，对信访案件繁简分流、先行调解、诉调对接、司法确认等工作，充分发挥立案信访窗口对案件纠纷的先行过滤和快速化解作用。探索以法律为核心构建信访终结机制，既能够推进信访制度与现代法治相协调，也能够有效规范信访行为，更能够确立司法权威，从而发挥行政复议、行政诉讼、民事诉讼等法定渠道本应发挥的化解纠纷的作用。

第二，将法律工作者引入信访工作，破解群众“信访不信法”的困境。将法律工作者引入信访机制中，通过向群众提供法律宣传和志愿服务，增强群众的法律和规则意识，引导群众将信访问题通过法律程序加以解决。济源市实行律师参与信访矛盾化解机制，组建“律师信访服务团”，将属于法律程序解决的信访问题引入法律程序，对符合法定条件的上访人，及时提供法律援助，帮助上访群众维护合法权益。通过这样的举措，律师便能够最大限度地发挥专业优势，既向信访群众宣传国家有关法律、法规，又把信访群众的呼声和要求反馈给政府，既能为政府解忧，也能为群众解难，在促进信访法制化方面作出了积极的探索。

六 启示与建议

（一）建立以法律规定为标准的分类治理体系

将群众信访以是否符合法律规定作为划分信访的标准，将群众信访划分为三个类别：有理型信访、无理型信访、协商型信访，并根据信访的不同类别施以不同的治理手段和措施。针对有理型信访，即群众的合法权益受到损害，又无法通过有效途径维护自己的合法权益而发生的信访活动，县（市）区政府要以坚决维护他们的合法权益，及时解决信访者的困难和问题，避免有理型信访转向重复、越级信访；针对无理型信访，即群众诉求明显不合法、不合理的信访活动，在省级层面建立无理信访终结库，严格依照法律将无理信访人员和无理信访事项列入无理信访终结库，各县（市）信访部门对列入无理信访库的信访事项一律不予受理。同时，可酌情考虑将多次一味无理信访人员及其信访事项向社会公开，并依法依理地宣传无理信访对信访工作和社会和谐所造成的不良影响，即利用社会道德和社会舆论的力量对无理信访加以治理并教育群众，一方面能够减轻无理信访的社会影响力；另一方面能够营造依法信访的氛围；针对协商性信访，即政治参与性信访，当事人的合法权益没有受到损害，但认为某种社会政策或制度设计不合理而向政府相关部门提出批评或建议，要建立信息吸纳和反馈机制，相关部门要拿出针对性的意见和措施，以便将矛盾化解在萌芽状态。

（二）改革信访考核机制，引导信访理念的转变

信访作为诸多问题集中反映的渠道，是一种常态化的活动和常规社会现象，要改变将信访和不稳定画等号的观念，营造民众权利表达的有序环境，给予县（市）区政府弹性的信访空间。零上访、一票否决制恰恰促使信访问题向领导集中、向中央集中，并造成信访的失序或者无序状态。要立足于将其视为经济社会快速发展过程中各种社会问题反映的渠道和途径，创新信访考核机制。一个是淡化对信访数量的考核，将信访问题解决情况作为考核依据，从而建立新型信访考核机制，使县（市）区政府从关注信访数量变为关注信访问题的解决。其次，建立针对协商型信访的考核指标体系，促使县（市）区政府重视并充分吸纳群众的意见，使矛盾化解由事后解决转变为事前预防和源头治理。

（三）探索体制机制创新，建立信访的法制化机制

其一，要充分总结和借鉴义马市“信访巡回法庭”的经验，推动信访法制化机制的不断健全。选取经济发展程度较高、民众法治意识较强的县（市）区试点信访巡回法庭制度，改变当前行政救济替代司法救济的现象。通过树立司法权威，探索建立真正有效的信访终结机制，使法治成为解决社会矛盾和社会冲突的长效的制度化手段。其二，可以总结借鉴新密市立案信访局的成功经验，在法院设立信访服务大厅。将诉讼服务、纠纷合流、矛盾化解三大职能集于一体，提供一站式服务、一体化运行、一揽子解决纠纷的“门诊式”综合诉讼服务功能，充分发挥立案信访窗口对案件纠纷的先行过滤和快速化解作用。

（四）培育第三方仲裁组织，形成化解社会矛盾和冲突的社会化机制

积极培育第三方调解仲裁类组织，通过人大代表、政协委员、律师、法律工作者、相关专家、社会精英等多方组成的第三方组织，改变目前县（市）区政府直接面对各种激烈冲突的局面。通过鼓励和扶持各类社会中

介组织介入信访代理领域，使之承担社会领域中的社会责任，以培养与现代法治社会相适应的制度体系。根据调查发现，农村居民往往愿意通过村委会调解纠纷，建议在村、居委会组织层面上，探索培育第三方纠纷解决机制、组织，将法律工作者、相关专家、乡村精英等引入到信访调解和仲裁中，形成化解社会矛盾和冲突的社会化机制。

原载于《领导科学》2014 年第 17 期

矿产资源冲突治理与预防的中国经验

詹晶 曾明①

比较研究发现矿产资源丰富的国家，尤其是政治制度不健全的发展中国家，往往容易爆发社会冲突。但是资源丰裕国家的政府如何应对这些冲突却没有得到学界的重视和充分研究。通过对中国的矿区维稳实践的深入调查，本研究发现中国政府对由资源引发的各种社会冲突采取了回应性和预防性的两类措施。一方面，中国地方政府会通过收买或压制等方法积极协调矿企与地方民众之间的冲突；另一方面，地方政府也会通过提供社会福利和就业机会等手段来减少民众对矿产资源开发的反感，从而预防冲突的产生。和其他资源丰裕的发展中国家相比，中国之所以能避免资源冲突的大规模发生，本质上归结于强大的国家能力和中央对地方政府的有效控制。

Introduction

Countries with rich natural resources such as oil, minerals and gemstones are subject to high risks of social conflicts and civil wars. Comparative studies find that resources make armed conflicts more likely and make civil wars last longer (Collier & Hoeffler, 1998; 2004; Lujala, Gleditsch, & Gilmore, 2005; Bannon & Collier,

---

① The authors acknowledge the financial support by Hong Kong Research Grants Council (14601915) and National Social Science Foundation of China (13BGL120).

詹晶，香港中文大学政治与行政学系副教授；曾明，南昌大学公共管理学院副教授。

2003; Fearon & Laitin, 2003; Fearon, 2004; Ross, 2004; 2006). As Lujala contends, on the one hand, resource abundance provides the economic incentive as well as means for rebel uprisings that seek control of the resources; on the other hand, resource dependence weakens the state through not only economic but also political Dutch disease, which consequently undermines the state's ability to prevent or end armed conflicts.

While increasing scholarly efforts have been made to understand the adverse socioeconomic effects of natural resources, which in general are referred to as the curse of natural resources, not much attention has been paid to how states react to the resource curse, especially with regard to social conflicts. In most of the existing studies, the state is either missing or merely passively suffering the negative impacts of the natural resources on the society and its own capacity. However, the state is far from a powerless victim but can play active roles in addressing and even reversing the so-called resource curse. As some studies find out, when resource-rich states invest their windfall revenues in building state institutions and political organizations, natural resources can actually lower the likelihood of social conflicts and increase regime durability. Therefore, it is not only theoretically relevant but also empirically significant to study the strategies that states adopt in response to the socioeconomic impacts of resources.

Through a case study of China, this research aims to find out the strategies that the Chinese Communist Party-state employs to alleviate or prevent social conflicts aroused by the extraction and processing of mineral resources. Although nationwide China does not depend on resource exports for its economy or suffer any major symptom of the resource curse, at subnational levels the mining industries have generated clashing interests among different social groups and given rise to conflicts at various levels of scale and intensity. How does the Chinese Communist Party (CCP), which attaches utmost attention to maintaining social stability, handle these resource - induced social conflicts? We find that the Chinese state adopts both reactive and preemptive strategies to resolve the conflicts, appease the aggrieved citizens, and stifle the protests, with the ultimate purpose of preventing the conflicts from escalating into major crises that would threaten the stability of the political regime. On the one hand, in reaction to existing individual conflicts, Chinese local governments actively play the role of a mediator between the citizens and the mining sector to mitigate their conflicts, and at the same time uses coercive power to suppress collective protests. On the other hand, Chinese local governments preemptively hand out economic appeasements such as employment opportunities, public goods and social welfare benefits to the citizens to create vested interests in the resource sector and to prevent popular grievance from escalating into direct challenge to the regime. Overall, the relatively effective resolution and prevention of resource conflicts are ultimately enabled by the strong state capacity and central control in China.

This study adopts qualitative research method and is based on extensive in - depth field research in resource - rich regions in China. Between 2012 and 2015, the authors visited multiple mining areas in Jiangxi Province, Shanxi Province, Inner Mongolia Autonomous Region and Xinjiang Autonomous Region. During the field trips, we conducted semi - structured interviews with dozens of government officials, managers and employees of state - owned and private mining enterprises, researchers and local citizens, obtained official documents and statistical reports that were publicly unavailable, and closely observed the local conditions and the operation of both large and small - scale mining companies. In addition to the field research, we have also collected information from secondary sources including media reports and scholarly works, and conducted archival analysis on Chinese central and local laws and regulations. The vast amounts of empirical data provide the basis for us to appreciate the intricate state strategies of resource conflict resolution and prevention in China.

This study contributes to extant research on the resource curse and conflict resolution on two grounds. First, adopting a subnational approach and closely examining local conditions, it clearly reveals some mechanisms through which natural resources give rise to social conflicts with lower intensity than civil wars but no less threatening to regime stability. Second, it shows that states with strong capacity can actively respond to the resource curse. By redistributing resource rents and compensating the losers of the resource sector, resource - rich states can resolve and/or prevent resource conflicts to a large degree.

The rest of the paper is organized as follows. The next section reviews the existing studies and debates on the effects of natural resources on social conflicts. Section three examines resource - related social unrests in the Chinese context and argues that although sporadic and rarely directly challenging the Communist Party rule, such unrests have posed serious threat to social stability at the local levels. Section four examines in detail the reactive, piecemeal treatments and the preemptive strategies that the Chinese state adopts to resolve or prevent resource – related conflicts. The last section offers some concluding remarks.

Natural Resources and Social Conflicts: Comparative Experiences

Natural resources such as oil, minerals and gemstones have been found to trigger social conflicts through multiple channels. Most fundamentally, resource discovery or boom provides the economic incentive for competition, often through violent means, for the control rights of the resource wealth. The struggle for control can take place between different contending groups, or in cases of larger scales and higher intensity, arouse rebellion against the state or lead to secession. Meanwhile, the seized resource rents provide crucial funding sources for the contending or rebel groups to engage in armed conflicts.

While bringing economic benefits to certain groups, the resource economy also creates victims and breeds popular grievance, which becomes another source of social conflicts. Price shocks on the unstable resource market can lead to income instability, and the unequal distribution of resource wealth can generate tension between different social groups in resource dependent countries. Moreover, the extraction and processing of resources create serious negative externalities such as environmental hazards and land expropriation, which often arouse popular discontents and lead to social conflicts.

From the statist perspective, natural resource dependence weakens the political institutions by sustaining patronage based autocracy instead of democratic system based on electoral competition, scrutiny and civil rights. As rentier states rely on resource rents rather than taxation for its financial sources, they may have little compulsion to respond to the demands of their citizens, and they see less need to build socially intrusive and elaborate bureaucracies to raise revenue. As a result of the lack of embeddedness into the society, rentier states tend to have weaker ability to resolve social conflicts.

However, it is debatable whether resource - dependent countries are bound to suffer weak capacity of conflict resolution. Some scholars contend that resource abundance does not necessarily lead to weak institutions, which are rather attributable to political elites' endogenous choices. When rentier states redistribute their windfall revenues or invest them in building state institutions, a natural resource, oil in particular, actually increases regime durability and lowers the likelihood of civil war and antistate protest. Alternatively, the rentier state can invest the resource rents in repressive apparatuses to consolidate its rule and stifle the conflicts. Therefore, in the causal chain between resources and social conflicts, the state actually exerts crucial intervening effects, and the role of the state deserves to be examined more carefully.

Resource - Triggered Conflicts in China

Similar to other resource - rich countries, China, which hosts a large variety and quantity of natural resources such as coal, metals, and nonmetal minerals in many of its localities, suffers abundant social conflicts aroused by the exploration and processing of resources. Although resource - triggered conflicts rarely directly challenge the political regime, they pose major threats to the CCP, which attaches utmost attention to maintaining stability and tries every means to prevent social conflicts from escalating into mass protests or riots that may threaten the regime stability. Unfortunately, in many resource - wealthy Chinese localities, the Chinese government and officials, especially at the grassroots levels, have to stay on high alert and prepare for many resource - triggered collective incidents, which generally arise from three sources: contention over resource control, grievance about environmental hazards, and disputes between the resource sector and neighboring citizens.

Contention over Resource Control

One major source of conflict is the contention for the control rights of resources. Since the mid - 1980s, as one initiative of the post - Mao reform to promote economic development, the Chinese government initiated a "Speeding up the Water Flow" (youshui kailiu) policy to encourage private enterprises and individual citizens to explore and utilize the mineral resources that had been strictly controlled by the state during the Maoist era. The loosened government control over mining rights, together with the rising resource prices with the emerging market economy, induced a swarm of investors into the mining sector. While state - owned companies continued to control the larger, richer mines or those of strategic value, the smaller and strategically less significant ones were opened up to the competition by private investors.

Since the opening up of the mining sector, many resource - rich regions have experienced enthusiastic and yet chaotic exploration of the mineral resources. Without clear assignment or effective enforcement of the property rights, private investors often compete for mining rights by force, and the competition has frequently given rise to armed conflicts. For instance, in a major case in 1994, the competition between two investors for a gold mine in Sichuan Province escalated to a violent clash that involved more than 100 people and ended with dozens of casualties. The case shocked the Chinese government and eventually prompted the revision of the Mineral Resource Law, which established a relatively institutionalized system for the assignment and transaction of mining rights. However, even when mining sites can be legally demarcated on the ground, the mining companies, especially smaller and private ones, tend to ignore the boundaries and encroach on each other's properties underground, which becomes another source of conflicts. Moreover, the competition over the transaction and transportation of mineral products, which are also lucrative businesses under good market conditions, composes another major source of conflicts.

The high risk of violent conflicts drive many mining companies, particularly in underdeveloped areas with weak rule of law, to arm themselves by hiring security guards and obtaining (usually illegally) small arms and light weapons. Moreover, in the absence of effective police force, professional criminal organizations tend to emerge to provide extralegal protection to mining companies. With the resource wealth, these organizations can grow rapidly in terms of size and impacts. As the power of the criminal organizations grows, they become another source of social conflicts and instability, as they not only engage in resource-related armed conflicts, but also threaten the security of the general public. Unfortunately, in many regions, the local police force and legal apparatus often collude with the organized criminals for economic and other benefits, which becomes a source of corruption and seriously undermines the quality of local political institutions.

Grievance about Environmental Hazards

Besides conflicts among contenders of the mineral resources, a more widespread source of tension arises from the environmental hazards generated by the extractive industries, including but not limited to pollution, water shortage, and land subsidence. These environmental hazards impose heavy cost on the health and livelihood of the citizens in surrounding areas, who usually cannot receive proper and timely compensation. As the problems and complaints accumulate, the tension between the victims and the mining industries easily erupt into popular protests and even riots that target not only the relevant mining companies but also the local authorities.

As in many other developing countries, the extractive industries in China are highly polluting. Although the Chinese central government has increasingly strengthened its environmental regulation and shut down highly polluting industries in recent years, many mines continue to operate with substandard environmental protection measures. For instance, the coal industry is responsible for the air pollution in many industrial cities. As the authors observed in various mining areas in China, extracted coal is often stored, processed and transported in open air, which generate dangerous amounts of dust. And the industrial and civilian consumption of coal create even more far – reaching air pollution. Many citizens working in or living near the mines suffer different forms and degrees of health problems, with pneumoconiosis as the most common disease.

Meanwhile, the extraction and processing of minerals discharge various kinds of toxins that easily leak into rivers or underground water nearby, which seriously threatens the safety of drinking water and the productivity of agriculture, aquaculture or animal husbandry around the mining areas. Moreover, mineral extraction, especially by the coal industry, can also endanger the water supply by cutting down underground water sources and drying up rivers. This causes especially damage in the northern parts of China, which already suffers water shortage. Thus water pollution and shortage have been another source of conflicts between the mining sector and citizens in surrounding areas.

Another geological hazard that the mining sector engenders is land subsidence. Due to the extraction of large volumes of minerals from underground, mining areas commonly suffer land subsidence, which frequently lead to damages of residential buildings and sometimes cause casualties. ① However, due to the technical difficulties in determining the liabilities of the damages and the unwillingness of the mining enterprises to claim responsibility, the victims can hardly receive proper and timely compensations.

As a result of these environmental damages to the health, livelihood and properties of the citizens in the mining areas, there are widespread and palpable popular grievance against the mining industries. In some cases, the mining companies may offer some compensation to placate the complainants and avoid trouble. For example, one state – owned coal company in Jiangxi Province, which frequently encounters complaints about its environmental problems, sets up a

① Authors' interview in Jiangxi Province, June 2014.

public relations office to specifically deal with the complaining citizens in the neighboring areas and spends around 10 million yuan per year on compensation. ①But more often than not, many companies, especially private ones of smaller scales, pay little heed and minimal compensation to the public complaints, or even deny any responsibility to the damages they cause. In consequence, the aggrieved citizens would protest angrily in large groups to the local governments and petition to upper - level governments, wishing they could pressure the relevant authorities into responding to their requests. Moreover, some citizens may take more radical and violent actions such as disrupting public order and security by blockading and attacking the mining enterprises and their staff to in order to demand compensation. ②

Economic Disputes

In addition to environmental hazards, the extraction, processing and transportation of mineral resources also give rise to numerous disputes, mainly economic in nature, between the mining sector and the local residents, which can escalate into violent conflicts and pose tangible threat to social stability. The most common source of economic disputes is land expropriation and compensation. The operation of the mining industry inevitably requires the acquisition of lands, which are collectively owned by local residents in rural areas. Moreover, because the abovementioned environmental damages, such as land subsidence, water shortage and pollution, seriously undercut the habitability and arability of the land in surrounding areas, they also create

① Authors' interviews in Jiangxi Province, March 2012.

② Authors' interviews in Jiangxi Province, March 2012 & June 2014; Shanxi Province, May 2012.

the need for land acquisition and compensation by the mining industry. For instance, since the discovery and exploration of rich coal mines, one town in Inner Mongolia has lost a large part of its land to the coal industry, with increasing farmlands and grasslands to be consumed by land subsidence and water drainage along with the extraction of coal. Up to 2012, round 50 percent of its farmers and herdsmen had to be relocated. ①

However, land requisition is a very thorny issue due to the conflicting interests between the mining companies and the land – losing rural citizens, who are not only losing their living space but also the essential means of production. On the one hand, the mining companies, driven by economic interests, have strong incentives to under – compensate the land – losing residents, and often pay lower – than – market rates for the expropriated land. On the other hand, in order to receive more compensation from the expropriated land, some rural residents would play the tricks of hastily building up houses and planting trees or crops in the short period leading to the land expropriation, because habituated and cultivated lands would be compensated by higher standards according to the government's policies②. Therefore, the two parties often encounter economic disputes over the amount of compensation. However, in lack of an effective judicial system and public confidence in the impartiality of the courts, the conflicting parties can hardly settle their disputes through legal procedures, but more often resort to private negotiations or extra – legal means. In case of irresolvable disagreements, the mining business

① Authors' interviews in Inner Mongolia Autonomous Region, August 2012.

② Authors' interviews in Inner Mongolia Autonomous Region, August 2012; Shanxi Province, May 2012.

people may forcefully demolish the properties and excavate the residents on the expropriated land, which easily erupt into violent conflicts and sometimes escalate into violent riots of large scale. According to some estimates, land and resources – related social conflicts account for above 65 percent of the eruptive collective incidents in rural China in recent years.

Another often observed dispute between the mining sector and citizens of neighboring areas involves damaged roads. Due to the heavily loaded trucks transporting mineral products, mining areas across China commonly suffer seriously damaged roads, if there are paved roads at all. The broken roads cause great inconvenience to the citizens in the mining areas, let alone the air pollution and frequent traffic accidents. But the citizens can hardly receive any compensation from the mining or transportation companies. Thus they have to complain to the local governments or petition to upper – level authorities. As one township official worries, such complaints, if not addressed properly and in time, may soon erupt into major protests and crises for the government. ①

Economic disputes also arise between the mining industry and its employees. The mining industry is especially vulnerable to market shocks. Under booming market conditions, resource wealth provides lucrative income and abundant job opportunities. However, as the economy goes downhill, the prices and demands for resources would drop sharply. In response to declining profitability, the first action that mining companies normally take is to cut down extraction and production and lay off excessive workers. However, with inadequately

① Authors' interview in Jiangxi Province, June 2014.

protected labor rights, the hasty dismissal of workers can trigger angry protests by the laid - off workers. For instance, when one coal company in Jiangxi Province suddenly declared bankruptcy and shut down its mines due to the plummeting coal price in 2013, its 357 workers lost not only their jobs but also medical benefits and retirement pensions. It prompted the workers to angrily protest to the county government and threaten to use more radical measures if their demands were not satisfied. Eventually, under the pressure of the local government, the coal company was forced to pay 5 million yuan to settle the disputes. ①Besides unemployment, workplace injury and accidents, which are far from rare in the mining industry, especially in mines of medium and small scales with substandard safety conditions, are a routine cause of disputes and conflicts between the mining companies and their employees. Mining companies and local governments are particularly nervous about deadly accidents, because the aggrieved families of the deceased workers tend to view the death as a legitimate reason for them to disrupt the operation of the mining companies and even the public order. For instance, in some localities, the custom is for the extended family members to moan and banquet (at the expense of the mining company) for three days (chi santian, he santian, nao santian) before beginning the negotiation on compensation. ②

Overall, similar to what comparative studies have found about other resource - rich developing countries, due to the weak rule of law and lack of effective and impartial judiciary system trusted by the citizens, natural resources in China directly contribute to social conflicts mainly through two channels, incentivizing contention for resource

① Authors' interview and official documents obtained from Jiangxi Province, June 2014.

② Authors' interview in Jiangxi Province, June 2014.

control and generating negative externalities on surrounding areas. The first type of conflicts takes place largely inside the resource sector and among those who seek control of the resource wealth. Although they tend to be more intensive and violent, they are relatively contained and can be resolved or prevented when the property rights of the mineral resources are clearly demarcated and enforced by the state. In comparison, the second type of conflicts arises because the negative externalities of the resource sector are not accounted for or properly compensated. They breed popular grievance against not only the resource sector but also the state. While these conflicts are not necessarily violent, they tend to exert more widespread and far – reaching impacts on the society, and generate more political implications for regime stability.

Coping with the Resource Curse: A Two – pronged Strategy

The Chinese Communist Party puts great pressure on government officials at all levels to maintain social stability. As one measure to ensure their utmost efforts towards this goal, the cadre evaluation system explicitly lists the absence of major social unrest as a key criterion for political promotion. Mindful of their political careers, local officials have been wary of any social conflict that may pose a threat to the stability in their jurisdictions and draw the attention of their superiors.

Given the many resource – triggered social conflicts, local governments and officials in resource – rich areas have devised numerous strategies to resolve or prevent these conflicts. As mentioned above, although the conflicts over the control rights of resources often involve ferocious fighting and pose serious threat to public security, they rarely challenge the political regime. On the contrary, the contending parties often collude with the local governments and officials to seek protection and strengthen their power. Thus they are normally taken as criminal cases and left for the police force to handle, and not so much regarded as political threats to the regime. In comparison, Chinese local governments and officials attach more attention to the disputes and conflicts between the mining sector and the victims of its negative externalities, because when these conflicts are not handled properly and in a timely fashion, the aggrieved citizens often take to the streets and target their complaints at the Chinese government, which directly or indirectly threatens the regime stability as well as the political careers of local officials. This section thus focuses on the strategies that Chinese local governments devise to resolve or prevent this type of resource – triggered conflicts. While the detailed practices vary widely across the localities, some common tactics and patterns are nevertheless observed in quite some mining areas. Roughly speaking, Chinese local governments have adopted a two – pronged strategy that contain two aspects: reactive, piecemeal treatments of individual conflicts through government mediation and coercion, and preemptive distribution of economic appeasements.

Reactive Strategies to Individual Conflicts

China faces numerous social conflicts of varying degrees of intensity throughout the country. However, its weak rule of law seriously discourages many Chinese citizens, who see the judicial system as malfunctioning and untrustworthy, from resorting to the legal apparatus to resolve their conflicts and seek justice. Instead, they choose to directly complain to the government and leading cadres to put forward their requests. [①]As a result, the government and its various functional departments, including but not limited to the petition departments (xinfang bumen), have to directly involve in the arbitration, mediation and resolution of social conflicts on ad hoc basis and often by informal means such as personal connections. To a certain degree, the Chinese government even encourages formal or informal "mediation by the people" (renmin tiaojie) rather than judicial procedures as a less costly and confrontational method of conflict resolution, especially at the grassroots levels in rural areas.

Mediation between the Mining Sector and Citizens

Under such circumstances, mediation by local governments becomes a widely adopted practice when conflicts arise between the mining sector and the public. The local governments in mining areas actively play the role of a bridge as well as a buffer zone and try to broker agreements between the parties with conflicting interests. By taking up this role, the local governments actually face a difficult dilemma. On the one hand, in order to placate and appease the aggrieved citizens who suffer from the environmental hazards or involve in economic disputes with the mining enterprises and to prevent the grievance from erupting into major unrest, the local governments have to take such actions as demanding the mining enterprises to compensate for their damages, imposing fines on them, or in more serious cases,

① Authors' interviews with government officials and common citizens in Jiangxi Province, June 2014.

shutting down the mines. On the other hand, however, the officials also understand the importance of the mining industries for the local economy, especially for highly resource - dependent regions. The local governments have to be careful that any punitive measures taken would not hurt the mining industries too badly so that they can continue to serve as engines of growth and provide job opportunities. Therefore, the local governments have to strike a delicate balance between maintaining social stability and ensuring economic growth.

Then how do local governments and officials mediate between the conflicting interests? First of all, Chinese local governments command strong bargaining power against both the mining sector and the citizens because of their administrative and coercive power. For the mining companies, the local government has a full hand of cards to control them. For example, a mining company is generally regulated by multiple government departments, including but not limited to the taxation bureau, the administration of industry and commerce, safety supervision department, and department of land and natural resources, any of which has formal authority to intervene in the operation of the company. Therefore, the mining companies normally would succumb to the government's requests as far as their survival is not threatened. On the other hand, although the Chinese government has significantly loosened its control over the society in the post - Mao era, local governments still possess strong control and coercive power over the citizens through various means such as the household registration system and the police force. Therefore, individual citizens appear rather powerless in face of the strong state machine.

Nevertheless, the local government does not always use coercive power to achieve its goals, but rather rely on the personal connections of grassroots officials with both the mining sector and the common citizens. Due to the various types of government regulation mentioned above, mining companies have to deal with local officials on regular basis and know them personally through all kinds of official and casual meetings, and more importantly, banquets. As many businesses are conducted on dining tables, the officials can conveniently build up personal ties with the entrepreneurs, which can be utilized later for multiple purposes, such as soliciting financial support for public services, infrastructural projects and welfare benefits for local citizens that local governments cannot afford or are unwilling to finance. ①Certainly the personal ties can also become handy when local officials need to pressure the mining companies into agreements for conflict resolution. At the same time, in many localities in China, government officials, including the leading cadres, at the county and township levels are required to frequently visit the villages of their jurisdictions and be stationed in rural households for certain amount of days each month, during which the officials would socialize with the villagers and answer their needs. The interactions allow grassroots official to build up and strengthen their personal connections with the citizens and gain their trust. In the Chinese society where social network still plays important roles and personal favors are highly valued, personal connections between officials and common citizens become a useful tool of communication and persuasion for conflict resolution.

With the formal and informal bargaining power, local governments actively engage in the mediation of such resource – related conflicts as disputes over land expropriation, compensation for environ-

① Authors' observations and interviews in Jiangxi Province, June 2014; Shanxi Province, October 2013 & May 2012; Inner Mongolia, August 2012; Xinjiang, October 2014.

mental hazards and other mining caused disputes, following a principle of "the government taking the lead and the enterprises paying the bills (zhengfu qiantou, qiye chuqian)." For example, in order to expropriate lands for the development of mining industries, local governments in Inner Mongolia would negotiate with local citizens on behalf of the mining companies about the compensation and relocation costs, which involves a very tedious and dispute-prone process. To begin with, the county-level governments would set up detailed compensation standards in accordance with national laws and regulations. For instance, one county clearly specified the compensation rates for different types of farmlands, grasslands, crops, plantations, residential buildings, pens and graves etc. attached to the expropriated land.[①] With these uniformly set standards, the township officials, with the assistance of the village committees and village branches of the CCP, would work together with the villagers to determine the amounts of compensation. There were often disputes among the villagers about the ownership of certain properties, so the township officials responsible for the village needed to play the roles of an arbitrator and mediator to ensure peaceful settlement of the disputes. In cases when villagers were unwilling to relocate and resisted the land acquisition, the officials had to mobilize their official authority as well as personal connections to persuade the villagers into agreement, either by the called "thought work" (zuo sixiang gongzuo) in the official language or by offering extra subsidies as fiscal incentives for relocation. After the local governments cleared most of the disputes, the mining companies would then sign agreements with the villagers and settle the pay-

① According to the official documents on land expropriation and relocation compensation measures issued by Y Banner (qi), Inner Mongolia, 2009, 2011 & 2012.

ments under the supervision of the township government, only after which were they allowed to start operation. The whole process could take up to half a year for one village. ①

Although tedious and time - consuming, such government intervention can effectively decrease the number of disputes for a few reasons. First, as the compensation costs are borne by the mining companies, the local governments have little incentive to undercompensate the citizens, which is a major cause of land conflicts in contemporary China. Besides, the officially set compensation standards and government supervision prevent the mining companies from undercompensating the citizens or compensating them according to different standards. Moreover, as the local governments employ relatively rigorous and transparent methods to determine the compensation rates and amounts, it prevents citizens from playing the tricks of hastily building up houses and planting trees or crops in the short period leading to the land expropriation in order to extort more compensation from the mining companies.

Essentially, the local governments provide the mining companies a valuable service by negotiating and settling disputes with the citizens. Because the local governments are more professionalized and efficient in dealing with the citizens, and command considerable formal and informal bargaining power that the mining companies do not enjoy, they can do it more efficiently. While the local governments take the lead in the negotiation process, the companies pay the bills. The various personnel and operation costs on the local governments are actually financed by all kinds of fiscal exactions on the mining compa-

① Authors' interviews in Inner Mongolia, August 12.

nies, such as environmental management fee, resource compensation fee and land compensation fee. These nontax exactions compose an important funding source for the local governments' stability maintenance work. ①

Besides land disputes, local governments are also involved in the mediation of other conflicts such as those caused by environmental hazards. For example, in face of the dangerous air and water pollution, individual citizens have very limited bargaining power against the mining companies. As a result, the aggrieved citizens usually complain to the local governments or petition to higher - level governments. When perceiving the complaints as serious enough to pose a threat to social stability, local governments will act on behalf of the aggrieved citizens and require the mining companies to take some actions, such as adding dust gauze or water purifier to decrease air or water pollution. However, they have to make sure these actions do not impose too heavy costs on the companies, but strike a delicate balance between the interests of the citizens and the companies, or say stability maintenance and economic growth. ②The resolution of two disputes involving one coal company in Jiangxi Province clearly illustrates this logic. In March 2012, more than 100 villagers living near the coal company petitioned to the county government and at the same time disrupted the operation of the coal mine, complaining about the damages to their houses caused by land subsidence. On high alert of the unrest, the county officials immediately mediated in the dispute and persuaded the protestors to go home. As the coal company denied any responsibility to the damages, claiming that their mining did not

① Authors' interviews in Inner Mongolia, August 2012.

② Authors' interviews in Inner Mongolia, August 2012; Jiangxi, June 2014.

reach the territory of the village and blaming another cement company for the damages, the government demanded both the coal company and the cement company to assess the damage by hiring their own investigation teams, and, regardless of the responsibility determination by the two assessments, required the two companies to equally share the compensation costs to the villagers. About the same time, the coal company was accused of causing the cracking of a senior care center due to land subsidence and demanded a compensation of 1.8 million yuan. While acknowledging the responsibility for the land subsidence, the coal company blamed the poor quality of the building and refused to pay. To resolve the dispute, the township government mediated between the company and the senior care center, and eventually pressured the company into paying 0.65 million to settle the case.①

Repression of Protests

Nevertheless, government mediation does not always ensure successful and peaceful settlement of disputes. When the gap between conflicting interests is too large to mend, or when the citizens take highly disruptive measures to put forward their requests, the local governments can resort to coercive means to repress the protests. A good case in point is that in 2004, the coal mining in one town in Jiangxi Province led to widespread land collapse that caused several casualties and affected more than 1800 people in three villages. The angry villagers first sent a group of representatives to petition to the

---

① Authors' interviews in Jiangxi Province, March 2012.

prefecture and provincial governments, demanding compensation and the shutting down of a major coal mine that they believed to be the culprit. Receiving no satisfactory response, more than three hundred villagers besieged the coal mine, almost causing deadly disasters to the hundreds of mine workers working underground. The highly alerted county and township officials rushed to the mine and temporarily dismissed the protestors after painstaking persuasion and promised compensation to the victims. Then the county and township governments adopted a two-pronged strategy. On the one hand, more than two hundred officials were sent to the affected villages to conduct extensive "thought work" and negotiation on compensation with the villagers. After paying in advance a compensation of 3 million yuan to the villagers out of its own pocket, the township government, on behalf of the villagers, sued five coal mines, including the one under attack, for the damages and won the case. On the other hand, the political and legal departments (zhengfa bumen) including the police force were stationed in the villages to prevent any further disruptive collective actions. More importantly, the officials identified a few leading activists among the protesters. After finding out they were former mine investors that competed with the attacked coal company, the government arrested these activists for their earlier economic offences such as tax evasion. Receiving the compensation and scared by the arrests of their leaders, the other villagers mostly gave in, and the incident was eventually settled peacefully. ①

Indeed, suppression of protests provides a powerful supplement and backup to mediation for Chinese local governments to resolve re-

① According to authors' interviews and county gazetteer in Jiangxi Province, June 2014.

source – related social conflicts. Instead of indiscriminatingly punishing all the participants in protests, local governments usually strategically arrest the leading activists for charges related or unrelated to the protests. Some commonly used charges include disruption of public security (raoluan shehui zhi'an) and the order of government organs or enterprises (raoluan jiguan qiye danwei zhixu). But oftentimes, local governments can also imprison the leading activists by charging them with their former illegal conducts, such as in the case mentioned above. The arrest of the leaders can effectively deter the other participants in collective actions, who are fearful of the state's coercion. As one official puts it, "the citizens are afraid of arrests. Put some in jail, and the rest will become good citizens."① Meanwhile, the imprisonment for unrelated charges can discredit the leaders and undermine their legitimacy in leading the protests, which also discourages the followers from participating in the protests.

Preemptive Economic Appeasement

Besides handling resource – related conflicts on individual basis, the Chinese government also preemptively hands out economic appeasement to prevent social conflicts from taking shape. Resource – rich regions across China have followed a variety of practices such as creating economic opportunities, providing public goods, and increasing social welfare benefits for the residents of mining areas, with a prevalent logic of redistributing the resource wealth among common citizens so as to cultivate vested interests in and minimize tension with

① Authors' interview in Shanxi Province, May 2012.

the mining sector.

Resource - based Economic Opportunities

With its negative externalities such as land loss and environmental degradation, the resource sector inevitably generates serious adverse impacts on the livelihood of the citizens in the surrounding areas, which composes a major source of tension and conflicts. Realizing these problems, the local governments in mining areas have more or less taken some measures to create economic opportunities for the local residents based on the resource sector and prevent the mining industries from forming enclaves that only extract resources without paying anything back to the local communities.

The governments of some mining areas have tried to require or encourage the mining companies to hire the local citizens. [①] However, due to the high mechanization of the mining industries, there is limited demand for human labor. Moreover, due to the harsh working conditions in the mines and the abundant supply of migrant labors, who are cheaper and easier to manage, the local residents are not always willing or able to find jobs in the mining companies. Therefore, the mining industry alone offers limited employment opportunities for the local citizens.

Nevertheless, there are abundant employment opportunities in the derivative businesses of the mining sector, such as catering, property management, and transportation services etc. As common practices, the local governments of mining areas encourage the rural resi-

---

① Authors' interviews in Inner Mongolia, August 2012; Jiangxi, June 2014; Xinjiang, October 2014.

dents who lose their means of production from land loss or environmental degradation etc. to engage in these services. But there exist considerable difficulties for the rural citizens to transition into the service industries. On the one hand, they lack the necessary skills and startup fund for providing the services; on the other hand, as small businesses, the individual rural residents or households have rather weak bargaining power against the mining industry they intend to serve, and they also face fierce competition among themselves as well as against outsiders. Realizing these difficulties, some grassroots governments provide training and startup funds to the citizens, organize the villagers to collectively negotiate with the mining companies about the prices and terms of the services, and fend the local service providers from outside competition. Essentially, the grassroots governments play the role of a trade union that protects individual citizens' interests by collectively bargaining against the mining sector.[①]

One innovative practice that we observed in Inner Mongolia is the "CCP village branch plus company" model (cun zhibu jia gongsi), in which the village branches of the CCP[②] set up companies and employ the villagers to provide various services such as transportation, environmental recovery and catering, to the mining companies. With the company as a legal entity, the villagers, usually under the leadership of the village cadres, can negotiate with the mining companies collectively. As the mining companies usually need to expropriate lands from the villages, the villagers can require the mining companies to use their services as a condition for signing land transfer con-

① Authors' interviews in Inner Mongolia, August 2012.

② The village branches of the CCP are not formally a government level in the Chinese political system, but they extend government control into the vast Chinese rural society.

tracts, which greatly enhances the villagers' bargaining power. Meanwhile, to show their support for the village companies, higher-level governments also grant them favorable policies such as tax breaks and land provision to foster their growth.

For instance, one village in Inner Mongolia discovered rich coal mines and sold part of its land to a coal company in 2008. Since the operation of the coal company, many villagers purchased trucks and provided transportation services to the coal company. However, the villagers faced fierce competition with each other as well as with outsiders, and they frequently encountered disputes with the coal company for reasons such as payment arrears. Then the village Party secretary established a limited liability company in 2009 to coordinate the transportation services by individual villagers. The village company fixed the price for the transportation services so that individual villagers could no longer compete by lowering prices, and it settled all transactions through the company account to decrease the disputes with the coal company. At the same time, it imposed a surcharge on the trucks from outside the village that offer the same transportation service to the coal company, which effectually discouraged outside competition. Because the coal company signed the land expropriation contract on the condition that it had to employ the village trucks with priority, it had to accept the village company's terms. Therefore, the village company effectively protected the villagers' interests by organizing them into collective bargaining against the coal company. ①

Public Goods Provision

Besides creating economic opportunities for the local citizens

① Authors' interview in Inner Mongolia, August 2012.

based on the mining sector, the local governments in mining areas also require the mining enterprises to provide various public goods to the local citizens. For large, state - owned mining companies, they normally follow the tradition of the Maoist planned economy and shoulder many social functions such as providing education and medical services to not only their employees but also citizens in the neighboring areas. For instance, a state - owned coal company in Shanxi Province operated their own elementary and secondary schools for decades. It was only in recent years were the schools handed over to the local government to manage. The company also manages hospitals that serve the local citizens and shoulders all the costs. And it even operates its own police force to maintain public security in the neighborhood. Besides, it has to provide water and electricity for the neighboring area at lower - than - market prices. State - owned mining companies in other regions are also observed to provide public goods such as constructing roads and financing schools etc. Some mining companies even paid the agricultural taxes for the neighboring villages before the taxes were abolished in 2006. ①

Not only state - owned companies, collectively or privately owned mining companies are also required to fund local public projects such as infrastructure construction by local officials, with the argument that because the mining companies make profits with state - owned resources, they have the obligation to make contributions to the society. Unlike the regularized public services that state - owned companies provide, these non - state owned companies oftentimes face forced contributions on ad hoc bases and somewhat serve as the

① Authors' interviews in Shanxi, October 2013; Jiangxi, March 2012; Xinjiang, October 2014.

coffers of local governments when they are in need. For example, when a county government in Shanxi wanted to organize a basketball match, it solicited sponsorship from a private coal company. As the mining companies are subject to the regulations of various government departments, they often have to succumb to the governments' requests in order to maintain good relations with them. ①

Besides local governments, citizens may also put forward requests to the mining companies for various benefits. Rural residents have a strong sense of entitlement to the mineral resources discovered in their villages and thus feel it legitimate to share the profits of the mining enterprises. For example, it's normally expected that coal companies should provide coal to the surrounding villages at cheaper prices, and that during festival times they should distribute food, coal or other benefits to the villagers as gifts. To appease the villagers and avoid trouble, the companies often choose to meet such requests. ②

While generating certain financial costs on the mining companies, the public goods and services that the mining companies provide nevertheless allow the local citizens to share some profits from the mining sector, which not only partly offset the negative externalities that the mining sector imposes on the citizens but also create vested interests among them. Despite the many disputes with the mining sector, the local citizens in general still appreciate the existence of rich mineral resources and welcome the mining industries, because they can bring in various benefits to the local communities. With such mentality, it would be much easier to resolve or prevent resource - re-

① Authors' interviews in Shanxi, May 2012 & October 2013; Jiangxi, March 2012 & June 2014.

② Authors' interviews in Shanxi, May 2012 & October 2013.

lated conflicts between the citizens and the mining sector.

Social Welfare Benefits

Besides drawing funds directly from the mining sector for public goods provision, the Chinese government also redistribute resource windfalls to the local citizens in mining areas through a more institutionalized mechanism, the social welfare system. The Chinese social welfare system has been traditionally biased against rural residents, undersupplying many of the benefits that urban citizens enjoy, such as low - income allowance, retirement pension and medical insurance. However, some local governments in resource - rich areas have tried to enhance the rural coverage and standards of social welfare benefits as to offset the damages that the mining sector generates on rural residents.

As a model case in this regard, one county in Inner Mongolia, which became rich rapidly in recent years due to the discovery of abundant coal reserves, designed detailed social welfare policies for its rural residents. Along with the boom of the coal industry, a large part of the rural residents, mostly farmers and herdsmen, lost their means of production due to land expropriation or mining - caused environmental damages. With enormous coal - generated fiscal income, the county decided to offer the land - losing rural citizens very generous social welfare packages. First of all, it allocated an unemployment compensation of 180,000 yuan in one block to each land - losing citizen. ①Meanwhile, each citizen, after paying a premium of 162,000

① The average annual income of Chinese rural resident was 7916. 58 yuan in 2012, according to the Statistical Yearbook of China 2013.

yuan (48600 yuan drawn from the abovementioned unemployment compensation and the rest funded by mining companies), could enjoy a monthly retirement pension starting at the age of 60 according to the same standard as urban citizens. ①In addition, the county significantly improved the medical insurance coverage for all of its rural residents by raising the reimbursement rate of medical expenses from 40 percent to 80 percent and increasing the upper limit of reimbursement from 10,000 yuan to 100,000 yuan. And for citizens with incomes lower than the official standard, citizens with disabilities, ethnic minority citizens, and students, the county government would shoulder all their medical insurance expenses. Moreover, as a rare initiative among Chinese localities, the county covered the tuitions of all schools from kindergartens to senior high schools. ②

The other mining areas in China may not be able to match the generous social welfare package in Inner Mongolia, but they also distribute various social welfare benefits to the local citizens, mainly through low - income allowances, medical insurance and retirement pensions. For instance, when mining - related environmental damages such as pollution or water shortage decrease the productivity of farmlands, the local governments may offer the affected farmers low - income allowances to offset their losses; and medical insurance or low - income allowances can also be allocated to the citizens who suffer health problems or incapacitation due to mining - caused environmental hazards. These social welfare benefits, which are partly financed by the government's fiscal revenue and partly by the mining sector's

① Currently the retirement pension rate for rural residents is substantially lower than for urban residents.

② Authors' interviews and official documents obtained in Inner Mongolia, August 2012.

contribution through taxes or other nontax exactions, provide a safety net for the citizens in mining areas and prevent them from living below subsistence level, which can become a major source of popular grievance and social unrest.

Conclusion

Resource - related conflicts arise mostly because of incompatible economic interests. Besides the contention over the control rights of resources, which gives rise to violent clashes of high intensity, the other resource - related social conflicts are largely due to the negative externalities that the resource sector imposes on the citizens in surrounding areas. While these social conflicts may not be as violent, they tend to be more widespread and threatening to social stability. The authoritarian regime in China has relatively effectively contained these resource - triggered conflicts, mainly through a two - pronged strategy that combines state mediation and repression in response to existing cases and redistributive economic policies to preempt potential cases. The Chinese experiences suggest that resource - rich authoritarian regimes can actually mitigate the negative effects of natural resources on social stability, but on a few conditions.

To begin with, the state needs to have strong capacity to implement certain compensatory mechanism to redistribute part of the resource rents to the citizens who suffer the negative externalities of the resource sector. Under the weak rule of law in China, the resource sector and its victims often fail to reach agreements on compensation through bilateral negotiation or through judicial procedures. If the state intervention and mediation can ensure fair and timely compensation to the victims, it can resolve a large part of the disputes and tension between the conflicting parties. Moreover, the state can preempt resource – related conflicts by redistributive policies that share the resource wealth between the resource sector and the citizens. By creating economic opportunities based on the resource sector, requiring the mining enterprises to provide various public goods, and handing out social welfare benefits financed by fiscal revenue extracted from the mining industries, the Chinese state generates vested interest among the citizens in the mining sector.

Meanwhile, the state has to have the capacity to reach into the society to mediate the conflict of interests between different social groups. The Chinese state, especially at the grassroots levels, actively plays the roles of a buffer zone and a mediator between the mining sector and the citizens, which to a certain degree substitutes the judicial system in conflict resolution. With its formal and informal bargaining power against both the mining sector and the citizens, the Chinese state can pressure them into compromises, resolve conflicts, and prevent the escalation of tension. Of course the mediation is backed up by the existence of the state's coercive power. When its mediation fails to broker agreements, the Chinese state never hesitates to suppress mass protests with various hard and soft tactics.

While the detailed policies and practices vary across regions and over time, the essence of the Chinese state's conflict resolution/prevention strategy is redistribution of resource revenue from the resource sector to those who suffer from its negative externalities. Such a strategy requires effective state intervention in the mining sector and redistribution of resources among different interest groups, which ultimately depends on the existence of a powerful central state. Although similar to other resource - rich developing countries, the existence of natural resources in China undermines the political institutions at the local levels to a certain degree, such as breeding corruption, the strong central control over the local authorities ensures the proper functioning of basic government apparatuses and the loyalty of local agents, especially with regard to stability maintenance. Driven by the CCP's serious concern about regime durability and aversion to social unrest, Chinese local governments and officials have devoted utmost attention and abundant resources to maintaining social stability and tried every means to prevent resource - triggered conflicts from escalating into any direct challenge to the political regime. This explains why resource - related conflicts have largely been isolated cases and contained at small scales in China.

Unfortunately, not all resource - rich countries are endowed with strong state capacity. How can weak resource - dependent states effectively resolve or prevent resource - triggered conflicts is still a big question. Nevertheless, we argue that a large part of resource - related conflicts are of economic nature and result from the unaccounted and uncompensated negative externalities of the resource sector. And thus redistribution of resource wealth between the beneficiaries and losers of the resources is the key to the problem. If the rentier state can invest its windfall revenues in building the state capacity, at least the redistributive capacity, and can devise some sort of compensatory mechanism for the victims of the resource sector, resource - related social conflicts are be more likely to be resolved and preven.

❖县乡政府治理❖

国家治理与地方性知识：政策执行的双重逻辑

马翠军①

政策执行的重要性不仅仅在于其作为政策过程的一个关键环节，作为产生政策实际效果的一个制约性阶段，更为关键的是，它是政治过程的关键阶段，它承载着国家治理的意念，承载着评价现代政治转型是否成功的使命。加强政策执行研究，不是政策科学一个学科的事情，它应当成为政治学、社会学、经济学同时付出努力的学术命题。因为，国家治理能力的体现，社会秩序的获得，合理的利益分配格局，全都依赖于好的政策得到落实，但大量的事实表明落实好的政策并非易事。

一　国家治理中的政策执行问题

政策是国家实施治理的支撑性手段，食品安全治理是通过制定食品卫生标准政策来规制食品生产企业的行为，环境污染治理是通过制定污染物排放标准政策来约束工业企业的排污行为，正如米格代尔对政策的定义："公共政策是国家领导人使用其机构制定新规则并进而改变公众行为的具体表现。"② 通过政策国家实施着治理和统治职能。"统治被看成是始于拥

① 基金项目：教育部规划项目"我国行政层级关系类型区分及优化治理研究"(13YJA810011) 的阶段性成果；河南省教育厅社科基金重点项目"我国政策议程设置模式研究"(2010 - ZD - 003) 的阶段性成果。

马翠军，河南大学哲学与公共管理学院副教授，中央编译局博士后，研究方向为中国政治、公共政策分析。

② 乔尔·S. 米格代尔：《社会中的国家：国家与社会如何相互改变与相互构成》，江苏人民出版社 2013 年版。

有权威的领导者的决策，所以无论是统一组织的不同部门还是同一广泛的‘统治框架’下的不同组织，各种各样的参与者并非各行其是。政策把一系列行动划入到一个共同的框架之中。”① 国家与社会民众处于政策连接的两极，政策一方面负载着国家治理的意图，同时也承载民众对国家机构合理行动的希望，由此，就出现了国家治理意图与民众需求如何在政策中达成一致的问题。

一种思路是将政策制定过程设置成可以参与的过程，在政策议题收集及确认、备选方案规划及方案择优等阶段给予民众个人及社会团体表达利益需求的机会，让相关参与者通过政策协商、政策辩论，充分交流意见，最后达成各方都能够接受的决策。但是，利益表达同把它们成功的转化为权威性的决策，是完全不同的两码事。② 利益表达中的要求能否最后转化成政策，中间还有一段距离，各种因素的复杂性影响是民主政治研究的核心议题，学术界已经积累了丰富的文献。

另一种解决思路是强化政策执行能力。现代国家设计了各种治理技术应对执行不力问题，比如项目制、运动式治理等。国家通过财政专项转移支付等项目手段，暂时突破科层体制纵向层级安排和横向区域安排，实现国家政策目标。③ 如同项目制治理一样，运动式治理仍然遵循突破高度复杂的科层体制束缚思路，国家通过重组科层体制的运作方式，在短时间内动用整合各种资源，实现推行上级政策的目标。④ 但庞大复杂的科层体制是现代国家推行政策的主要载体，非常规治理方式由于其短暂性和高成本性不可能常态化，如何保障经过科层制逐级传递的政策在社会边缘角落实行时不出问题，是现代国家治理的难题。米格代尔通过研究第三世界的国家与社会关系及国家能力发现，第二次世界大战以后获得独立的国家，看似建立了强大的制度（官僚体制、税收体制、军事力量），却无法将制度蕴涵的意念渗透到

① H. K. 科尔巴奇：《政策》，吉林人民出版社 2005 年版。

② Gabriel A. Almond and G. Bringham Powell Jr. comparative politics: System, Process, and Policy [M]. Little, Brown and Company, Boston Second Edition, 1978.

③ 渠敬东：《项目制：一种新的国家治理体制》，《中国社会科学》2012 年第 5 期。

④ 冯仕政：《中国国家运动的形成与变异：基于政体的整体性解释》，《开放时代》2011 年第 1 期。

社会基层，也无法将资源运用到正好需要它的地方，更无须说让国家投放的资源产生最大产出。民众作为政策执行直接的作用对象，对国家政策执行力评价越来越低，甚至产生政治不信任。正如我们对政策执行的多个项目调研过程中常常听到老百姓说起的一段话：

> 我们不看政府说了什么，关键看他们是怎么做的。说得再动听，不解决问题，慢慢我们就不信它了，中国有句古话叫：画饼充饥。这句话现在不好用。
>
> 中央政策听起来都很好，为老百姓干好事，可是到我们这里一折腾，怎么就与中央的完全不一样了？

一方面，老百姓非常看重政策执行的实际效果；另一方面，中央的政策经过执行遭受变异属于正常现象。“上有政策、下有对策”，“有令不行、有禁不止”，“选择性执行”、“僵化执行”，“土政策”，“政策不出中南海”等充斥官员讲话、学术著作、坊间讥笑话语中，总而言之，中央政策经过地方执行，政策意图落空、政策目标扭曲，已经成为中国政策的一个积瘤。在2006年的全国人民代表大会上，温家宝总理在政府工作报告中提出“要提高并保证中央政策及决策的贯彻执行”。2006年后的一段时期，曾经掀起了加强政府执行能力的制度建设高潮。[①] 党的十八届三中全会提出“国家治理体系和治理能力现代化”，将“国家制度的执行力”视为国家治理体系现代化和治理能力现代化的首要衡量指标，可见中央层面对治理“执行问题”的决心。政策执行终究是并将一直是将国家与民众联系起来的黏合剂。

---

① 地方上相继出台一系列配套性文件加强政府的执行力。2007年，各地方政府对提高行政执行力的规章制度相对完善。深圳市制定了《深圳市人民政府关于健全行政责任体系加强行政执行力建设的实施意见》及六个配套文件《行政过错责任追究办法》《政府部门行政首长问责暂行办法》《行政机关工作人员十条禁令》《行政许可责任追究办法》《推行行政执法责任制的意见》《进一步加强政务督查工作的意见》。郑州市《关于加强行政执行力建设的实施意见》及五个配套文件《政府行政首长问责办法》《实施行政许可监督规定》《行政机关工作人员行政过错责任追究暂行办法》《机关效能监察投诉工作办法》《政府办公厅督查工作制度》。2004年四川省高县原县委书记和县长由于对退耕还林政策的执行不力引咎辞职，是第一个因为政策执行不力而辞职的地方干部。

二 政策执行问题的解释

在我国，政策执行研究起步较晚，20 世纪末期才开始。但是，研究从一开始就不拘泥于西方研究模式的束缚，实际问题导向非常明确，分析我国政策执行问题的各种表现形式、形成原因并就体制改革和政策制定提出咨询建议。例如陈振明、丁煌、刘熙瑞、金太军、周雪光等分析政策执行的制度（体制）制约因素；陈振明、孙立平、刘世定、李连江、庄垂生、渠敬东、折晓叶、姚华等采用案例形式解释政策执行问题。研究概括为三类解释逻辑：制度、变通、利益。

“制度”解释逻辑以我国政治体制或者决策体制为起点，分析制度因素导致政策制定与执行之间存在的矛盾。比如周黎安认为地方政府拥有体制性基础干预政策实践运作过程。中国政策执行采用“逐级行政分包制”，各级政府成为任务承包商，为保证任务完成，必须赋予地方政府极大的权力，包括重新界定政策目标、动用各种资源等各种行为，地方政府在上级政府的默认状态下改变政策的各种约束条件，表面完成政策目标，应付任务发包方（相对上级政府）的检查。[①] 周雪光将这一体制运行的结果称为“基层政府共谋”，“共谋”即基层政府与它的直接上级相互配合，采取各种策略应对来自更上级政府政策法令和监督检查，这是由于基层政府所处的制度环境造成的，是中国政治体制的内生现象。[②] 陈家建从科层体制横向部门关系角度解释国家政策在执行过程中遭遇的困境，认为国家政策目标在基层遭遇“目标置换”的原因在于高度分化的科层制结构，[③] 马翠军认为中国的地方政府是“执行性”政府，由于执行体制与监督体制的重合，每一级地方政府都是相对的执行者和监督者（乡镇政府除外），导致执行的垂直监督约束力极小，政策极易走样。[④]

---

① 周黎安：《行政发包制与雇佣制：以清代海关治理为例》，载《国家建设与政府行为》，中国社会科学出版社 2012 年版。

② 周雪光：《基层政府间的“共谋”现象：一个政府行为的制度逻辑》，《社会学研究》2008 年第 6 期。

③ 陈家建：《科层结构与政策执行》，《社会学研究》2008 年第 6 期。

④ 马翠军：《加强中央监督地方权力的思路创新》，《领导科学》2013 年第 16 期。

“变通”的解释逻辑以政策制定的宏观本质为起点，认为中央出台的政策存在缺陷，过于宏观抽象导致在基层难以实施，地方为了落实上级规定的政策任务，不得不理性“变通”。所谓“变通”就是在政策落实过程中，在未得到决策者的许可、又不违背政策原则的情况下，地方执行者结合本地实际情况，将政策中的部分内容或者实施程序作适度变化，进行再次决策并推行落实的一种行为，是灵活性执行的体现。贺东航与孔繁斌对政策变通研究做过详细梳理，[①] 例如陈振明认为政策变通是因地制宜的政策执行方法，并区分了政策变通“求神似，去形似”、“不求神似，只求形似”、“不求神似，也不求形似”三种类型；刘世定、孙立平认为政策变通是执行者在既定制度中对政策作出适应性变革以保证制度运行的行为，二人将政策变通分为“重新定义政策边界”、“调整制度结构”、“利用制度空白点”、“打政策擦边球”四种形式；庄垂生将政策变通分为“自定义政策”、“调整政策”、“选择政策”、“歪曲政策”四种形式。上述观点将变通视为一种合理行为。

“利益”的解释逻辑以执行主体维护自身或者维护所在地区的利益为起点，解释政策何以在地方上“走样”。有一大批学者认为在利益的主导下，地方修正政策的动机最强。改革开放以来，地方政府利益主体地位日益凸显，且制度给予地方获取利益的弹性空间也比较大，地方政府为了保证当地利益都会选择性的执行政策。李连江、欧博文、周飞舟、周黎安、冯仕政等都以案例研究分析过地方如何为追求当地利益而使国家政策失效。地方政府一度游离于国家宏观调控视野之外，成为治理国家的结构性困境。[②] 折晓叶通过国家项目在地方上的运行机制，分析地方如何变通国家政策意图，将本地发展问题融入国家项目，运用“偷梁换柱”之手段实现本地利益。[③]

---

① 贺东航、孔繁斌：《公共政策执行的中国经验》，《中国社会科学》2011 年第 5 期。

② 周飞舟：《以利为利：财政关系与地方政府行为》，生活·读书·新知三联书店 2012 年版；周黎安：《转型中的地方政府：关于激励与治理》，格致出版社 2008 年版；冯仕政：《中国国家运动的形成与变异：基于政体的整体性解释》，载于周雪光、刘世定、折晓叶主编：《国家治理与政府行为》，中国社会科学出版社 2012 年版。

③ 折晓叶、陈婴婴：《项目制的分级运作机制与治理逻辑：对“项目进村”案例的社会学分析》，《中国社会科学》2011 年第 4 期。

综上所述，“制度”“变通”“利益”视角的解释，增进了我国政策执行研究的知识积累，促进学术对话，研究的共识性基本形成：将政策执行纳入国家治理范畴，将执行主体的行为及制约行为的因素作为主要分析内容。但是，还存在三个方面的局限性：第一，研究的范式囿于科层体制内部，体制外的环境与文化究竟如何影响政策执行，甚至科层制本身的文化要素没有包括进来；第二，研究方法基本是小案例分析，研究结论的普适性有待论证；第三，没有抽象出能够涵盖各种变异形式及解释视角的概念，研究处于碎片化经验总结阶段，分析性概念没有形成。整体而言，政策执行研究处于“丰裕中的贫困”，还不能对政策身处其中并对政策执行进程影响巨大的结构提供分析性概念。这一分析性的概念要具备三个特征：第一，具有高度概括性，能够包括制度、结构、利益、文化、经济等各种解释性要素；第二，尊重政策执行的基本特征，尤其是地方性的差异性条件；第三，体现对政策执行遇到的环境条件进行深度观察和深度描写的研究态度。同时具备这三大特征的分析性概念，就是下文阐述的“地方性知识”概念。

三 “地方性知识”概念对政策执行的解释性意义

（一）“地方性知识”的内涵

“地方性知识”（Local Knowledge）是美国人类学家克利福德·吉尔兹在1982年出版的论文集《地方性知识》一书中提出来的，倡导以观察、移情、认知、自觉地追随地方“文化持有者的内部眼界”去阐释地方文化，尊重多样性与异质性。[①]

首先，“地方性知识”提出了人类学田野调查中碰到的“族内人”（insider）和“外来者”（outsider）思维方式和语言表达及解释问题，也就是“主位”（emic）和“客位”（etic）关系处理问题。主位和客位两个词来源于语音学的phonemic和phonetic。主位指被调查者自己对事物的看法、分类和解释。客位指调查人员、外来者对事物的看法、分类和解释。对同一事物，两者的看法可以截然不同。例如，我国某些地区在解放

① ［美］克利福德·吉尔兹：《地方性知识》，中央编译出版社2004年版。

初期流行“大脖子病”，当地人民认为有鬼在作怪，而客位研究认为是当地食盐中缺碘所致。[①] 那么，作为外来者如何理解当地人民的认知方式，如何解释当地人对“鬼作怪引起大脖子病”的解释，也就是“对理解的理解”。这种理解本身已经不是我们自己的理解了，理解必须是考虑了当地人理解基础上的理解，这样才能避免先入为主，代替当地人做判断或者把基于外来者自己理解得出的判断强加于人。

第二，地方性知识这一概念具有内在反省性。地方性知识是和后现代意识共生的，后现代特征之一就是“地方性”——在普遍性中尊重特殊性。在工业化的推动下，全球化浪潮来临，西方发达国家以其发达的工业生产方式和相对优势的经济水平，向全球输送经济制度、政治制度和文化模式。硬性制度移植和文化范式传播并不适应传入国国情，经济条件与政治制度不匹配，民众行为与政治制度不适应，传统文化与外来文化冲突造成社会动荡等等，尊重地方情境、尊重地方文化、尊重不同国家（地区）人民的生活方式等后现代主张应运而生。吉尔兹将这一学术思想有效运用到自己的研究中，在比较和经验的层面上应用“情境解释”，反思“大一统”模式对实践及研究的危害。[②]

第三，地方性知识研究需要“深度描写”方法论。吉尔兹认为“地方性”不只是一种出发点和姿态，而更是一种方法论的起源。于是，他开创了“深度描写”的显微研究法。“深度描写”来源于英国哲学家吉尔伯特·赖尔（Gilbert Ryle），赖尔以一个孩子眨眼皮为例，来说明“任何一个简单的动作都可以隐含着无限的社会内容，需要对处于‘情境’中的行为进行层次化分析”[③]，比如眨眼皮可以是一个纯粹的生理行为以反映男孩的生理特征，眨眼皮可以是一个缓解心理压力的行为以反映孩子的生活压力，眨眼皮还可以是一个暗示或者信号，还可以是一个调皮的行为以反映孩子的可爱，还可以是取得某一事情的胜利行为等，赖尔对眨眼皮这一简单的行为进行了层次化的还原分析，展示了行动的情境复杂性。吉尔兹高度赞赏这种描写方法，在自己的研究中充分运用该方法，“深度描

① 汪宁生：《文化人类学调查：正确认识社会的方法》，文物出版社2002年版。

② ［美］克利福德·吉尔兹：《地方性知识》，中央编译出版社2004年版。

③ Gilbert Ryle. *The Interpretation of Cultures*. Westport, Conn: Greenwood. 1974.

写”强调以小见大，区分可观察行为和现象性行为，行为的各种层次含义，是地方性知识概念得以具体化和操作化的极好方法。

（二）“地方性知识”的政策执行解释力

直接运用地方性知识概念解释国家政策在地方上的各种实践状态，在政策执行研究中很是罕见，贺东航与孔繁斌在研究林改政策时直接借用过地方性知识概念，他将政策的经济、地理、文化背景等特殊信息环境称为地方性知识，并认为“地方性知识”是区域决策分析的首要因素。[①] 贺东航的分析具有很大启示意义，揭示了地方性知识作为隐蔽因素影响政策执行过程。由于受研究主旨的限制，地方性知识具体内涵及分析价值未能详细论述。

首先，“地方性知识”概念中的“主位”与“客位”区分对政策执行研究是一个有用的概念划分方法。在政策场域中，决策者、研究者、执行者、目标群体的“主位”和“客位”性质是相对的。一方面，以政策制定和政策执行环节而言，研究者和决策者是“外来者”，属于“客位”，执行者和目标群体[②]是“族内人”，属于“主位”，政策执行者和目标群体对政策的看法和解释应得到充分重视。决策者对问题的建构、方案的选择、政策的可行性条件及风险性因素推理，常常基于自身的逻辑建构，即使是有前期的调研和多方参与的政策辩论，如何理解参与者的意见是重要却难以处理的问题，可以说政策执行的环境条件及影响因素具有较强的“主观建构性”。在这一建构过程中，执行者和目标群体作为“主体”的地位被弱化，“主体”的意念在政策中被遮蔽后，环境成为抽象的环境，问题成为抽象的问题，政策也就成为抽象的政策，执行过程以变通或走样形式符合地方情境便是自然。另一方面，以执行过程的独立环节而言，执行者属于“外来者”，是“客位”，目标群体属于“族内人”，是“主位”。政策要得到良好执行，目标群体对政策目标的理解、对执行群体的行为判断、对自身环境情势的判断理解至关重要。例如我国正在进行的新

---

① 贺东航、孔繁斌：《公共政策执行的中国经验》，《中国社会科学》2011 年第 5 期。

② 这是政策学领域的专有名词，专指“政策直接调控的社会群体”，比如下岗职工再就业政策的目标群体只能是下岗职工，大学毕业生和农民工的就业不属于调控范围。

型农村社区建设，农民们对村共同体的理解方式、对生活的界定方式恐怕都影响着新型农村社区建设政策的实施。遗憾的是，政策制定和政策执行的支持性条件是决策者和执行者自身理解的基础上建构的。

第二，“地方性知识”概念启发政策制定者考虑执行的“地方差异性”问题，表现是：提前让执行机构介入政策过程，参与决策；尊重地方性因素，允许灵活执行。政策执行并不起始于政策制定阶段结束以后，早在政策制定时就要充分考虑政策执行的复杂环境，同样，政策制定阶段不止于执行的开始，政策制定过程常常在执行环节延续。[①] 这意味着政策的定型化在决策过程之外继续进行着，也意味着政策制定与执行活动在整个政策过程中相互交叉，政策质量与执行效果相互影响。正如围绕对政策规则形成的解释“从一个一般的行动允诺，到一部法律的正式通过、向执行者发布一系列指导方针、‘街道层’对有关法律和行动方针的解释，经过这些环节，政策逐渐定型化，并最终形成输出”。[②] 政策的制定过程和执行过程都比想象中复杂得多，政策是决策者与执行者以及政策作用对象之间合作生产出来的，合作的关键是避免用强制性的原则遮盖多元化的地方现实。

在政策的实践领域，有关执行主体和社会主体并不是单纯地接受和执行政策，相反，他们会对政策进行解释，并对政策进行再创造。执行过程中的解释和再创造存在的合理性在于两点：一是现代国家为了管理上的方便，越来越简化自己的管理对象，将复杂的群体和问题简化成一系列统计数字和衡量标准，管理规则（政策）本身的抽象性规定难以符合地方实际，在极端程度上说，政策实际上是决策者传递给执行者的一套概念，除非决策者与执行者就某些操作手段达成共识，否则没有任何实质性意义。现实发生的与政策文件之间存在极大差异，差异的程度受制于决策的抽象性与地方性条件的丰富性；二是由于政策的抽象性与地方性知识特殊性之间存在极大差异，就孪生了原则性与灵活性问题，实际上，任何一项成功的政策案例无不有“基层官僚”的创造性政策解释，这种解释立足于地

---

① Michael Hill. The Policy Process in the Modern State (3e) [M]. Prentice Hall Harvester wheatsheaf UK1997.

② Ibid..

方的政治、经济、自然环境、民众需求、文化背景，更是立足于解释者——基层官僚看问题的方式。所以，灵活性的程度与边界把握，在于基层官僚对“当地政策环境”的客观判断和主观解释上。

第三，“地方性知识”概念揭示政策执行评价对“精细观察”的内在需求。如何进行“精细观察”，政策研究与社会学、人类学研究有一定不同，政策具有时效性，政策检测信息反馈周期短，其他两个学科主张的长时段参与式和体验式调查难以完全做到。尽管有时间限制，在有限条件允许下，政策社会学研究者还是开发了常态性的“精细观察”方法，“日常政治”研究的兴起为地方性知识概念在政策执行分析中的应用提供了契机。政治学和人类学研究者詹姆斯·C. 斯科特采用“日常政治”的视角精细观察了马来西亚一个村庄内部农民的政治行动。他发现农民一般不会采取有组织、有计划的大规模政治反抗行为，他们不会明确表达对政策的不满，也不会直接表达对政策的需求，他们心照不宣地共同采用那些“日常”形式的斗争，比如：偷懒、装糊涂、开小差、假装顺从、偷盗、装傻卖呆、诽谤、纵火、暗中破坏等等，而且这一系列行动被古老的民众反抗文化所强化。“当这些个体行动被长时间成千上万地累积起来，最终会使得那些自以为是的官员所构想的政策完全无法推行。”①

农民这种日常反抗形式在发展中国家有一定普遍性。当为推动改革制定和颁布的新政策、新法律触犯农民利益时，他们很少冒险与当局直接对抗，而是选择不合作、偷懒和欺骗去慢慢地、一点一点地蚕食这些政策。而一旦农民不再使用这些策略而是采取堂吉诃德式的行动，便是大规模铤而走险的信号。

斯科特的研究对象及研究方式将“地方性知识”和“精细观察”运用到极致，他的研究结论给现代国家治理的大型计划一个警示：没有遭受公开反对的政策不见得就是获得认同的政策，民众日积月累的、平淡无奇的持续性不合作，会把政策消解，更毋庸说实现政策目标。对于这种不需要协调、不需要计划但又几乎是普遍的日常反抗形式，国家没有实施管理的基础，也没有实施管理的可能性，因为国家无法管理日常生活方式，唯一能做的就是细致观察，立足民意，维护政策目标群体的利益。我国当前

① ［美］詹姆斯·C. 斯科特：《弱者的武器》，译林出版社 2007 年版。

推行的一系列化解“三农”问题的政策成功的最大支撑来自农民，精细观察农民对政策的态度、农民的日常行为反应是评价政策推行效果的生动信息。

四 小结

现代国家建构的持续推进依赖于一系列国家设计的政策得到落实，中央希望通过政策将社会民众整合进国家政策共同体，强化民众对国家的认同，实现国家权力的增进和渗透。但是，国家意志的实现常常受到挑战，政策的低效执行是最大难题。确实，当政策经过地方政府逐级落实时，几乎都面临变通和走样，更令中央和民众不满的是，越是良好的政策，在地方上越是难以落实，国家的政治合法性和政策能力遭受侵蚀。

如何解释这种中央—地方—社会共知却又难以治理的现象？我国的政策执行体制存在问题、中央政策设计本身具有的宏观规定性、地方政府追求自身利益的动机、政策执行组织机构高度分化的复杂特征是导致政策执行问题的重要原因，但这些解释逻辑存在一定问题。解释范式立足于官僚体制内部，体制外的环境及体制内部的执行文化少有研究，研究方法基本是小案例分析性，没有抽象出涵盖各种变异形式及解释视角的分析性概念。人类学家倡导的“地方性知识”概念尊重多样性与差异性，是研究“普适模式中特殊性或差异性”的有利概念工具。地方性知识概念主张的方法论和针对的问题，与政策执行问题高度契合。“地方性知识”提出了尊重“文化持有者内部眼界”的观点，主张在普适性标准建构过程中尊重地方差异性和特殊性，并倡导“深度描写”的研究手段。与政策执行中执行结构的文化背景、政策执行的地方差异化形态以及目标群体微观行为的观察与信息反馈重要性一一对应，“地方性知识”概念对政策执行有较强的解释力。同时，将国家治理与地方性知识相结合，建构政策执行的解释框架，必定为政策执行研究开拓空间。

原载于《中国福建省委党校学报》2015 年第 8 期。

乡镇治理转型与服务型乡镇政府建设

任宝玉①

新中国成立后，以农支工的工业化道路选择以及城市优先发展战略决定了中国农村的治理方式。在农村税费改革前，面向农民进行税费征收成为乡镇治理的财政基础和重要内容。随着中国经济的发展和国家发展战略的转变，农村治理体制改革成为必然。21 世纪初进行的农村税费改革使农村治理环境发生了重大变化，成为乡镇治理转型的重要转折点。然而，农村税费改革也引起了人们对乡镇治理和乡镇政府定位的不同看法，甚至对乡镇政府存在的必要性提出了质疑，乡镇政府在实践中也找不准自己的位置，乡镇干部人心有所涣散。税费改革后乡镇治理向何处发展，乡镇政府如何定位，如何建设一个适应农村社会发展需要的乡镇政府，对这些问题的回答事关农村社会的稳定与发展。本文试图对此进行探讨。

一　农村税费改革前的乡镇治理

（一）农村税费改革前的乡镇财政体制

“财政是国家治理的基础和重要支柱”②，财政体制是国家筹措财政收入和安排财政支出的制度，是政府治理体制的重要组成部分，并深刻影响着政府治理的特点。自国家设立乡镇财政以来，乡镇财政体制为理解乡镇治理变迁及其特点提供了一个重要视角。

---

① 任宝玉，河南财经政法大学公共管理学院教授，博士，现任公共管理学院行政管理教研室主任，研究方向为乡镇财政与乡镇治理。

② 《中共中央关于全面深化改革若干重大问题的决定》，《求是》2013 年第 22 期。

在人民公社时期，为支持国家的工业化建设，国家建立了农产品统购统销制度和统收统支的财政体制。1984 年，为适应农村经济关系的变革，国家废除了人民公社体制，恢复了乡镇政府建制，并着手建立乡镇财政。但是，国家以农业支持工业、以农村支持城市的发展战略并未转变，国家通过自上而下的财政包干体制继续从农村获取工业化和城市化所需资源，并主要通过取之于农的财政资源实现对农村社会的治理。

财政体制是乡镇政府代表国家进行税费收取的依据。从乡镇财政建立到农村税费改革之前，乡镇财政体制的发展历程大致分为四个阶段。第一阶段从 1984 年到 1987 年，这是乡镇政府和乡镇财政的初建时期，各种财政体制并存，其主要形式是“定收定支，收入上缴，支出下划，超收分成”。这种财政体制实质上仍属于传统的统收统支管理体制，乡镇财政还不是一级严格意义上的财政。第二阶段从 1988 年到 1990 年，随着乡镇政权建设的发展，各地重新调整乡镇财政管理体制，重点是重新核定乡镇财政收支基数和县乡（镇）财政分成比例，主要是实行“核定基数，超收分成，多支不补，结余留用”的管理体制。这实质上就是“分灶吃饭”的财政包干管理体制。第三阶段从 1991 年到 1993 年，这一时期主要是完善“分灶吃饭”的财政管理体制，以进一步调动乡镇政府理财的积极性。通过对“分灶吃饭”体制的修补，绝大多数地方对乡镇财政实行了“核定收支基数，收支包干，递增上交或定额补贴，超收超支自理”的管理办法。第四阶段从 1994 年实施分税制财政体制开始，各地普遍按照分税制的原则调整乡镇财政管理体制，实行“划分税种，核定收支，增收分成，短收自补”的管理办法。[①] 这种财政管理体制实质上是建立在分税制基础上的“分灶吃饭”的财政包干体制。

从乡镇财政体制建立和发展过程看，其突出特点是实行财政包干体制。这种“分灶吃饭”的财政包干体制实际上从 20 世纪 80 年代末就已经确立。直到今天，乡镇财政体制仍然没有脱离财政包干管理体制范畴，只不过和农村税费改革前相比，农业税费不再作为乡镇财政包干收入的组成部分。

财政包干管理体制的核心内容是确定乡镇财政收支范围和收支基数，

① 童道友、陶德雄等：《乡镇财政管理》，中国经济出版社 1995 年版。

规范县乡财政关系。当乡镇财政收入基数小于支出基数时，差额部分由县级财政补助，即体制补助；当乡镇财政收入基数大于支出基数时，差额部分要上交县级财政，即体制上缴。由于中国广大农村地区非农产业落后，在农村税费改革前，农业税、农业特产税等涉农税收是中国绝大多数乡镇政府财政包干收入基数的主要组成部分。农村税费改革后，各种涉农税收才从乡镇财政包干收入基数中剔除。

财政包干体制有利于缓解上级财政的压力，调动下级政府理财的积极性。乡镇政府是农村基层政府，处于底层的乡镇政府在财政包干体制下，无法像上级政府那样通过体制转移财政压力，不得不通过各种办法努力完成税费收取任务。在财政包干体制下，由于多收可多支，乡镇政府同时也获得了一定的财政增收积极性。

（二）农村税费改革前乡镇治理的特点

自建立乡镇财政到农村税费改革前，“分灶吃饭”的财政包干管理体制塑造了中国乡镇治理的特点。

在广大农村地区，正是实行财政包干体制并把涉农税收作为乡镇财政收入基数的主要组成部分，才直接导致了农村税费改革前乡镇治理的一个突出特点，即乡镇治理建立在对农业和农民的税费收取基础之上，乡镇财政收入的主要来源是农业，农民是乡镇财政征收的主要对象，组织财政收入是乡镇政府的一项重要工作甚至成为乡镇政府的一项经常性工作。这一特点一直延续到以彻底取消农业税费为主要内容的农村税费改革。

县级财政和乡镇财政实行“分灶吃饭”之后，乡镇财政获得了独立性，乡镇财政先收才能后支，超收可多支，短收不仅不能得到上级财政补助，而且面临来自上级政治上的处罚。“分灶吃饭”的包干体制使组织财政收入成为乡镇政府工作的起点，完成财政收入任务成为乡镇政府完成其他工作的基础，也是乡镇政府正常运行的基础。

“分灶吃饭”的财政体制不仅使组织财政收入成为乡镇治理的基础，在当时中国农村特定的经济关系背景下，组织财政收入也是乡镇政府的工作重点。由于绝大多数乡镇政府的支柱性财源是农业，农民成为财政征收的主要对象。家庭联产承包责任制的特点决定了农业税源的分散性，如果由税务部门直接面对分散的农民征收，其成本难以承受，面向农民征收农业税费的工作由乡镇政府负责。农业税费征收的特点甚至使乡镇政府也不堪重负。据研究，在20世纪80年代初中期，排在农村行政工作第一位的是计划生产，其次是计划生育，再次是税费收取，其中税费收取占农村行政工作的比重约为5%；到了20世纪80年代后期和90年代初期，计划生育工作上升到第一位，其次是计划生产，再次是税费收取，其中税费收取占农村行政工作的比重约为10%；而到了20世纪90年代中后期，税费收取工作成为农村行政工作中最重要的一项工作，占农村行政工作的比重约为70%。[①] 20世纪90代中后期至税费改革前，“清欠”成了乡镇干部的经常性话语[②]，乡镇干部成了“税务干部”[③]，财政汲取成了乡镇政府的一项主要工作和经常性工作。

（三）传统乡镇治理的历史合理性及其历史地位

本文把农村税费改革前以农业税费为财政基础、以征收农业税费为重要甚至是主要工作内容的乡镇治理称为传统乡镇治理。传统乡镇治理是中国特定历史发展阶段的产物，这种治理模式的形成有其历史合理性，在中国特定的历史发展阶段发挥了重要历史作用。

“文化大革命”结束之后，中国经济和各项社会事业百废待兴，尤其是工业化和城市化优先发展是国家的既定战略，事关国家的现代化进程和国际地位，这些都需要相应的财政支持，而计划体制则使中央政府面临巨大的财政压力。为缓解中央政府的财政压力，调动地方政府增收节支、当家理财的积极性，中央政府开始了以财政分权和放权为特征的财政体制改革。具体做法就是中央财政与地方财政实行“分灶吃饭”，中央对地方实行分级包干的财政承包制。[④] 各省、自治区、直辖市为缓解自身的财政压力，调动下级政府理财积极性，在财政管理体制上沿袭中央的做法，即对下一级政府实行“分灶吃饭”的包干体制。以“分灶吃饭”为特点的乡镇财政包干体制和以农业财政为基础的乡镇治理体制就是在这种改革逻辑中形成的。

---

① 徐勇：《村民自治、政府任务及税费改革》，《中国农村经济》2001年第11期。

② 任宝玉：《财源政治：“财政下乡”视角下的财政合法性研究》，中国社会科学出版社2008年版，第188页。

③ 田毅、赵旭：《他乡之税》，中信出版社2008年版，第125页。

④ 陈光炎、刘孝诚、叶青：《中国财政史》，中国财政经济出版社2001年版。

以农业税费为财政基础的乡镇治理在中国特定历史阶段不但缓解了中央政府和上级政府的财政压力，支持了工业化和城市化快速发展的需要，支持了中国的改革开放事业，而且在中国农村经济和社会的发展过程中也发挥了重要作用。财政包干调动了乡镇政府财政增收的积极性，而过分依赖农业税费则会激化基层政府与农民的矛盾，为在完成财政收入任务和实现财政增收的同时尽量缓和与农民的矛盾，乡镇政府想尽办法进行财源建设，发展特色经济和兴办乡镇企业，为中国农村经济的发展注入了一定活力；在农村税费改革前，以农业税费为基础的乡镇治理还为广大农村地区的社会和经济发展提供了基本的公共产品和公共服务，农田水利基本建设、乡村道路、农村义务教育、农村计划生育、农村治安等农村经济和社会发展所需要的重要公共产品和公共服务主要是由农业财政负担。传统乡镇治理为国家工业化、城市化以及农村发展均作出了重要历史贡献。

二 传统乡镇治理转型的历史必然性

（一）传统乡镇治理引发的危机使农业税费征收日益丧失合理性

以农业税费征收为财政基础的传统乡镇治理尽管发挥了重要历史作用，但是，随着中国经济的发展和这种治理体制内在矛盾的发展，传统乡镇治理体制日益丧失存在的合理性。

由于传统乡镇治理的财政来源主要是农业和农民，这种治理体制不可避免地会造成农民和基层政府之间的矛盾，引发社会冲突。

首先，不断增加的税费收取导致了农村干群关系的恶化。中国农民本来就是剩余十分有限的小农，能够维持简单的生活和简单再生产已属不易。而农业税费收取使农民负担不断攀升，致使农村干群关系趋于恶化。1985 年全国农业税为 42.1 亿元，农村居民人均农业税约为 5 元，1990 年国家农业税为 87.9 亿元，农民人均约 10 元。[①] 到税费改革前，农业税达到 300 亿元，农民人均农业税 32.5 元；面向农民征收的乡统筹和村提留更是高达 600 亿元；面向农民的各种集资、摊派、罚款则名目繁多，有的地区向农民要钱的名目多达 182 项，所收各项款项有的甚至超过农民人均

① 国家统计局：《2000 中国统计摘要》，中国统计出版社 2000 年版。

纯收入的20%。[①] 基层干部为了完成繁重的税费收取任务动用了多种手段，其行为对农村干群关系造成了严重伤害。

其次，以农业税费收取为基础的乡镇治理导致农村致人死亡的恶性案件和群体性事件时有发生，一定程度上影响农村社会的安全稳定和国家的政治安全。1996 年 5 月 14 日，中共中央办公厅、国务院办公厅通报了 1995 年发生的 13 起涉及农民负担的恶性案件。[②] 直到农村税费改革前，这样的恶性案件每年都有多起发生。同期，全国多地还发生了多起因农民负担引起的群体性事件，出现了农民集体上访、集体状告乡镇政府，甚至发生了多起农民围攻、冲击乡镇政府机关的重大群体事件。群体性事件的矛头直指基层政府和基层干部，严重影响国家的基础性秩序。

再次，以农业税费收取为基础的乡镇治理扭曲了乡镇政府行为。国家设置乡镇政府的目的是为了实现对农村社会的有效治理，实现农村社会的稳定和发展。然而，在“以农支工”和以农业税费为乡镇财政基础的包干财政体制背景下，乡镇政府成了一个利益主体。乡镇政府本应为民服务，在实际工作中却常常与民争利。有的乡镇政府为了增加收入甚至不惜违背国家有关规定和政策。比如在计划生育工作中，为保证“社会抚养费”征收的可持续性，变相纵容农民的超生行为和其他违规生育行为。[③] 乡镇政府的行为在税费征收中发生了异化。

以农业税费收取为基础的乡镇治理对国家的粮食安全战略也构成了一定威胁。由于对农业和农民的过度财政提取，种田变得无利可图，不少农民弃田撂荒，以致有人惊呼“农业真危险”[④]，1998 年至 2003 年间中国粮食产量出现连年下滑。[⑤] 农村税费改革的启动再次激发了农民的种粮积极性，2004 年粮食生产下滑的局面才得以扭转。

---

① 陆学艺：《“三农论”——当代中国农业、农村、农民研究》，社会科学文献出版社 2002 年版。

② 《中共中央办公厅 国务院办公厅关于 1995 年涉及农民负担恶性案件的情况通报》，《湖北政报》1996 年第 7 期。

③ 赵树凯：《乡镇治理与政府制度化》，商务印书馆 2010 年版。

④ 李昌平：《我向总理说实话》，光明日报出版社 2002 年版，第 20 页。

⑤ 王介勇、刘彦随：《1990 年至 2005 年中国粮食产量重心演进格局及其驱动机制》，《资源科学》2009 年第 7 期。

尽管农村税费改革前以农业税费收取为基础和主要内容的乡镇治理在中国经济和社会发展中发挥了重要作用，但是，随着农民负担的增加，其引发的问题之多之重，使其合理性逐渐丧失。20 世纪 90 年代的农村税费征收历史表明，维持传统的乡镇治理方式需要付出高昂的政治和社会成本，成为党和政府的一个无法承受之重。

（二）改革开放以来经济发展的巨大成就为结束以农业税费为财政基础的乡镇治理提供了经济支持

改革开放以来，中国的工业化和城市化快速发展，中国经济保持了多年高速增长，取得了举世瞩目的成就。在中国经济总量快速增长的同时，产业结构也发生了重大变化。1985 年，在中国国内生产总值中，农业的贡献率为28.4%，工业的贡献率为43.1%，第三产业的贡献率为28.5%；到 2000 年，农业的贡献率下降为 15.9%，工业的贡献率为 50.9%，第三产业的贡献率为 33.2%。[①]

随着工业和第三产业的快速发展，国家财政收入规模也迅速扩大，来自工业和第三产业的税收绝对值远远超过农业各项税收。从 1995 年到 2000 年，国家财政总收入分别是 6242 亿元、7408 亿元、8651 亿元、9876 亿元、11444 亿元、13395 亿元；同期，包括农业税、牧业税、耕地占用税、农业特产税和契税等在内的农业各税分别为 278 亿元、369 亿元、397 亿元、399 亿元、424 亿元、465 亿元。[②] 农业税收占国家财政收入的比重下降到 5% 以下，仅来自二、三产业的税收增加值也已远超农业各项税收之和。

国家实行分税制改革后，中央政府财政状况明显好转，中央宏观调控能力增强。到 1999 年，中央当年财政收入达到 6396 亿元，完成预算的 108.7%，超收 512 亿元[③]，当年农业各税收入仅为 424 亿元。2000 年，

① 国家统计局：《中国统计年鉴·2001》，中国统计出版社 2001 年版，第 50 页。

② 同上书，第 246 页。

③ 项怀诚：《关于 1999 年中央和地方预算执行情况及 2000 年中央和地方预算草案的报告——2000 年 3 月 6 日在第九届全国人民代表大会第三次会议上》，《中华人民共和国国务院公报》2000 年第 12 期。

中央财政收入达到7584亿元，超收680亿元[①]，当年农业税收为465亿元。从2003年到2006年，中央财政收入平均每年超收更是高达2040亿元。[②]

中国工业化取得的巨大成就以及第三产业的快速发展，使“以农支工”的发展道路失去了存在的合理性。根据工业化国家的经验，当工业化达到一定程度，国家通常会通过一定财政措施扶持农业这一弱势产业的发展。中国工业化的成就以及非农税收在快速增长的国家财政收入中所占的绝对优势比重，使国家完全有能力结束农业税费征收历史，并对农业和农村的发展给予一定的政策扶持和财政支持。

（三）中国共产党的执政理念使终结传统乡镇治理成为必然

以农业税费征收为基础的乡镇治理所引发的危机客观上要求转变这种传统的治理体制，改革开放以来所取得的经济成就以及国家来自工业和第三产业的财政收入的快速增长为取消农业税费创造了客观物质条件，中国共产党执政为民的理念则使结束以农业税费为财政基础的乡镇治理成为必然和现实。

中国共产党的执政理念是中国共产党对党的宗旨、目标、任务、执政方略、执政方式等的基本观点。中国共产党的执政理念可以分为三个不同层次，即根本性的执政理念、基本性的执政理念、方略性的执政理念。[③]根本性的执政理念是指党对自己的根本宗旨、历史使命的认识，它是党的灵魂，在党的执政理念体系中居于核心地位，它决定着党的执政理念的其他方面，决定着党的前途和命运，决定着国家的发展方向。“全心全意为人民服务”，“立党为公、执政为民”是中国共产党的一贯宗旨，是中国共产党执政理念的核心，是中国共产党立于不败之地的根本保证。基本性的执政理念是指党对特定历史阶段的目标、任务、发展道路等的认识，如

① 项怀诚：《关于2000年中央和地方预算执行情况及2001年中央和地方预算草案的报告——2001年3月6日在第九届全国人民代表大会第四次会议上》，《中华人民共和国国务院公报》2001年第13期。

② 温家宝：《政府工作报告——2007年3月5日在第十届全国人民代表大会第五次会议上》，《全国人民代表大会常务委员会公报》2007年第2期。

③ 王平：《建国以来中国共产党执政理念的发展演变》，《长白学刊》2009年第5期。

现阶段中国共产党的基本执政理念就是坚持走中国特色的社会主义道路、贯彻科学发展观等。方略性的执政理念是党对特定时期执政的战略、策略、方式等的认识，如“科学执政、民主执政、依法执政”等就是当前党的方略性执政理念。

党的根本性执政理念决定着党的基本性执政理念和方略性执政理念，由此决定着党和国家在不同发展阶段的发展战略和发展道路选择。

新中国成立后，中国共产党面临着建设一个现代国家的艰巨任务。面对西方列强的封锁和敌视，只有优先发展工业，快速实现国家的工业化才能更好地维护国家的主权和独立，确立优先发展工业的战略是维护国家核心利益和维护中国人民根本利益的需要。毛泽东在 1956 年 4 月 25 日《论十大关系》的重要讲话中指出：“重工业是我国建设的重点。必须优先发展生产资料的生产，这是已经定了的。”[①] 毛泽东在《论十大关系》中虽然也强调必须处理好重工业和轻工业、农业的关系，要适当调整重工业和农业、轻工业的比例，但同时强调重工业“还是投资的重点”，“农业、轻工业投资的比例要加重一点”。[②] 由于工业基础薄弱，中国工业的优先发展主要依靠来自农业的积累和农民的支持，由此形成了“以农支工”的发展道路。到了 20 世纪 80 年代，由于中国和西方工业发展的巨大差距，党和国家继续选择了“以农支工”的发展道路，以农业税费为财政基础的传统乡镇治理就是“以农支工”发展道路的产物。

改革开放以来，随着中国工业化的快速发展，中国从一个工业弱国逐渐成长为一个工业化的强国。在中国成长为一个工业化强国的道路上，农业和农民作出了重要贡献。而长期的“以农支工”则使农民增收困难，农业发展缓慢，城乡差距扩大。中国共产党执政为民的根本理念必然要求中国共产党根据国家社会经济发展状况调整国家发展战略，改革开放以来中国经济发展所取得的巨大历史成就和非农财政收入的快速增长，为中国共产党解决“三农”问题，实现城乡协调发展提供了客观物质条件。在世纪之交，中国共产党开始酝酿农村重大改革。21 世纪初党和国家进行的农村税费改革标志着党和国家从“以农支工”到“以工支农”发展战

① 毛泽东：《毛泽东文集》第 7 卷，人民出版社 1999 年版，第 24 页。

② 同上书，第 24—25 页。

略的重大转变，这种重大转变使传统乡镇治理开启了转型之路。

（四）农村税费改革成为乡镇治理转型的历史转折点

2000 年 3 月，中央决定首先在安徽全省范围内进行农村税费改革试点。安徽省农村税费改革试点方案的主要内容是：取消乡统筹费、农村教育集资等专门面向农民征收的行政事业性收费、政府性基金和其他面向农民的集资；取消屠宰税；三年时间内逐步取消统一规定的劳动积累工和义务工；调整农业税政策，农业税税率不超过 7%；调整农业特产税政策，农业税和农业特产税不能重复交叉征收；改革村提留征收和使用办法，村提留采用农业税附加方式统一收取，农业税附加比例不超过农业税正税的 20%，村提留实行乡管村用。① 2001 年，江苏省也被作为农村税费改革试点工作的省份。2002 年，经国务院批准，全国农村税费改革试点省份扩大到 20 个。2003 年，农村税费改革工作在全国范围内全面推开。2004 年，中央决定在五年内取消农业税。2006 年，中央宣布在全国范围内彻底取消农业税。取消农业税对乡镇财政造成的财政减收全部由中央财政补给。

农村税费改革是具有划时代意义的重大变革。仅从乡镇治理的角度看，农村税费改革的意义可以概括为四个主要方面：一是农村税费改革从源头上遏制了农村长期存在的乱收费、乱集资、乱摊派等加重农民负担的现象，有利于改善和规范农村治理；二是农村税费改革缓和了农村干群矛盾，化解了因农民负担引发的政治危机；三是农村税费改革把乡镇干部从繁重的税费征收工作中解放出来，为乡镇政府更好地贯彻执行国家政策、服务农村社会创造了条件；四是农村税费改革彻底取消了农业税以及其他专门面向农民的集资、收费，为改善乡镇治理提供了重要条件，成为乡镇治理转型的重要转折点。

三 建设服务型乡镇政府：乡镇治理转型的方向

农村税费改革之后乡镇治理向何处发展？本文认为，乡镇治理发展转

---

① 中共安徽省委、安徽省人民政府《关于在全省范围内开展农村税费改革试点工作的通知》、张平主编：《安徽省农村税费改革实务手册》，安徽人民出版社 2001 年版，第 13—14 页。

型的方向就是建设服务型的乡镇政府。

（一）服务型政府的含义

21 世纪初以来，中国大陆学术界对服务型政府的内涵进行了认真的讨论。综合学界的观点，服务型政府就是指在公民本位、社会本位理念指导下，在民主秩序框架下，根据法定程序，按照公民意志组建起来的以公共服务为宗旨并承担相应服务责任的政府。① 服务型政府的服务主体是各级政府，服务对象是公民、社会组织和社会，服务宗旨是为民兴利，促进社会稳定和发展，服务内容由民意决定，服务通过公开透明的方式进行。② 服务是政府最核心的价值理念，是政府行为最重要的依据。可见，建设服务型政府也是中国共产党执政理念的重要体现和必然要求。

根据目前学界所理解的服务型政府内涵，服务型政府至少包括以下四个方面的基本特点。第一，服务型政府是彻底实现以人为本的政府，是以公民为本位的政府。这是服务型政府的本质特征。所谓以人为本或以公民为本位，不仅要求人们要转变传统观念，从“政府本位”、“官本位”、“政府权力本位”的思维方式，转变为“社会本位”、“民本位”、“公民权利本位”的思维方式；更为重要的是，在公共管理中，要通过一系列的措施，保障公民的知情权、参与权、选择权，保证公民意志在公共管理中的决定性作用。第二，服务型政府是以“为人民服务”为根本宗旨的政府。传统类型的政府往往把为民服务作为统治和管理社会的手段，服务型政府则是把为民服务作为自己的宗旨，为民服务也是服务型政府存在的合法性基础。③ 第三，服务型政府是严格依法行政的政府。④ 依法行政是现代民主政府的一项基本行为准则，其目的在于约束政府权力，保障公民权利。服务型政府的本质和宗旨必然要求政府依法行政，并承担相应法律

① 吴玉宗：《服务型政府：概念、内涵与特点》，《西南民族大学学报 》（人文社科版）2004 年第 2 期。

② 刘熙瑞：《服务型政府的内在要求》，《中国行政管理》2004 年第 11 期；中国行政管理学会课题组：《服务型政府是我国行政改革的目标选择》，《中国行政管理》2005 年第 4 期。

③ 燕继荣：《服务型政府建设：政府再造七项战略》，中国人民大学出版社 2009 年版，第 22 页。

④ 刘熙瑞：《服务型政府的内在要求》，《中国行政管理》2004 年第 11 期。

责任。第四，服务型政府是受人民监督和约束的政府。受人民监督和约束既是服务型政府的本质要求，也是建设服务型政府的重要保障。

（二）建设服务型乡镇政府是农村经济和市场经济发展的内在要求

农村实行家庭联产承包责任制后，农村经济获得了较快发展。农村经济在快速发展的同时，农民的社会化服务需求也快速增多。由于农村实行家庭经营，农户人口少，承包耕地面积少，生产规模小，是名副其实的小农户。随着市场经济的发展，小农户的生产经营与外部世界的经济联系越来越多，从生产资料到生产过程和劳动产品都迅速社会化，这就是所谓的“社会化小农”①。

农业天然是一个脆弱的产业，常常面临着诸多的自然风险；市场经济的发展则使农业又面临来自社会的风险。这些来自自然的和社会的风险是“社会化小农”难以承受和化解的，一家一户的小农尤其需要来自外部世界的服务和帮助。而农业生产活动周期长，利润较薄，以追求利润为主要目的市场主体缺乏为农民的生产和经营活动提供服务的动力和积极性，以提供公共产品和公共服务为主的政府因此成为为农民和农业提供服务的主体。乡镇政府是农村基层政府，乡镇政府最贴近农民，最了解农民的需求，乡镇政府的服务对象就是农民，一个服务型的乡镇政府将在农村经济的发展中扮演着市场以及其他层级的政府都无法替代的角色。

（三）建设服务型乡镇政府是实现统筹城乡发展战略的客观需要

中国工业化和城市化的发展为中国共产党调整发展战略提供了条件。2002 年 11 月，中共十六大在全面分析国内外形势和国家所处的发展阶段的基础上，首次提出了统筹城乡发展的战略方针，明确指出：“统筹城乡经济社会发展，建设现代农业，发展农村经济，增加农民收入，是全面建设小康社会的重大任务。”② 党的十六届三中全会通过的《关于完善社会主义市场经济体制若干问题的决定》系统提出

---

① 徐勇：《“再识农户”与社会化小农的建构》，《华中师范大学学报》（人文社会科学版）2006 年第 3 期。

② 《中国共产党第十六次全国代表大会文件汇编》，人民出版社 2002 年版，第 22 页。

了“统筹城乡发展、统筹区域发展、统筹经济社会发展、统筹人与自然和谐发展、统筹国内发展和对外开放”五个统筹，把统筹城乡发展放在了五个统筹的首位。党的十七大报告指出科学发展观的根本方法是统筹兼顾，并把统筹城乡发展放在了需要正确认识和处理的中国特色社会主义事业中的若干重大关系的第一位。党的十七大报告还明确指出：“坚持把发展现代农业、繁荣农村经济作为首要任务，加强农村基础设施建设，健全农村市场和农业服务体系。”① 党的十七届三中全会和十八大再次强调了统筹城乡发展的重大意义，并明确提出了推动城乡发展一体化的目标。

统筹城乡发展关键在于农村的发展，农村的发展不仅需要国家加大对农村的扶持力度，构建城乡统筹发展的体制机制，同时也需要农村基层政府贯彻落实国家一系列惠农、支农政策，为农村发展提供所需要的公共产品和公共服务，增强农村自身发展的活力。可见，建设服务型乡镇政府也是实现统筹城乡发展战略的当务之急。

（四）建设服务型乡镇政府是党和国家确立的建设服务型政府目标的重要组成部分

建设服务型政府是中国共产党执政理念的内在要求。21 世纪初以来，中国共产党建设服务型政府的目标逐渐明晰。2002 年 11 月，党的十六大报告指出“完善政府的经济调节、市场监管、社会管理和公共服务的职能”②，这是在党的重要文献中第一次明确了政府的公共服务职能。2005 年 3 月，全国人大十届三次会议通过的《政府工作报告》提出“努力建设服务型政府”③。这是中国政府正式提出服务型政府建设的目标。2006 年 10 月，中共十六届六中全会通过《关于构建社会主义和谐社会若干重大问题的决定》，明确提出“建设服务型政府，强化社会管理和公共服务

① 胡锦涛：《高举中国特色社会主义伟大旗帜，为夺取全面建设小康社会新胜利而奋斗——在中国共产党第十七次全国代表大会上的报告》，《求是》2007 年第 21 期。

② 《中国共产党第十六次全国代表大会文件汇编》，第 27 页。

③ 温家宝：《政府工作报告——2005 年 3 月 5 日在第十届全国人民代表大会第三次会议上》，《中华人民共和国全国人民代表大会常务委员会公报》2005 年第 3 期。

职能”[①]，“建设服务型政府”这一提法第一次被写入党的指导性文件。2007年10月，中共十七大报告把“加快行政管理体制改革，建设服务型政府”[②] 作为发展社会主义民主政治的重要内容予以强调。2012年11月，中共十八大报告指出要建设“职能科学、结构优化、廉洁高效、人民满意的服务型政府”[③]，再次肯定了建设服务型政府的目标。党的十八届三中全会通过的《中共中央关于全面深化改革若干重大问题的决定》提出“建设法治政府和服务型政府”[④]，进一步深化了对党建设服务型政府的认识。

建设服务型政府是一项系统工程，各级政府都是服务型政府建设的主体，在服务型政府建设中发挥着彼此不可替代的作用。建设服务型政府对不同层级的政府既有共同的一般要求，不同层级的政府在服务型政府建设中的职能侧重点又有所不同。有学者把服务型政府的所谓服务概括为五类：一是制度供给服务；二是公共政策服务；三是公共产品服务；四是公共管理服务；五是社会保障服务。[⑤] 通常情况下，中央政府和高层级的地方政府主要是提供制度供给服务、公共政策服务和社会保障服务，低层级的地方政府和基层政府主要是贯彻实施国家政策和上级政府的决定，向社会提供公共产品和公共管理服务。乡镇政府处于中国政府体系的末梢，是当代中国农村的基层政府，与广大农民联系最为直接，最了解农民对公共产品和公共服务的需求，它承担着农村绝大多数行政事务，在维护农村社会治安、农村基础设施建设、改善农村环境、贫困帮扶、农村精神文明建设等方面发挥着重要作用。乡镇政府在当代中国政府体系中的基础性地位决定了它是建设服务型政府的基础性环节和重要组成部分，事关党和国家建设服务型政府目标在农村社会的实现。

---

① 《中共中央关于构建社会主义和谐社会若干重大问题的决定》，《求是》2006年第20期。

② 胡锦涛：《高举中国特色社会主义伟大旗帜，为夺取全面建设小康社会新胜利而奋斗——在中国共产党第十七次全国代表大会上的报告》，《求是》2007年第21期。

③ 胡锦涛：《坚定不移沿着中国特色社会主义道路前进，为全面建成小康社会而奋斗——在中国共产党第十八次全国代表大会上的报告》，《求是》2012年第22期。

④ 《中共中央关于全面深化改革若干重大问题的决定》，《求是》2013年第22期。

⑤ 燕继荣：《服务型政府的研究路向——近十年来国内服务型政府研究综述》，《学海》2009年第1期。

四 建设服务型乡镇政府的主要挑战与应对思路

与传统乡镇治理相比，建设服务型乡镇政府是乡镇治理理念和治理模式的重大转变，是一项复杂系统且富有挑战性的工程。根据服务型政府的内在要求，基于中国乡镇治理的历史和现实，在建设服务型乡镇政府面临的诸多挑战中，笔者认为以下三个方面的问题在当前尤为突出，对它们的回应将决定乡镇治理转型的进程和成败。

（一）乡镇公共财政体制建设：服务型乡镇政府建设的财政保障

提供公共产品和公共服务是服务型政府的职责所在，也是市场经济条件下政府存在的合理性所在。提供公共产品和服务必须解决两个基本方面的问题，一是公共产品和服务的成本需要是多少、从哪里来的问题，也即财政收入问题；二是财政收入如何配置、用于生产哪些公共产品、提供哪些公共服务的问题，即财政支出问题。财政收入和财政支出是财政体制要解决的基本问题。建设服务型乡镇政府面对的首要问题就是要建立与之相适应的乡镇财政体制。从现代市场经济国家的一般经验看，这种体制只能是公共财政体制，它是国家公共财政体制的一个组成部分。乡镇公共财政体制建设是建设服务型乡镇政府不可逾越的一个课题。

公共财政体制是与市场经济和民主政治相适应的财政制度，与传统的财政体制相比，公共财政体制有其特定内涵。公共财政体制由一系列的财政制度构成，其中现代公共预算体制是公共财政体制的核心。现代公共预算体制的原则主要形成于19世纪的欧洲，其主要原则包括预算的全面性原则、预算的一致性原则、预算的准确性原则、预算的非连续性原则、预算的事前批准原则、预算过程的公开性原则、预算执行的严格性原则等。[①] 中国政府在1998年提出了建设公共财政体制的目标，但由于市场经济建设起步较晚，政治体制改革滞后，目前中国公共财政体制建设仍处于起步阶段，建立覆盖城乡的公共财政体系任重道远。然而这是中国政府

① 马骏：《中国公共预算改革：理性化与民主化》，中央编译出版社2005年版，第93—97页。

在建设服务型政府的道路上必须经历的一段路程。

目前中国乡镇公共财政体制远未建立。乡镇公共财政体制建设必须解决两个方面的基本问题，一是确立乡镇公共财政收入体制，保障乡镇财政提供公共产品和服务的稳定收入来源，使乡镇财政有钱做事；二是建立民主的、科学的、规范的乡镇财政支出体制，确保乡镇公共财政收入被有效率地用来为本地居民提供他们所需要的公共产品和服务。农村税费改革的导向是减负，税费改革取消了农业税费，堵住了“三乱”之源，乡镇财政收入也随之大幅减少。由于财力弱小，农村地区的基本公共产品如教育、医疗、文化、基础设施、居住环境等，与城市均存在很大差距，离“公共服务均等化”的目标尚有很远距离。农村税费改革后，乡镇财政支出体制并没有实质性改变，与税费改革前相比，财政支出体制甚至更倾向于集权，支出体制也没有体现现代公共财政体制的基本原则和要求。

根据公共财政体制建设的内在要求，建设乡镇公共财政体制应当遵循以下四个方面的原则。一是首先明确乡镇政府的事权范围，根据事权与财权相一致的原则，合理划分乡镇财政收入范围，确保乡镇财政有稳定的收入来源。“规范的财权和事权划分是地方政府实施城乡统筹发展、改进公共服务进而改善民生问题的前提条件。”[①] 1994 年分税制改革主要是规范了中央和省级地方政府之间的财权事权划分和财政分配关系，省级以下地方政府之间的财权事权划分则不够规范和清晰，财权重心层层上移，事权重心层层下移，县乡政府尤其是处在底层的乡镇政府承担的事权多，其财力则严重不足，公共服务保障能力低下。针对目前事权划分不规范、乡镇政府事权和财权不匹配的问题，首先应当按照科学的原则，重新明确乡镇政府的事权范围，把乡镇范围内不具有显著性外部特征的公共产品以及乡镇政府具有显著信息优势的公共产品和服务的供给和管理交给乡镇政府[②]，同时匹配相应的财权，以保障乡镇政府获得履行相应事权的稳定收入来源。如果乡镇财政缺乏稳定的工商税收来源，应通过一般财政转移支付手段保障乡镇政府履行职能的财力。二是按照“基本公共服务均等化”和城乡协调发展的原则，建立科学规范的财政转移支付制度，确保乡镇政

① 贾康、刘薇：《构建城乡统筹发展的财税体制的建议》，《经济纵横》2011 年第 1 期。

② 彭健：《分税制财政体制改革 20 年：回顾与思考》，《财经问题研究》2014 年第 5 期。

府具备提供基本公共服务的相应财力。由于乡镇财政的弱势地位，乡镇财政公共服务供给能力普遍较低，导致城乡公共服务供给水平差距过大。财政转移支付制度的目的就是平衡区域财政差异，改善农村地区和落后地区公共服务供给状况，实现城乡协调发展。但目前财政转移支付制度还不适应城乡统筹发展的需要，存在规模偏小、转移支付结构不合理、标准不规范等问题。[①] 鉴于目前我国绝大多数乡镇缺乏稳定税源，甚至在纯农业地区出现零税基的情况，应考虑重新测算乡镇财政收入能力，实事求是地核定乡镇财政收入基数；按照公共服务均等化和城乡协调发展的原则科学核定乡镇财政支出基数；以此为依据，建立规范的财政转移支付制度。规范的财政转移支付制度应以一般性转移支付为主，尽量减少专项转移支付，以最大限度地消除转移支付过程中的不公平现象。三是建立需求主导的公共产品供给决策体制，保障居民在公共产品供给决策中的参与权利。公共产品以满足居民的需求为目的，居民需要哪些公共产品，哪些是居民迫切需要的公共产品，哪些需求可以满足，哪些要求虽然合理但现在还做不到，这些都需要通过一个民主的、科学的、法制化的公共选择机制来保障，这也是公共财政体制建设的基本要求。[②] 四是按照现代公共预算体制的基本原则建立乡镇公共预算体制，将乡镇公共财政收支全部纳入预算，坚决取缔小金库，将原来的预算外收支合并到预算内，实行“全口径预算管理”[③]，从制度上保障乡镇所有公共财政收支公开、透明、规范，真正将乡镇政府的财政行为置于公众监督之下，从而保证乡镇财政用于为民服务。事实上，以上几个方面的要求已经超出了乡镇财政体制建设的范畴，需要与国家公共财政体制建设以及政治体制建设协调进行，这也是其成为乡镇治理转型面临的一个重要挑战的原因。

（二）乡镇公共权威授权体制建设：服务型乡镇政府建设的政治保障

服务型政府是为民服务的政府，是以民为本的政府。乡镇公共财政体制建设解决的主要是乡镇政府提供公共产品和服务的财力保障问题。然

① 贾康、刘薇：《构建城乡统筹发展的财税体制的建议》，《经济纵横》2011 年第 1 期。

② 贾康：《关于建立公共财政框架的探讨》，《国家行政学院学报》2005 年第 3 期。

③ 高培勇：《财税体制改革与国家治理现代化》，社会科学文献出版社 2014 年版，第 205 页。

而，如何从制度上保障乡镇政府在有了相应财力之后愿意将公共财政资金用于为群众服务，并愿意向群众负责？如何保障群众在公共产品和服务供给中的参与权利？这是建设服务型乡镇政府必须解决的另一基本问题。笔者认为，解决这一问题的关键是能否建立新型的乡镇公共权威授权体制。这是建设服务型乡镇政府的政治保障，是当代中国政府在建设服务型乡镇政府过程中必须面对的又一重要课题。

从当代中国政治实践看，乡镇公共权威主要是指乡镇党政，乡镇党政可以看作是广义的乡镇政府。按照现行政治制度及其实践逻辑，当代中国乡镇公共权威主要来源于上级党政部门，特别是上级党组织。按照党管干部的组织原则，乡镇党政领导干部由中共上级组织部门推荐任用和管理。尽管按照党章、宪法、地方政府组织法等的规定，乡镇党政领导干部也要经过自下而上的选举授权，但是目前乡镇选举更多地是发挥着政治上的象征功能，普通党员和居民在乡镇党政领导干部的产生过程中难以发挥影响。这种乡镇公共权威授权体制仍属于自上而下的授权体制。

自上而下的公共权威授权体制是一种组织化的授权体制，而非社会性授权体制。在这种授权体制下，乡镇政府的权威主要来源于上级组织，而不是基层社会，农民在乡镇公共权威的形成过程中难以发挥作用。上级党政组织不但通过掌握乡镇领导干部的任免权来决定乡镇公共权威的来源，而且不断通过自上而下的考核和问责机制来进一步影响乡镇公共权威。

公共权威的来源决定了公共权威为谁服务，向谁负责。乡镇政府的权威来源决定着乡镇公共权力的运行方向。有学者通过对当代中国基层政府运行机理的考察发现，乡镇政府完全是在围绕着上级部门的各种指令运转，上级的考评直接与乡镇领导人的升迁和待遇挂钩。在基层政府的真实体制中，农民则被忽略了，上级几乎掌握了控制基层干部的一切手段。这种体制导致基层干部在工作中眼睛盯住的是上级领导的脸色而不是农民的脸色。[①] 乡镇干部对于不受群众欢迎甚至扰民而上级比较重视的“虚事”，往往会“扎扎实实”地办，以迎合上级考核需求；对于群众需要的实事而上级考核中却很难体现的则会“把实事当虚事办”，甚至不办，或者只

① 赵树凯：《乡镇治理与政府制度化》，商务印书馆2010年版，第131—132页。

在向上级的汇报中“办”。形式主义花样百出，弄虚作假堂而皇之。[①] 这种自上而下的权威授权体制造成了乡镇政府行为的动力是为上级的要求服务，为自己的需求服务，而不是为群众的需要服务。

与自上而下的公共权威授权体制相反，自下而上的社会性授权体制是指乡镇公共权威主要是来自于基层社会的授权体制，在这种授权体制下，由于公共权威主要来自于民，乡镇政府不得不把行为的动力建立在维护广大群众的利益基础之上。建设服务型乡镇政府必然要求转变传统的自上而下的公共权威授权体制，建立自下而上的社会性授权体制或将自上而下的组织化授权体制与自下而上的社会性授权体制相结合的新型公共权威授权体制。

建设自下而上的乡镇公共权威授权体制包括两个基本方面的内容，一是完善和落实乡镇党政官员选举制度，保证农民在乡镇党政官员产生过程中发挥基础性的决定作用；二是完善和落实自下而上的监督机制和问责机制，让农民对乡镇党政干部的升迁荣辱有更多的发言权，让乡镇党政干部和农民真正成为休戚与共的利益共同体。如果不能完善和落实自下而上的选举制度和自下而上的监督制度，国家建设服务型政府的目标就会落空。

有学者把自下而上的乡镇公共权威授权体制称为“乡政自治制度”，并认为自治制度是中国县以下地方政府治理的最佳方式，是中国乡镇党政走出困境的最佳选择。[②] 笔者认为，自下而上的公共权威授权体制可以作为中国乡镇政治体制改革的远期目标，目前，可行的路径是建立自上而下的授权与自下而上的授权相结合的乡镇公共权威授权体制。这是由当代中国政治制度的根本特点决定的。

中国社会主义民主政治的根本特点就是坚持党的领导、人民当家作主和依法治国的有机统一。自上而下的权威授权体制主要解决的是保证党的领导问题，自下而上的权威授权体制主要解决的是保障人民当家作主的问题。长期以来，由于对党的组织干部政策的片面理解，在乡镇政权建设过程中，自上而下的授权体制被片面理解和执行，自下而上的社会性授权体

① 赵树凯：《农民的政治》，商务印书馆 2012 年版，第 160 页。

② 高新军：《处于体制冲突和矛盾焦点中的乡镇党政：困境、挑战、借鉴和出路》，《马克思主义与现实》2004 年第 2 期；何增科、高新军、杨雪冬、赖海榕：《基层民主和地方治理创新》，中央编译出版社 2004 年版，第 171—172 页。

制建设滞后，党章和法律的有关规定没有得到认真落实，从而导致基层政府的行为逻辑主要是对上负责而不是对下负责。基于当代中国政治制度的特点和政治传统，在建设乡镇公共权威授权体制的过程中，应当坚持把自上而下的授权与自下而上的授权相结合的原则，探索自上而下与自下而上相结合的新型公共权威授权体制，将上级党政组织的信任与人民群众的信任更好地结合在一起。

在建立自上而下与自下而上相结合的公共权威授权体制方面，中国地方政府和基层政府已经开始了实验性的探索。如 1999 年 1 月深圳市大鹏镇“两推一选”式镇长选举尝试，2002 年湖北省 11 个乡镇通过“两推一选”产生乡镇党委书记和党委委员的民主实验，以及包括江苏、浙江、山东、广西、重庆、云南、青海、湖北、四川等全国多地多种形式的“公推公选”产生乡镇党政领导人的探索。这些探索更加注重如何在党的领导下更好地发挥群众在乡镇公共权威形成过程中的影响力。然而，由于“为民选官”体制与“选官为民”[①] 体制的碰撞，目前在改革乡镇公共权威授权体制方面的探索未能形成制度化的成果。考虑到中国地方政治并无民主传统，如何通过民主选举、民主监督建立自下而上的乡镇权威授权体制，如何实现自下而上的授权体制与自上而下的授权体制相衔接，这对中国共产党和中国政府而言将是一个更具挑战性的政治实践课题。不过，艰难的第一步已经跨出，其发展方向清晰可见。

（三）乡镇行政体制改革：服务型乡镇政府建设的行政保障

服务型乡镇政府的服务主体是乡镇政府，乡镇政府行政管理体制关乎乡镇政府的执行力和行政效率。建立一个机构健全精干、分工明确、指挥统一、科学高效的行政管理体制是建设服务型乡镇政府的内在要求和重要保障。目前乡镇行政体制还难以适应服务型政府建设的需要。

为适应农村税费改革后乡镇可支配财力明显减少的新形势，各省区相继进行了以精简机构、强化服务职能为主要内容的乡镇行政体制改革。以河南省为例，河南省 2002 年开始进行农村税费改革，2005 年在全省范围内取消了农业各税和各种专门面向农民的集资、收费，2005 年 9 月至 12

① 徐勇：《田野与政治——徐勇学术杂论集》，中国社会科学出版社 2009 年版，第 185 页。

月在全省范围内进行了乡镇行政体制改革。这次行政体制改革内容主要是精简乡镇编制，调整和规范乡镇机构。改革后的乡镇党政机构包括乡镇党委正副书记、乡镇正副乡镇长、党政办公室、社会事务办公室、经济发展办公室，乡镇领导职数从原来的9名至12名精简至7名至9名。在这次乡镇行政体制改革前，河南全省共有2100个乡镇，编制总数为16.21万名，实有工作人员为30.23万名，平均每个乡镇超编63.3人。改革之后，全省乡镇共分流人员17万人，乡镇行政事业机构减少3117个，乡镇领导职数减少7600多名。[①] 在这次改革中，为防止机构和人员再次膨胀，以及按照转变职能、强化服务的要求，乡镇原来的“七所八站”机构统一整合为由县级政府部门管理的事业单位，这些设在乡镇的事业单位分别是财政所、民政所、国土所、农业服务中心、计生服务中心、村镇建设服务中心、文化服务中心。设在乡镇的四个“中心”和三个“所”，其人事权和财权由上级人事和财政部门统一管理，乡镇政府部门无权干预；从职能上看，“中心”和“所”是乡镇公共管理和公共服务部门，在乡镇范围内行使公共管理和公共服务职能；从业务上看，“中心”和“所”接受上级有关部门和乡镇政府部门的双重领导。

从河南省乡镇行政体制改革的内容看，乡镇行政机构和人员得到精简，公共部门的公共服务职能更为突出。但是，从服务型乡镇政府建设的要求看，乡镇行政体制还有待于进一步完善。其存在的突出问题是，改革后的乡镇行政体制在人、财、事的管理上存在脱节。“中心”和“所”是乡镇重要的公共管理和公共服务部门，在日常工作中主要由乡镇政府领导，而乡镇政府却没有对这些部门的人事和财务的管理权，乡镇政府对其人员的调配、升迁、待遇等影响甚微，对其具体事务的指挥不可避免地存在失灵。[②] 乡镇政府是服务型政府建设的主体，但现行行政管理体制不利于发挥乡镇政府在公共管理和公共服务中的领导作用。建设服务型的乡镇政府，必须按照精简、统一、效能的原则，进一步深化乡镇行政体制改革，理顺乡镇政府各部门以及乡镇政府与乡镇其他公共部门之间的关系。

---

① 马宏图、李铮：《2005：河南乡镇大变革》，《河南日报》2006年1月15日。

② 任宝玉：《服务型乡镇政府建设的体制性障碍分析——以河南刘乡为个案》，《社会主义研究》2014年第1期。

终结传统的以农业税费征收为基础和主要内容的乡镇治理只是当代中国乡镇治理转型的开始，服务型乡镇政府的建设将是一个长期的系统工程。乡镇公共财政体制建设、新型的乡镇公共权威授权体制建设、与服务型政府相适应的乡镇行政体制建设将会成为乡镇政府治理转型过程中具有决定性意义的几个环节。当然，转变传统政治观念、树立服务型政府新理念对于乡镇治理转型的成功也具有根本性意义，这也要经历一个相当长期的过程。随着上述相关制度的建设与发展以及人们思想观念的变革，服务型乡镇政府建设中的其他问题，如依法行政、服务流程设计、绩效评估、新技术和方法的应用等也将变得更容易解决。

原载于《政治学研究》2014 年第 6 期

经济发达镇创新地方治理体系的路径研究
——基于容桂“简政强镇”事权改革的个案分析

郭　明①

改革开放以来，在“为增长而竞争”的背景下，地方政府（县乡两级政府）充当了中国经济增长的重要引擎。地方政府通过“经营企业”、“经营土地”、“经营产业”等策略为中国经济总量的壮大作出重要贡献。② 然而，在经济水平取得长足发展的同时，经济发展与社会建设之间的矛盾日益突出并影响下一步中国经济社会的顺利转型。地方政府应该如何解决经济增长与社会建设之间的张力以实现经济社会的协调性发展已成为理论研究者与实践工作者关注的重要议题。鉴于此，我们选择容桂“简政强镇”事权改革为研究案例，探索经济发达镇创新地方治理体系的基本路径，在此基础上探讨经济发达镇创新地方治理体系的实践价值与改革局限。

某种意义上，通过对经济发达乡镇创新地方治理体系探索的总结，有利于积累创新地方治理体系的政治智慧和改革经验，为“推进国家治理体系与国家治理能力现代化”奠定坚实基础。因而，经济发达镇创新地方治理体系路径研究是具有较大的实践价值与理论空间的重要课题。

---

① 基金项目：国家社科基金青年项目《我国地方政府简政强镇事权改革模式跟踪研究》（11CGL076）。

郭明，广东警官学院公共管理系教师，政治学博士，研究方向为社会治安治理。

② 徐建牛：《从经营企业到经营土地——转型期乡镇政府经济行为的演进》，《广东社会科学》2010 年第 4 期。

一 研究问题与研究进路

作为改革开放前沿阵地，广东省凭借其毗邻港澳的先天区位优势，一举成为中国经济增长的排头兵。与浙江省、江苏省“县域经济”不同，广东省实现经济快速增长的驱动力在于乡镇（街道）的出色表现。近年来，东莞、顺德等地不断地调整产业结构，形成了大量具有产业特色的专业型乡镇。随着以市场型和外向型为导向的经济体制改革的深入推进，这些专业镇在各领域表现出色，并成为推动广东省经济增长的重要推动力量。然而，这些产业特色镇在经济水平取得巨大发展的同时，行政管理能力、社会发展水平、公共服务供给能力却遭遇着严峻挑战。这一现象被学界与媒体喻为“市级经济、县级人口、科级行政”。为了破解经济增长与社会建设之间的矛盾困境，以改革创新精神著称的广东省按照“强镇扩权”原则积极探索新的地方治理机制以解决经济发展与社会建设失衡的困境。2009 年，广东省先后在佛山市、东莞市选择 4 个乡镇（街道）进行“简政强镇”事权改革试点，探索经济发展与社会建设之间张力的破解之道。经过一年多的改革试点，这一改革实践逐步向珠三角其他地区镇街进行扩散，并产生了一定的社会效应。

纵观这一改革实践历程，这一实践包括“横向职能机构重组”和“纵向政府向社会放权”两个改革维度。目前，学界对“简政强镇”事权改革已取得一定的研究成果。不过，已有研究着重对经济发达镇政府横向职能机构的研究，[①] 而缺乏对纵向的政府外部治理结构的观照。鉴于此，在已有相关研究的基础上，我们选择容桂“简政强镇”事权改革为研究案例，将“横向重组”与“纵向放权”相结合来对这一改革展开综合性研究，力图勾画容桂“简政强镇”事权改革的基本图景，进而展示经济发达镇创新地方治理体系的基本路径，在此基础上探讨这一实践路径的价值与局限。

---

① 王学敏、朱星星：《东莞行政体制改革顶层设计研究》，《东莞理工学院学报》2013 年第 4 期；邵任薇：《“简政强镇”改革中乡镇权力绩效规制：工具选择与运用》，《中国行政管理》2013 年第 6 期。

二　从“内部重塑”到“外部理顺”：容桂街道改革的实践路径

容桂街道地处顺德区南部，是顺德中心城区的重要组成部分。容桂街道靠近广州，毗邻港澳，地理位置优越，广珠城际轨道贯穿全境并在容桂设站。辖区面积80平方公里，户籍人口20多万，外来人口30多万。经历了改革开放30多年的发展，容桂的经济实力不断增强，成为珠江三角洲地区重要的工业制造基地，并涌现出容声、格兰仕、万和等国际知名企业。2010年，容桂街道工业产值达到1376.4亿元，顺德人习惯称之为“千亿大镇”。[①] 随着民营经济高速发展，经济发展和社会建设，经济发展转型与社会冲突尖锐相互交织，已严重制约了容桂下一步的转型与发展。为了解决人口规模和经济总量大而行政管理能力弱化的现实，在“上级驱动”、“基层推动”及“主体主动”[②] 的背景下，2009年11月，容桂街道“简政强镇”事权试点改革正式启动。这次改革不仅实现了地方政府从“政权经营者”向“服务供给者”转变[③]，而且实现了地方治理体系和地方治理结构的创新。

（一）“横向重塑”：公共权力优化、党政机构重组与公共服务提升

1. 扩展行政管理权限

随着市场化力量不断地深化发展，城市化进程中的容桂街道面临着经济发展与社会转型的重任，社会管理事务逐渐增多。社会管理能力不足、辖区内公共服务供给不足等制约因素导致其难以有效地进行城市管理。有学者和媒体把容桂街道形容为“人小衣大、小马拉大车”。如在城市管理与行政事务处理中，容桂街道经常处于尴尬境地，既没有行政审批权，也没有行政处理权，仅充当“检查员”、“协调者”角色，处理事务的难度

---

① 禹规娥等：《探路》，南方日报出版社2011年版。

② 郭明：《地方政府改革的动力机制分析——以广东省顺德区容桂街道为例》，《社会主义研究》2014年第6期。

③ 郭明：《从“政权经营者”到“服务供给者”：政府行为演进的历史脉络》，《理论导刊》2014年第11期。

比较大。为了解决镇/街道所面临的困境，使其适应经济社会快速发展的客观需求。根据顺德区委办公室颁布的《关于理顺区镇街道行政管理权限的意见》，按照“宏观决策上移、微观管理下移”原则，在保持容桂街道建制不变的前提下，顺德区通过授权、委托和下延机构等方式，在产业发展、市场监管、社会管理等方面依法赋予容桂街道办事处县级行政管理权限，使其适应经济社会发展的需要。

2009 年 12 月 1 日，顺德区下放给容桂街道 316 项权限，涉及组织工作办公室，财政办公室等 10 个部门，其中市场监管、城市管理方面的权限共 167 项。按照简政放权的原则，顺德区政府在下放审批权限的同时，把相应的执法权限也下放到容桂街道，使其社会管理能力更到位、更有效。2010 年 9 月 8 日，包括容桂街道在内的顺德辖区内 10 大镇/街正式开始行使县级行政管理权限。顺德区政府梳理出区级行政审批、征收等 8 大类行政管理事项 5205 项。顺德区政府正式把其中的 3197 项行政管理事权划归镇/街行使，容桂街道成为广东省“管事”最多的镇街之一。[①]

2. 重组党政职能机构

在赋予容桂街道县级行政管理权限的基础上，容桂街道以党政组织部门为突破口，对党政组织架构进行重组和优化。首先，容桂街道整理出党委—政府机构共 28 个职能部门，为机构重组和改革奠定基础。其次，按照“同类合并，上下对接、权责一致”的原则，容桂街道把原来的 28 个党政部门、街道单位及部分双管单位整合为 11 个机构和 2 个分局，13 个机构的正职领导均由街道办党工委副书记、党工委委员和办事处副主任兼任，实现了党政决策的科学化和管理的扁平化。通过党政内部结构的重塑，容桂街道已初步建立起党政合署办公、决咨委决策与监督的既有分工又有合作的党政组织新架构，形成了决策高效、执行有力、监督多元的党政机构运作体系。再次，为了畅通和拓宽民意表达渠道，2010 年 1 月，容桂街道成立了顺德地区第一个镇街级公共决策与事务咨询委员会（决咨委）。容桂街道党工委、街道办主动从辖区的党代表、人大政协委员、居（村）民代表、工商企业代表等人士中选取具备较强的参政议政能力、

① 范展莹：《勇当改革先锋顺德披挂上阵》，2011 - 10 - 11，http：//www. sc168. com/zt/shierjiedangdaihui/201110110023. html。

热心社会事务、有为容桂经济社会发展作贡献的热心人士，并把其聘为决咨委委员，使其能参与到政府的重大决策和对政府的财政支出进行监督。决咨委的运作保障了政府组织权力安排中的官、民二元结构的统一，即代表国家的政治权力与来自基层社会的民意表达的统一。

3. 提升政府服务水平

根据顺德区委颁布的《关于理顺区镇/街道行政管理权限的意见》规定：顺德区要构建区、镇、村三级一体化的行政服务体系，强化区行政服务中心的服务功能。2010 年 5 月，容桂街道筹建容桂行政服务中心并投入使用。容桂将街道各个职能部门集中在一个办公场地，该场地共两层，占地面积为 1390 平方米，共设置了 70 个对外窗口。本着便民利民的服务宗旨，行政服务中心采取“窗口式”服务和“一站式”服务的服务机制，方便市民办理各种事务。为了保障服务质量，容桂街道由街道纪工委和特约监察员采取明察暗访的方式对工作人员进行公共服务质量监督，营造风清气正、公平公正的政务环境。

为了提升政府服务质量，容桂街道主动将政府服务延伸到基层社区（村）。2010 年 1 月，容桂街道在华口、马岗、海尾、红星 4 个社区/村进行设立行政服务中心试点工程，探索社区/村政府公共服务体制改革。在此基础上，2010 年下半年，容桂街道所辖的 26 个村居全部建成社区（村）行政服务中心作为承接政府工作的平台，基本实现了政府服务延伸到基层的目的。总之，社区/村行政服务中心的成立不仅保证了政府提供公共服务的质量，而且能够保证政府下派的行政任务能够顺利完成。

（二）“纵向放权”：政府放权、社会组织发育与治理结构变革

在城市化和市场化的双重作用下，容桂街道近 70% 以上社区/村出现“人口倒挂”现象。外来人口的入驻在强化居民原子化程度的同时，政府和居村委会的社会管理和公共服务供给压力也在不断加大。如何能够更好地为外来人口提供公共服务、满足多元化公共服务需求来实现基层善治给基层政权和居村委会带来了严峻挑战。

1. 政府主动培育与发展社会组织

为了提升社会服务水平、实现政府与社会组织协同运作以满足民众的多元化诉求，在容桂街道“简政强镇”事权改革方案指导下，政府将无

法供给的公共服务通过委托、授权及购买服务的方式转移给民间社会组织，通过市场化等方式将自律自管、自担风险的管理事项有序地转向社会，减少政府对市场的不正当干预。[①] 根据顺德区培育社会组织的相关规定及容桂地区实际，容桂街道承担起培育社会组织，让其承担政府转移相关职能的重任。

首先，容桂街道变革了社会组织登记制度，降低了社会组织的成立门槛。根据《关于规范社会组织管理加快社会组织发展的实施意见》的相关规定，容桂街道打破了双重管理体制的制约，建立了社会组织直接登记制度。民间社会组织的申请人可以直接向登记管理机关申请登记为独立法人机构，不再要求其他政府部门担任社会组织的业务主管部门。其次，容桂街道大力扶持社会组织成长，促使其更好地承接政府转移的职能。经济来源上，政府建立了社会组织专项发展基金，促进民间社会组织功能的发挥。如对新成立的社会组织，前三年政府每年资助 10 万元。组织发展上，政府建立了完善的社会组织专业人才引进和培养制度，为符合条件的社会组织负责人提供培训服务。物质支持上，政府为符合条件的社会组织提供公办场地等方面的支持，实行免租、减租等优惠政策。最后，政府不断地完善对社会组织的监督与管理。在转移职能、购买服务之前，政府通过聘请第三方对社会组织的能力与资质进行评估，对部分不自律、功能发挥不显著的社会组织进行调整和整改，没有达到评估标准的社会组织给予撤销。截至 2013 年 7 月，容桂街道已经成立了包括社会团体和民办非企业两类社会组织共 126 家。社会团体有 47 个，涉及工商经济类 2 个、公益慈善类 27 个、社会服务类 6 个、文化体育类 11 个以及联谊类 1 个；民办非企业单位有 79 个，教育类 65 个、文化体育类 6 个、社会服务类 3 个、劳动就业类 4 个以及卫生类 1 个。[②]

2. 社会组织的成长与政社协同的构建

根据顺德区委、区政府的社会组织发展规划方案，结合容桂地区的实际情况，容桂街道把“经济合作交流类”、“社会管理与公共服务类”及“文体建设类”社会组织作为重点发展与培育对象。经过近四年的发展，

① 顺德区社会工作委员会编制：《顺德综合改革 30》（内部印制）2013 年。

② 顺德新闻网：http：//www. sc168. com/tt/content/2013 -08/03/content_ 385867. htm。

容桂街道社会组织培育工作取得较大进步，并初步理顺政府、社会及市场之间的关系。

（1）经济合作交流类社会组织上，容桂街道商会是以在容桂登记注册的民营工商企业为主体自愿组成的非营利性民间组织，2000 年 5 月，由容奇镇商会、桂洲镇商会合并而成的。2012 年 10 月，在原容桂商会的基础上，容桂商会升级为容桂总商会。升级之后容桂总商会在容桂地区公共事务中扮演了更多的角色。第一，容桂商会利用其自身优势，积极推动慈善事业的发展。为了稳定企业员工队伍，容桂商会自发设立了互助基金委员会制度，会员企业的员工在遇到突发性疾病、交通事故及家庭遭遇突变等急需资金时可以申请经济援助，及时提供紧急救援，这一慈善事业被誉为“企业内部的社保”。容桂总商会还设立了“扶贫助学基金”，对容桂地区的经济困难民众、孤寡老人进行扶助；对学习成绩优秀、家庭经济困难的学生给予必要的资助。第二，容桂商会还积极承担政府委托和转移的部分职能，减轻了政府的日常工作量。2012 年 3 月，顺德区经济促进局和容桂街道正式把“星光企业”申报的发动、培训、申报等相关工作下放给容桂商会，由其承担政府的相关职能，形成了政府与商会的分工与协作机制，大大提高了政府行政审批的效率。第三，容桂总商会搭建政府与企业的桥梁，推动企业转型与发展。容桂商会采取座谈会的形式，提供街道领导与企业面对面接触与交流，从而使政府了解企业发展面临的问题。容桂商会的成立有效地搭建起了政府与企业的交流渠道和沟通平台，推动政府与企业的良性互动。

（2）社会服务类社会组织上，通过培育和发展社会组织，容桂街道以委托、授权、购买等方式，将部分社会事务交由市场中介和社会组织承担。2011 年 5 月，容桂街道成功培育了顺德区首家专门为残疾人提供服务的庇护工场——伍威权庇护工场。容桂伍威权庇护工场主要功能在于为残疾人提供庇护性的就业岗位，开展各种形式的教育培训来提高残疾人的劳动技能和职业素养，使其能很好地融入社会就业，能够在社会上找到自身发展的空间。此外，经容桂街道教育部门、民政部门审批同意，顺德区成立了第一家非营利性民办特殊儿童教育中心——容桂星愿自闭症康复中心，该中心专门为辖区内 200 多名自闭症儿童提供专业性教育和康复训练。

2010年8月，在容桂街道社会工作局的引导下，在地区青年企业家的倡导下，容桂成立了具有非营利性质的青少年促进会。青促会主要致力于发展各类青少年公益事业，以民间力量参与青少年事务的管理，为青少年的健康成长提供全方位的帮助。受容桂街道教育局的委托，青促会正式介入公立幼儿园的日常管理①，开创了社会公益组织监管公立幼儿园的先河。在此基础上，青促会购买启创社工的服务并建立“飞扬地带”。通过“学校—家庭—社区”三位一体的服务理念，促进青少年与学校、家庭与社区三者之间的良性互动，帮助青少年挖掘潜能、发展所长。

（3）社会文化类社会组织上，随着容桂地区经济社会的不断发展，大量高学历人才的入驻，民众对地区的文化服务需求越来越高。容桂街道把经济发展与文化发展结合性发展作为提升容桂地区文化服务的抓手。在街道层面上，容桂街道启动了“文体社会组织培育工程”，将文体服务由政府供给转变为社会组织供给，提升了容桂地区文体服务的水平。目前，容桂街道已经成立了容桂街道文学艺术界联合会、容桂街道体育联合会。

在居村委会的引导、支持和资助下，各社区/村培育了大量草根型社会组织。在笔者调查的9个社区，大量草根型社会组织在居村委会的指导和支持下而成立。为了保证它们能够顺利地开展社区活动，各居村委会为社会组织提供场地及相关的配套设施。例如，在海尾社区，居委会每月给社区内的舞蹈队、太极队等600元的补贴。作为基层社会重要行动者，草根型社会组织具有天然的优势，它们通过举办的文体娱乐活动，有效地把社区/村中的居民联系起来。通过居民之间地深入了解与沟通，居民之间的信任关系逐步确立起来，居民之间的互助行为逐渐形成。某种意义上，草根型社会组织所体现的意义已远远超出了社会娱乐，民众在此基础上建立的横向网络，完全不同于我国社区中领导与被领导的垂直网络，这种横向的互动网络是社会资本产生的重要源泉。②

通过改革，容桂街道实现了从以政府管理为主向吸纳社会组织参与社会治理模式转变，从而形成政府与社会组织良性互动、协同治理的新格

① 田毅鹏等：《城乡结合部非定居移民的“社区感”与“故乡情结”》，《天津社会科学》2013年第2期。

② 娄缤元：《善治之道：草根社会组织参与下的社区治理》，《理论界》2012年第12期。

局。某种意义上，政府向社会组织转移社会管理职能突破了传统的行政框架和管理理念，调整了政府在社会治理中的角色定位，理顺了政府与社会组织之间的良性关系。

三 经济发达镇创新地方治理体系实践价值与实践限度

通过改革实践的分析，容桂街道“简政强镇”事权改革不仅重塑了党政机构内部结构，优化了党政组织的运作机制，而且通过理顺政府、市场与社会关系，变革了地方治理结构，初步形成了政府与社会组织协同运作的基本格局。某种意义上，这一改革对实现政府职能转变，创新地方治理体系具有一定的积极意义。但这一改革自身也面临着难以破解的结构性约束而使改革难以具有彻底性。下面，我们将从这一改革所体现的实践价值和改革所面临的实践限度两个方面来分析。

（一）实践价值

1 为实现地方政府实现职能转变提供思路

改革开放以来的地方政府是一个经营主体与政治主体的混合型政权组织，基层政权凭借其公家身份控制着社会资源，从事经营活动。一方面，基层政权通过经营活动推动了地区经济的发展，为国家的财政收入奠定了坚实的基础；另一方面，他们发展经济的手段制造了大量的社会冲突、激发了政府与民众的深层矛盾。中央政府力图通过农村税费改革来敦促基层政府职能转变。但是，农村税费改革并没有带来基层政府职能的转变，而是出现了基层政府的财力下降、公共服务能力弱化等一系列负面效应。①如何实现基层政府从“政权经营者”向“服务供给者”转变是理论工作者和改革实践者普遍关注的重要议题。而本研究所呈现的容桂街道改革的探索在一定程度上为基层政府从“经营性行为”向“服务性行为”转变提供了一种改革路径。2009 年 11 月，在广东省“富县强镇”的指引下，以“简政强镇”事权改革试点为契机，容桂街道实现了政府行为从“经营性行为”向“服务性行为”的转变，为构建服务型政府奠定了基础。

① 马宝成：《农村税费改革对基层政权建设的影响》，《山东社会科学》2004 年第 1 期。

改革开放30多年来，广东省珠江三角洲地区一些乡镇（街道）凭借政府主导的市场经济与外部要素主导的外向型经济实现了经济水平的快速增长。然而，随着经济水平的持续发展，其发展背后面临的深层次问题已经不断凸显并制约着经济社会的进一步发展。在这个意义上，容桂街道改革实现为探索构建“服务型政府”具有一定的探索性意义。须指出的是，地方政府“服务性行为”转向并不意味着革除“经营性行为”，而是要实现地方政府的“经营性行为”与“服务性行为”协调性发展。

2. 为实现国家治理体系与治理能力现代化积累经验

党的十八届三中全会通过的《中共中央关于全面深化改革若干重大问题的决定》指出，“完善和发展中国特色社会主义制度，推进国家治理体系和治理能力现代化”是中国全面深化改革的总目标。俞可平把国家治理体系现代化划分为五个标准：公共权力运作规范化与制度化、民主化、法治化、效率及协调。[①] 国家治理体系指规范公共权力运行和保障社会和谐的一系列制度和程序，涉及政府治理、社会治理和市场治理等几个范畴。随着市场化和民主化的发展，经济发展和社会转型引发了国家和地方在治理层面上出现的危机。这一现实呼唤着国家治理体制的改革和转型。中国国家治理体制的改革和转型是对经济发展与社会转型之间张力的一种渐进式的、结构性的适应过程。[②] 实际上，从国家治理体系的层面上来看，地方治理体系是国家治理体系的重要组成部分，是实现国家治理能力现代化的重要基础，地方治理能力的提升为实现国家治理能力现代化提供重要的保障。某种意义上，容桂街道“简政强镇”事权改革的实践探索正是扎扎实实地践行创新地方治理体系典型案例，是一项地方治理体系创新的实践。通过“横向重组”和“纵向放权”，容桂街道既涉及党政机构内部权力的优化，又涉及政府、社会及市场关系的理顺，从而探索出了一条政府与社会协同发展之路。这次改革某种意义上，容桂街道的探索为广东省经济社会的下一步转型提供了借鉴，为建构适应现代社会主义市场经济的制度框架提供了基本保障，其为实现国家治理水平的提升与治理能力的现代化提供了“容桂样本”。

---

① 俞可平：《现代国家治理的5个标准》，《21世纪经济报道》2013年12月3日。

② 徐湘林：《转型危机与国家治理：中国的经验》，《经济社会体制比较》2010年第5期。

（二）实践限度

虽说容桂街道的改革实践在一定程度上探索出基层政府从“政权经营者”向“服务供给者”转变的线路，实现了地方治理体系的创新。但这一改革也具有一定的实践限度。一方面，容桂街道改革探索属于“治理创新”层面的改革，而不具有鲜明的“政权改革”层面的改革意涵，这一改革具有不彻底性；另一方面，这一改革受到的结构性因素制约突出致使改革具有一定的限度。

1. 改革过程中党政、市场及社会关系的不均衡分配导致改革具有不彻底性

通过对改革实践的观察，我们发现这一改革既涉及党政内部组织机构的变革，又涉及党政组织机构外部治理结构的变化，其在一定程度上可以界定为综合性改革。但这一改革仍然属于治理层面的改革，并没有真正意义上的政权改革意涵。[①] 虽说这次改革既涉及党政组织机构的变革，又涉及政府、社会及市场关系的理顺与调整，但党政、社会及市场之间关系调整的格局具有一定的不均衡性。在整个改革中，党委和政府始终处于绝对的主导地位。如果说这一改革实现了政府与社会多元协同治理的新的地方治理体系，那么这一新的地方治理体系实质上是党委执掌政权、政府主导治理的前提下的多元协同共治。这种多元协同共治的格局具有一定的脆弱性。在党政主导下，这种地方治理格局的创新既使得政府与社会组织之间的协同具有非对称性，也使得政府与社会组织的合作呈现出不平等性。因而，这一改革具有不彻底性。虽说容桂街道改革属于治理层面的改革，不具有政权改革的意涵，没有触动基层政权的本质和内核，但是基层政府的治理结构和治理机制已出现了新变化，其改革的指针已经向“服务型政府”迈进。因而，这一改革同样值得肯定。

2. 这一改革受到结构性因素约束进而削弱改革的成效

虽说容桂街道具有改革主体的主动性，在改革的过程中，始终把提升公共服务、创新地方治理格局等方面作为改革的核心，并取得了一定的成

---

① 肖滨、郭明：《以“治权改革”创新地方治理模式——2009 年以来顺德综合改革的理论分析》，《公共行政评论》2013 年第 4 期。

绩。但是这一改革自身也面临着难以摆脱的结构性因素的约束。虽说这一改革已得到广东省政府甚至中央政府的指导与支持，但在改革的具体实施过程中，仍与政策文本存在一定的距离。由于历史的惯性，现行的行政体制具有一定的集权色彩，上级政府下达的行政命令，基层政权必须无条件地执行，而缺乏依据地区发展实际情况进行讨价的余地。在容桂街道"简政强镇"事权改革过程中，简政放权的本意是促进基层政府行为的转变。然而，在改革实践的过程中，压力型行政体制给基层政府改革提出了新的挑战。随着放权改革的持续推进，在街道办与社区（村）之间，上级政府下达给街道办的越来越多各类行政任务的同时，街道办与社区（村）之间也存在着这种配合关系，这就导致了社区（村）的各类行政任务也在不断地增多。与权力下放相伴随的便是各类社会事务的下放，与之前相比，社区（村）行政服务中心成立后政府下派的工作任务逐渐增多。在我们调查的9个社区（村）中，大部分社区（村）干部抱怨改革后社区（村）的各类社会事务在逐渐增多。一些社区（村）干部普遍感觉任务繁重，且很多与基层民众无关。地方治理中"上面千条线、下面一根针"的困境并没有被打破。

基层政府是国家政权体系的基层组织，其主要任务是负责辖区内经济社会发展、相关的公共事务及为民众与企业提供优质的公共服务。然而，在压力型行政体制下，上级政权源源不断地将与基层政府服务与管理职能无关的行政任务纳入到政府职能的范围内，致使其难以向服务型政府转变。实践证明，如果不革除现行的压力型行政体制，则很难实现真正意义上服务型政府。这就要求高层政府切实抛弃阻碍基层政府转型所遭遇的深层次结构性障碍。只有消除这些结构性障碍才能从本质上为基层政府改革铺平道路，推动改革继续前行，否则只能陷入改革的怪圈之中。

四 简短的结论

通过改革从"横向重塑"向"纵向放权"的迈进，容桂街道"简政强镇"事权改革呈现出一幅地方治理体系创新的实践图景。通过党政内部组织结构的重组，容桂街道已初步搭建起党政合署办公、决咨委决策与监督既分工又合作的党政机构新架构，形成了决策高效、执行有力、监督多元的党政机构运作体系。在此基础上，容桂街道利用“简政放权”的契机，大力培育各类社会组织并让其参与社会管理事务，变革了地方治理结构。通过这两个改革维度的分析，容桂街道地方治理体系创新实践为实现经济社会的下一步转型、建构适应现代社会主义市场经济的制度框架、实现地方治理转型的基本保障，也是实现国家治理体系与治理能力现代化的重要前提。某种意义上，容桂街道的探索不仅实现政府从“政权经营者”向“服务供给者”提供了一套思路，而且在实践中担当着创新地方治理体系的重任，为实现党的十八届三中全会提出的“推进国家治理体系与治理能力现代化”奠定了基础，其改革实践对其他地区具有一定的借鉴意义。

虽然因改革的实践过程与结构性因素的制约，容桂街道“简政强镇”事权改革具有一定的限度，改革过程中存在一系列问题。但容桂街道的改革探索确实是中国地方治理体系创新中一个值得关注的典型案例。因此，这一改革的实践值得给予充分肯定，其改革的经验值得我们去关注与总结。

反腐新常态下基层公职人员职业心态的影响与激励分析

陈建平[①]

一 问题的提出与研究意义

2014 年 5 月习近平在河南考察时首次提及“新常态”。“新常态”作为执政新理念关键词的提出，一开始主要用于描述新周期中的中国经济“新常态”发展状况。随着该词被反复提及与使用，不仅用于分析中国经济，也被用于分析和解释腐败治理。党的十八大以来，党中央对潜在或已构成腐败的行为持续发力。一方面，《八项规定》、《六项禁令》等一道道文件纷迭而至，不断规范化公职人员的言行举止；另一方面，党中央用雷厉风行的反腐行动宣扬“零容忍”的决心和态度，仅在 2013—2015 年的两年多时间内便有百余位省部级以上高官落马，中低公职人员被查数量更创历年之最（如图 1 所示）。王岐山指出，当前党风廉政建设和反腐败是一场输不起的斗争。目标任务就是保持高压态势，遏制腐败蔓延势头；持之以恒落实八项规定精神，坚决防止“四风”反弹。[②] 近期，党中央将“全面从严治党”纳入治国理政重大格局之中，而从严治党的关键落脚点

---

① 基金项目：本文系 2010 年度教育部人文社会科学研究青年基金项目：多元复合问责机制及其问责力评价体系研究（10YJC810002）、2015 年度福建省社科规划项目：反腐新常态下基层公职人员的职业心态变化及均衡激励机制研究（FJ2015C103）、2015 年度福建省中青年教师教育科研重点项目：基层小微权力腐败的发生机理及其治理机制研究（JAS150210）的阶段成果。

陈建平，副教授，福建省纪委监察厅特约研究员、福建省高校人文社科基地“农村廉洁建设研究中心”常务副主任，主要从事公共管理理论与实践、腐败治理与廉政伦理方面的研究。

② 王岐山：《坚持党的领导，依规管党治党，为全面推进依法治国提供根本保证》，《人民日报》2014 年 11 月 3 日。

还在于从严治吏。我们有理由相信，一场标本兼治的反腐行动不会停滞，反腐新常态正当时。

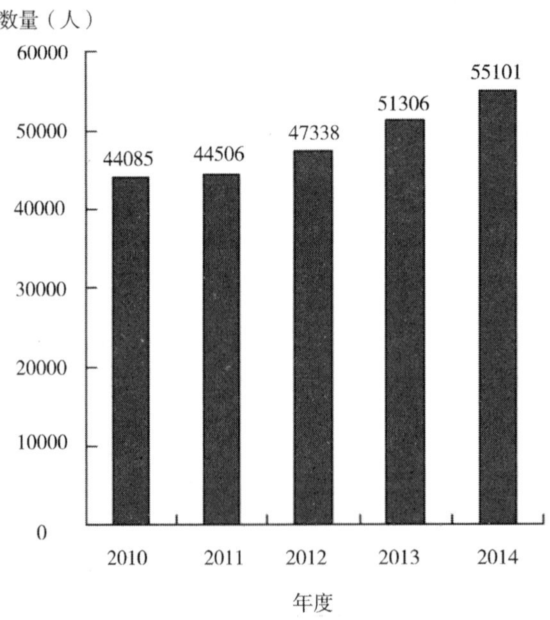

图 1 县处级以下国家干部因职务犯罪被查人数

资料来源：2011—2015 年最高人民检察院工作报告。

根据人社部最新数据，2013 年我国公务员人数约 717.1 万人，其中 90% 为科以下干部，60% 在县以下机关工作。同时，县及县以下行政机构是政府行政运作的末端，是最基层的行政组织。[①] 基层公职人员作为国家治理环节中处于末梢行政体的“细胞”，是贯彻落实中央政策“最后一公里”的执行者。同时，这一群体站在为民服务的最前线，他们的精神风貌与言行举止直接影响政府形象的塑造。鉴于此，德国学者托马斯·海贝勒和舒耕德把中国的县乡干部称之为“战略性群体”[②]，指明其在中国国家治理中的重要地位。然而，在正风反腐重

① 尹蔚民：《基层公务员要有职业发展空间、有晋升通道》，2013 - 01 - 08，http://news.xinhuanet.com/politics/2013 - 01/08/c_ 114297832.htm。

② 托马斯·海贝勒、舒耕德、杨雪冬：《“主动的”地方政治：作为战略群体的县乡干部》，中央编译出版社 2013 年版。

塑廉明政治新生态的境遇中，部分基层公职人员并未完全适应反腐新常态，一些基层公职人员呈现出明显的“不适”症状，在高压的正风肃贪态势下职业心态出现短期的起伏波动性和复杂多样性特征，可能会影响其治理效能的正常发挥。

自党的十八大以来，官方或主流媒体对于基层公职人员的报道层出不穷，尤其当镜头聚焦到基层公务员群体身上。有学者曾经针对基层公务员心理状况展开过调查研究（2013 年初发布该成果），虽然数据显示基层公务员心理健康状况总体良好，但刚入职或级别较低的公务员群体的心理健康状态和压力感知明显低于平均水平，79.89% 的基层公务员存在有轻度工作倦怠的现象。[①] 随着反腐步入新常态，部分地方出现了“为官不为”、“懒官懒政”、“在岗不在状态”的不谐之音，部分干部感叹“为官不易”、“压力很大”、“忧虑增加”，甚至有不少干部表示“要想不出事就要少干事、不干事”。[②] 最近的一项调查结果也证实上述心态的客观存在，人民论坛问卷调查中心在基层干部中是否存在懒政、不作为、乱作为现象调查中，有 45.7% 受访者选择“有所增加”；而对于官场是否存在“懒政”、“怠政”的不作为心态的问题上，53.7% 的受访者选择认同。[③] 反腐新常态对于基层公职人员的影响不置可否，消极与积极影响并存，正如反腐专家李永忠所言：高压态势让一些人收敛、收手、不敢乱作为的同时，也出现了一些不作为、慢作为的现象。[④] 国内政治心理学家季乃礼也指出：反腐压力增大时，他们则会把参照点定在当下，结果就是把目前的地位定位为收益，维持现状就成为最大诉求。[⑤] 因此，在新旧压力叠加和舆论环境围观下，不少基层公职人员也发声，自陈基层工作之复杂，福利待遇之“真相”，以示自清。党媒和一些学者也积极呼吁，反腐利

---

① 郑建君：《基层公务员须身心共举·德行兼修——关于基层公务员心理状况的调查研究》，《光明日报》2013 年 1 月 22 日。

② 人民论坛“特别策划”组：《官员心态调查》，《人民论坛》2014 年第 19 期。

③ 高骊、谭峰：《“官场生态重建”公众满意度调查分析报告》，《人民论坛》2015 年第 12 期。

④ 《反腐新常态——专访反腐专家李永忠》，《西部大开发》2014 年第 12 期。

⑤ 季乃礼：《强力反腐下官员心理分析》，《人民论坛》2014 年第 24 期。

剑不能误伤员工正常福利。同时，基层公职群体也寄望反腐新常态这一新契机，自身形象能够从“污名化”中得以澄清，生存环境能得到正视与解决。反腐新常态对于基层公职人员职业心态影响不言而喻，多元性复杂心态的呈现以及不同心声的流露引起我们思考，如何在这一背景下，探明反腐新常态——基层公职人员职业心态的二维关系，进而在规范基层公职群体职务行为时，建构一套科学有效的均衡激励机制。

二 反腐新常态下基层公职人员职业心态的复杂样态

如上所述，党的十八大以来，随着正风反腐新常态逐步形成，基层公职人员职业心态具有明显的波动起伏性，复杂且多样，有的表现为在廉政高压态势下患得患失，亦焦虑，亦害怕，心态表露出颇为消极的一面；也有的表现为对政治生态清朗化抱有较高的期待，亦自信，亦轻松，心态呈现出较为积极的一面。因此，高压反腐引发的“影响论”和“矛盾论”等不同论调迭起，引起社会广泛关注。笔者认为，随着反腐步入新常态，基层公职人员主要呈现以下三种心态：

（一）反腐新态势，“畏”与“喜”的心态并存

自党的十八大以来，“从严治党”作为执政党治党的重要方针被突出强调，也传递出强烈的廉政信号。回顾这两年内的反腐倡廉建设，党中央一直对这场长期而艰巨的反腐斗争有着清醒的认识，秉承着“踏石留印”的态度和“猛药去疴、重典治乱”的决心，自上而下，持续传导压力，用不同且有针对性的“规定”、“禁令”等严反“四风”，以“零容忍”态度严惩腐败，以强化制度约束严管干部。法治面前一律平等，不管什么人，公权违规“出笼”必受惩，“老虎”、“苍蝇”一起打，同时对“出笼”行为露头就打，严肃处理，决不姑息。党中央对于高压反腐的强硬宣示让许多公职人员感到了久违的畏惧和压迫感，特别是在“小官巨腐”、“蚁贪”等现象也被社会放大“聚焦”时，压力更为加大，萌生了“为官不易”的想法。一方面，受雷霆反腐的震慑效应，以落马贪官为前车之鉴，违法必究、违规必查，让其心生敬畏；另一方面，从政风险的增

加降低了部分基层公职人员的原有发展诉求的强度，美国心理学家马斯洛需要五层次理论中较低层次的需求，即安全需求开始跃迁高位。

一些基层公职人员会采取明哲保身的做法——“为官不为”，表现为“不愿”作为、“不会”作为和“不敢”作为。“不愿”作为主要源于难以适应廉政高压带来的各种变化而产生的失落感。如礼节礼品被禁、隐性福利被切断、灰色收入受阻等给部分基层公职人员带来心理冲击。加之基层工作内容的复杂性以及工作高度规范性与服从性特点，本就容易引发心理疲劳与职业倦怠感，“官心”旧病新疾叠加，造成“不愿”作为。“不会”作为主要源于官场新生态逐步生成后，由于其个人本领恐慌引发的心理焦虑。以前“不管白猫黑猫，只要能抓到耗子就是好猫”，十八大之后，不仅要求“抓耗子”，更要以正确的方式方法“抓耗子”，由此造成一些基层公职人员不会作为。正如南开大学齐善鸿所言：“党的十八大以来，中央对公务员有了高标准、高要求。一些习惯于旧体制的公务员，其原有的工作模式、思维方式受到极大冲击。”发展模式的转型升级要求，官场人际生态的改良，一些基层公职人员如何从“谋官”转到“谋事”也是一个巨大的挑战。“不敢”作为主要源自其感受到反腐震慑而萌生的畏惧感，还有一些对反腐风向把握不定的“弱敏者”而产生诸多顾虑。

但是，反腐新常态并不都只是带来消极的变化，也有不少“喜”的变化。如人民论坛的调查结果显示，47.3%的受访者认为“破除不良官文化”能够带来动力。强力惩治贪腐，官场新秩序渐次改善，人民论坛最新的一项调查结果显示：74%的受访者对当前官场生态表示满意；60%的受访者认为基层干部中霸道、不讲理、不讲法的现象“有所减少”；60.1%的受访者认为基层干部中傲慢，不亲民、不爱民的现象“有所减少”。反腐成效受到认可的过程，干群关系得以缓和，为重塑官民关系和官员形象提供了良好契机。

（二）反腐新气象，“拒”与“迎”的行为共存

反腐步入新常态，党中央为了规范公职人员行为规范矫正官场风气，先后出台了“八项规定”以及“六项禁令”等文件。近年来，“吃拿卡要”成为某些基层公职人员的办事逻辑并成为一种默认的行为规则。因而反腐新举措的严格执行势必遭到某些利益群体的抗拒，其表现为“无

公关”不“通关”，办事少了动力。同时，不仅普通的基层公职人员负有思想包袱，有些基层政府亦是如此，为规定而规定，对福利等采取了“一刀切”的做法也导致部分基层公职人员抵触情绪的产生。但也有对这些举措表示欢迎的，毕竟，诸如八项规定的举措确实有效地改善风气，使得无论基层接待还是日常工作都变得更加轻松。除此之外，新举措的实施也一度让视野聚焦到基层公职人员的生存环境上来，重新认知或正视这一基层工作者的工作环境、薪酬及所谓的“福利”，加快了公职群体薪政改革和职级职务并轨制的“落地生根”。

（三）反腐新举措，“破”与“立”的治理同存

正如有的学者指出的那样，“反腐背景下的官员心态转变引发的干事动力不足凸显了官员对待利益的简单化倾向。”实际上，廉洁善治这一现代治理目标的实现就在于个人，尤其是公职群体利益的“破”与“立”之间，就在于合理与不合理的界别区判。“‘立’而不‘破’导致改革无法推进、腐败难以根除，‘破’而不‘立’更会导致官员‘不知道怎么干事’‘害怕出事’。破除不合理的工资福利，确立科学的绩效评价，旨在激发官员的干事动力；破除唯 GDP 至上的考核机制，确立公正透明的竞争选拔，方能提升国家治理的成效。”① 孕育廉洁风清的官场风气是反腐新常态所希望带来的，通过不断持续地积淀治理成效，逐步净化官场歪风和官员思想。中纪委 2015 年 2 月公布的数据来看，“四风”顽疾仍存，公款吃喝不降反升，同比 1 月上升了 29.89%。② 十八大以来党和政府以零容忍态度惩治腐败，其中十八大后还不收敛、不收手的党员干部列入重点查处对象，然而在中纪委网站的通报中被提及“十八大后仍不收敛、不收手”，其中涉及省部级官员 20 余人。这说明要完全破除公职人员的思想顽疾任重道远，如何让基层公职人员主体“破”自身思想防线，转他律为自律，“立”不可撼动的勤廉定力将是一个长期的过程。

① 人民论坛“特别策划”组：《官员心态调查》，《人民论坛》2014 年第 19 期。

② 陆运达、赵国利：《强化执纪监督把纪律立起来严起来——从今年公布的数据看纠正“四风”的新情况》（2015 年 4 月 3 日）［2015－03－29］http：//www.ccdi.gov.cn/xwtt/201504/t20150402_54225.html。

三 反腐新常态下基层公职人员均衡激励机制的构建路径

诚如有学者指出："反腐治吏和官员激励并非非此即彼、你伸我缩的'矛盾体'。"① 因此，全方位、深层次探索反腐新常态下基层公职群体职业心态的变化背后更深刻的行为逻辑和制度机理问题，特别是借此反思当下对基层公职群体正当渠道的激励是否存在一些不足，这是有效衔接反腐与基层治理变革之间的"黏合剂"，将有利于铲除腐败滋生的土壤，有利于将基层公职群体的干事动力真正转化为一个国家的治理能力。有鉴于此，笔者认为，要实现对基层公职人员的有效激励，势必要在均衡激励的框架下进行。

（一）多元复合型激励主体的兼顾，实现个人、社会和国家廉政利益的统筹

腐败是治国理政的大敌，党中央不遗余力地重振作风、惩治腐败，正是为了捍卫人民根本和长远的利益。选择顺应民意的反腐之路，尽管可能会带来暂时的"短痛"，如短期内的经济不景气、产业衰退、市场疲软等，但反腐所带来的"信心红利"以及通过体制机制完善可能带来给每个人共享的"改革红利"确是无法精细估量的。蒋硕亮认为公务员激励的最佳机制应该是将社会公共利益与公务员个人价值较好地结合起来，在实现公共利益最大化的同时，逐步实现公务员个人价值的最优化。② 为此，笔者认为在当前正风反腐态势下，均衡激励机制的主体构建应包含基层公职人员、社会和国家三者，如此将具有较强的现实性，在社会和国家利益得到保障的前提下探索基层公职人员个人利益的实现。当然，个体、社会和国家三者的利益均衡是一个动态过程，出于"理性人"的假设，在高压反腐态势下基层公职群体可能会基于自身利益权衡会打破旧的均衡，力争实现低水平向高水平利益均衡状态的过渡，但最终也必须融合国家与社会的利益诉求会形成新的均衡。为此，笔者构建了均衡激励主体的

① 张潇爽：《调查报告分析一：当前官员怕什么？顾虑什么？郁闷什么？》，《人民论坛》2014 年第 21 期。

② 蒋硕亮：《中国公务员复合利益均衡激励论》，北京大学出版社 2008 年版。

关系模型（如图 2 所示），基层公职人员的利益要服从国家和社会的需求，与此同时，国家和社会利益要尽量协调达成统一。三者相互依存，并可通过基层公职人员的努力实现利益均衡状态的水平上升。

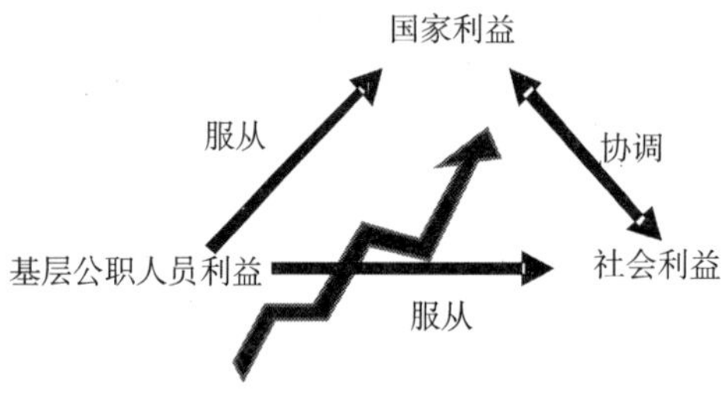

图 2　均衡激励主体关系模型

（二）内外兼顾型均衡激励的实施，实现物质与精神并重

Mitchell & Daniels（2002）曾对 1990 年以来激励理论的研究进行了回顾，并以“内在激励”和“外在激励”为区别标准构建了新的分析框架（如图 3 所示）。对照我国于 2006 年颁布实施的《中华人民共和国公务员法》，明确对公务员激励采取的“坚持精神奖励与物质奖励相结合，以精神奖励为主”的原则。但当前激励方式过于单一，重精神轻物质，导致物质和精神激励的失衡。笔者以此框架为依托，认为内外激励的均衡需对以下几种激励不足现状进行改善：

首先，适度强化物质激励。中国劳动学会薪酬专业委员会会长苏海南根据这些年对全国各地公务员工资的调查指出，县级以下的公务员工资水平较低。在少数发达地区，有的基层公务员的工资是不低的，但从全国总体水平看，基层公务员工资普遍偏低。[①] 虽说高薪未必养廉，但较低的收入水平势必导致基层公职人员困顿于生计谋虑，影响其工作积极性和廉洁性。正如刘波所言：虽然高薪未必就能养廉，但不反映绩效、贡献的工资制度几乎必然导致公务员消极怠工，同时刺激腐败。[②] 同时，在反腐新常态下，一些部门对福利待遇采取“一刀切”的方式，可能会造成基层公职人员正当的福利待遇被“剥夺”。新一轮的“薪政改革”已经拉开序

① 《释疑公务员工资下月调整：为何待遇要向基层倾斜?》，《新京报》2015 年 5 月 17 日。

② 刘波：《公务员工资制度应更有激励性》，《华夏时报》2014 年 12 月 5 日。

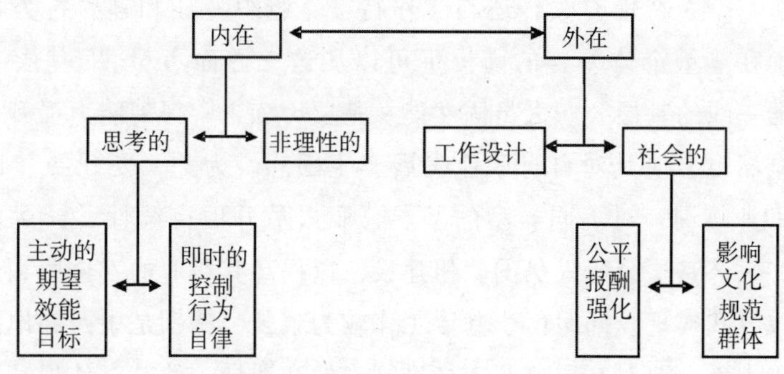

图 3　基层公职人员内外激励的分析架构

资料来源：［美］波特、比格利：《激励与工作行为》，机械工业出版社年版第 20 页。

幕，基层公职人员的基本待遇可以得到一定改善，但力度和强度尚须因地因时制宜，同时还需要细化相关改革方案并且完善配套措施。

其次，合理改善晋升激励。2014 年 12 月 2 日，《关于县以下机关建立公务员职务与职级并行制度的意见》（以下简称《意见》）得到审议通过，这意味着在原有领导职务晋升通道之外开辟了新的职级晋升通道，拓宽了晋薪渠道。但与此同时，《意见》规定每一级晋升的平均时间为 13 年，晋升周期的过长无疑不符合基层公职人员的"理性人"思维，对于激励效果及达到遏制一些问题的效度有待时间检验。"德能勤绩廉"是我国公务员考核的基本维度，但由于在实际操作中受表层经验判断影响，"绩"作为主要依据，并以此对公务员职务作出升迁降免的决定。[①] 而这最直接导致的是"以 GDP 论英雄"的晋升锦标赛产生并形成常态。职务晋升的稀缺性是一种共识，必然只有少部分优秀的人才能得到首肯与提拔。因而，对于"上面千条线，下面一根针"的基层工作生态，要引入公平、公正、竞争的晋升机制，同时打破能上不能下的"出口"问题，让基层公职人员感受到通过努力与绩效产出也能实现晋升的可能性。

最后，"以人为本"激励内化。树立"以人为本"的理念，重视并开发基层公职人员的潜能，实现基层公职人员的内在激励和自我激励。内在

① 李和中：《21 世纪国家公务员制度》，武汉大学出版社 2005 年版。

工作动机与个人特性有关，还与工作特征、组织特征和领导行为特征有关，因而在尊重个体差异的前提下可以从这三方面考量。[①] 基层工作烦琐，位居一线的基层公职人员固然能从基层历练当中得到能力提升，但长期驻守基层也会使其对自身职业发展产生困惑。为此，要开展“以人为本”的职业培训，对不同类型的基层公职人员开展持续性、针对性的职业培训，关怀基层公职人员的队伍建设，以提高其职业的安全感和工作效率，达成自我实现。同时由于基层工作较为艰苦，特别是中西部地区，因而在组织内部，要对基层公职人员进行启发和诱导，使其对认识基层工作的重要性，准确解读干群关系的伦理内涵和价值承载，内化党中央所倡导的价值理念和行为准则，并在此内在动力的驱动下，实现自我激励。

（三）理性包容型外部环境的创设，实现激励内外环境的联动

近年来，由于网络舆情和媒体监督作用的愈发显著，诸多“小官巨贪”的腐败事件都是通过微博、帖吧等网络媒介被曝光，进而得到及时惩处。要对组织外部环境进行创设，一方面要疏通开阔外部负激励的渠道。笔者认为，要实现内外环境的联动，首先要实现组织内部与社会主体的意识契合，对基层公职人员精神面貌的聚焦、干群关系的关注、行为的监督等方面都具有一定的共识，让群众、媒体抑或其他主体有敢于说话的意识和底气；其次是引导舆论的理性表达，尤其是在当下干群关系较为紧张，百姓眼里人人皆贪。但在引导社会第三方监督的同时，也要客观反映基层公职人员的努力和付出，产生正负激励的有效均衡；最后是要维护监督主体的权益和人身安全，尤其是当披露某些不法案例时，要保障其不受到人身安全的威胁。当然，除此之外，内外环境的对接，还应包含一些制度性的设计，比如近年来试行的公务员聘任制，就是引入其他职业主体参与体制内竞争，对内部公职人员主体会产生一定负激励。

结　语

市场经济条件下的腐败与反腐斗争和较量注定是一场持久战，因此，

① 魏姝：《中国官员激励机制的发展与改革》，《江苏行政学院学报》2013 年第 4 期。

党风廉政建设和反腐败斗争永远在路上。高压反腐可能会令很多人感到“不适”，这也是由“旧常态”向“新常态”转变的必然过程。基层公职人员是支撑国家和社会良序运行的根基，同时也是为民服务的一线群体，工作复杂而又艰巨，但同时也是十分重要的治理环节。反腐新常态对他们职业心态所造成的起伏波动应该只是暂时的。但是基层公职人员对于贪腐的认识要顺利实现从“不敢”、“不能”到“不想”的进阶，只能适应当前乃至今后的反腐新常态，政治生态修复需要人的心态调整，需要从思与行两个方面进行革故鼎新、激浊扬清，除了要强化思想教育，也要完善制度法规建设。为此，本文提出均衡激励机制，试图在国家、社会和基层公职人员三者之间达成利益均衡的共识，进而对基层公职人员开展内外激励，同时营造良性互动的内外环境，从而最大程度地激发基层公职人员的廉政效能，真正内化于心、外化于行，践行服务宗旨和职责，由乱作为、不作为，到依法依规积极作为，持之以恒，使之成为平常态。

基层政府维稳内卷化及其脱解对策

马　闯[①]

改革开放以来，“以经济建设为中心”、“建立社会主义市场经济”的同时，“稳定是政改的前提”、“稳定压倒一切”、“稳定是硬任务”、“稳定是第一责任”等内容在各地政府工作报告中被反复强调。由此可见，维护社会稳定与促进经济发展成为了各级政府的两大核心职能。经过30多年的高速成长，改革开放进入攻坚期，经济增长进入阵痛期，社会转型进入关键期，曾经被经济改革普惠所暂时掩盖的社会矛盾和社会风险逐渐加速释放，各级政府职能的工作重心也从促进经济发展转移到维护社会稳定上来了，尤其对于基层政府而言，维稳工作被提升到前所未有的政治高度，这是因为“基层政府的所作所为成为社会稳定的关键性变量，它可能直接促进社会稳定，也可能直接加剧社会动荡。”[②] 在维护社会稳定的大局中，基层政府的地位和作用不可或缺。

长期以来，由于传统的行政管理体制对“社会刚性稳定”的目标追求，“各级政府将大量的人力、物力、财力用在维稳上，但社会矛盾和社

---

① 基金项目：县域维稳运行逻辑与制度化研究，国家社科基金项（13BZZO3O），河南省教育厅科学技术研究重点项目软科学计划《河南省企业发展环境评价与实证研究》（13B630392）；河南省高校科技创新团队支持计划《县域社会治理评价研究》（15IRTSTHN007）。

马闯，男，博士，郑州大学公共管理学院讲师，社会管理河南省协同创新研究中心研究员，研究方向为基层社会冲突治理。

② 金太军、赵军锋：《基层政府“维稳怪圈”：现状、成因与对策》，《政治学研究》2012年第4期。

会冲突的数量却不但没有减少，反而不断增加。"[①] 使得基层政府陷入了"维稳怪圈"，即"越维稳越不稳"，甚至出现"维稳强迫症"、"维稳恐惧症"、"维稳虚弱症"、"维稳变异症"[②]，渐渐削弱民主与法制的规制力量，不断激化社会矛盾和社会冲突，割裂干群的鱼水关系，分离政府与社会的有机稳定。这些都是维稳内卷化带来的消极后果。

一 "维稳内卷化"概念阐释

许多社会矛盾和社会冲突问题的产生与基层政府行为密切相关，基层政府维稳力度越大越频繁，可能产生的社会矛盾和社会冲突越多越剧烈，但是不维稳又不可行，基层政府在维护社会稳定方面似乎陷入一种不断内卷、愈加复杂却停滞发展的恶性循环之中，我们称这种现象为维稳内卷化。

"内卷化"（Involution）最早出现在拉丁语境中，所要表达的意思为"转或卷起来"。后来，内卷化的含义被引申为"一种盘绕起来的、复杂的、纷繁混乱的事物"。而内卷化作为一个学术性概念，最早是由美国人类学家戈登威泽在进行人类文化模式研究时提出的。内卷化是指"当达到了某种最终的形态以后，既没有办法稳定下来，也没有办法使自己转变到新的形态，取而代之的是不断地在内部变得更加复杂"[③]。1963 年，美国人类学家盖尔茨将其应用到农业发展的分析中，称之为农业内卷化（Agricultural Involution），[④] 自此，这一概念才被学界所认可并广泛使用。在政治学领域，美国学者杜赞奇借用"内卷化"概念来解释 20 世纪上半叶中国国家政权状况，认为"政权内卷化"与"农业内卷化"具有一定相似之处：没有实际意义的政治发展，没有提高任何效益；"营利型国家

---

① 清华大学社会发展课题组：《以利益表达制度化实现社会长治久安》，《领导者》2010 年总第 33 期。

② 金太军、赵军锋：《基层政府"维稳怪圈"：现状、成因与对策》，《政治学研究》2012 年第 4 期。

③ 刘世定、邱泽奇：《"内卷化"概念辨析》，《社会学研究》2004 年第 5 期，第 97 页。

④ Clifford Geertz：Agricultural Involution：The Process Ecological Change in Indonesia. Berkeley，CA：University of California Press，1963，p. 80.

经济”交替取代，政权形态勉强维持。“其不同之处在于正规化和合理化的机构与内卷化力量常处于冲突之中，功能障碍与内卷化过程同时出现。”① 综合学者们的研究成果，我们把“内卷化”定义为一种不断再生、自我复制与精细化的状态。维稳内卷化是指由于内外因素的综合影响与制约，政府缺乏创新、扩张与再生的原动力和执行机制，只能依靠原有的框架勉强保持社会的稳定。

“内卷化”在基层政府维稳方面的具体特征有以下几点：第一，精细化的组织结构。随着社会矛盾和冲突频发，维护社会稳定的职责越来越重要，职责范围也越来越广，基层政府不得不扩张组织规模，条块结构无限延伸，把维稳组织建到村组、社区，建到党政企事业各个单位。这表明了基层政府维稳组织已陷入精细化的泥潭。第二，维稳化的组织功能。当前，基层政府维稳最明显的特点就是重在堵漏疏于预防，并把所有社会管理问题都简单归结为社会稳定问题，在“稳定压倒一切”的政治纲领下，基层政府不计成本疲于维稳，盲目处置，而不去考虑如何“创稳”。第三，高压化的维稳责任。基层政府及其官员既要承担维护社会稳定的责任，又要肩负向公众提供公共服务的义务。维稳考核实行“一票否决”，直接关系基层政府全体官员的政绩乃至政治生命。特别是敏感时期，如两会期间，维护社会稳定就如同悬在基层政府头顶上一条高压线。

二 “内卷化”对基层政府维稳的负作用

事实上，基层政府的维稳行动“心有余而力不足”，只是维护了短期的、表象的稳定，并没有从根本上实现社会稳定，化解威胁社会稳定的矛盾和冲突，反而加剧了社会矛盾的内卷，社会风险进一步累积。要充分意识到维稳内卷化的严重危害，必须细致认识其本质。

第一，“内卷化”并不能使基层政府维稳获得实际增益，得到的只是“表面稳定”的效益，却反过来会加剧内卷化的趋势。面对日渐复杂的维稳形势，基层政府官员迫于“一票否决”的维稳政绩考核压力，不得不

① ［美］杜赞奇：《文化、权力与国家：1900—1942 年的华北农村》，江苏人民出版社 1994 年版，第 68 页。

灵活应变，走“为了稳定而稳定”的快捷通道，通过强推行政性手段，甚至千方百计对信访人员进行跟踪、监视、围堵和扣押，并辅之以非法、强制暴力手段压制，或以行政命令代替司法命令“稳定局面”，极力粉饰社会稳定虚象，遮掩社会矛盾的“火星”，甚至标榜出维稳典型经验。一种可以预见的结果是，伴随着官员的晋升，如此维稳行为作用于更多的场域，进一步集聚社会矛盾和冲突，增加社会稳定的风险。

第二，“内卷化”并不能推动基层政府维稳创新工作取得实质进展，只能是“新瓶装旧酒”，不断重复旧的基层维稳工作机制。当前，基层政府为了维护社会稳定，所采取的措施不外乎就是——建立更多的机构，投入更多的人力，增加更多的维稳预算，出台更多临时性政策规章等，以应对不断增多的社会冲突问题。这实际上就是基层政府在同一维度不断地自我复制和自我强化，徒劳增加维稳运行成本和人力成本。用于“花钱买太平”的维稳经费规模不断增加，“大闹大解决、小闹小解决、不闹不解决”的怪诞心理行为屡屡上演，就是维稳内卷化的一大表现。

第三，“内卷化”并不能促使基层政府权力实现公共性回归，只会使权力借维稳之名被滥用，甚至摆脱压力维稳体制的约束。基层政府的权力行使应当着眼于良性社会稳定机制的实现，并在维稳职能中不断地得到加强，但是内卷化降低了维稳体制进行改革的动力，现行维稳体制已经愈来愈难以适应社会管理领域的发展。尽管基层政府有关部门和官员已经意识到了现行维稳体制的改革势在必行，但是出于自身利益考虑，只要确保在任期内“不出事”，便采取“掩”、“拖”、“推”、“遮”等策略。为了应对维稳体制和稳定局势，基层政府开始滥用公共权力，日渐背离维护社会稳定的目标。

第四，“内卷化”不断强化“一把手”权力，不利于地方民主与法治进程，不利于制度化维稳的推进。地方维稳的运行带有强烈的“个人化”色彩。在压力型体制下，作为第一责任者的“一把手”的权力被放大。在集中体制下，“一把手”掌握着资源调配、人事任免等诸多权力，同时又是本单位的第一责任者。由于制度的不健全，“一把手”为了保证责任的完成，往往会过度动用行政权力来督促下属。更重要的是，在用人方面，也尽可能使用自己信任的人，并用“不讲政治”的理由来打击那些提出异议的人，从而很容易形成“庇护—附庸”特征的裙带关系网。“一把手”的权力被放大了，也更容易腐败，从而给社会不稳定因素增加变量。以“一把手”和行政权力为主导的维稳模式，正在不断解构和侵蚀着解决社会矛盾和冲突的法治机制，使政府行为陷入越来越背离法治的锁定状态，陷入运动式维稳的怪圈。

第五，“内卷化”致使基层政府维稳创新工作缺乏动力，无原则性采用“胡萝卜加大棒”的维稳策略，进而导致地方政权的软化。所谓“政权软化”是指制度缺乏应有的权威，各项制度、法律、规范都可以讨价还价。面对表现形式比较激烈的公民的利益表达或群体性事件，一些基层政府时常轻率地滥用警力，高压维稳。结果是，不仅无助于矛盾化解，反而造成政社对立、干群对立，引发社会矛盾和冲突，破坏政府形象，容易导致社会利益关系严重失衡，加速社会基础秩序和社会价值体系的失范。

第六，“内卷化”过度强化基层政府维稳职能。由于第三部门缺乏，基层政府无法通过民间组织、法律、经济政策等间接宏观调控手段来有效化解社会矛盾和冲突，不得不扮演着全能政府的角色，弱化作为规则制定者和矛盾仲裁者的角色。有时，基层政府莫名其妙就成为了矛盾和冲突的宣泄对象，成为直面冲突的当事方而引火烧身，普普通通的社会矛盾突然转向为干群冲突，造成“出力不讨好”的结局。所以，基层政府应明确把握自身角色定位，转变政府职能；更多运用法治而不是人治手段去解决社会矛盾和冲突；允许民间组织和社团参与化解社会矛盾和冲突。

三 基层政府维稳策略转变

我国社会主义现代化建设正进入一个全新的阶段，经济改革持续深化，社会结构剧烈变动，利益格局重新调整，思想文化不断融合。空前的社会变迁使我国跨入一个急剧的社会转型时期，而社会结构和社会机制的大转变、大调整将蕴含并引发诸多的社会矛盾，特别是群体性事件日渐增多，而基层政府维稳行为长期以冲突性的事件和行为本身作为政绩考核的简单依据，并以消除这种事件和行为作为基层政府维稳的行动目标，从而使得基层政府重“堵”而轻“疏”，重结果而轻过程，重财政投入而轻机制建设，逐渐陷入维稳内卷化的窠臼。实际上，正如李普塞特所言，一个社会的稳定或不稳定不能由它所产生的满足程度或挫败程度来判断。[①] 这种维稳行为致使地方治理脱离了基层善治的阳光正道而走上了权宜性治理的羊肠小道，而最终导致“维稳失灵”的恶果。要矫治当前基层政府维稳行为，必须用一种善治的理念，正如十八届三中全会《中共中央关于全面深化改革若干重大问题的决定》所提出的，“加强党委领导，发挥政府主导作用，鼓励和支持社会各方面参与，实现政府治理和社会自我调节、居民自治良性互动。坚持依法治理，加强法治保障，运用法治思维和法治方式化解社会矛盾。”这对于基层政府建设长治久安的和谐社会具有重要的指导意义。

第一，树立维稳新的思维。正确认识社会稳定和社会冲突，辩证看待维护社会稳定中的各种关系，正视社会冲突中的不同利益，多从公共利益和共享包容的角度出发考虑问题的解决方案。

第二，社会组织嵌入维稳。在基层维稳领域，社会组织作为新的参与主体，可以提供新的利益传输渠道，可以满足多元化的社会需求，将有力推动基层维稳的“善”。在经济改革和社会转型过程中，整个社会呈现多元化发展的态势，多元利益主体之间需要一个平台来实现信息沟通和意志表达，社会组织的出现，就承担了这样的功能。

第三，法治保障维稳维权。基层政府必须在法治的框架下开展维稳行动，保障民众合法权益不受侵害；有利益诉求的民众也走法治通道开展有序理性维权。双方都要树立法治思维，遵从法律权威，如此行事，维稳与维权必然相得益彰，形成良性互动，基层社会也将步入良性稳定发展的轨道。

第四，多元共治社会稳定。社会是“共同生活的人们通过各种各样社会关系联合起来的集合”。多元共治的状态契合本原社会的组成，有助于形成不同利益主体的力量平衡与权益分配的良性联动机制，各利益主体互动沟通、自我修正、自主稳定，而不管外界局势如何变化。“经由矛盾、冲突、斡旋、调和、一致、合作的心路与行动过程，促进社会组织、民众与基层政府之间的历时性彼此体验、共同学习、相互感知和彼此理解，才能真正实现多元共治的基层维稳机制。”[②]

---

① ［美］西摩·马丁·李普塞特：《一致与冲突》，张华青等译，上海人民出版社 1997 年版，第 24 页。

② 孙柏瑛：《我国公民有序参与：语境、分歧与共识》，《中国人民大学学报》2009 年第 1 期。

地方治理及其不可治理性的冲突与调和

——台湾经验启示

杨俊煌　谢雨豆　邱志淳[①]

从公共行政到新公共行政、新公共管理、新公共服务的典范移转过程，无论是大有为或是小而美的公共管理机制，似乎都无法有效解决日益复杂的公共问题与满足越来越多样化的公共需求——直到治理概念的出现，似乎为政府治理的正当性注入了一线生机，而透过治理模式应用是否真能重塑政府改革活力并挽回民众对于政府治理的信任感？本文试图借由我国台湾地方治理经验以重新解构治理的真实面貌并归纳其优劣得失以供政府治理改革参考。

1. 从政府到治理：公共行政的典范移转

自 1887 年 Wilson 开启了公共行政的学术研究大门以来，究竟政府“应当如何成功地做好哪些事”[②] 便成了各方学者与实务工作者所共同关切的命题，而历年来的主要争议莫过于政府规模的大小抑或行政组织结构的调整，然历经传统公共行政、新公共行政、新公共管理以及新公共服务等不同学派之论战，直至 20 世纪末期治理概念的兴起似乎为此提供了一个解套机制：

不同于其他典范，治理概念乃着重于政府职能的转换，如利维(Levy)指出政府治理革新方向当朝往组织结构、行政权力、管理措施、

① 杨俊煌，台湾世新大学行政管理学系讲师，山东财经大学校聘海外讲座教授；谢雨豆，台湾世新大学行政管理学系讲师；邱志淳，山东财经大学校聘海外讲座教授。

② 原文参见 Wilson. “The Study of Administration”, *Political Science Quarterly*, 2: 197 - 220, 1887。

图1　公共行政典范移转（本文自行整理）

诱因机制与规则系统的调整；[①] Cameron & Halkier 则认为政府身为权威当局须扮演维持或调整其统治关系而追求利益最大化的角色；[②] 凯莉（Kettl）亦主张政府必须改变以往的权威样态，治理体系中的政府不再是由上而下的发令者，政府必须运用权威以改进治理系统的领航及方向，凯莉更径自以治理取代政府一词，象征着政府定义与统治关系的改变，包括法规命令与环境的适时调整，以及形成一种新的多元社会统治方式。[③]

何谓治理？政府在治理典范转移过程又当扮演着怎样的角色？诚如凯莉所言："政府把事（公共事务）做好的方法"[④]，且以"做得更好，花得更少"来回应威尔逊的提问。[⑤]

至于政府如何善用治理来完就其公共职责，利维指出政府在治理改革过程中的核心运作方向包括：(1)治理改革的参与者含括政府以及政府以外的行动者；(2)治理在寻求解决社会和经济问题的方案过程中，存有着界限和责任方面的模糊性；(3)治理在涉及集体行为的社会公共机构之间存有着权力互赖关系；(4)治理过程中的所有行动者会自然的形成一个具有自主性的组织网络；(5)把事情做好的能力不一定只有使用政府的权力，亦不一定要由政府作为发动者，而是要看政府是否能够运用其他的管

① Levy, B., Governance Reform: Bridging Monitoring and Action. World Bank. 2007.

② Cameron, G. Danson, M. & Halkier, H. Institutional Change, Governance and Regional Development: Problems and Perspectives, in G. Cameron, M. Danson & H. Halkier, ed., Governance, Institutional Change and Regional Development, 2000.

③ Kettl, Donald F., The Transformation of Governance: Public Administration for Twenty - First Century America. The Johns Hopkins University Press, 2002.

④ Kettl, Donald F., The Transformation of Governance: Public Administration for Twenty - First Century America. The Johns Hopkins University Press, 2002.

⑤ Kettl, Donald F., The Global Public Management Revolution (2rd). Washington, DC: Brookings, 2005.

理方法和技术以对公共事务进行更好地操控和引导。①

蓝夏萍与吴琼恩则将此运作过程诠释为“治理既包括政府机制，同时也包含非正式、非政府机制，在此作用下，随着治理范围的扩大，各色人等和各类组织得以借助这些机制满足各自的需要并实现各自的愿望”②；陈恒钧统整出治理改革对于当代政府在运作上所带来的改变包括：(1)治理强调以参与者相互调适的过程来取代过去政府所依赖之典章规范；(2)治理强调上下互动的管理过程，公部门与私人借由伙伴间的合作、协商方式确立共同的价值与目标以进行公共事务管理，此有别于过去政府所惯用之由上而下的权威运作与政策管制方式；(3)治理重视国家与公民社会间互相依赖，为目标的达成彼此信赖与合作，但各自享有自主性，不同于政府以国家为中心的强制性思考逻辑；(4)权威并非政府机关专属，端看治理行动者的互动关系与程度、性质而定。③

换句话说，从政府到治理的典范移转过程，为解决公共问题、满足公共需求，政府不必也不应再单兵作战，而是透过政府以外的非政府伙伴之资源投入来共同完成公共事务，职是，“公共治理”、“民主治理”、“协力治理”、“跨域治理”等相关研究议题也随之而起——“地方治理”更是其中的一大核心命题。

2. *地方治理*

早在治理概念兴起前，地方政府的治理课题便成为一门显学，并以“地方自治”作为发展主题，泛指一定区域为基础之团体，其居民独立于国家意志之外，而以其本身之意志及责任，处理该团体事务之机制或其运作，而现今所谓之地方自治所因应政府改革趋势而转换为地方治理一词，其中“地方”乃指国内的一定区域，“自治”则是指自主性的处理自身事务。④ 至于地方治理的理论基础大抵为“多元主义”、精英理论以及“马

① Levy, B., Governance Reform: Bridging Monitoring and Action. World Bank. 2007.

② 蓝夏萍、吴琼恩：《检视新公共服务之实践：台湾小区治理制度现况》，TASPA 研讨会，台湾东海大学，2008 年。

③ 陈恒钧：《参与治理是趋势？或是迷思？》，《文官制度季刊》2009 年，第 113—144 页。

④ Geddes, M., J. Davis and C. Fuller, Evaluating Local Strategic Partnerships: Theory and Practice of Change, *Local Government Review*, 33 (1): 97-116, 2007.

克思主义”①：

2.1 多元主义与地方治理

多元主义论者以Dahl在1961年所著之《谁治理》为论述基础，假设一个地方的公共政策乃是各个团体与个人自由竞争的产物，因此，在一个地方体制之内，并不存在支配性的团体，来完全地控制地方决策，并提出地方治理的主张包括：

(1)权力关系并不必然是持续性的；它可能是基于某特定决策而形成，但决策一旦形成后，可能被另外一组新的权力关系所取代而消失；(2)群众与精英之间没有永远的区别；(3)领导是流动性的、高度移动性的；(4)没有任何的单一团体可以在任何的议题领域中来支配地方决策；(5)公共政策反映团体之间的议价或妥协的结果。②

为本文质疑的是在此论述框架下，政府似乎将陷入缺乏治理主轴的职能转换问题以及失去政府治理的正当性，甚至出现罗德斯所预言的“空洞化政府”状态?③

2.2 精英理论与地方治理

精英理论的假设恰与多元主义的立论相左，该些论者认为在一个特定的地方政治体制之下，权力乃是集中在少数人的手上，并且受到完全的宰制，尤其大多是反映出“少数优势阶层”的利益，并主张：

(1)并不是所有的地方议题，都如同“多元主义”所认为的任何政策议题都可以进入地方政治的议程之中；(2)精英主义认为应区分“重要议题”与“非重要性议题”，而一个特定的政策，得以进入政治议程之中，通常是掌权精英者认为该议题是“安全”的议题，才让该议题由下而上地，进入政府的议程之中；(3)在精英主义的观点下，其政治运作为由上而下的运作过程，而且多数的政策内容乃是反映特定地区的政治精英的理

---

① Goss, Sue. Making Local Governance Work: Networks, Relationships, and the Management of Change. NY: Palgrave, 2001; Atkinson, H. and Wilks - Heeg, S., Local government from Thatcher to Blair: the Politics of Creative Autonomy. Cambridge: Polity Press, 2000.

② Dahl, R. A., “Who Governs? Democracy and Power in an American City.”, New Heaven: Yale University Press, 1961.

③ Rhodes, R. A. W, Understanding Governance: Policy Networks, Governance, Reflexivity and Accountability, Buckingham: Open University Press, 1997.

念、价值与利益。

唯本文所质疑的是在此论述框架下，治理概念所意味的“分权”、“协力”如何运作？而非政府伙伴的定位又如何界定？

2.3 马克思主义与地方治理

马克思主义与地方治理的相互关系可分从工具主义与结构主义进行解析：

(1)工具主义认为地方政府只不过“中央体制”的延伸而已，它所反映出来的，仍然是资本阶级的支配，用以达成资本积累的功能，而地方政府使资本主义所欲求的资本积累功能，得以在地方上予以复制。(2)结构主义观点乃是从合法化的角度认为地方政府并不仅仅是不同利益竞逐的最后裁决者，以化解不同利益之间的冲突，而且得以响应劳动阶层的需求与挑战。

唯本文所质疑的是在此论述框架下，完全无法解释英国政府在20世纪90年代所掀起的一连串改革风波①，再者，直至目前尚未有学者认同中央与地方之间的关系，可以“地方政府是中央政府的延伸”进行释义。

2.4 当代地方治理脉络

从上可知，地方治理确实为政府治理改革的主要方向，而且更值得关注的是并没有任何一套的地方治理通则可广泛应用在任何一个国家（甚至包括国内任一县市地区），因此，费歇尔（Fischer）与史多克（Stoker）试将地方治理的概念与应用范围解释为：

(1)地方治理是一套不限于地方政府的公共行为；(2)地方治理可以协助地方政府跨越传统科层体制界限以及与其他行动参与者之间的模糊地带，确实解决地方社会和经济发展问题；(3)地方治理涉及多元化的集体行动，且彼此之间存在着权力共享的关系；(4)地方治理运作的主要关键在于建构出一个行动参与自主的政策网络以及设置一个可以吸引各网络成员合作互动的技术工具。②

① Kettl在其著作中指出治理所引发之全球公共改革浪潮可以新公共管理为分界点，而英国政府则可视为新公共管理改革先驱。The Global Public Management Revolution (2rd), Washington, DC: Brookings, 2005.

② Fischer, Frank, Citizens, Experts, and the Environment: The Politics of Local Knowledge, Durham and London: Duke University Press, 2005. Stoker, Gerry, Governance as Theory: Five Propositions, International Social Science Journal, 115: 17-28, 1998.

而 Bovaird & Loffler 认为治理概念相当重视政府与外在环境的调适与互动，尤其地方政府位处政府与民接触的最基层，更有必要进行地方治理，因此两氏遂将地方治理定义为“一套包括正式与非正式的规则、结构及过程，决定了个人与组织的权力行使方式，而此方式除了结合利害关系人所作成的决策共识以外，也将大大影响个人或组织在地方层次上的利益”。①

整体来说，历经时代的演进与环境趋势的剧烈变化，或是大有为、或是小而美，政府的定位与治理角色一直随着时空环境而更替，尤其在全球化的驱使下，当今地方政府的治理变化当把握以下四个要点：

(1)地方政府应重新界定与民众之间的联结关系；(2)地方政府应主动为民众争取更多参与资源以支应各种支出；(3)地方政府应去除本位主义且更广泛提供各种地方公共服务；(4)地方政府须从此一互动过程中借由创新以提升治理能力。②

奈斯（Nice）和格瑞斯（Grosse）也认为地方政府在治理过程中，为完善地方公共事务之管理而当摆脱过去的既有束缚（例如地方制度法所规范之职权范围），多方面考虑辖区外的相关影响因素，并与其他公私部门及地方团体合作，尤其是地方政府与地方民间的互动，实为地方政策与计划方案执行的有效策略。③

至此，地方公共管理者的工作已不再是单向的依法行政，而是该观察地方环境变化且实时响应地方民众的自主意识，借由资源分配与补助，透过公开化地主动提供参与信息，借以激发各利害关系人的参与意愿，进而汲取更多元化的非政府伙伴共同投入地方公共事务的管理过程。

而由于地方政府乃第一线的公共服务提供商，因此除了上述的合作、

---

① Bovaird, Tony & Elke Loffler (eds.), Public Management and Governance, London: Routledge, 2003.

② Armstrong, H., The Key Themes of Democratic Renewal, in L. Pratchett, ed., Renewing Local Democracy?: The Modernisation Agenda in British Local Government, London: Frank Cass and Co, Ltd, 2000.

③ Nice, D. C. & Grosse, A., Innovation in Intergovernmental Relations, in A. Farazmand, ed., Sound Governance: Policy and Administrative Innovations, London: Praeger Publishers, Inc, 2004.

协调与伙伴关系外，地方政府还必须考虑到因分权所带来的“赋能观”；亦即以往在集权运作的政府体制中，由于中央掌握多数资源，故地方政府只能充当听命令办事的角色，地方自主能力相当薄弱，直到治理改革开始，地方政府的权力不但逐渐扩大，同时也直接被赋予诸多地方事务的管理职责。

3. 地方不可治理性？

关于不可治理性，Vigoda - Gadot 认为是因政府缺乏足够的资源来处理公共事务以及不明确公共需求而导致服务落差因而让民众产生“政府是否必须存在”的质疑以及“政府为何（谁）存在”的厌恶感——而地方不可治理性的危机通常发生在地方治理过程中。①

3.1　地方分权治理的不可治理性

首先从分权方面来说，如奥斯特罗姆（Ostrom）认为国家透过分权与地方自治将会致使各级地方政府产生（1）不具整体规划的发展、（2）资源基础不充分、（3）缺乏管理能力与专业化技能、（4）缺乏解决共同问题的具体行动、（5）责任模糊、（6）种族与社会的区隔、（7）财政不一致、（8）财政剥削等治理问题；② 利维则认为由于外部性、信息不对称与缺乏规模经济等因素，而使成本高于效益，进而抵消地方政府的任何效益，导致族群隔离与辖区内服务提供的不公平等社会成本出现；③ Olberding 也认为地方政府单位无法处理外溢问题，亦即某行政区划的政策选择会造成其他行政区划的成本。④

---

① Vigoda - Gadot, Eran, Managing Collaboration in Public Administration: The Promise of Alliance among Governance, Citizens, and Businesses, London: Praeger, 2003.

杨俊煌：《善治：公共服务与公民参与》，发表于 TASPAA 研讨会，台湾中央警察大学，2010 年。

② Ostrom, V., Bish, R. & Ostrom, E., Local Government in the United States. San Francisco, CA.: ICS Press, 1988.

③ Lowery, David, 1998, Sorting in the franmented metropolis: Updating the social stratification. - government inequality debate. Paper presented at the 1998 Annual Meeting of the American Political Science Association.

④ Olberding, Julie C., Does regionalism beget regionalism? The relationship between norms and regional partnerships for economic development. Public Administration Review, 62: 480 - 91, 2002.

Lowndes, Pratchett & Stoker 则是严厉指责过度的地方分权与地方自治在造成地方政府在治理上出现以下五种不可治理危机：(1)不同行政区划间的政策协调不易；(2)管理分散导致无效率与资源浪费；(3)不同的地方政府会形成财政与服务的不一致；(4)无法有效提供全区域性的服务；(5)难以建立一个可以解决重大社会、经济与政治等议题的政治领导。①

3.2　地方协力治理的不可治理性

随着社会朝向多元发展与政府财政上的窘境，去中心化的呼声导致政府的角色不断退却，相较于过去，多数国家正面临传统政治权力遭受侵蚀的问题（凯特和西莱蒙），② 尤其面对民众的需求日益增高，决策权力日益分散的发展趋势，过去由政府内部单一规划与执行政策的情况，已逐渐转变为政府与其他内部或社会团体组织共同合作的“网络或跨域治理”模式（巴德汗和穆克吉）。③ 此种治理模式的核心旨意其实恰好呼应本文前列所述，在治理改革浪潮中，政府部门意识到决策与管理理论的发展，必须建立在更为复杂且动态政策环境的基础上，对内而言，政府并非是单一的行动体，而是许多不同层级部门合作协调的综合体；对外而言，政府并非公共权威与社会控制唯一的权力中心，权力的去中心化，导致决策的过程成为许多行动者或是利害关系人互动的过程。

然有别于过去的府际合作或跨域合作概念，当代治理改革强调的是政府以外的非政府伙伴共同参与治理行列，因此将此合作概念转译为“协力”。

---

① Lowndes, V. Pratchett, L. & G. Stoker, Trends in public participation: Local government perspectives. Public Administration, 79 (1): 205 - 222, 2001.

② Kettl, D. F. “Governing at the Millennium.” In J. L. Perry (ed), Handbook of Public Administration. San Francisco, CA: Jossey - Bass, 5 - 18, 1996; “Public Administration at Millennium: the State of the Field.” Journal of Public Administration Research and Theory, 10: 7 - 34, 2000. Salamon, L. M. “Rethinking Public Management: Third Party Government and the Changing Forms of Government Action.” Public Policy, 29: 255 - 275, 1981; The Tools of Government: A Guide to the New Governance. New York: Oxford University Press, 2002.

③ Bardhan, P. and Mookherjee, D.: Pro - poor Targeting and Accountability of Local Governments in West Bengal, Journal of Development Economics, 79 (2): 303 - 327, 2006.

表 1　合作与协力的差异

名　词	意　涵
合作（cooperation）	Agranoff（2006）：意指与他人共同工作的行动，通常是为了解决一个问题或者是发现活动的重点，合作可以是偶发地、经常地发生于正式组织之外、之间与之内，其研究焦点置于具有组织代表性的个体活动
	Kooiman（2003）：正式化程度较高，具有政治经济传统，演绎分析推理较佳
	Agranoff & McGuire（2006）：以互惠价值为基础
协力（collaboration）	Gray（1989）：为多样的利害关系人就既定议题，共同努力以解决冲突，或发展、提升共享的愿景
	Snow（2001）：以"解决纷争的方案选项"为基础，意指团体间纷争的解决系透过讨论或磋商的机制而非无止尽的冲突，是一种追求双赢共识协议，以解决冲突的方法
	Kooiman（2003）：正式化程度较低，具有行动研究的传统，重视实证细节与实务经验
	Agranoff &McGuire（2003）：指一个以上的组织基于目的性，进而以官方伙伴关系或契约安排而参与合作管理事务，它可以是正式或非正式的形式，从简单的信息获取到磋商协议，其涉及发展政策、规划、执行，甚至是财务管理等事宜

资料来源：本文自行整理

因此，所谓协力治理，层次当高于合作，范围也不局限在政府体制内，而是指政府与非政府伙伴彼此间共同努力、协力以达成共同目标，而合作方式乃跨越组织与部门界限，在多重部门关系中进行协力工作。

就地方治理课题来说也是如此，回顾世界各地政府运作发展，为避免上述单一地方政府的治理无力，许多国家最常进行的做法便是县市整合，希望借此将有限的资源集中同时也将权力聚集起来以方便公共事务的管理，然此种做法并不能称之为真正的协力治理（仅在制度上进行行政区划重分配）且亦存有着许多弊端：

表 2　　地方县市政府合并之隐忧

	地方治理缺失	地方治理风险
Chandler & Plano (1988)	(1) 某些地区的服务水平降低 (2) 大型官僚所致之缺失 (3) 降低原本多元单位之间的弹性	依赖单一政府结构而发展成一个行政单位，而非服务组织等问题
Oakerson (2004)	(1) 降低公民参与 (2) 公民代表性程度的降低 (3) 公共企业家精神的降低 (4) 弱化民主课责	县市整合同时亦会使地方之间的治理结构减弱，而让各行政地区更为碎裂化
林慈玲 (2008)	(1) 民意无法充分反映 (2) 无法提供较细致的服务 (3) 居民丧失对地域的认同感及住民意识 (4) 核心地带以外的地区衰退 (5) 旧市町村的弊病无法完全去除	论者以日本市町村合并案例指出此举对于地方治理所带来的明显风险特征在于随着财产及债务移转至新市町村，部分旧市町村可能有所损失

资料来源：本文自行整理

4. 台湾地方治理运作发展现况

近来台湾在地方治理课题上作出了极大的变化——县市合并与直辖市升格。

表 3　　各体制与直辖市数量比较

	体制类型	数量	直辖市名称
中国台湾	单一制	6 个	台北、高雄、新北、台中、台南、桃园
日本	单一制	3 个	东京都、大阪府、京都府
韩国	单一制	6 个	首尔、釜山、大邱、仁川、光州、大田
中国大陆	单一制	4 个	北京、天津、上海、重庆

续表

	体制类型	数量	直辖市名称
英国	单一制	1个	伦敦
法国	单一制	1个	巴黎
德国	联邦制	3个	柏林、汉堡、不来梅
美国	联邦制	0个	

资料来源：本文自行整理

县市合并起意在于整合邻近县市资源以有效管理，同时为避免分权可能造成的空洞化政府窘境发生而进行直辖市升格，借以赋予地方政府更多的自主权力，然而此等作法是否真能解决地方治理的问题？就结果论来说，本文对此保持着非常严重的质疑与批判态度。

首先就各地方政府生产力来说，本文统整近十年来的我国台湾各县市地区的发展状况，结果呈现缓慢停滞甚至经济倒退的负成长趋势：

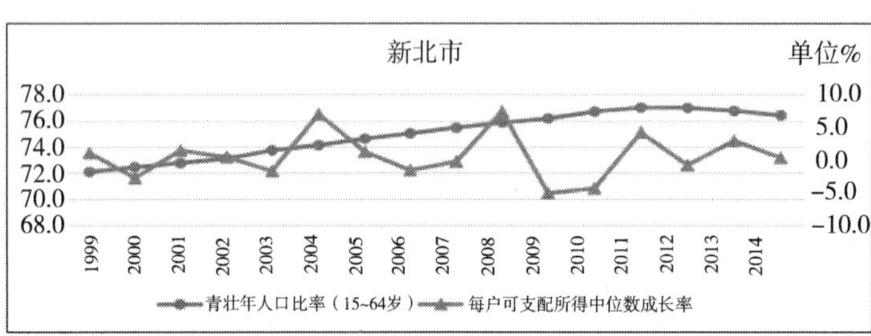

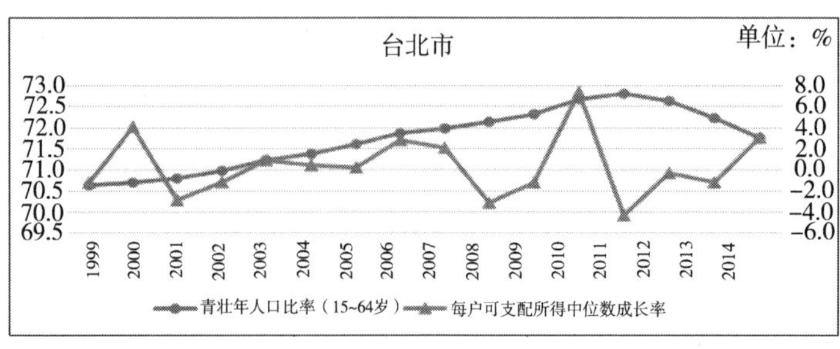

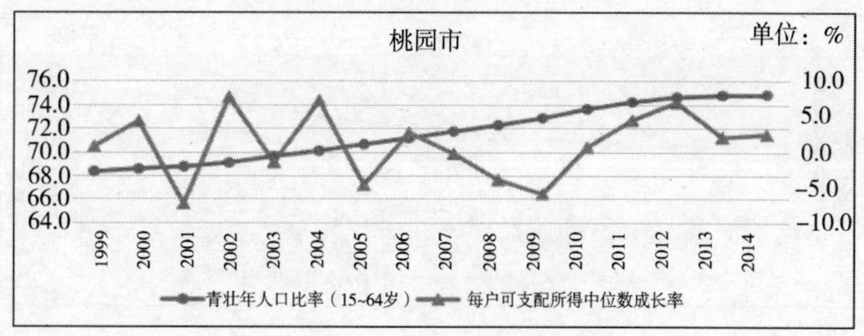
桃园市
单位：%
76.0
74.0
72.0
70.0
68.0
66.0
64.0
10.0
5.0
0.0
-5.0
-10.0
1999
2000
2001
2002
2003
2004
2005
2006
2007
2008
2009
2010
2011
2012
2013
2014
青壮年人口比率（15~64岁）
每户可支配所得中位数成长率

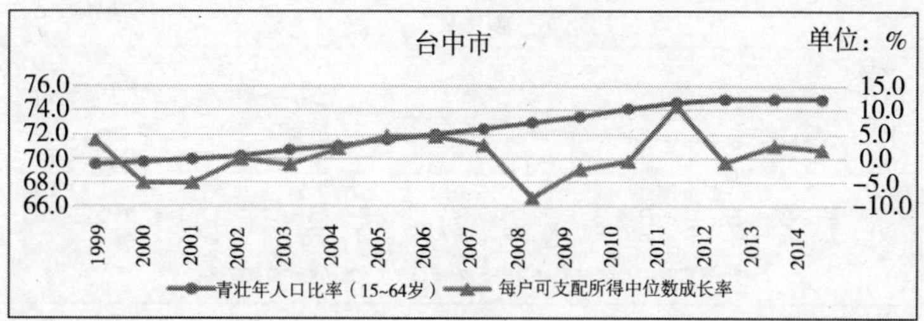
台中市
单位：%
76.0
74.0
72.0
70.0
68.0
66.0
15.0
10.0
5.0
0.0
-5.0
-10.0
1999
2000
2001
2002
2003
2004
2005
2006
2007
2008
2009
2010
2011
2012
2013
2014
青壮年人口比率（15~64岁）
每户可支配所得中位数成长率

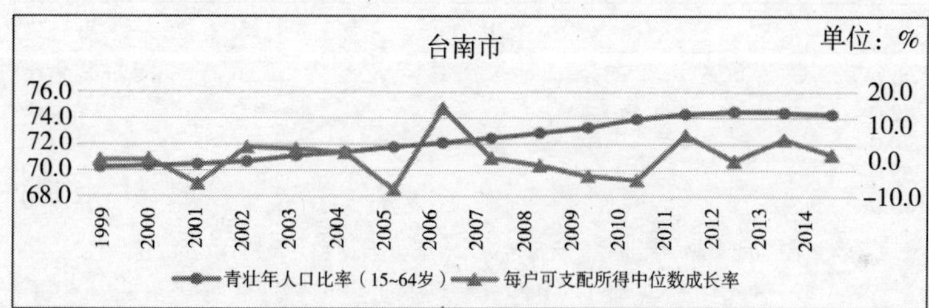
台南市
单位：%
76.0
74.0
72.0
70.0
68.0
20.0
10.0
0.0
-10.0
1999
2000
2001
2002
2003
2004
2005
2006
2007
2008
2009
2010
2011
2012
2013
2014
青壮年人口比率（15~64岁）
每户可支配所得中位数成长率

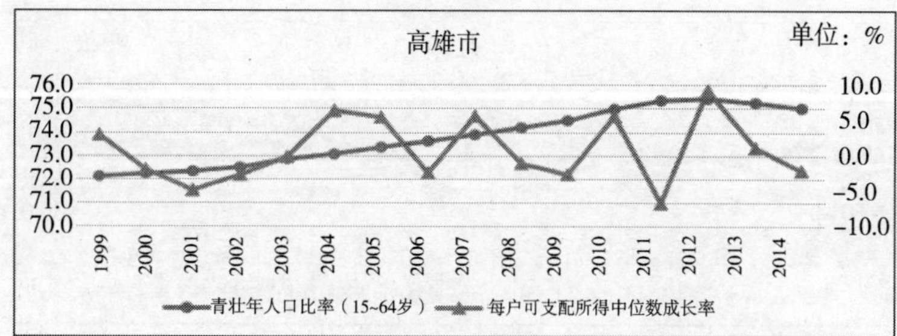
高雄市
单位：%
76.0
75.0
74.0
73.0
72.0
71.0
70.0
10.0
5.0
0.0
-5.0
-10.0
1999
2000
2001
2002
2003
2004
2005
2006
2007
2008
2009
2010
2011
2012
2013
2014
青壮年人口比率（15~64岁）
每户可支配所得中位数成长率

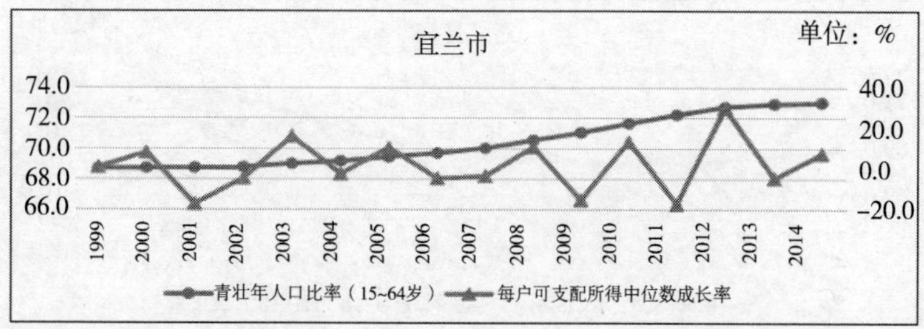
宜兰市
单位：%
74.0
72.0
70.0
68.0
66.0
40.0
20.0
0.0
-20.0
1999
2000
2001
2002
2003
2004
2005
2006
2007
2008
2009
2010
2011
2012
2013
2014
青壮年人口比率（15~64岁）
每户可支配所得中位数成长率

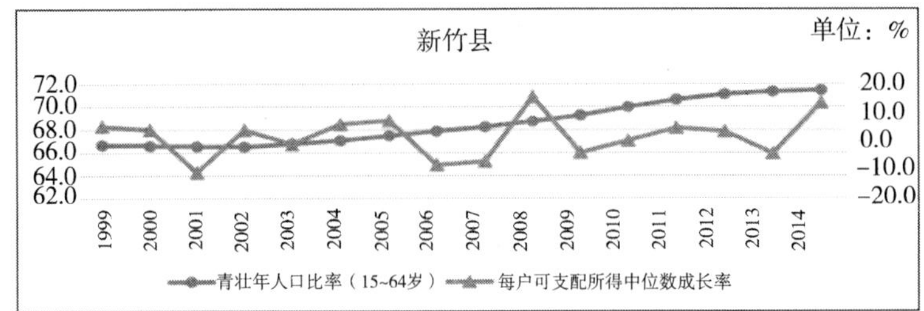
新竹县
单位：%
72.0
70.0
68.0
66.0
64.0
62.0
20.0
10.0
0.0
-10.0
-20.0
1999
2000
2001
2002
2003
2004
2005
2006
2007
2008
2009
2010
2011
2012
2013
2014
青壮年人口比率（15~64岁）
每户可支配所得中位数成长率

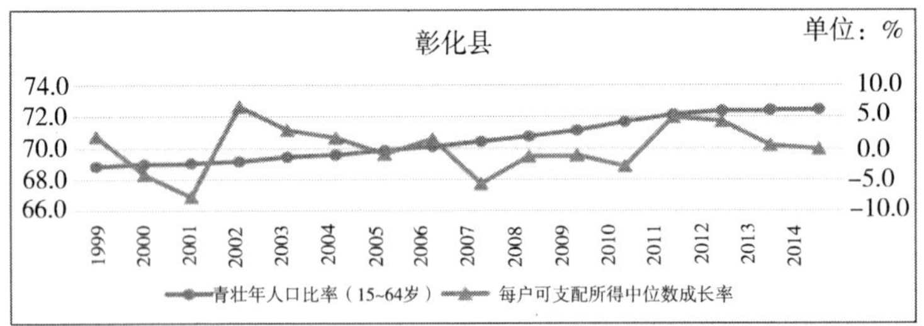
彰化县
单位：%
74.0
72.0
70.0
68.0
66.0
10.0
5.0
0.0
-5.0
-10.0
1999
2000
2001
2002
2003
2004
2005
2006
2007
2008
2009
2010
2011
2012
2013
2014
青壮年人口比率（15~64岁）
每户可支配所得中位数成长率

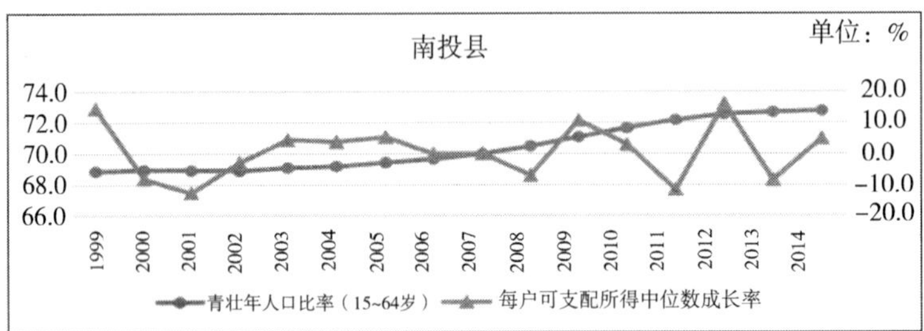
南投县
单位：%
74.0
72.0
70.0
68.0
66.0
20.0
10.0
0.0
-10.0
-20.0
1999
2000
2001
2002
2003
2004
2005
2006
2007
2008
2009
2010
2011
2012
2013
2014
青壮年人口比率（15~64岁）
每户可支配所得中位数成长率

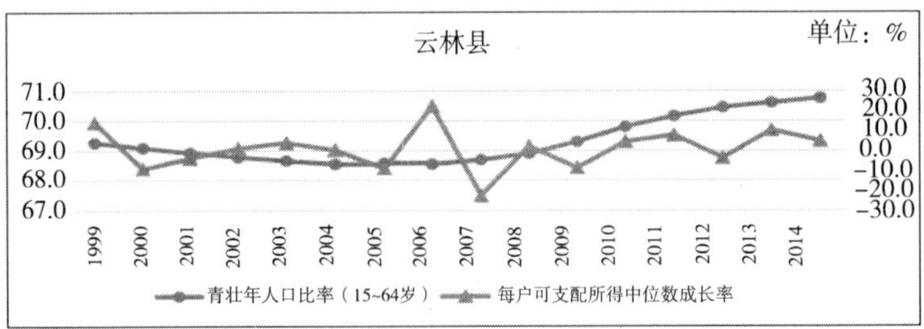
云林县
单位：%
71.0
70.0
69.0
68.0
67.0
30.0
20.0
10.0
0.0
-10.0
-20.0
-30.0
1999
2000
2001
2002
2003
2004
2005
2006
2007
2008
2009
2010
2011
2012
2013
2014
青壮年人口比率（15~64岁）
每户可支配所得中位数成长率

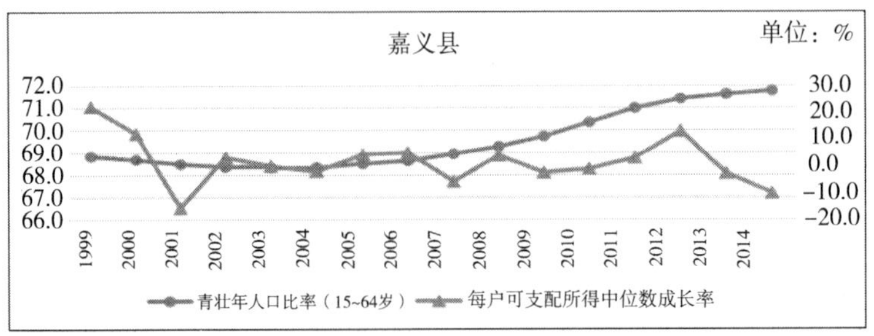
嘉义县
单位：%
72.0
71.0
70.0
69.0
68.0
67.0
66.0
30.0
20.0
10.0
0.0
-10.0
-20.0
1999
2000
2001
2002
2003
2004
2005
2006
2007
2008
2009
2010
2011
2012
2013
2014
青壮年人口比率（15~64岁）
每户可支配所得中位数成长率

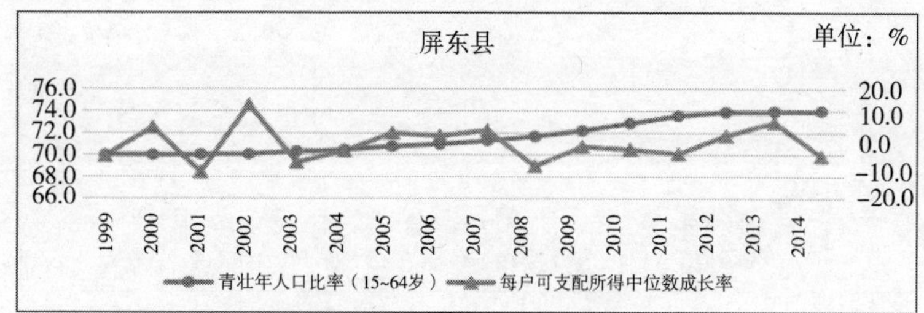
屏东县
单位：%
76.0
74.0
72.0
70.0
68.0
66.0
20.0
10.0
0.0
-10.0
-20.0
1999 2000 2001 2002 2003 2004 2005 2006 2007 2008 2009 2010 2011 2012 2013 2014
青壮年人口比率（15~64岁）
每户可支配所得中位数成长率

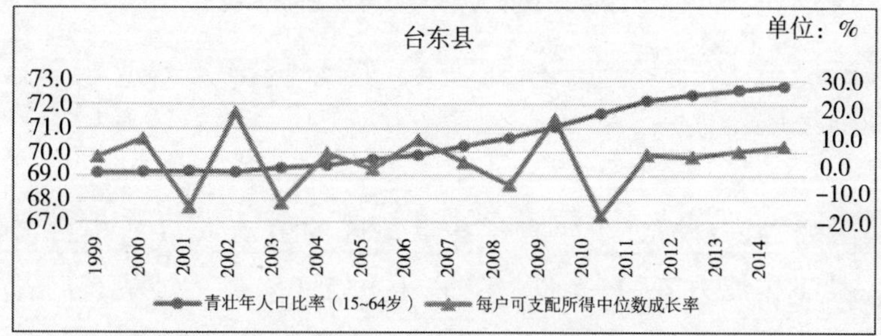
台东县
单位：%
73.0
72.0
71.0
70.0
69.0
68.0
67.0
30.0
20.0
10.0
0.0
-10.0
-20.0
1999 2000 2001 2002 2003 2004 2005 2006 2007 2008 2009 2010 2011 2012 2013 2014
青壮年人口比率（15~64岁）
每户可支配所得中位数成长率

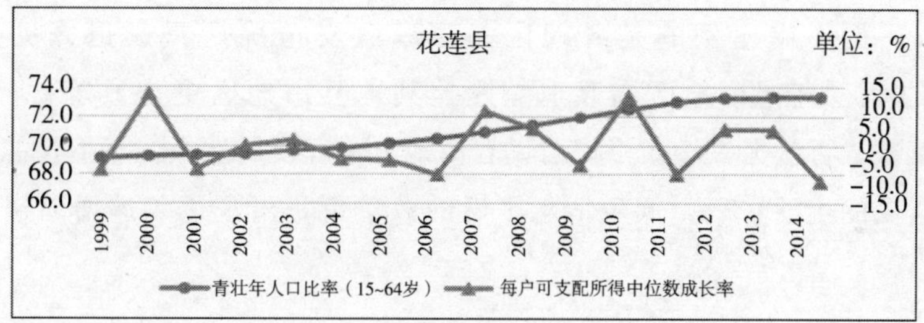
花莲县
单位：%
74.0
72.0
70.0
68.0
66.0
15.0
10.0
5.0
0.0
-5.0
-10.0
-15.0
1999 2000 2001 2002 2003 2004 2005 2006 2007 2008 2009 2010 2011 2012 2013 2014
青壮年人口比率（15~64岁）
每户可支配所得中位数成长率

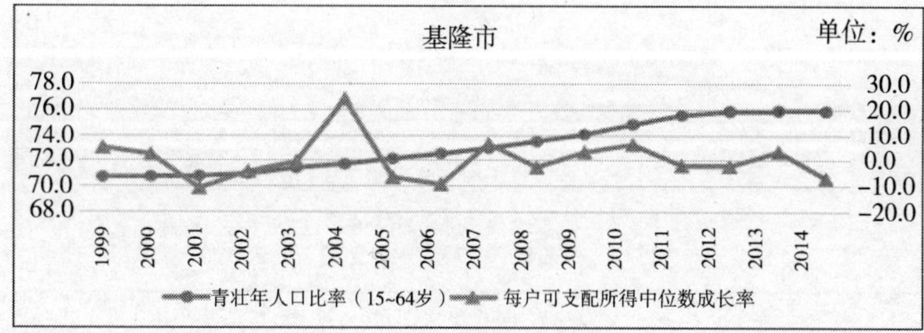
基隆市
单位：%
78.0
76.0
74.0
72.0
70.0
68.0
30.0
20.0
10.0
0.0
-10.0
-20.0
1999 2000 2001 2002 2003 2004 2005 2006 2007 2008 2009 2010 2011 2012 2013 2014
青壮年人口比率（15~64岁）
每户可支配所得中位数成长率

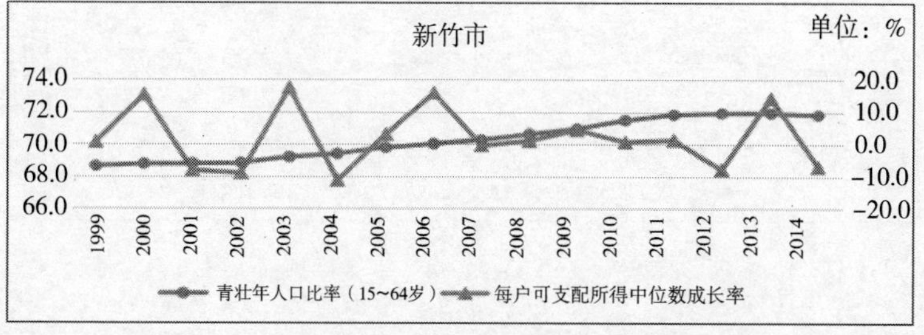
新竹市
单位：%
74.0
72.0
70.0
68.0
66.0
20.0
10.0
0.0
-10.0
-20.0
1999 2000 2001 2002 2003 2004 2005 2006 2007 2008 2009 2010 2011 2012 2013 2014
青壮年人口比率（15~64岁）
每户可支配所得中位数成长率

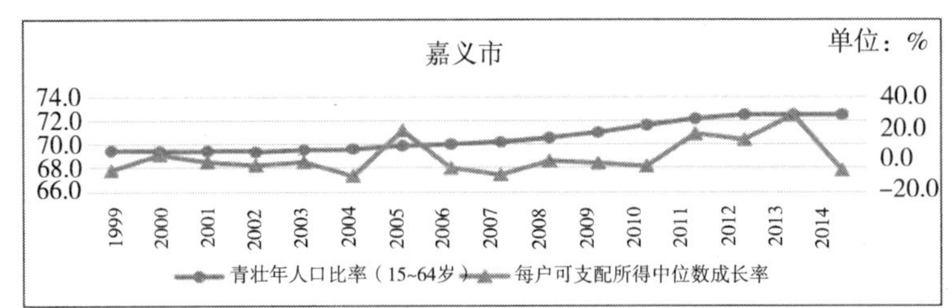

图 2　台湾各县市劳动人力与家庭收入概况

数据源撷取自台湾“财政局”统计年报，此外，为避免平均数所带来的误差，本文改采中位数以贴近社会现实常态分布。

从图观之，台湾近十年来各县市地区的劳动人口［按台湾法律释义，具工作能力者为15岁（含以上）至65岁（含以下）者］都呈现缓慢倒退趋势，尤其直辖市地区更为明显（如新北市与台北市），而更不成比例的是各地区的家庭收支情况严重衰退，更让人困惑的是，直辖市地区的衰退差距比其他县市地区更为显著！

其次，再从另一个角度来看，台湾地方治理发展迄今，不但没能带动地方居民的生活水平，低生活水平者的数量更是出现逐年递增的逆成长趋势：

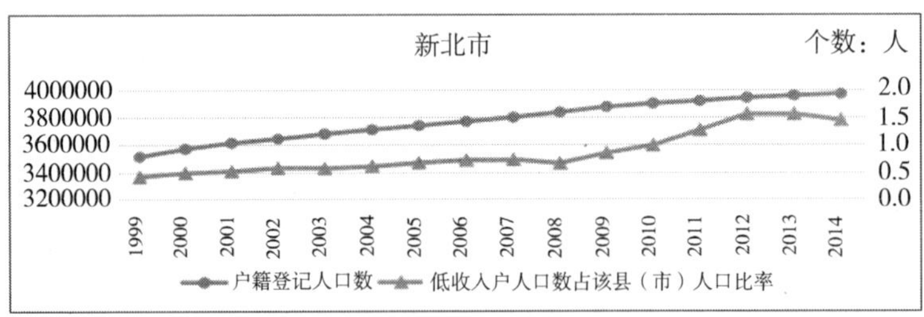

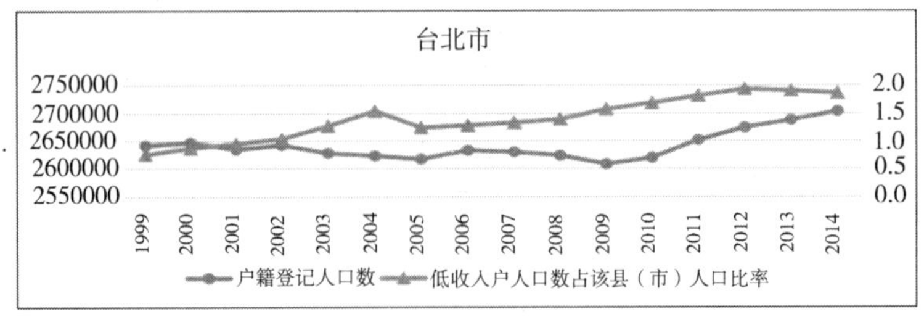

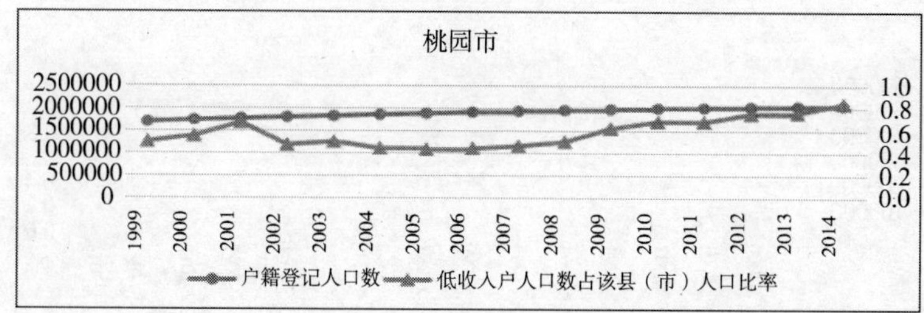
桃园市
2500000
2000000
1500000
1000000
500000
0
1.0
0.8
0.6
0.4
0.2
0.0
1999 2000 2001 2002 2003 2004 2005 2006 2007 2008 2009 2010 2011 2012 2013 2014
户籍登记人口数
低收入户人口数占该县（市）人口比率

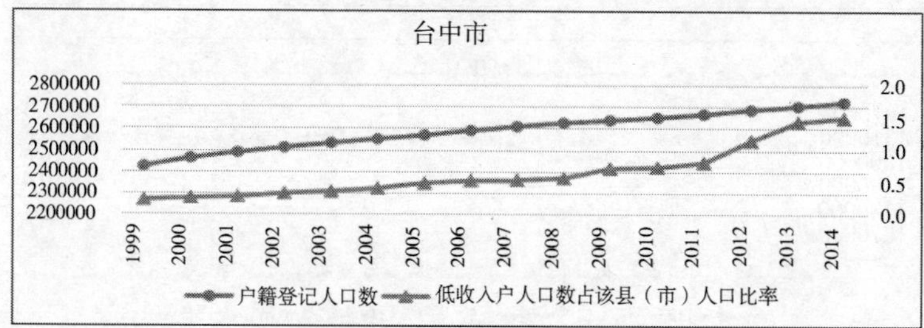
台中市
2800000
2700000
2600000
2500000
2400000
2300000
2200000
2.0
1.5
1.0
0.5
0.0
1999 2000 2001 2002 2003 2004 2005 2006 2007 2008 2009 2010 2011 2012 2013 2014
户籍登记人口数
低收入户人口数占该县（市）人口比率

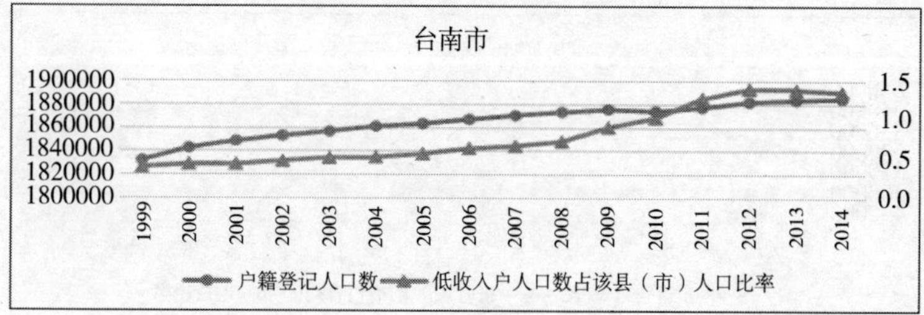
台南市
1900000
1880000
1860000
1840000
1820000
1800000
1.5
1.0
0.5
0.0
1999 2000 2001 2002 2003 2004 2005 2006 2007 2008 2009 2010 2011 2012 2013 2014
户籍登记人口数
低收入户人口数占该县（市）人口比率

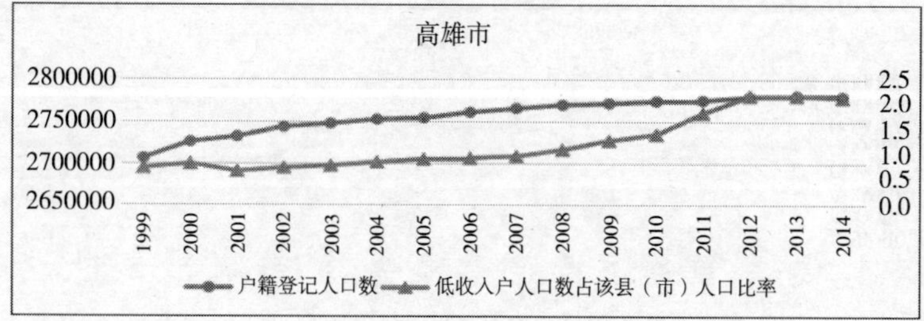
高雄市
2800000
2750000
2700000
2650000
2.5
2.0
1.5
1.0
0.5
0.0
1999 2000 2001 2002 2003 2004 2005 2006 2007 2008 2009 2010 2011 2012 2013 2014
户籍登记人口数
低收入户人口数占该县（市）人口比率

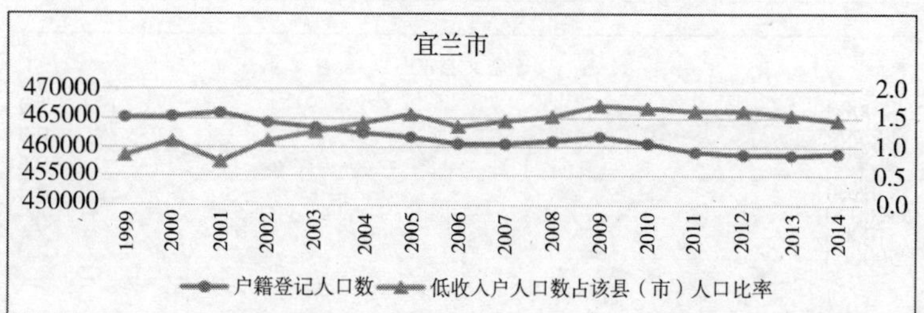
宜兰市
470000
465000
460000
455000
450000
2.0
1.5
1.0
0.5
0.0
1999 2000 2001 2002 2003 2004 2005 2006 2007 2008 2009 2010 2011 2012 2013 2014
户籍登记人口数
低收入户人口数占该县（市）人口比率

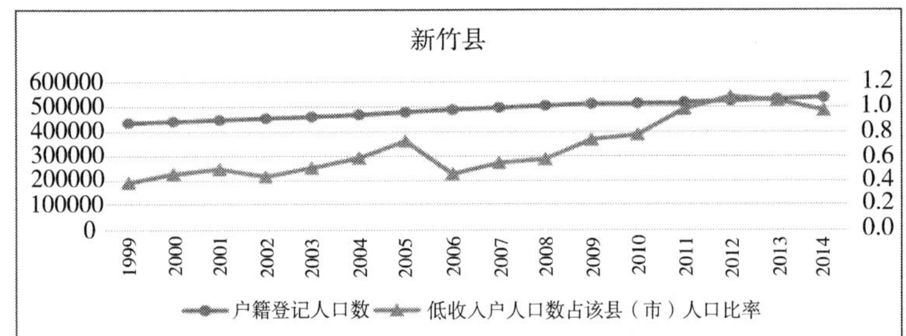
新竹县
600000
500000
400000
300000
200000
100000
0
1.2
1.0
0.8
0.6
0.4
0.2
0.0
1999 2000 2001 2002 2003 2004 2005 2006 2007 2008 2009 2010 2011 2012 2013 2014
户籍登记人口数
低收入户人口数占该县（市）人口比率

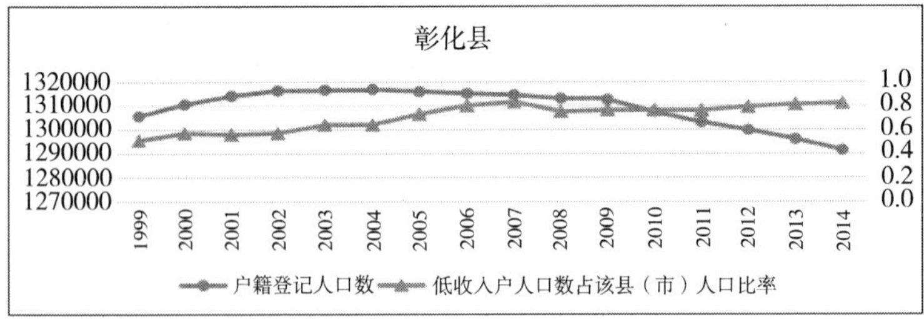
彰化县
1320000
1310000
1300000
1290000
1280000
1270000
1.0
0.8
0.6
0.4
0.2
0.0
1999 2000 2001 2002 2003 2004 2005 2006 2007 2008 2009 2010 2011 2012 2013 2014
户籍登记人口数
低收入户人口数占该县（市）人口比率

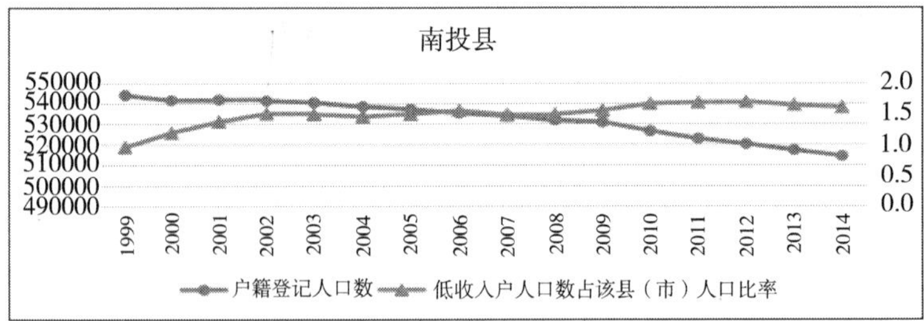
南投县
550000
540000
530000
520000
510000
500000
490000
2.0
1.5
1.0
0.5
0.0
1999 2000 2001 2002 2003 2004 2005 2006 2007 2008 2009 2010 2011 2012 2013 2014
户籍登记人口数
低收入户人口数占该县（市）人口比率

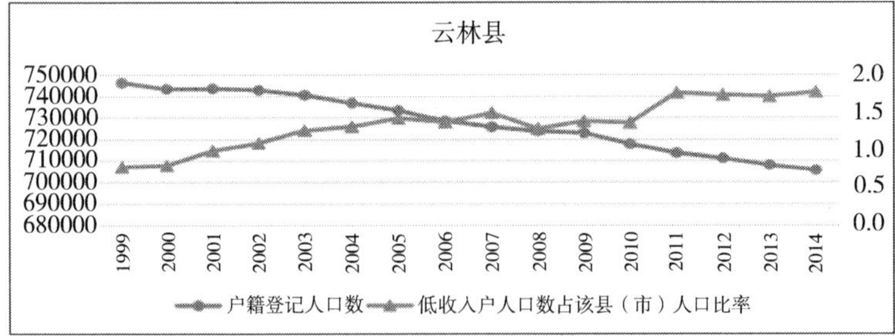
云林县
750000
740000
730000
720000
710000
700000
690000
680000
2.0
1.5
1.0
0.5
0.0
1999 2000 2001 2002 2003 2004 2005 2006 2007 2008 2009 2010 2011 2012 2013 2014
户籍登记人口数
低收入户人口数占该县（市）人口比率

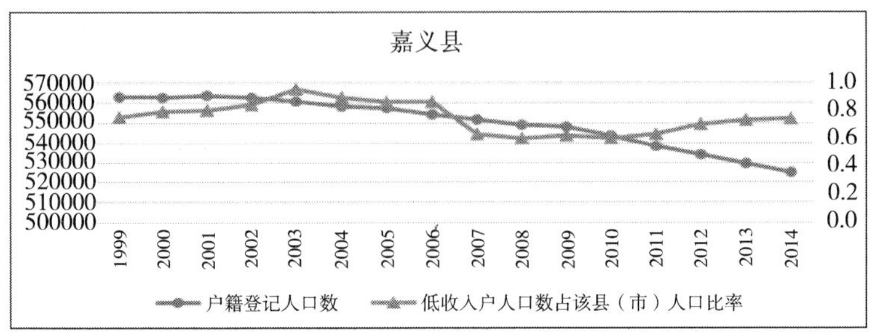
嘉义县
570000
560000
550000
540000
530000
520000
510000
500000
1.0
0.8
0.6
0.4
0.2
0.0
1999 2000 2001 2002 2003 2004 2005 2006 2007 2008 2009 2010 2011 2012 2013 2014
户籍登记人口数
低收入户人口数占该县（市）人口比率

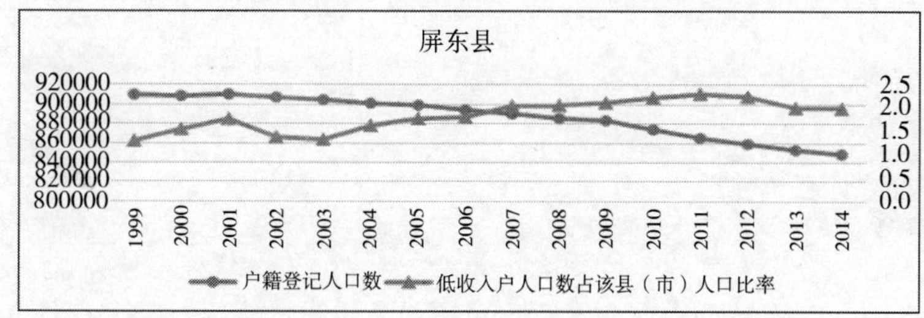
屏东县
920000
900000
880000
860000
840000
820000
800000
2.5
2.0
1.5
1.0
0.5
0.0
1999 2000 2001 2002 2003 2004 2005 2006 2007 2008 2009 2010 2011 2012 2013 2014
户籍登记人口数
低收入户人口数占该县（市）人口比率

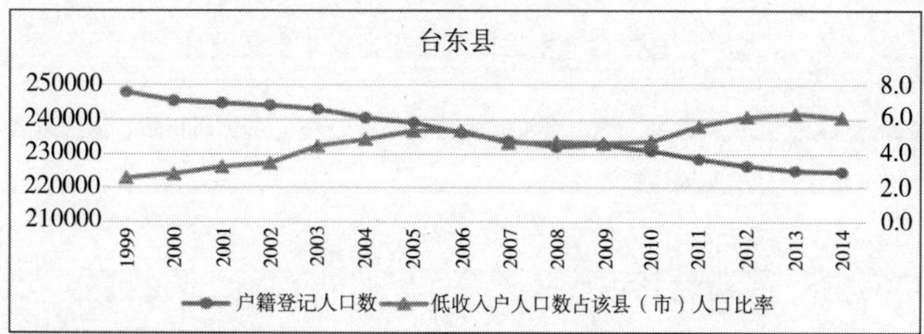
台东县
250000
240000
230000
220000
210000
8.0
6.0
4.0
2.0
0.0
1999 2000 2001 2002 2003 2004 2005 2006 2007 2008 2009 2010 2011 2012 2013 2014
户籍登记人口数
低收入户人口数占该县（市）人口比率

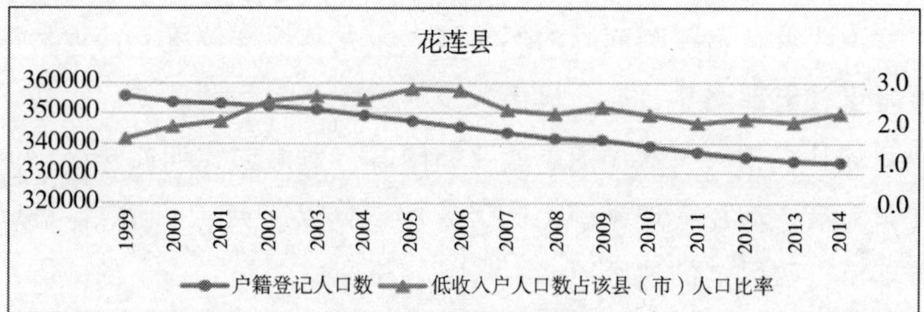
花莲县
360000
350000
340000
330000
320000
3.0
2.0
1.0
0.0
1999 2000 2001 2002 2003 2004 2005 2006 2007 2008 2009 2010 2011 2012 2013 2014
户籍登记人口数
低收入户人口数占该县（市）人口比率

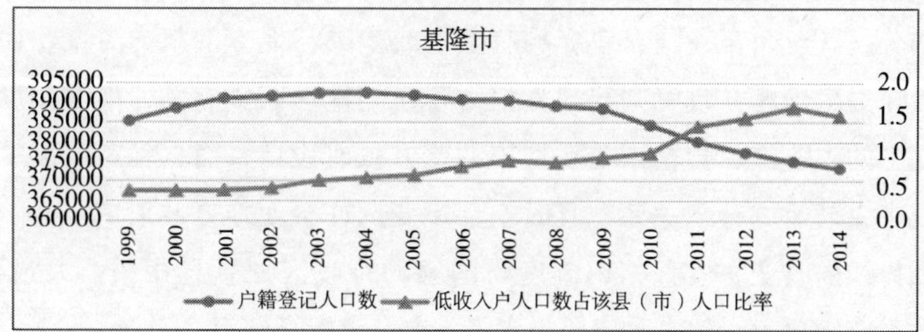
基隆市
395000
390000
385000
380000
375000
370000
365000
360000
2.0
1.5
1.0
0.5
0.0
1999 2000 2001 2002 2003 2004 2005 2006 2007 2008 2009 2010 2011 2012 2013 2014
户籍登记人口数
低收入户人口数占该县（市）人口比率

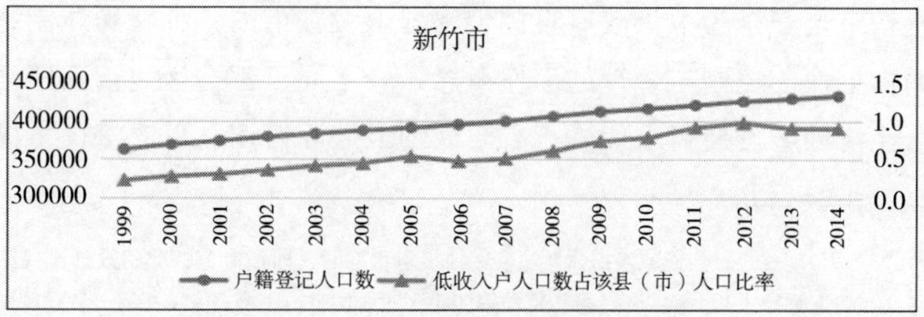
新竹市
450000
400000
350000
300000
1.5
1.0
0.5
0.0
1999 2000 2001 2002 2003 2004 2005 2006 2007 2008 2009 2010 2011 2012 2013 2014
户籍登记人口数
低收入户人口数占该县（市）人口比率

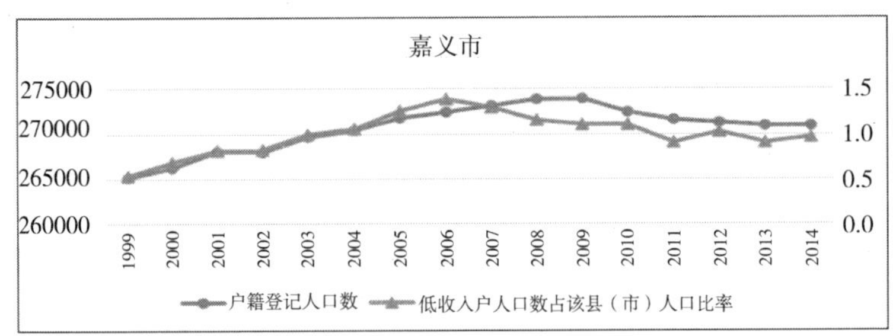

图 3 台湾各县市人口与低生活水平指数统计

数据源撷取自台湾“财政局”统计年报，此外，此一趋势分布仍属粗估，因为包含移动人口数，故本文估计实际差距应当更为显著。

从图观之，台湾各县市地区的人口数量出现递减情况以外（本文暂不讨论少子化与人口老化的问题），各县市地区的低收入人口数反倒逐年增加，这说明着贫富差距问题的不断扩大，尤其地理位置越接近台湾北端者，差距更较南部明显，亦凸显出严重的城乡差距问题。

讽刺的是，相较于欧美国家或亚洲国家，台湾面积如此狭小，人口密度也并非为最，却在管理机制上广泛进行“分权”与“自治”，造成拥有六个直辖市行政区划的地区。

从制度方设计方面来说，国家的统治与权力有关，权力的行使则涉及权力的划分，一般而言，国家政府均有上下或中央与地方的权力分配，而中央将统治权力赋予地方政府则与地方权力行使的地理区域有关，地方制度即为国家之下的省辖市、县辖市与乡镇市的地方政府设计，而直辖市的制度设计即涉及中央与地方分权关系，且时空环境变迁亦会使地方政府的任务、功能常面临界线的改变，故直辖市制度与国家的行政区划息息相关；大致而言，国家领土范围愈大，地方政府层级愈多，愈有设置直辖市之必要。①

直辖市之安排为中央政府直接管辖国内大都市的一种特殊体制，其设置强调由上而下控制与管理的运作概念，较不同于都会区生活圈所强调的须符合经济社会发展需求而进行行政区划或府际协调，以先进民主国家的

① 以管理角度观之，当国家组织体系规模达到相当程度时，即须有分权化的设计，视情况而得有第二级（指省与直辖市）、第三级（指县）与第四级之政府层级，小型国家的垂直分权程度则可相对减抵；若为仅设立一级政府的城市国家，则较无设置直辖市的问题，例如新加坡。

直辖市制度而言，大多是建立于第二次世界大战之前，但其后的都市规划与管理则多是基于地方自治分权理念①，以因应社会经济环境变迁，主要强调都会区合并或合作课题。故国外直辖市之性质是基于治理的特殊需要而设立，和都会区的发展并无绝对的必然关系，是以，大部分国家的直辖市之设置数较少，多为一个至三个。②

5. 结论与建议：地方善治的可能性

从台湾现实复杂政策环境的发展而言，目前政策规划、执行或服务输送的相关议题，已经不能仅止于讨论政府权力的大小或是政策工具的优劣，因为治理目的的达成（做得更好、花得更少），政府公权力的运作环境正在被非政府行动者所穿透，“没有政府的治理”或是“空洞化政府”似乎成为了现今台湾地方治理环境最佳写照。

整合台湾地方治理的缺失与局限，不外乎以下三大危机：

（1）资源分配不均。地方政府必须拥有资源才易推展施政措施，然而地方服务的需求与日俱增，可分配的资源也相对减少，加上制度不良，导致资源分配不均，且地方政府在人力资源、财政资源、环境资源、政治资源的稀少和不均，使得在运作时面临难题。例如台湾台中市在人口突破百万时，积极争取升为直辖市，主张单独升格者认为一旦升格为直辖市之后，资源的分配能与北高两市相提并论，并且也能带动中部地区经济的发展，然与台中县合并后证明这些问题又涉及中央与地方在组织、人事及财政资源的分配难题，造成了直辖市治理反不如未合并治理的窘状出现。

（2）民主政治下之“不可治理”。地方居民对地方服务的要求与日俱增，而政府若不能有效响应民众需求，则可能产生不可治理的危机，亦即人民的需求与政府响应能力有落差，形成治理上及合法性的危机，而有过度负荷的现象；换言之，地方政府在面临居民需求的增加而没有资源可响应或穷于应付时，不可治理的现象就产生了，例如台北市与新北市政府也面临因为外来人口迅速增加之后，无法有效响应所有民众的需求，反在台

① 地方自治为国家政治与行政的重要制度，为宪法赋予人民参政权之一环，亦是基本人权于地方实现的关键。

② 直辖市之设置通常系因该大都市的人口数量已经超过第一级地方单位的平均人口，或至少达到平均人口一半以上，中央政府才将之升格为直辖市，赋予其与一级地方政府同样的地位。

湾民众的治理认同调查报告中敬陪末座。[①]

（3）公共事务复杂化及区域化。地方政府要处理的自治事项种类繁多，已成为地方政府繁重的工作，加上中央政府的委办事项，更是不胜负荷。地方事务逐渐增多，而这些事项实非单一政府所能负担，例如，交通、垃圾处理、水源污染等问题，是属于跨乡镇、跨县市的问题，而这些问题常有外溢性质，更是需要整合专业资源来加以解决，例如近来极具争议的台湾核能发电厂事件便涉及了中央政府与跨地方政府及地方民众和非政府伙伴的复杂治理网络。

透过学理与实务的交错检视，本文认为当今台湾地方政府共管理上最大的挑战，便是思索如何在与非政府伙伴共同分享权力的同时，致力于克服政策执行过程中的可能产生的不确定性，但却又仍能维护政府治理的正当性与公共利益的追求。因此，本文首先假设地方治理的构成要件当包含“多元利害关系人参与”、“政策制定参与规则”（包括法令规章或行为共识）、“以地方政府为权力主体”，同时“明定政策目标与利益归属”。其次，政府在地方治理课题中必须意识到“合作”、“合并”、“分权”、“自治”的概念仅指涉众多政府及政府部门间一起提供服务或解决区域问题，实行方式多自非正式协议和信息分享，进而发展出功能上的合并，但“协力”则涉及不同群体为共同目的而努力，有志愿性或法定的形式，包含非政府组织或社群领导者（本文统称为非政府伙伴）参与治理议题，因此必须实行公私伙伴或网络的方式进行。

透过台湾地方治理经验分享，本文认为当今地方治理课题的关键核心在于政府分权以及利益交换的对象选择上，是否应该摆脱单一政府的框架而将范围拓展至政府与非政府伙伴，借以建构出一套完整的地方治理网络，再者，地方政策的规划设置是否也应当将由上往下的做法翻转为由下往上（地方民众参与）以及水平方式（营利组织、非营利组织参与）的维度进行思考。

① 台湾《经济日报》与南山人寿基金会仿照联合国“全世界最幸福国家”研究调查模式针对“安全感”、“希望感”、“精神快乐感”、“荣誉感”、“价值感”、“生活环境满意感”等指标测量出2014年台湾各行政区划幸福指数排名，其中幸福指数最高者为澎湖县；位居第二、第三者是新竹县与苗栗县；台北市、新北市、高雄市、台中市等四大直辖市则是敬陪末座。

❖社会组织参与❖

社会组织与青海藏区的社会治理

徐世栋　杨虎得①

青海藏区是除西藏以外最大的藏族聚居区，藏区面积占到了全省面积的96%，人口占全省人口的32.65%，在民族、宗教、文化等诸多方面与其他藏区有着极为深厚的历史渊源。随着我省经济社会的快速发展，社会治理的任务也极其繁重。如何提高藏区社会治理水平，成为社会各界广泛关注的课题。本文基于玉树藏族自治州和果洛藏族自治州有关职能部门及部分藏区居民家庭的调查，就社会组织参与藏区社会治理问题谈点粗浅的认识。

一　青海藏区社会治理对社会组织服务的需求分析

社会组织从不同的视角被定义为“非政府组织”、“非营利组织”、“第三部门”、“民间组织”等。中共十七大第一次提出“社会组织”的概念，随后逐步取代其他称谓。改革开放以后，青海藏区社会、政治、经济、文化等各领域发生了重大变化。特别是随着市场经济的深入发展和现代化进程的加快，对多元社会组织服务的需求也快速提升。

（一）政府对社会组织参与社会治理的需求

笔者在走访玉树藏族自治州玉树市、治多县和果洛藏族自治州玛沁县民政、公安、司法、医疗、统战、综治办、民宗等政府部门的过程中深刻

---

①　徐世栋，副教授，青海民族大学政治学院；杨虎得，教授，青海民族大学政治学院院长，研究方向为地方治理。

感受到，各部门都有一个共同的说法：缺人。从调查分析来看，的确在近年来，由于各种原因，基层分管事务越来越多，很多基层部门组织机构不健全，从县级领导到乡镇一般干部，身兼数职的现象比较普遍，乡镇综治专干同时还可能是民政专干、统战专干。工作头绪的兼顾无法也不可能把每一项工作都做好、做实、做细。基层尤其是缺少各类专业技术人才，像医生、律师这些相对高收入行业的人才在条件艰苦的藏区很难留住，甚至考录入职后辞职的现象经常发生，以至于基层卫生院医生配备不齐，更别说乡镇学校的校医。有些司法部门甚至经常出现“一人所”现象，有些环节工作无法按相关规定开展。青海藏区蕴藏着丰富的旅游资源，但缺少专业人员的规划与经营。面对人员的缺失和需求，实事求是地分析，期求靠增加编制是不切实际的。相反，如果转换思路，把部分服务交给社会组织，在政府的主导下协同相关工作也许是更为有效的路径。比如治多县综治办在创建“平安治多”的过程中发动环卫工人、个体工商户等加入其中，发挥其分布广、在岗时间长的优势，效果明显。治多县司法局聘请精通汉藏双语、文化程度高、有威望的社会组织人员参与人民调解，收到明显效果。

（二）市场对社会组织的需求

在政府的积极推动下，藏区各州县合作社发展速度迅速。随着牧业合作社的大力推广，各县、乡根据各自优势资源积极打造、经营品牌，但在经营过程中由于管理人员缺少相关的营销知识和渠道，相关的技术扶持组织又相对较少，所以很难做大做强，甚至有些合作社很难维持经营，这严重制约着牧民们加入合作社的积极性。

市场经济搞活了，牧民们成为市场经济主体，经济纠纷也随之猛增，原先“口说为凭”慢慢失去效力，甚至有些纠纷走到法律程序时这些“凭证”又没有法律效力。这不仅需要政府的关注及法律体制的健全，更需要相关专业领域的社会组织针对性地分析、引导和法律观念的树立。

随着牧区生活水平的提升，人们的需求也逐步多元化。在调查问卷“你希望社会组织能为你或你的家庭提供哪些服务？”的问题回答中，涉及基本的学习、生活、医疗等机会的提供，相关法律、政策的讲解和技能培训，以及基本物质生活资料的提供和对老人、小孩、残障人士的精神关怀等。人们业余生活也更加的丰富多彩，喜欢旅游、运动、棋艺等“新生事物”的人也随之增多，对这方面的服务需求也随之增加。

在调研中还发现牧民们从原先的游牧生活集中定居到移民点后出现了一些问题，如离婚率快速上升、后续产业无法保证、子女教育力不从心。

所有这些说明，随着藏区社会的发展转型，人们生活水平的提高，群众需求多样化，这也对社会组织具有很大的市场需求。

（三）群众个体对社会组织的需求

笔者对青海藏区85个家庭作了“对社会组织需求”的问卷调查(见表1、表2)。在问卷“你更愿意让哪类组织为你或你的家庭提供需求服务?”中，有37%的调查对象选择更愿意让政府组织提供服务，但也有17.65%的家庭选择更愿意让社会组织提供服务(见表3)。其理由是“社会组织服务理解、贴近服务对象”、“社会组织服务申请程序简便”。在访谈中了解到的情况也与此相印证，比如像小孩升学考试等相关事宜，虽然政府有关部门及时发布了相关信息，但由于受知识水平、沟通渠道不畅等原因，无法及时掌握相关信息，导致不能选择合适的报考学校的事时常发生。试想，如果有专门的人员或组织能针对性地开展相关工作，那么，对这些群众而言将是一件十分有意义的事情。

表1 样本的分布

	频率	百分比（%）	累计百分比（%）
黄南	22.00	25.88	25.88
果洛	4.00	4.71	30.59
玉树	33.00	38.82	69.41
海东	11.00	12.94	82.35
海南	12.00	14.12	96.47
海北	3.00	3.53	100.00
总计	85.00	100.00	

表 2 **家庭经济类型**

	频率	百分比（%）	累计百分比（%）
城镇	32.00	37.65	37.65
农业	36.00	42.35	80.00
牧业	11.00	12.94	92.94
半农半牧	6.00	7.06	100.00
总计	85.00	100.00	

表 3 **更愿意让哪类社会组织提供服务?**

	频率	百分比（%）	累计百分比（%）
政府组织	37.00	43.53	43.53
有政府背景的社会组织	33.00	38.82	82.35
社会组织	15.00	17.65	100.00
总计	85.00	100.00	

总体来说，随着社会转型的加剧，藏区在经济、社会乃至家庭生活等诸多领域都发生了不同程度的变迁，无论从政府治理，还是个人调适来说，都需要大量相关领域的专业组织进行引导和疏导。

二　青海藏区社会组织在发展中存在的问题

近年来，青海藏区社会组织发展迅速，以在玉树、果洛调研地为例，在县一级登记的社会组织数量最多的县已经达到 21 个，最少的县也有 4 个，涉及领域覆盖到科学研究、体育、文化、社会服务、生态环境、宗教、工商业服务、农业及农村发展、职业从业者组织，等等。除此之外，在青海藏区还存在着许多已经提供服务多年却没有在相关部门登记的传统的社会组织，如长期存在的寺院敬老院等。群众对社会组织的认识也在发生可喜变化，社会组织参与社会治理的要求也日益强烈。

相关管理部门逐步健全和完善登记管理、业务主管、评估审核等体制机制，出台《关于加强和创新社会组织建设与发展的意见》（青办发

〔2012〕42 号）、《青海省人民政府办公厅关于印发政府向社会力量购买公共服务实施办法的通知》（青政办〔2014〕74 号）等相关政策。社会组织在青海藏区社会治理中已经成为一支重要力量。从社会治理和规范性视角审视，还存在一些需要解决的问题。

（一）发展不平衡

主要体现在两个方面，一是在登记的社会组织中社会团体较多，民办企业相对较少，基金会更少。在玉树州、果洛州 6 个县的社会组织中，社会团体 43 家，民办非企业单位 7 家，基金会只有 1 家。二是青海藏区社会组织的数量不足，不仅与全国发达地区存在很大差距，就是与省内其他地区相比，也存在较大差距。据有关材料，“2011 年，青海省经济社会发展程度较高的海东地区在民政部登记注册的各类社会组织共有 474 个，而同期经济社会发展较为滞后的果洛藏族自治州在民政部门登记注册的各类社会组织只有 93 个，海东地区社会组织数量要比果洛藏族自治州多出 381 个”。[①] 相对于人口集中的海东地区，藏区由于人们居住相当分散、生活环境差等原因，需要更多的社会组织才能完成同样的服务。

（二）社会组织“官办”色彩浓厚

从调查来看，一方面，藏区社会组织的官方色彩较为突出。许多社会组织从创办开始就由党政领导兼任其领导职务，将社会组织视作是一些政府部门的直属机构或附属单位，“官办、官管、官运行”现象较为普遍，行政化倾向严重；另一方面，大部分服务对象更愿意与政府或官办社会组织打交道。在对 85 户家庭的问卷调查“你更愿意让哪类组织为你或你的家庭提供需求服务？”中，有高达 85% 的调查对象选择更愿意让“政府组织”和“有政府背景的社会组织”提供服务。

（三）缺乏对社会组织合理有效的监管和引导

目前青海藏区的社会治理中，既有社会主义市场经济体制的框架

① 余永庆：《西部民族地区社会组织发展现状及管理对策》，《学理论》2013 年第 25 期。

及与之相适应的社会管理制度框架，这是青海藏区社会组织与其他地区社会组织的共性，同时由于青海藏区经济发展的相对滞后、文化风俗和宗教信仰的差异以及地理区位等因素的影响，使青海藏区社会组织存在一些特殊性。这就使得一些部门对青海藏区社会组织的管理往往存在两个极端。一方面，“一些地方和部门偏重从社会稳定角度去管理，而不是从有助于经济发展和社会进步方面去引导和培育发展，对社会组织不放心、不放手、不转移应转移的职能，致使社会组织在提供服务、反映诉求、规范行为等方面难以有效发挥”。[①] 在访谈过程中，一些政府管理人员表示，迫于维稳形势的压力，不希望社会组织太多、太活。另一方面，社会组织业务主管单位由于体制或工作任务分配等问题导致管理责任不落实。想管就管，不想管就不管；管得了就管，管不了就不管。致使一些社会组织的服务内容无法与政府相关部门管辖领域相衔接。

（四）社会组织自身能力不强

近年来，青海藏区社会组织在扶贫救灾、基础教育、生态保护等领域非常活跃，实施了许多项目，如青海省三江源生态环境保护协会、格桑花教育救助会、吉美坚赞民族职业学校等。但总体来看，青海藏区社会组织普遍规模较小，甚至有些从一开始就出现生存危机。大部分组织很少有相关服务领域的专业人才和项目运行与监管人才，导致管理粗放简单、服务绩效低下、社会评价一般，无法承接更多、更大的服务项目。比如青海省三江源生态环境保护协会“由于机构日常工作人员数量少，很多时候需要集体出去做项目。因此不能保证有常驻办公室的工作人员，无法及时和各位理事沟通，亦无法通知理事机构的最新情况，甚至多年失去联络。这使得三江源协会在日常运作中少了许多资源，也难以及时听取意见”。[②] 甚至有些社会组织被依法取缔。

---

① 陈玮、马占彪、马学勤：《青海社会组织管理合力问题探析》，《青海社会科学》2006 年第 4 期。

② 娄岁寒：《高原生态守望者——记青海省三江源生态环境保护协会》，中央民族大学硕士学位论文，2012 年。

三 促进社会组织发展和藏区社会治理的思考

（一）充分激活藏区社会组织活力

青海藏区其实蕴藏着相当丰富的社会组织资源，远比我们从民政登记部门获取资料显示得多，许多当地传统的社会组织多年来用它们特有的方式为不同人群，尤其是为弱势群体提供着各类的服务。正是这些社会组织对政府的工作起到了“拾遗补阙”的作用，承载着由政府转移、分化出来的相关社会职能。对这些社会组织进行适当的引导，纳入现代社会治理体系，激活其活力为藏区社会治理服务，提高藏区社会组织的服务能力，将是藏区社会治理中巨大的能量。对已经在民政登记部门登记的社会组织，也要积极扶持，让其在藏区生根发芽、茁壮成长，逐步肩负起当地社会发展的重要使命。有些地区甚至可以先由有关部门孵化、培育一批具有示范效应的社会组织，带动青海藏区社会组织的发展，形成良好的氛围，随着社会组织的不断成长自主提供各类社会服务，努力让地方政府和当地群众都满意。

玉树州治多县加吉博洛镇赛马协会，由治多县两位老人发起，根据牧民群众对赛马文化的需求，定期或不定期地在当地组织赛马比赛，有时也会联络临近几个县组织较大规模的比赛，发现和选拔优秀的马匹推荐参加州级或更高级别的赛马比赛。协会组织的赛马活动不仅推动当地养马业的发展，进一步通过比赛推动经济发展，更重要的是满足了当地群众的文化需要。在采访中，治多县民政部门的负责人也讲道：“像这样的协会，不仅丰富了牧民们的文化生活，深受牧民们的喜欢，也替我们完成了许多工作，减轻了负担，我们也喜欢。”

（二）探索创新藏区社会组织监管模式

社会组织在其发展过程中有时会显现出一些弊端，给社会发展带来不同程度的破坏，所以“中国传统中对于结社的控制很严格，尤其是对统治有危害者”。[①] 藏区的民族问题和宗教问题更为复杂，加上境内外一些

① 马庆钰、廖鸿：《中国社会组织发展战略》，社会科学文献出版社 2015 年版，第 331 页。

别有用心的势力干涉，使藏区社会组织的监管显得更加必要。而且需要对登记部门和业务管理部门“双重管理”进行改革与完善，探索符合藏区经济、文化发展的监管模式。但监管不等于“全管”，政府只需进一步完善从登记到评估，再到项目申报等机制，通过政府购买社会服务的方式把政府想做却做不了或做不好的服务通过政府购买的形式交给合适的社会组织完成。

（三）藏区社会组织的发展既要现代化，又要本土化

首先，从管理部门到社会群众需要正确认识社会组织，看到社会组织的快速发展是当今世界趋势和潮流，对社会组织的发展积极创造条件。中国社会组织的发展从 1949 年到 2012 年大致经历了“复苏发展期”、“曲折发展期”、“稳定发展期”。数量也从新中国成立之初的近百个全国性社会团体，6000 多个地方性社团，发展到 2012 年的 49.9 万个。随着经济、社会的发展，青海省社会组织在其独特的文化资源里呈现出了强劲的发展趋势，不仅数量从恢复登记前的 452 个发展到了 2014 年年底的 3363 个（其中社会团体 2210 个，民办非企业单位 1126 个，基金会 27 个），而且服务面覆盖到工业、农业、畜牧业、教育、科技、文化、卫生、劳动、民政、体育、环保、社会公益，以及城乡社区和农村专业经济等诸多领域，在提供服务、反映诉求、规范行为等方面的作用进一步凸显，已经成为我省社会发展中一支不可忽视的重要力量。而 2012 年年末和 2013 年年初，伴随着新一届执政集体的全面深化改革，国家治理现代化的目标确立为社会组织又迎来了一波难得机遇，这可能是中国社会组织的第四阶段——“增速发展期”。① 藏区社会组织也要顺应这一发展趋势，抓住机遇，大力发展社会组织。

其次，藏区社会组织的管理、培育要避免简单粗放的“一刀切”，尤其是在提供服务的过程中要尊重藏区社会特点、历史文化和群众的生活意愿，多培养既懂管理知识又了解当地文化的专业人才，提供政府放心、群众欢心的服务。如青海省三江源生态环境保护协会主要致力于保护青藏高原地区的生态环境，弘扬优秀传统生态文化，推动高原生态文明的建立，

① 马庆钰、廖鸿：《中国社会组织发展战略》，社会科学文献出版社 2015 年版，第 8 页。

促进本地社区的可持续发展。协会从领导层到一般成员，再到志愿者都以当地藏族为主。相对而言，生活、生长在这里的人们更加深切地感受到生态对于青藏高原的重要性，也更清楚这里适合怎样的生产、生活方式。

（四）进一步加强社会组织能力建设

一方面，我们要客观地看到社会组织的发展成熟需要一个过程，政府需要在这一过程中给予必要的引导和监管，青海省民政厅已于 2014 年出台了《青海省社会组织行为规范和活动准则》（青民发〔2014〕12 号）。还可以探索社会组织中党建工作的加强；另一方面，社会组织自身一定要快速强化服务和责任意识，健全机构，完善并切实执行各项管理制度。有“作为”，才有“地位”。只要社会组织的服务水平提高了，群众感受到社会组织的服务优势，对社会组织的接纳是水到渠成的事了。

中央和各地方的合力创新为社会组织真正实现社会组织社会治理的主体作用创造了有利条件，20 多个国家相关部委出台一系列规制文件：《政府向社会力量购买服务的指导意见》、《社会组织管理制度改革指导意见》、《国家社会组织发展规划》、《社会组织人才队伍建设意见》、《关于党政领导在社会组织中任职兼职规范和党建工作制度》，等等。青海也推出了一系列进一步培育和规范社会组织发展的政策措施。如何把握机遇，在青海藏区社会治理中更好地提供各类服务，是当地政府和社会组织必须尽快攻克的难题。

珠江三角洲地方政府发展社会组织的内在逻辑

张紧跟[①]

一　问题的提出

近年来，在珠江三角洲地方政府不断加大力度发展社会组织的推动下，“强政府、大社会”蓝图在各地不断得以规划。这不仅体现在社会组织数量的急剧增长，也体现在社会组织作用空间的扩展。在影响深远的广东模式[②]中，社会组织是支撑公民社会成长的支柱，发展社会组织也是推进国家治理体系现代化和创新社会治理的关键。尽管如此，社会组织的成长并未带来想象中的公民社会发育成熟。大量研究表明当前中国整体性制度环境对社会组织，尤其是对自下而上自发生成的社会组织总体上是约束性或限制性的，这种约束和限制主要表现在社会组织生存与发展的合法性不足和行动空间受限等方面。[③] 实际上，即使在作为“制约中国社会组织

---

① 张紧跟，中山大学政治与公共事务管理学院教授，管理学博士。主要从事政治学与公共行政学基础理论、当代中国政府与政治、地方治理等领域的教学与研究。

② 肖滨：《演变中的广东模式：一个分析框架》，《公共行政评论》2011 年第 6 期。

③ 比如，社会组织“双重管理体制”被认为是对 NGO 发展最具限制性影响的制度，NGO 如果找不到业务主管单位就无法成功注册从而获得合法身份，而寻找业务主管单位又往往需要一定的行政关系网络才能实现，这对于大量草根性质的 NGO 而言几乎不可能；此外，政府在社会组织发展领域长期施行“非竞争性”原则，限定一个地区同一性质的社会组织只能存在一个，这无疑大大限制了更多社会组织发展的可能性。如果说随着社会建设和社会管理创新发展的推动，以上约束机制的影响正在局部地区逐渐式微的话，那么对于 NGO 活动领域的限制则很难在短时间内消除，政府认可和积极推动的社会组织主要局限在可以为政府在社会公共服务供给方面提供辅助的社会服务类、公益慈善类等组织类型上，而对宗教类、法律类等组织仍持打压态度。参见俞可平《中国公民社会：概念、分类与制度环境》，《中国社会科学》2006 年第 1 期。

发展最核心的根基性问题的双重管理制度”[①] 松动后，珠江三角洲的社会组织发展依然存在诸多问题。于是，在珠三角地区形成了中国特色的“社会转型之谜”，一方面地方政府不断加大培育和发展社会组织的力度；但另一方面地方政府却缺乏让社会组织自主运作的动机。

众所周知，推进国家治理体系现代化是新时期中国全面深化改革的总体目标，而发展社会组织以促进社会治理创新是实现国家治理体现现代化的必然要求。因此，社会组织发展直接影响到推进国家治理体系和治理能力现代化之目标的顺利实现。基于此，我们必须思考：为何在珠江三角洲地方政府不断加大培育和发展社会组织力度并对历来备受诟病的双重管理制度进行实质性改革后社会组织发展依然面临着诸多困境？

二　文献综述

近年来，在加强社会建设和社会管理创新的话语体系之下，地方政府的社会组织管理发生了有意义的新变化。刘鹏结合近年来针对社会组织的“双重管理体制”逐渐松动的事实，认为应该用“嵌入性监管”来取代康晓光等提出的“分类控制”与“行政吸纳社会”[②] 解释模式，以凸显国家在社会管理方面的变化：较高的制度化水平、较强的吸纳能力、明确的重点识别和区分以及多元化的管理手段。[③] 孙发锋注意到政府开始放弃全面控制和“四面出击”的管理策略，转而采取选择性控制和选择性扶持并举的管理策略。[④] 秦洪源等发现，地方政府培育社会组织具有浓厚的法团主义色彩，在这个过程中，社会组织在承接地方政府部分职能转移中自

---

① 《专家：长期管控致民间组织薄弱　行政改革可破制度障碍》，人民网，2013 年 9 月 18 日。

② 康晓光、韩恒：《分类控制：当前中国大陆国家与社会关系研究》，《社会学研究》2005 年第 6 期；康晓光、卢宪英、韩恒：《改革时代的国家与社会关系——行政吸纳社会》，载于王名主编《中国民间组织 30 年——走向公民社会》，中国社会科学出版社 2008 年版。

③ 刘鹏：《嵌入性控制：当代中国国家—社会关系的新观察》，《中国人民大学学报》2011 年第 5 期。

④ 孙发锋：《选择性扶持和选择性控制：我国社会组织管理体制改革的新动向》，《上海行政学院学报》2012 年第 5 期。

主性会相对下降，但合法性和职能承担会相应上升。[①] 而更多的研究者还注意到地方政府通过加大向社会组织购买服务的力度以促进社会组织发展。[②] 但是，Anthony J. Spires 认为草根 NGO 与地方政府之间是基于“相互需要和相互怀疑”的“偶发共生”关系，这种脆弱的关系完全取决于地方官员的利益计算。[③] Thornton 指出，政府通过购买服务等方式来资助 NGO，只是因为其有利于一定程度上解决政府自身行政管理中的问题。[④] Teets 也认为，地方政府官员之所以希望和 NGO 合作，是因为后者提供的服务有助政府达成某些既定的管理目标，这有助于他们的未来仕途。[⑤] 因此，尽管国家的社会组织管理发生了变化，但王建军发现社会组织从总体上尚未摆脱“登记难、生存难、发展难”的困境。[⑥] 王浦劬等通过调研发现在政府购买社会组织服务过程中存在着购买行为“内部化”，社会组织成为政府的延伸，社会组织要随时接受政府下派的任务。[⑦] 而许小玲等发现各地在培育和发展社会组织方面依然普遍存在着诸如“运动”与“口号”式的培育方式、重数量轻质量和培育支持不足与不当等问题。[⑧] 李春霞等发现，地方政府在向社会组织购买公共服务中，通过将经济逻辑和政治逻辑渗透到社会组织中去进而把社会组织纳入到自己的行动逻辑中来，

① 秦洪源、付建军：《法团主义视角下地方政府培育社会组织的逻辑、过程和影响——以成都市 W 街道社会组织培育实践为例》，《社会主义研究》2013 年第 6 期。

② 参见敬义嘉《社会服务中的公共非营利合作关系研究》，《公共行政评论》2011 年第 5 期；崔正、王勇、魏中龙：《政府购买服务与社会组织发展的互动关系研究》，《中国行政管理》2012 年第 8 期；岳经纶、谢菲：《政府向社会组织购买社会服务研究》，《广东社会科学》2013 年第 6 期等。

③ Spires, A. “Contingent Symbiosis and Civil Society in an Authoritarian State: Understanding the Survival of China's Grassroots NGOs”. *American Journal of Sociology*, 2011. 117: 1 – 45.

④ Patricia M. Thornton. “The Advance of the Party: Transformation or Take over of Urban Grassroots Society?”. *The China Quarterly*, 2013 (1): 1 – 18.

⑤ Jessica C. Teets. “Let Many Civil Societies Bloom: The Rise of Consultative Authoritarianism in China”. *The China Quarterly*, 2013 (1): 19 – 38.

⑥ 王建军：《当前我国社会组织培育和发展中的问题和对策》，《四川大学学报》2012 年第 3 期。

⑦ 王浦劬、莱斯特·萨拉蒙：《政府向社会组织购买服务研究》，北京大学出版社 2010 年版，第 27 页。

⑧ 许小玲：《政府购买服务：现状、问题与前景》，《思想战线》2012 年第 2 期。

其结果是导致了社会组织公共服务的内卷化。① 为此，研究者提出要改革登记管理和监管制度、健全公共服务购买制度等。

既有研究文献虽然注意到国家正在改革社会组织管理，强调要通过改革登记管理和监管制度以及创新公共服务购买制度以进一步发展社会组织，但却无法解释为何地方政府在不断改革登记管理制度并加大向社会组织购买公共服务的力度后依然未能从根本上缓解社会组织的发展困境。因此，有必要进行更深入的理论分析。实际上，当代中国的社会组织发展始终存在着“治理社会逻辑”与“社会治理逻辑”的内在冲突，过分强化社会组织发展的“治理社会逻辑”在相当程度上削弱了社会组织发展的“社会治理逻辑”，最终势必使社会组织发展呈现内卷化趋势。②

三 珠江三角洲地方政府培育与发展社会组织的实践

1．完善法规和政策体系建设。在社会组织管理的法制建设方面，尽管有国务院颁布三个管理条例（《社会团体登记管理条例》、《民办非企业单位登记管理暂行条例》和《基金管理条例》）以及民政部出台的管理办法（《取缔非法民间组织暂行办法》、《民办非企业单位登记暂行办法》）等，但总体上依然存在着立法层次低、数量少、内容不完善、政策不配套、可操作性不强等缺陷。③ 近年来，珠江三角洲地方政府在培育和发展社会组织的实践中，不断完善法规和政策体系建设，尝试着将社会组织发展纳入制度化轨道。2012 年 1 月 12 日，《深圳经济特区社会建设促进条例》在深圳市第五届人大第三次会议上获表决通过。2014 年 6 月 16 日，旨在进一步铺开社会组织管理改革并推进社会组织民间化、自治化的《广州市社会组织管理办法》被广州市人民政府常务会议审议通过。

2．改革登记管理。深圳市早在 2004 年就通过行业协会民间化改革，

---

① 李春霞、巩在暖、吴长青：《体制嵌入：组织回应与公共服务的内卷化》，《贵州社会科学》2012 年第 12 期。

② “内卷化”是指社会组织发展到一定阶段之后就停滞不前，很难转化为一种更高级的发展形态。参见胡宝荣《发展中的社会组织：内卷化及其超越》，《甘肃理论学刊》2010 年第 2 期。

③ 《政协委员呼吁加强和创新社会管理 完善社会组织法律体系》，《法制日报》2012 年 3 月 14 日。

行业协会直接登记，工商经济类、社会福利类、公益慈善类社会组织直接登记这三个“半步走”策略，探索社会组织直接向民政部门登记的制度。2006年年底，深圳市开始实行行业协会直接由民政部门登记的管理体制。2008年，深圳市又将工商经济类、社会福利类、公益慈善类社会组织改由民政部门直接登记。广州市在2006年取消行业协会业务主管单位，统一改为业务指导单位，全面推行行业协会直接登记。2009年广州市又逐步将科技类、体育类、社会工作类民办非企业单位、公益服务类、工商经贸类社会组织和地市级异地商会业务主管单位改为业务指导单位，实行由民政部门直接登记。从2012年1月1日起，广州市除依据国家法律法规须前置行政审批外，行业协会、异地商会、公益服务类、社会服务类、经济类、科技类、体育类、文化类等8类社会组织可以直接向登记管理机关申请登记。

3. 加大扶持力度。(1)建设孵化基地，加强社会组织培育。目前，广州市已建成29个社会组织培育基地，其中市级基地1个，区、县级市基地9个，群团组织基地8个，街道办事处培育基地11个。在整个培育基地网络中，共吸纳630多个社会组织入驻。[①] 深圳市自2010年开始建设社会组织孵化基地，目前已经孵化出12家优秀公益组织和30多个公益品牌项目。[②] 2011年2月13日，东莞市社会组织孵化基地正式揭牌。2012年12月3日，佛山市社会组织孵化基地正式挂牌。(2)政府购买服务，提供发展条件。目前，珠江三角洲各地方政府都纷纷发布市级政府向社会组织购买服务目录，保障支持社会组织发展的财政投入。按照“替谁办事、由谁买单”的原则，确立市、区财政分级负担体制，建立多层级财政经费保障体系，把社会组织纳入政府扶持企事业单位发展优惠政策的覆盖范畴。2013年，广州市继续加大投入，安排政府购买服务经费从2012年的2.93亿元增加到3.61亿元。[③] 深圳从2009年开始试水在城市环境卫生领域购买社会服务，此后逐渐延伸至行业服务、教育、医疗、养老、纠

① 《广州建成全省最大社会组织培育平台 培育基地达29个》，《南方日报》2013年11月15日。

② 《他山之石：成立社会组织孵化基地》，《宝安日报》2013年12月2日。

③ 《广州市财政局关于报送政府向社会组织购买服务工作情况的报告》，广州市财政局2013年。

纷调解、社区服务等公共领域。2013年，东莞市政府向全国社会组织购买5大类共266项服务，项目涵盖教育、医疗、文化、体育、交通等5大领域49个类别。2013年，佛山市财政安排2.45亿元购买社会组织提供的服务。①

4. 加强社会组织法人治理结构建设。一方面是推动社会组织去行政化。广州市委、市政府在2006年就提出行业协会商会“四无”（无行政级别、无行政事业编制、无行政业务主管部门、无国家机关现职工作人员兼职）、“五自”（自愿发起、自选会长、自筹经费、自聘人员、自主会务）的改革目标，促进行业协会、商会民间化和自治化。按照相关规划，广州市除要求现职国家机关工作人员不得兼任社会组织职务外，计划到2015年年底前基本完成社会组织去行政化改革。从2004年开始，深圳市就要求各党政机关公职人员不再兼职行业协会职务。2013年4月24日，在深圳市《民政工作改革创新三年计划（2013—2015）》中，深圳计划用三年时间全面清理国家机关工作人员不符合政策的兼职情况，进一步推进社会组织“去行政化”和“去垄断化”；另一方面是完善社会组织内部治理结构。珠三角地方政府纷纷出台规定，要求健全以章程为核心的独立自主、权责明确、运转协调、制衡有效的社会组织法人治理结构。这包括完善会员（代表）大会、理事会、监事会制度，实行决策、执行、监督分立，建立民主选举、民主决策、民主管理、民主监督的自治机制。

5. 加强监管。一是规范社会组织内部管理。在完善以章程为中心的内部法人治理结构建设的同时，健全内部规章和诚信自律机制建设。二是加大信息披露力度。广州要求社会组织至少每年度向组织成员公布一次其重大活动、财务状况、工作报告等信息，接受捐赠、资助的社会组织应当在接受捐赠、资助后15个工作日内向社会公布接受捐赠款物的信息，并在年度报告中披露使用捐赠、资助的有关情况。② 深圳市制定了“深圳市社会组织财务管理指引”，增强社会组织财务信息透明度。三是开展社会组织综合评估。广州市建立了“政府指导、部门协同、社会参与”的社

① 《政府购买服务的广东经验》，《第一财经日报》2013年11月15日。

② 《广州拟分类评估社会组织》，《法制日报》2013年10月26日。

会组织评估机制，鼓励第三方评估机构参与社会组织评估，并实行社会组织分类评估制度，对社会组织实施动态评估。广州还将社会组织年检、等级评估结论作为政府向社会组织转移职能和购买服务的重要依据。深圳市建立了“政府指导、部门协同、社会参与”的社会组织评估机制，开展了两批共 69 家全市性行业协会商会评估，将评估结果作为政府转移职能和购买服务的重要依据。四是规范与监督社会组织行为，建立健全社会组织综合监管体系。根据要求，珠三角各地方政府完善了统一登记、各司其职、协调配合、分级负责、依法监管的社会组织管理体制，健全登记管理部门、行业主管部门和各职能部门之间的信息共享、工作交流和协同监管机制，加强数据交换、应急预警和执法联动，形成监管合力。如 2013 年广州市 60 家社会组织因为弄虚作假骗取登记、未及时年检等原因受到行政处罚，其中 31 家社会组织已被撤销登记、7 家被警告，22 家正在履行撤销程序。[①] 深圳市宝安区民政局 2013 年 9 月 11 日发布《行政处罚决定书》送达公告，宣布对辖区内的 17 家社会组织因连续两年或者累计三年未进行年检而作出了撤销登记的行政处罚。[②]

6. 发挥社会组织的积极作用。在近年来珠三角地方政府的相关规范性文件中，都明确了要发挥社会组织在提供公共服务、维护合法权益、反映民众诉求、促进社会公益等方面的重要作用。一方面，珠三角各地方政府纷纷向社会组织转移职能和购买服务，拓宽社会组织参与社会管理与服务的空间；另一方面，珠三角各地方政府不断加大力度促进社会组织依法参政议政，建立健全社会组织界别和重大行业决策征询社会组织意见的制度，逐年增加社会组织代表人士在党代会代表、人大代表、政协委员中的比例，鼓励社会组织优秀人才积极参政议政。

四 珠江三角洲社会组织发展的成效与问题

在珠三角各地方党和政府的强势推动下，社会组织发展取得了长足进展：

① 张林：《去年广州 60 家社会组织因骗取登记等原因受罚》，人民网，2014 年 1 月 9 日。

② 《宝安 17 家社会组织 未按规年检被撤销》，《深圳特区报》2013 年 9 月 12 日。

1. 社会组织数量迅速增长。广州市截至2013年年底，共有社会组织5967个（含备案695个），实际登记数量比2012年增加了11%。[①] 截至2012年12月底，深圳市共有社会组织5656家，其中直接登记的社会组织数量达到了858家，占全市社会组织总数的15.2%，无论是数量还是比例都是全国最高。[②] 到2012年为止，珠海登记注册社会组织1183个，每万人拥有社会组织7.39个；江门社会组织共有1100多家；中山社会组织登记总量为1571个；惠州登记在册的社会组织共有1466家。[③] 截至2013年12月17日，肇庆市共有社会组织1291家，比2013年6月份统计的数据多出87家。[④]

2. 社会组织质量不断提升。在深圳的调研发现：大部分社会组织积极开展法人治理建设，不断完善组织章程、健全内部规章制度和自律机制，通过民主方式决定组织重要事务等。在社会组织治理结构方面，大部分社会组织能够建立起权责明确、运作协调、有效制衡的法人治理结构。其中，58.9%的社会组织建立了理事会或董事会式的决策机构，另有32.2%的社会组织建立了会员代表大会式决策机构，仅有8.9%是管理层负责决策。在管理层产生方面，八成社会组织表示其管理层是通过民主选举产生，10%是由负责人提名并经主管部门批准，还有一些是通过社会公开招聘，只有5.5%表示由主管部门派遣和任命。而社会组织负责人（法定代表人）最多来自于企业（36.8%），其次是退休人员和事业单位，比例分别为20.8%和18.1%。[⑤] 而珠海社会组织的自律程度也不断提升。截至2012年年底，全市已有94%的行业协会商会建立了自律监督制度，99%的行业协会商会已建立健全公开、透明的信息披露制度，89%的行业协会商会已制定并组织实施行业自律公约、职业道德准则和信用管理体系，66%的行业协会商会已建立信息动态记录、社会评价、诚信公示、诚信奖励、失信惩戒和黑名单等信用管理制度。[⑥] 在珠海，行业协会类、异

---

① 《广州60家社会组织因骗取登记等原因受到行政处罚》，新华社，2014年1月8日。

② 《深圳直接登记社会组织　数量和比例为全国最高》，《南方都市报》2013年3月15日。

③ 《广东各地社会组织登记数量明显增加》，《南方日报》2012年7月9日。

④ 《从搞活动培育社会组织　肇庆公益事业迎来春天》，广东文明网，2014年1月2日。

⑤ 阮萌：《深圳社会组织管理体制改革的经验和借鉴》，《开放导报》2011年第3期。

⑥ 《珠海市行业协会行业自律情况调查报告》，南方网，2013年1月11日。

地商会类、民办非企业类和社会服务类社会组织都已经实现民间化。①

3. 社会组织的主体作用有所体现。一是充当政府与企业的桥梁履行行业协调管理职能。在珠三角，社会组织发挥着市场经济中观层次管理主体的作用，客观上起到了沟通政府和企业关系的作用，在维护企业利益、反映企业诉求、提供产业发展信息、帮助创建企业品牌，以及建立从业规范、促进公平竞争、加强行业自律、解决贸易纠纷方面，发挥着日益重要的作用。二是扩大社会就业。社会组织，特别是社区社会组织的发展，不仅为市民提供了越来越多的生活服务、文化娱乐服务，而且开发出许多新的产业和岗位，吸引了大量市民就业。三是促进社会公益事业发展。如深圳市慈善会、市红十字会、市义工联、狮子会等各类公益性社会组织，积极开展多种形式的公益活动，把常规化、制度化公益活动（如捐资助学）与临时性、突发性救助活动（如自然灾害救助）紧密结合起来，积极开展消除贫困、尊老爱幼、教育培训、卫生保健和社区公共服务等工作，促进了社会公益事业健康发展。四是发挥协同治理作用。2012 年，珠海市新豫青少年综合服务中心为务工青年提供就业服务 500 多人次、代办身份证 1400 份、居住证 580 份、法律咨询 120 件、新农合咨询 230 人次、惠民政策咨询 600 人次，还发送各种活动信息及惠民政策短信 9 万条，有效促进了异地务工人员很好地融入珠海。②

尽管如此，但珠三角社会组织发展依然面临诸多困难，存在着相当程度的“内卷化”：

1. 社会组织准入门槛并未降低。实际上，珠三角地方政府允许直接登记的社会组织也只是局限于一部分社会组织。尤其值得注意的是，作为外来工集中地以及中国经济发展的引擎，珠三角还活跃着大量的农民工维权 NGO 和各种草根 NGO，但其中大多数由于无法取得地方民政部门许可的社团法人资格，要么被迫在工商部门登记为非营利企业，要么就只能在地方政府的选择性“默许”下以“非法身份”运行，从而面临着身份合法性危机。中山大学公益慈善研究中心的研究报告显示：新政实施之后仍

① 《广州社会组织开始登记　最大难题属处理人情关系》，人民网，2012 年 7 月 5 日。

② 《珠海：以“四个创新”：为引擎　加速社会组织健康发展》，人民网，2013 年 5 月 2 日。

然存在困扰公益组织登记注册的“无形门槛”。[①]

2. 社会组织能力不足。广州大学广州发展研究院发布的《2013年广州社会蓝皮书》透露：广州大部分社会组织只能依靠大量具有奉献精神的志愿者开展运作，数量较少的专职人员中也充斥大量的离退休人员或者不能胜任原有工作要求的关系户人员，造成社会组织的社会服务非专业性或者业余性突出。而组织治理结构的不合理、高素质人员的缺乏，也直接导致社会组织治理能力的不足，进而产生资源筹措方面的恶性循环。[②] 在珠海，8家社工机构中大部分处于“半饥饿”状态：一方面，承接不到来自政府或者企业的项目，人员工资发不出来；另一方面，完成项目后不能及时找到新项目，处于“青黄不接”的空缺期，往往要机构负责人自己先垫付经费维持运营。[③] 广州市政协的调研也发现社会组织服务能力仍然偏弱，无专职工作人员、无专门场所、无保障经费的“三无”社会组织仍然较多。[④] 广东省政协关于佛山营商环境的一份报告中指出，完全符合政府购买服务要求的社会组织有限，政府公布的购买目录事项难以找到合适的社会组织承接，部分社会组织内部组织机构不健全，缺乏完整的议事、财务管理、工作人员录用与考核奖惩等制度。[⑤]

3. 社会组织结构不合理。以广州为例，教育类民办非企业社会组织总数的57.5%，远远高于工商服务类的11.7%，惠及民众的慈善类和卫生类社会组织分别只占4.4%和2.1%，生态环保类仅占0.41%，与广州社会经济发展要求不相适应。[⑥] 在深圳的调研也发现，其社会组织发展存在着互益性组织如行业协会强，公益性组织如公益慈善、社会福利和公共服务等领域的社会组织弱；直接面向受益群体开展各类公共服务，提供各种公共产品的运作型社会组织多，而各种为社会组织提供资金、能力、信息等综合管理和服务的支持型社会组织则明显不足；在全市登记的民办非

---

① 中山大学公益慈善中心：《广东省NGO注册情况调研报告》，2012年。

② 《广州社会组织每万人不足3个》，《南方日报》2013年6月4日。

③ 《珠海8家社工机构 仅2家“温饱”生存状况堪忧》，《南方都市报》2011年7月20日。

④ 《广州近400社团政社不分 民间社会组织仅200家》，《南方日报》2012年12月17日。

⑤ 蓝之馨：《社会管理创新：从管理到治理》，《第一财经日报》2013年12月13日。

⑥ 《广州近400社团政社不分 民间社会组织仅200家》，《南方日报》2012年12月17日。

企业单位中，教育类占71%、社会服务类占16%、科学研究占4%、文化类占4%、体育类占2%、其他类占3%。教育类民办非企业单位一支独大，其他类别明显不足。① 在佛山2013年评选出的48个3A级社会组织中，多数为行业协会，公益类机构和社会机构寥寥无几。② 在东莞已登记的社会组织中，公益慈善类社会组织仅有27家，绝大部分是规模小、层次低的培训机构，专业型社会组织人才严重匮乏。③

4. 政府购买服务存在明显缺陷。一是政府在购买公共服务时设置了诸如服务业绩、专业人员、资金账目等高标准，往往对那些纯民间化的小型社会组织形成“排挤”，从而造成社会组织发展中的“马太效应”；二是政府为了规避风险而设置了非常烦琐的购买服务细则，不利于社会组织的创新探索；三是社会组织被迫将许多人力物力耗费于购买服务的报账、审查、评估环节，减少了对社会服务的完全投入。④ 在广州，一些政府部门还自办社会组织承接社会服务，招投标过程不透明，暗藏猫腻等问题已开始浮出水面，有关系的社会组织甚至可以一口气承接十几条街道的服务，形成垄断。⑤ 佛山市政协的调研发现，政府向社会组织购买服务多集中在养老、教育、就业创业帮扶服务领域，而在医疗卫生、文化教育、扶贫济困、环境保护、保障性住房、法律援助等公益性领域的服务购买很少；受益者以工商企业和城镇居民为主，实质上将农民工、失业人员和流动人员等弱势群体排除在外；政府购买服务缺乏制度化，导致不同类型的社会组织发展不平衡，存在不公平竞争。⑥

5. 社会服务行政化。所谓社会服务行政化，是指社会组织成员过多或者完全承担了行政部门的业务功能，和行政部门的一般办事员的业务趋同。在珠三角许多镇街，提供更好的社区服务正在成为基层治理创新的发展方向，于是引入专业化和职业化社工组织就成为镇街的必然选择。但朱

① 中山大学课题组：《深圳市社会组织发展调研报告》，2012年12月20日。

② 《佛山社会组织达4150个 部分成“僵尸”组织》，《羊城晚报》2013年12月19日。

③ 《门槛降低 东莞去年猛增300多家社会组织》，《东莞时报》2014年1月22日。

④ 《广东政府将向社会组织购买服务 最大难点属处理人情关系》，《南方日报》2012年7月5日。

⑤ 中山大学课题组：《广州市政府购买社会组织服务调研报告》，2013年1月20日。

⑥ 佛山市政协提案：《关于政府购买社会组织服务中存在的问题及对策建议》，2013年3月18日。

键刚等在珠三角的调查发现，专业社工被吸纳到街区行政网络之后，产生了外部服务行政化、内部治理官僚化。[①] 聂勇浩在广州的调查也发现：表面上政府通过合同方式购买了社会组织的服务，但实际上社会组织的大量精力被投入到协助政府部门完成各种行政性任务，合同中约定的社会服务目标被实施过程中政府部门提出的各种新的行政目标替代了。[②]

五　治理社会还是社会治理?

众所周知，为应对近代以来日渐加深的总体性危机，1949 年后的中国建立了一个国家权力统御一切、国家触角延伸至社会生活的各个角落而规训社会的全能主义政治结构。这是因为“在社会各种制度和组织正在解体的时期，只有用政治团体的权力深入社会的每个角落，去重建各种组织与制度，去解决社会领域中的问题，才能一面重建国家，一面重建社会”。[③] 于是，中共建政之初不仅完全清除了传统民间秩序及近代市民社会的萌芽，而且还通过掌控对土地、劳动力、收入以及教育等核心要素的分配而完全控制了社会。[④] 在全能主义政治结构下，呈现出在国家全面控制下按照其意志改造和重组社会的“治理社会”逻辑。在这一逻辑之下，国家是建设主体而社会成为被建设的对象，其基本目标就是国家按照自己的意志来形塑社会。发展到极致，就是建构出一个国家全面管制社会的“总体性社会”。[⑤] 遵循“治理社会”的逻辑，国家必然尽可能垄断社会稀缺资源，将全部社会成员纳入行政化组织体系，为防患于未然而秉持“有罪推定”原则对社会组织进行严格控制和监督，以避免社会组织阻碍国家意志的实现。毋庸置疑，在全能主义政治结构所支撑的“治理社会”逻辑之下，新中国不但迅速有效地解决了自近代以来的“总体性危机”，

① 朱键刚、陈安娜：《嵌入中的专业社会工作与街区权力关系——对一个政府购买服务项目的个案分析》，《社会学研究》2013 年第 2 期。

② 聂勇浩：《社会服务合作中基层政府的策略与逻辑》，中山大学博士论文，2013 年。

③ 邹谠：《二十世纪中国政治：从宏观历史与微观行动的角度看》，牛津大学出版社 1994 年版，第 20 页。

④ ［美］吉尔伯特·罗兹曼主编：《中国的现代化》，江苏人民出版社 2003 年版，第 468--473 页。

⑤ 孙立平：《转型与断裂：改革以来中国社会结构的变迁》，清华大学出版社 2004 年版。

而且实现了中国历史上最伟大、最深刻的社会变革。但是，这种逻辑也完全摧毁了社会的自组织秩序，使得整个社会秩序维系完全依赖国家权力的强制控制。因此，它注定是不可持续的。改革以来，伴随着市场化改革驱动的社会变革，国家全方位宰制社会的格局逐渐松动，传统的全方位社会管制难以为继，国家开始逐步调适与社会的关系，“总体性社会”逐渐蜕变为“行政社会”。与“总体性社会”下社会完全被国家吞噬不同的是，“行政社会”中社会有自己相对独立的存在和发展空间，但依然面临着强大国家的经常性干预。[①] 因此，“治理社会”的基本逻辑依然在延续，具体表现为国家虽然放弃了全面控制社会组织的策略，但依然在严格控制特定领域社会组织的基础上，一方面放松对部分社会组织的控制；另一方面对那些能够真正给国家“帮忙而不是添乱”（如能提供社会急需的公共产品和公共服务）的社会组织进行选择性扶持。[②] 在“行政社会”中，国家依然既可以通过制定法律和政策来规制社会组织，又可以通过支配稀缺公共资源来对社会组织形成激励与约束。更重要的是，这种“治理社会”逻辑在改革年代因政府主导型发展模式获得的巨大成功而不断被强化。最终，在地方政府社会管理创新的宏大叙事中，主体依然是各级政府，其建设目标依然是一个“泛政治化的社会”，其运作方式依然是通过国家权力无所不及的触角去培育和发展社会组织。[③]

正是基于对“治理社会”逻辑的批判，学术界开始倡导“社会治理”逻辑。尽管学术界对社会治理的理解存在着分歧，但都认为当代中国的社会治理所要面对和解决的根本问题是公民不断觉醒的权利意识和权利诉求与政府和社会满足和保护公民正当权利诉求之欠缺之间的矛盾。[④] 因此，“社会治理”聚焦于激发社会组织活力，强调更好地发挥社会力量的作用而不是政府的管控，强调要用法治思维和法治方式化解社会矛盾。[⑤] 与

① 王春光：《城市化中的“撤并村庄”与行政社会的实践逻辑》，《社会学研究》2013 年第 3 期。

② 孙发锋：《选择性扶持和选择性控制：我国社会组织管理体制改革的新动向》，《上海行政学院学报》2012 年第 5 期。

③ 刘京希：《从政治发展看社会建设》，《天津社会科学》2012 年第 2 期。

④ 王小章：《论以积极公民权为核心的社会建设》，《浙江学刊》2013 年第 4 期。

⑤ 李培林：《社会治理与社会管理有三大区别》，《中国社会科学报》2014 年 3 月 21 日。

"治理社会"逻辑存在明显差异的是，"社会治理"逻辑强调的是确立社会的主体性，其主体应该是公民及其自由结社而形成的社会组织，其核心任务是建设一个既能驾驭市场又能遏制权力并有效规范社会秩序的与国家和市场相对应的社会行动主体，最终形成一个自主、自治并具有行动能力的公民社会。尽管在"强国家、弱社会"结构下，社会治理有赖于国家的放松管制与培育发展，但却不应该是一个国家重新向社会渗透以"收复失地"的过程而更应该是一个"国家逐步还权于社会"的过程。党的十八届三中全会公报明确提出，要增强社会发展活力，改进社会治理方式，激发社会组织活力。这充分表明社会治理的主体是社会组织，在某种意义上，实现社会治理的关键是培育和发展合格的具有较强自治能力的社会组织。改革以来的实践也证明，社会组织能否自由地健康发展，关键取决于政府是否真正还权于社会。基于此，"社会治理"逻辑强调通过国家的放松管控和培育发展，社会组织在遵守国家法律制度前提下不断提升自主治理的能力。因此，衡量地方政府社会治理创新的成效不能只看到地方政府发展了多少社会组织，更应该关注这些社会组织是否具备了自主治理能力。

众所周知，由于我国公民社会成长的制度环境中长期存在着诸多不利于社会组织健康发展的因素，导致社会组织发展存在着生存资源短缺、能力不强、内部治理结构不完善、社会公信力弱等缺陷。因此，社会组织的发展既离不开政府的放权，也离不开政府的培育与扶持。尤其是在"强国家弱社会"基本格局以及传统的国家控制社会的执政意识的制约下，"治理社会"逻辑得以延续，即通过政府对社会资源的掌控，以选择性地社会组织培育与发展来推动社会发展。但正是因为这种"治理社会"的逻辑所导致的社会断裂与社会治理的碎片化，才使得"社会治理"逻辑成为必然的选择。虽然社会组织的健康发展需要地方政府的扶持，但决不应该是地方政府基于短期维稳目标而重新向社会渗透的过程，而是通过政府的扶持逐步提升社会组织的自主发展能力和培植社会的自组织秩序。因此，当代中国的社会建设内涵着"治理逻辑"向"社会治理"逻辑转换的基本趋向。

但是，在珠江三角洲，"社会治理"的逻辑虽然跃然于地方党和政府的蓝图与规划之中，但"治理社会"的逻辑在相当程度上主导着地方政府培育与发展社会组织的实践。

一方面，从珠江三角洲地方政府培育和发展社会组织的宏大叙事来看，“社会治理”的逻辑有所显现。如深圳市出台的《关于进一步发展和规范我市社会组织的意见》中强调“政府在制定政策、进行重大决策及立法过程中，应及时与相关社会组织进行沟通，听取社会组织的意见和建议。积极组织社会组织代表参加各种听证会、论证会，提高社会组织对公共行政的参与度。政府各部门在行政管理过程中，与相关社会组织建立日常联系制度，方便社会组织及时反映意见。在党代会、人大增加社会组织的代表比例，在政协增加社会组织的功能界别，进一步发挥社会组织在协调利益关系、反映群众诉求方面的作用”。在《中共广州市委办公厅、广东省广州市人民政府办公厅关于发展和规范我市社会组织的实施意见》中，广州市明确提出要“积极构建政府与社会组织良性互动、协同合作的新型关系，从体制和机制上规范政府、市场、社会三者的关系，着力培育社会自治功能，强化社会组织能力建设”。解读这些地方政府的文件，一个非常清晰的意图就是“政府在社会管理创新中要还权于社会”；甚至有政府官员在阐述其改革理念时提出“改革的主要任务就是理顺政府与社会的关系，还权于民，建立公民社会”。①

另一方面，综观珠江三角洲地方政府近年来培育与发展社会组织的实践，则呈现出非常鲜明的“治理社会”逻辑。这体现在多个方面：首先，对社会组织“选择性松绑”。调研显示：在珠江三角洲，能够获得“松绑”的社会组织大都是本身就非常强势且与国家有着“千丝万缕的联系”的诸如行业协会、商会等社会组织，而那些代表民意的纯粹民间 NGO 如遍布珠三角的外来工维权组织则依然“不得不继续沉默”。广州市政协社会法制民族宗教委员会调研发现，在民政局登记管理的社团中，多数是由原广州市工业局改制而成的有行政编制和业务经费的团体；近 400 个由党政机关事业单位组建的社团中，现职、退休人员担任领导职务，会员也多为部门或事业单位及其工作人员；不少社会组织与政府在人、财、物、办公场所等方面没有分开，以政府部门下属机构的面目出现。② 在深圳，广

① 《建设“小政府、大社会”重在还权于民》，《南方日报》2010 年 7 月 16 日。

② 郭璐：《广州社会组织松绑一年考》，《财经国家周刊》2012 年 3 月 29 日。

东省社法委的调研发现有九成的草根社会组织没有到民间组织管理局进行登记注册。[①] 其次，社会组织过度依赖政府资金资助。在珠三角由于许多社会组织专业能力不足，很难通过提供优质服务获得充足的自创性收入，而来自民间的社会捐赠由于公众慈善意识匮乏以及社会组织的社会认同度不高也比较有限。最终，导致许多社会组织在资金来源上对政府有很强的依赖性。在东莞市，社工机构的数量已增至约30家，社工机构生存最重要的基石是政府购买服务，申请基金会项目、寻找社会资源等只占少部分。[②] 在深圳，一些社工组织七成资金来自政府购买服务，二成资金来自社会捐助，一成资金为自筹资金。[③] 在广州，许多基金会、行业协会、社团法人具有深厚的官方或准官方背景，其经费来源大多是政府财政拨款或行政性收费，工作人员也多来自政府机关，社会招聘人员比例小，带有不同程度的“官气”。[④] 社会组织在资金来源上对政府的依赖程度过高，很容易使得因放松登记管理而蜕化的“行政性依附”转变为“经济性依附”。再次，政府对社会组织的选择性扶持。在珠三角，社会组织进入门槛降低后，传统的行政性依附逐渐转变为“经济性依附”。但是，社会组织要获得政府的大力扶持，必须在民政部门批准登记满两年以上且通过民政部门的“体检性评估”。在东莞，2012年有86家社会组织报名参加东莞市民政局的评估，结果是入选的80家中就有31家是行业协会。[⑤] 来自佛山市民政局的统计数据显示，佛山市现有社会组织总数为3549个，3A以上的社会组织仅占登记备案的3.9%，而且主要集中在行业协会、商会中。[⑥] 在广州，按照评估内容，获得3A以上评估等级的社会组织可优先接受政府职能转移，优先获得政府购买服务、奖励。[⑦] 这导致除了少量行

① 《深圳市三万余个社会团体九成未登记》，《南方日报》2011年8月11日。

② 访谈：东莞市社会工作协会，2012年6月20日。

③ 郝成：《深圳：社会组织管理九年探索》，《中国经营报》2013年4月22日。

④ 马喜生、黄伟：《广州近400家社团政社不分　民间社会组织仅200家》，《南方日报》2012年12月17日。

⑤ 黄江洁：《80家社会组织获得首次“免费体检”资格》，《广州日报》2012年4月17日。

⑥ 《佛山市政协建议组建社会组织第三方评估机构提高专业水平》，《南方日报》2013年7月29日。

⑦ 《广州社会组织松绑一年考》，财经国家新闻网，2013年3月29日。

业协会、各街道家庭综合服务中心外，大多数社会组织没有承接政府购买服务的机会，许多政府购买服务资金呈现出“定额、定向”特点。① 在深圳、珠海等地的调研也显示：除了人民团体、事业单位和少数地方政府重点支持的社会组织以外，大多数社会组织没有正常渠道获得来自政府的公共资金。最终，地方政府的重点扶持对象“并非独立成长的社会组织，而是由作为购买者的地方政府发起或者倡导成立的社会组织”。② 最后，大力发展枢纽型社会组织。继北京市后，广东省大力倡导培育和发展枢纽型社会组织。在官方文件中，将枢纽型社会组织定义为“通过政府部门认定的，在现有社会组织体系中处于枢纽地位，通过健全的组织系统和有效的服务支持，加强统筹协调与纽带联系，实现同类型、同性质、同领域社会组织的孵化培育、协调指导、合作发展、自治自律、集约服务、党团管理的联合性社会组织”。具体则包括政治性人民团体、行业协会或联合会、综合性社会组织联合会或社区社会组织服务中心。③ 从珠三角的实践来看，枢纽型社会组织的主要功能在于：一是在政治上发挥“桥梁纽带”作用，负责向所联系和管理的社会组织贯彻执行党的路线方针政策；二是在业务上发挥引领和聚合作用，为社会组织的创建和成长提供辅导与孵化服务支持，促进社会组织协作交流；三是在日常管理和服务上发挥平台作用，做好各类社会组织及其成员的培训、规范、管理等。按照中共广东省委、省政府办公厅转发的《省社工委关于构建枢纽型组织体系的意见》，各级党委、政府要在政策、资金上为工、青、妇等人民团体发挥枢纽作用提供必要支持，安排一定数额的财政资金作为人民团体的专项工作经费。财政部门在社会组织专项资金立项和确定政府购买服务项目时，应征求人民团体的意见。这表明在珠三角，社会组织在跨越“双重管理”的门槛之后，必须委身于按照或者参照《公务员法》管理的人民团体之下，才能有资格从中参与政府购买服务等资源，最终依然无法脱离行政性国家资

① 《广州三分之二社团充当二政府　部分变延伸部门利益工具》，《羊城晚报》2012 年 12 月 15 日。

② 王浦劬、莱斯特·萨拉蒙：《政府向社会组织购买服务研究》，北京大学出版社 2010 年版，第 27—28 页。

③ 王鹏：《国家与社会关系视角下的枢纽型社会组织构建》，《中国青年政治学院院报》2013 年第 5 期。

源控制体制。[①]

因此，在珠江三角洲地方政府培育和发展社会组织宏大叙事的背后，地方政府主导的“治理社会”逻辑在相当程度上遮蔽了“社会治理”逻辑。这种内在逻辑的延续，虽然可能有利于增强地方政府对社会组织的可控性并有利于维护社会稳定，但导致社会组织在数量上急剧增长的同时参与社会管理与公共服务的主体意识提升有限[②]、社会组织的依附式发展[③]以及社会组织服务供给功能强化而政策倡导功能却被弱化[④]等。更重要的是，这种逻辑的延续虽然可能有助于满足地方政府自身的需求但却与社会的需求渐行渐远，“强政府弱社会”的基本结构将会逐渐固化，这显然与地方政府期待通过培育和发展社会组织以加快政府职能转变和促进政府与社会协作共治的最终目标南辕北辙。

六　结语

在现代化话语中，社会组织的发展是现代化进程的必然产物。这是因为，现代化进程所带来的社会利益多元化驱使不同利益群体产生联合动机，从而产生日益增长的意识、内聚力、组织和行动。[⑤] 一方面，由于社会组织在解决社会危机、缓和社会矛盾、推动社会福利、提供公共服务等方面显示出无可替代的优势，而且国家希望社会组织能发挥参谋助手、桥梁纽带作用以“拾遗补阙”于政府并协助党和政府“维稳”，因此要大力培育和发展社会组织。另一方面，由于社会组织代表了组织化的社会利益，对国家全面控制与渗透整个社会的努力造成了障碍，势必对国家的主导地位造成冲击并与压制性的国家产生冲突。[⑥]

---

① 葛道顺：《被代理的社会：脱嵌与发展》，中国社会科学出版社 2013 年，第 160 页。

② 李友梅、肖瑛、黄晓春：《当代中国社会治理的公共性困境及其超越》，《中国社会科学》2012 年第 4 期。

③ 康晓光等：《依附式发展的第三部门》，社会科学文献出版社 2011 年版，第 98 页。

④ 贾西津：《中国公民参与：案例与模式》，社会科学文献出版社 2008 年版，第 10 页。

⑤ ［美］塞缪尔·亨廷顿：《变化社会中的政治秩序》，王冠华等译，生活·读书·新知三联书店 2008 年版，第 35 页。

⑥ Richard Baum and Xin Zhang, "'Civil Society' Revisited: The Autonomy of a Rural NGO in Qinhai", Manoranjan Mohanty (eds.), *Grass - roots Democracy in India and China: The Rights to Participate*, New Deli: Sage Publications, 2007, p. 123.

而且，近年来，一些国家的社会组织深度卷入“颜色革命”的事实也使得国家担心社会组织会发展成为体制外的异己力量，过分强调社会制约或对抗国家的公民社会理论也使得政府对公民社会的成长充满怀疑。因此，国家在对社会组织放松管制的同时也力图通过有效的吸纳进行“渗透和控制”。具体到地方政府的社会组织管理实践中，那就是地方政府对社会组织会采取监管控制与培育发展并重和选择性支持与选择性限制并举的行动策略。于是，在珠三角地区形成了中国特色的“社会转型之谜”，一方面地方政府不断加大培育和发展社会组织的力度；但另一方面地方政府却缺乏让社会组织自主运作的动机。

事实上，这种“治理社会”的行动逻辑与改革年代中国的市场化转型之困存在着惊人的相似。尽管改革以来，国家不断放宽对市场的限制并推动市场化改革日益深入，但政府主导型市场经济模式不仅使得政府职能始终难以真正转变而且在创造“中国奇迹”的同时也导致边际收益递减。因此，最新一轮的改革要求“紧紧围绕使市场在资源配置中起决定性作用深化经济体制改革”。同理，党和政府也应该与时俱进创新执政理念，逐步消解对自主性社会组织进行“有罪推定”的管控制度，在规范社会组织建设的基础上，积极拓展社会组织参与公共事务治理的渠道，不断提升社会组织的自主治理能力。因此，从公民社会成长角度而言，不仅需要政府信任社会组织、还权于社会并在制度上承认各种社会利益群体合法组织的权利，而且还应该赋权于民众以保障公民的合法利益诉求。① 唯此，“社会治理”的逻辑才能从党和政府社会治理创新的宏大叙事中落到实处，社会组织的活力才能得到释放，国家治理体系现代化才能得以实现。

原载于《天津行政学院学报》2015 年第 2 期

① 马骏：《经济、社会变迁与国家重建：改革以来的中国》，《公共行政评论》2010 年第 1 期。

多层次功能替代：政府治理基督教的策略分析

韩　恒①

一　问题提出：基督教领域的社会治理

改革开放以来，基督教获得了快速发展。全国基督教“两会”（基督教三自爱国运动委员会和基督教协会，以下简称“两会”）的统计表明，我国基督徒的数量已从新中国成立时的70万发展到近2000万。② 对于基督教“两会”公布的数字，一些学者和机构表示怀疑，认为“两会”的数据大大低估了我国基督徒数量。2007年美国普渡大学中国宗教与社会研究中心委托北京零点调查公司进行了“中国人精神生活状况”的全国大型抽样调查，调查结果表明，全国基督教（新教）信徒有3000万人（不包括15岁以下人口）。③ 2008—2009年，中国社会科学院世界宗教研究所对全国基督教信仰状况进行了抽样调查，调查表明，我国基督徒数量为2305万，占全国总人口的1.8%。④ 2010年中国人民大学组织的中国综合社会调查（CGSS）表明，基督教的比例为2.0%，据此推测2010年的

---

① 基金项目：国家社科基金项目“农村基督教的皈信机制及管理策略研究”（13CSH009），2014年度河南省高校科技创新人才支持计划（人文社科类），郑州大学优秀青年教师发展基金项目“农村基督教治理策略研究”。

韩恒，郑州大学公共管理学院教授、博士；社会管理河南省协同创新中心研究员；郑州大学社会调查与数据分析中心副主任。研究方向为社会组织与社会治理。

② 参见基督教全国“两会”的简介，http：//www.ccctspm.org/quanguolianghui/lianghuijianjie.html。

③ 杨凤岗：《当代中国的宗教复兴与宗教短缺》，《文化纵横》2012年第1期。

④ 中国社会科学院世界宗教研究所课题组：《中国基督教入户问卷调查报告》，载《中国宗教报告（2010）》，金泽、邱永辉主编，社会科学文献出版社2010年，第191页。

基督徒数量约为2680万。[①] 美国皮尤调查中心2011年发布的报告指出，2010年中国基督徒的比例为5.1%，数量为6700万，是全球第七大基督教国家。[②]

除抽样调查之外，也有一些机构对中国基督教的数量进行了“猜测”，有的基督教研究机构认为中国基督徒已经达到1亿，BBC的报道称中国基督教人数近7000万，《芝加哥论坛报》的文章认为中国的基督徒已近7000万。[③] 尽管不同机构公布的基督徒数量差异较大，但改革开放以来中国基督教发展迅速，却是一个不争的事实。以至于有学者预测，2025年中国的基督徒数量将达到1.6亿，2030年中国的基督徒数量将超过美国，基督教徒和天主教徒总数达到2.47亿，成为世界上基督教徒和天主教徒总数最多的国家。[④] 笔者在中原地区的调查发现，几乎每个村庄都有信徒，每个乡镇都有教堂，有的乡镇甚至多个教堂。中部某县共有20个乡镇3个街道办事处，正式登记的教堂175个，平均每个乡镇达到7.6个。可以说，基督教已经成为农村地区参与人数最多、认同性最高、凝聚力最强的民间组织。

改革以来中国的基督教不仅发展迅速，而且“问题”突出，主要集中在家庭教会的发展和宗教异端的蔓延。有学者通过实地调查估计，当前中国三自教会人数在1800万至3000万之间，家庭教会人数在4500万至6000万之间，两者加起来可能是六七千万左右。[⑤] 家庭教会（非三自教会）一般“不认同三自教会的三自原则或教义教理、组织体制、政教关系等内容，并拒绝通过两会团体进行登记注册，甚至拒绝任何形式的登记

---

① 韩恒：《近年来我国基督徒群体特征的发展演变——基于CGSS2006、2010年度数据的分析》，载刘成有主编《宗教与民族》（第8辑），宗教文化出版社2013年版，第198页。

② “美学者称中国未来将超越美国成基督徒最多国家”，资料来源于观察者网，http://www.guancha.cn/politics/2014_04_24_224461.shtml。

③ 于建嵘：《中国基督教家庭教会合法化研究》，《战略与管理》2010年第3/4期，转引自“社会学视野网”。

④ 资料来源于观察者网，http://www.guancha.cn/politics/2014_04_24_224461.shtml。

⑤ 于建嵘：《中国基督教家庭教会合法化研究》，《战略与管理》2010年第3/4期，转引自“社会学视野网”。

注册。因为上述原因，它们尚未被中国政府认可”。[①] 数量庞大的家庭教会尽管未被政府认可，但政府也没有采取过多的“措施”进行打击取缔。只要家庭教会没有“过激”行为，政府基本上采取“默许”态度。在基层调研时，一些乡镇干部不太区分教会的“登记”和“未登记”。在他们眼中，三自教会和家庭教会的信徒都属于“信教的”，偶尔会强调一下“他们信的也不一样”。家庭教会的客观存在，“事实上”挑战着政府的宗教管理体制，削弱了有关部门的管理权威。

有学者指出，“在‘非三’自教会中，因为各家庭教会所经历的历史和现实处境不同，没有形成普遍认同的信仰内容及构建体系，表现出各自为政、各立山头的特点，排他性、封闭性很强。虽偶尔有家庭教会之间的横向交流，但‘各自为神’的现状并未发生根据改变”。[②] 需要强调的是，这仅仅是从家庭教会内部来看，如果从外部来看，基督教是一个认同度很高的群体，信徒有高度的身份认同。如果教会与外部发生冲突，“各自为政的山头”也有可能出现一定的联合，甚至家庭教会和“三自”教会也会达成一定的“默契”。科塞有关冲突功能的论述已充分证明了这一点，[③] 现实中一些事实（北京守望教会事件、浙江温州拆堂事件等），也证实了基督教内部一定程度联合的可能性。

在家庭教会内部，尽管大部分的信仰比较纯正、比较温和，但也有一些信仰比较极端，甚至发展为邪教，2012 年“东方闪电”在全国范围内的浮现就是一个明证。从 2012 年媒体报道的资料来看，全国除西藏以外各省（区、市）都有“东方闪电”的组织和信徒，他们不仅在青海、贵州这些西部比较贫困的地区活动，而且在比较富裕的东部江浙一带也很活跃；他们不仅在中小城市等地活动，而且也在北京、上海等大城市聚会或走街串巷宣传。[④] 2014 年 5 月 28 日，山东招远发生了震惊社会的全能神

---

① 段琦、唐晓峰：《2008 年以来中国基督教现状及研究——兼论中国教会组织的多元存在格局及张力》，载《中国宗教报告（2009）》，金泽、邱永辉主编，社会科学文献出版社 2009 年版，第 136 页。

② 同上书，第 143 页。

③ 科塞：《社会冲突的功能》，孙立平译，华夏出版社 1989 年版。

④ 段琦、唐晓峰：《2012 年中国基督教概览和“全能神”教问题报告》，载《中国宗教报告（2013）》，金泽、邱永辉主编，社会科学文献出版社 2013 年，第 129 页。

邪教故意杀人案，之后在公安部统一部署下，全国公安机关在全国范围内开展了对“全能神”邪教的专项打击行动。行动开展两个月，全国共破获案件500余起，抓获犯罪嫌疑人近千人。[①] 这些媒体报道表明，基督教中的异端有进一步蔓延的趋势。

面对基督教的快速发展、家庭教会的普遍存在以及邪教的蔓延，在社会治理创新的背景下，政府如何治理基督教？本文借助于社会学中的功能理论，提出“多层次功能替代”这一概念，尝试解释政府治理基督教的基本策略。

二　治理策略与教会功能：基于功能范式的分析

在一定意义上，政府治理基督教的策略与基督教会发挥的功能密切相关。关于基督教的功能，默顿的功能分析范式提供了有益的启示。

在批判传统功能主义的基础上，默顿提出了自己的功能分析范式。默顿指出，考察某一“事项”的功能，应区分功能分析的“作用对象”，作用对象不同，这一“事项”的功能也不相同。正如默顿所言，进行功能分析时“必须考虑到特定事项对于个人、对于亚群体、对于更为广泛的社会结构和文化的不同后果、功能和负功能”。[②] 也就是说，某一事项对于某个群体可能具有积极功能，但对于另外的群体则可能具有负功能。“功能分析理论必须明确一定社会功能依托的社会单位，并且我们必须承认文化事项具有多重后果，有些是正功能的，有些也许是负功能的。”[③] 默顿还指出，进行功能分析时不仅要分析这一“事项”的“显功能”，而且还要分析其“潜功能”，尤其要注重分析某一事项“潜在的负功能”。

在功能分析范式中，默顿提出了功能替代的概念，即同样的功能可以由不同的事项来实现，某一事项发挥的功能可以被替代，“我们必须提出功能分析的一个主要公理：正如同样的事项具有多种功能，同样的功能可

---

① “公安机关专项打击‘全能神’邪教组织　抓获犯罪嫌疑人近千人”，资料来源于新华网。

② 罗伯特·默顿：《社会理论和社会结构》，唐少杰等译，译林出版社2006年版，第121页。

③ 同上书，第129—130页。

由不同的事项以各种方式来实现”。[①] 默顿还用清教主义与科学兴起的关系形象地说明功能替代现象，“不能把清教主义历史上的具体运动作为对那一时期英国科学迅速崛起的先决条件；功能上等价的其他意识形态运动，也可以发挥作用，为渐露头角的科学争得广泛受到承认的合法性。……这一研究的解释……并不预先假定只有清教主义才能有这一功能。清教主义只是碰巧在那个历史时期和地点提供了主要（但不是独一无二）的支持。但这并非是不可或缺的”。[②]

默顿的功能分析范式表明，功能分析的“作用对象”不同，某一“事项”发挥的功能也不相同，功能分析应区分不同的“作用对象”。分析基督教的功能也是如此，也应区分功能的作用对象。这里我们从信徒个体和政府两个层面简要分析基督教组织的功能。

对于信徒个体而言，宗教组织发挥的功能与信徒个体的需求密切相关。马斯洛的需求理论表明，人的需求是分层次的，既有生理需求、安全需求等低层次的需求，又有爱和归属、尊重和自我实现等高层次的需求。[③] 关于基督教对于信徒个体的功能，下一节将结合实际调查进行具体分析，这里我们首先分析一下基督教对于政府的功能。

对于政府而言，基督教组织的功能具有两面性。一方面，政府承担着提供公共服务、满足民众需求的责任与义务，而基督教组织又是提供公共服务、满足民众需求的一种制度设置，因此宗教组织可以成为政府的“帮手”：帮助政府满足社会需求、解决社会问题、化解社会矛盾、促进社会和谐。特别是在政府职能转变、政府公共服务外包、激发社会活力、创新社会治理的大背景下，宗教组织有可能成为政府合作的伙伴，与政府合作开展公共服务、满足社会需求。从这一意义上看，基督教组织对于政府具有积极的“正功能”。

但另一方面，任何宗教又都是有神论的信仰体系，是基于特定信仰的“非政府”组织。有神论的信仰体系与无神论的意识形态，在价值观念上

---

① 罗伯特·默顿：《社会理论和社会结构》，唐少杰等译，译林出版社 2006 年版，第 126 页。

② 彼得·什托姆普卡：《默顿学术思想评传》，林聚任等译，北京大学出版社 2009 年版，第 129 页。

③ 马斯洛：《动机与人格》，许金声等译，中国人民大学出版社 2007 年版，第 18—30 页。

本身就存在着一定的冲突。同时，作为一种“非政府”组织的宗教，对于党的执政也存在一定的“潜在挑战”。因为组织是一种重要资源，是集体行动最主要的载体，任何独立于政府的大型民间组织对于党的执政都是一种潜在挑战。① 正如《环球时报》在评论北京守望教会时所指出的，“成立任何大型组织，在中国一直是受到认真对待的事情。几十年来中国社会形成了这方面的审慎习惯，政府的相应管理一直比较严格。这方面是否需要有所松动，是全社会的政治大事。”② 即便是政府认可的三自教会，当教会与政府发生摩擦与冲突时，也会产生一定的抗争行为，浙江温州的“拆堂事件”已经证实了这一点。有关媒体报道，截至 2014 年 7 月底，浙江全省拆、改各类违法建筑中涉及宗教和民间信仰的违法建筑面积仅占全省拆改总量的 0.26%。依法处置涉及宗教的违法建筑，包括涉及五大宗教和民间信仰违法建筑在内的所有违法建筑。在涉及五大宗教和民间信仰违法建筑拆改面积中，涉及基督教违法建筑的仅占 2.3%。③ 尽管拆改涉及基督教违法建筑的面积很小，但招致的抗争却是最大的，并且引起了海内外的普遍关注。从这一意义上看，建立在共同信仰、拥有数量庞大信徒、具有强烈归属性和认同感的基督教，是一种“潜在的”政治力量，这种“潜在的”政治力量对于党的执政有着“潜在的挑战”。因此，基督教对于政府来讲又具有一定的“潜在负功能”。

面对基督教组织功能的“双重性”，政府如何治理基督教？理性的政府将会采取功能替代的策略满足民众的需求，通过潜在挑战能力较小的组织满足民众需求，从功能上替代挑战潜力较大的基督教，进而预防和避免宗教组织的潜在挑战。在研究政府监管民间组织的管理策略时，康晓光等指出，在特定的时空内，社会成员对公共物品的需求是一定的。政府主导的社会组织供给公共物品的种类越多、数量越大，自发的民间组织供给的空间就越小，社会对民间组织的需求也就越小。“政府主导的供给方式实质上是一种功能替代”，“通过政府主导的供给方式，政府培育了‘可控的’第

① 康晓光、韩恒：《分类控制：当前中国大陆国家与社会关系研究》，《社会学研究》2005 年第 6 期。

② 《环球时报》的评论：《个别教会要避免让自己政治化》2011 年 4 月 26 日。

③ 浙江回应拆除教堂等宗教违法建筑：依法处置 宗教领域也不例外，资料来源于观察者网。

三部门组织体系，并利用它们满足社会需求，从功能上替代那些‘自治的’第三部门组织，消除了‘自治的’第三部门组织存在的必要性，进而避免社会领域中出现独立于政府之外的第三部门组织，最终达到消除挑战势力和满足社会需求的双重目的”。[①] 关于功能替代的宗教治理策略，康晓光在研究法轮功治理时已明确提出。“法轮功”问题为什么能够出现？社会学的功能主义学派认为，只有满足某种社会需要的组织才能得以存在，“组织之所以能够出现和发展是因为它满足了社会的某些需要”，“法轮功”“满足了人们对信仰、交往、安全和正义的需要”。如何治理‘法轮功’？首先应该“搞清楚法轮功满足了哪些社会需要”，然后“大力发展与法轮功具有同样功能的社会组织，以这些竞争对手取代‘法轮功’”，“这些组织必须既是‘法轮功’的‘天敌’，又是政府的‘伙伴’”。[②]

总之，政府治理基督教的策略与基督教发挥的功能密切相关，理性的政府会寻求潜在挑战能力较小的组织满足民众需求。具体到基督教领域，政府不仅通过“可控的”三自教会满足民众的需求，而且还会通过培养“挑战潜力”较小的非宗教组织满足民众需求，进而从功能上替代“挑战潜力”较大的组织。

三 教会功能：基于实际调查的分析

功能替代的实质是政府通过挑战潜力较小的社会组织满足民众需求，进而从功能上替代挑战潜力较大的组织。一个核心的问题是，基督教满足了民众哪些需求？基督教发挥的功能能否被替代？

调查表明，改革开放以来信徒皈信基督教主要是需求性皈信，所谓需求性皈信是指信徒为了满足非宗教性的世俗性需要而皈信基督教，比如为了治病、保平安、赚钱、求子、消除内心恐惧等。[③] 结合马斯洛的需求层

① 康晓光、韩恒、卢宪英：《行政吸纳社会：当代中国大陆国家与社会关系研究》，新加坡世界科技出版集团 2010 年版。

② 康晓光：《关于“‘法轮功’问题”的思考》，1999 年，http：//www. usc. cuhk. edu. hk/PaperCollection/Details. aspx？ id = 41。

③ 韩恒、王瑛：《需求性皈信和习得性皈信：农村熟人社会的基督教皈信》，《北京师范大学学报》（社会科学版）2014 年第 5 期。

次理论，信徒个体非宗教的世俗性需求大致可以归为三类：物质层面的需求、社会层面的需求和精神层面的需求。对应于信徒的三种需求，基督教的功能也主要体现在三个层面：物质层面，宗教组织发挥的功能主要表现为减轻身体上的疾病与痛苦（因病信教）、信徒之间的物质帮扶与救助等；社会层面，作为一种社会组织的宗教发挥着满足信徒间交流交往、提供心理归属和认同等方面的功能；精神层面，作为一种信仰体系（价值解释体系）的宗教发挥着提供人生意义、解释不可预测事件等方面的信仰与解释功能。

在物质层面，中国社会科学院组织的问卷调查表明，影响信徒信教的因素中，因病信教的比例高达68.8%①，关于基督教“信教治病”的功能，已有大量调查予以证实，这里仅举一例。在河南许昌一个村庄进行调查时，一位信徒曾这样介绍自己的信教经历：②

> 当时信教时，丈夫已经是第四次住院了，长年的医药费让家里欠了很多债，“我自己也是经常腿疼，起初别人劝我信基督教，我还半信半疑”。后来在劝说者的热情照顾的感动下，“我还是忍着疼痛去教堂做了一次礼拜，谁知从教堂回来后腿就真的不疼了，晚上也终于睡了个好觉，这之后我就开始信教了”，并劝说丈夫信教治病。

丈夫也介绍：

> 信主了，心情就会安定，疾病就会消除。我以前身体特别不好，4年连续住了4次院，每次都得住个把月，整天吃药，住院，花钱，家里已经欠了很多钱。妻子当时已经信主了，也劝我信主。我根本不相信这一套，还说她是瞎胡跑，不让她信。后来看着她的腿疼逐渐好了，我就不再说什么了，我也开始跟着老伴儿去做礼拜了。3次礼拜后，病已经好得差不多了。你看我现在身体多健康！

① 中国社会科学院世界宗教研究所课题组：《中国基督教入户问卷调查报告》，载《中国宗教报告（2010）》，金泽、邱永辉主编，社会科学文献出版社2010年版，第199页。

② 资料来源于陈二培的陈村基督教调查（2013）。

除了减轻身体上的疾病与痛苦，基督教还发展一定的救助功能。在河南新乡一个农村教会调研时，调查员参加了一次教会的探访活动：①

> 离开聚会点，领头的信徒带着约莫20个信徒去旁边的商店买了一箱礼物，说是要探望生病的信徒。我跟在后面走进了这位信徒的家里面。信徒们七嘴八舌地在安慰病人，也时不时地说一些玩笑话宽慰病人的心，从谈话中得知病人大概是得了脑血管病，妻子跑了，和儿子相依为命。不多会儿，聚会的领头人从外面拿着一箱礼品回来，放在桌上，站在病人旁边说了一些宽慰的话，又从口袋掏出一些钱，数了数一共525元，说是姊妹的帮忙，让病人收下，病人觉得不好意思，不愿收，但姊妹百般劝说，终于收下了这些钱，并百般感激。

事实上，教会内部组织的类似探访活动非常普遍，有学者曾对温州地区一个镇的教会探访进行调查。调查表明，全区共有41个堂点1个聚会点，拥有1200名看望工人。教会根据每个堂点辖区大小，将探望工人分为多个小组，每个小组由探访组组长、成员构成，有的探访组还固定了探访对象。探访组开展的安抚病痛信徒、解决信徒家庭纠纷、帮扶困难信徒等活动在当地社区影响很大。② 下面是作者介绍的一个具体探访事例：

> 村里一位老婆婆，儿女都在国外，家中无人照顾，只得请人照料。但是由于老人毛病多，而且脾气又不是很好，难得照顾，所以请了三个保姆，工资虽然也给得不少，但第一个勉强干了约半个月就走了，后面两个也只坚持了将近一个月，而且还一时没人愿意去照顾这位老婆婆。我们教会知道这件事情后，就每天安排几个姊妹轮流照顾了五六个月，一直到老婆婆过世，我们又通知她的子女，为她做追思（礼）。她子女回来后，对教会那是非常感激，对教会的评价很好，他们要给钱，教会没要，当然不能要，主内皆兄弟姊妹嘛，照顾她就

① 资料来源于吴小攀的西张巨村基督教调查（2013）。

② 李峰：《乡村教会的组织结构及其运行机制——温州市瓯北镇基督教教会组织研究》，上海大学博士论文，2004年，第90—98页。

跟照顾自己亲人一样，哪能要钱，这个事情在我们这反响很大。

当然，除了物质层面的功能之外，教会在满足信徒社会层面需求、精神文化层面需求上也发挥着重要的作用。有学者曾对豫西南的基督教进行调查，分析了基督教在农村发挥的公共娱乐文化功能，作者曾详细描述了当地教会集体性文娱活动的开展情况：①

我们这里的圣诞节办得很热闹，一般都是提前两个多月就开始准备，主要节目形式有，比如戏曲、快板、对口词、小品等当地老百姓喜闻乐见的传统节目，还有军乐演奏、独唱、诗班合唱，以及福音信息和个人见证等方面。教会跟社会上的搞文艺演出活动不同，我们是借文艺演出传福音，就是说，所有的节目在内容上都必须服务于传福音这个主题。我们这里有个戏班，他们自己编有专门的福音剧本，对口词、快板、小品的内容都是兄弟姊妹自发编排的。演出地点一般以乡为单位，在外面空地上临时搭建个舞台。圣诞节演出前我们会认真排练排练，安排有主持人，争取搞得像个样子，把福音见证出去。有条件的教会，圣诞节演出当天还买有水果、瓜子、准备简单的饭食……除了在圣诞节组织演出活动传福音外，我们还在春节大年初一和这里每年三月的庙会节举办福音聚会或文艺演出，目的是让大家避开那些传统习俗中敬拜假神的因素，坚固大家信心，而文艺演出可以烘托节日气氛，所以不参加庙会或初一拜门的也不会感到冷清，照样热闹。

总之，一系列的调查表明，人们皈信基督教大都是因为各种各样的世俗性需求，而基督教在物质层面、社会层面和精神文化层面满足了信徒多样化的需求。事实上，这些世俗性需求不仅基督教能够满足，其他的宗教组织、甚至是非宗教的民间团体也能满足。如果非宗教的民间组织或者其他的宗教组织，满足了民众的各种需求，基督教的发展将会受到一定

① 杨江华：《改革以来中国基督教兴起的结构制度分析》，中国人民大学博士论文，2010年，第69—75页。

影响。

四 替代策略：多层次功能替代

默顿功能分析范式的一个重要启示是：某种特定的需求并不必然有某一事项来实现，同样的功能需求可以由不同的事项来实现，即存在功能替代现象。具体到信徒的各种需求，对于信徒物质层面的需求，宗教组织可以满足，非宗教的社会保障制度也能满足；对于社会层面上的交往归属需求，宗教组织可以满足，非宗教的其他民间组织（兴趣团体）也能满足；对于人生意义的追求，宗教组织可以提供，非宗教的儒家文化也能提供。如果信徒的特定需要通过非宗教的途径获得了满足，宗教的发展就会受到很大的影响，因为宗教生存的土壤已不复存在。

对于无神论的政府，由于基督教组织存在一定的“潜在负功能”，为了避免和预防宗教组织的“潜在挑战”，政府治理宗教的首要选择是通过非宗教的方式满足民众需求，进而从功能上抑制、替代宗教组织的发展。比如通过现代的社会保障体系应对民众物质生活匮乏的风险，通过发展医疗卫生事业减轻民众身体疾病的痛苦，通过培育各种民间兴趣组织满足民众交流交往、归属、认同的需求，通过复兴儒家文化提供民众安身立命的基础，等等。通过非宗教方式替代宗教的功能，已经获得相应实证研究的支持。有关宗教组织社会保障功能的研究指出，人们所面临的疾病风险越高，宗教选择的概率就越大，随着健康状况的恶化，农民信教的可能性就会增加；社会保障水平能够显著地降低信徒的宗教性，社会保障水平越高的农民，宗教参与时间就越短，并且农村“新农合”的开展能够有效地降低农村宗教信仰的增长速度。①② 有关农村公共文化供给与农村信仰之间关系的研究也表明，农村公共文化供给与农村宗教发展之间具有显著的负相关关系。在村级水平，农村公共文化设施和农村公共文化活动供给的增加能够显著降低农村信教的比重；在农户水平，农村公共文化供给能够

① 阮荣平、刘力：《中国农村非正式社会保障供给研究——基于宗教社会保障功能的分析》，《管理世界》2011 年第 4 期。

② 郑风田、阮荣平、刘力：《风险、社会保障与农村宗教信仰》，《经济学》（季刊）2010 年第 3 期。

显著降低农户个体宗教选择的概率。①

当然，并不是民众的所有需求都可以通过非宗教方式获得满足，信徒的需求中可能存在一定的宗教需求。正如宗教市场论所强调的，宗教需求不仅存在，而且长期来讲是稳定的。② 这种特定的宗教需求难以通过非宗教的范式获得满足，必然要通过宗教的方式来满足。对于民众的宗教需求，政府事实上鼓励传统宗教信仰的发展，满足民众的信仰需求，进而从功能上替代外来宗教信仰，这也是宗教生态论者的核心要义。因为传统宗教信仰已经本土化，与政府之间的张力（或潜在张力）较小，对政府的挑战（或潜在挑战）也较小。一个理性的政府，理应鼓励“潜在挑战”较小的宗教组织，进而从功能上替代“潜在挑战”较大的宗教组织，近年来传统信仰的复兴以及政府对传统信仰的支持，已经证实了这一点。

每一种宗教内部，又有合法组织（已登记宗教组织）和非法组织（未登记宗教组织）之分。如果民众的宗教需求存在某种偏好，只喜欢某种特定的宗教信仰，那么这种宗教需求只能通过特定的宗教组织来满足。如果某些民众只喜欢基督教信仰，对于这种特定偏好的宗教需求，政府的替代策略是鼓励该宗教中合法宗教组织的发展，通过合法宗教组织，满足民众特定的宗教信仰需求，进而从功能上替代该宗教中非法组织的发展。因为与合法宗教组织相比，非法宗教组织对于政府的“潜在挑战”更大。具体到基督教领域，政府一直在保护三自教会的发展，进而从功能上替代未登记教会。在河南的调研发现，基督教的家庭教会与三自教会之间存在着此消彼长的关系，在家庭教会发展较快的地区，三自教会的建设一般来讲相对薄弱，这说明三自教会和家庭教会之间存在着功能替代现象。

当然，政府的多层次替代策略并不是完全有效，还存在“替代失灵”现象，大量未登记教会的存在就是替代失灵的具体表现。在未登记教会中，有温和教会和极端教会之分。对于温和的未登记教会，如果没有出现违法犯罪活动，政府在一定程度上予以容忍，因为这些组织对于政府的挑

① 阮荣平、郑风田、刘力：《公共文化供给的宗教信仰挤出效应检验》，《中国农村观察》2010 年第 6 期。

② 斯达克、芬克：《信仰的法则——解释宗教之人的方面》，杨凤岗译，中国人民大学出版社 2004 年版，第 237—242 页。

战相对较小。而对于极端的未登记教会，政府坚决予以打击，因为这些组织对于政府的挑战相对较大。具体到基督教领域，只要未登记教会没有表现出“过激”行为，政府基本上采取了“默许”态度。而对于类似“全能神”这样的邪教，政府则采取了严厉打击。

总之，对于无神论的、一党执政的政府，面对基督教的快速发展、家庭教会的普遍存在以及邪教的蔓延，国家采取了多层次功能替代的策略治理宗教：通过非宗教的方式满足民众需求，进而从功能上替代宗教组织的发展；在“宗教市场”内部，通过传统宗教信仰满足民众宗教信仰需求，进而从功能上替代外来宗教信仰；在基督教内部，鼓励合法（登记）宗教组织的发展，进而从功能上替代非法（未登记）宗教组织。在替代失灵领域，政府容忍温和宗教组织的存在，进而从功能上替代极端宗教组织。当然，即使政府实施了多层次功能替代策略，极端宗教组织可能还会不同程度存在。对于这些极端宗教组织，政府实施底线控制，严厉打击取缔。

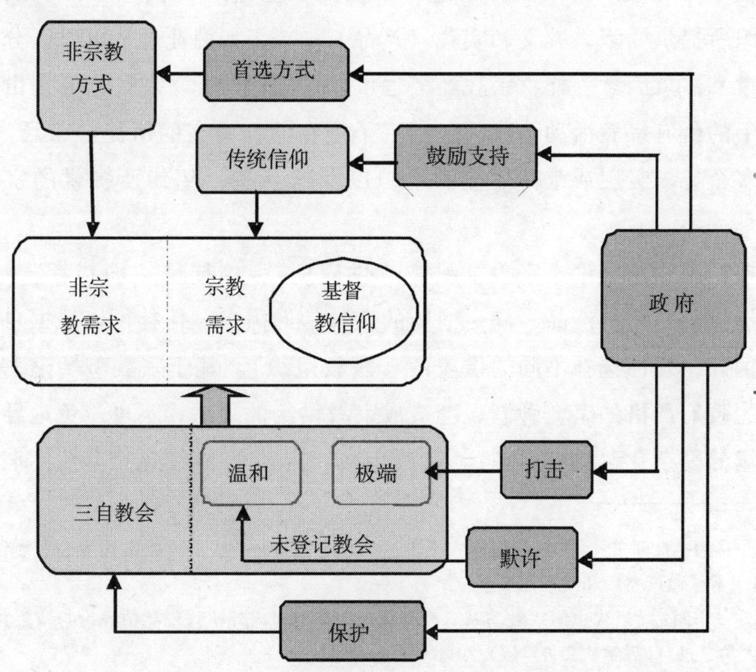

图 1　多层次功能替代示意图

五　功能替代：宗教市场论和宗教生态论的启示

关于宗教治理，学术界主要有两种互相“对立”的观点，一是来源于西方的宗教市场论；一是产生于本土的宗教生态论。[①][②] 尽管两种理论的政策主张相互对立，但二者实质上遵循着同样的分析逻辑，即宗教功能论的分析逻辑，并且两种理论都暗示着“功能替代”的观点。

宗教市场论主要来源于美国学术界，核心是借用经济学的概念分析宗教现象，认为人们选择或改变自己的宗教信仰是“理性行为”，“把宗教理解为理性的、相当明了情况的行为者选择‘消费’宗教‘商品’，就像他们消费世俗商品时权衡代价和利益一样”。[③] 根据这一理解，宗教市场论把社会中的宗教子系统类比为商业子系统的“宗教市场”，“两者都包括有价值的产品的供求关系”，“宗教经济的构成包括现有的和潜在的信徒（需求）市场，寻求服务于这个市场的一些组织（供应者）以及不同的组织所提供的宗教教义和实践（产品）”。[④] 正如商业经济可以区分为供应因素和需求因素一样，宗教经济也可以这样区分，“宗教经济是由一个社会中的所有宗教活动构成，包括一个现在的和潜在的信徒‘市场’，一个或多个寻求吸引或维持信徒的组织以及这（些）组织所提供的宗教文化”。[⑤]

根据宗教市场论，宗教组织是“供应商”，信徒是“消费者”，宗教组织提供的是精神产品，满足信徒的宗教信仰需求。信徒可以根据自己的需求偏好，理性选择不同的供应商（宗教组织）。基于宗教市场论，有学者认为政府严格的宗教管制，会造成宗教供给的短缺，不可避免地导致宗教市场的复杂化，即出现三个宗教市场：合法的“红色市场”、非法的

---

① 王超、高师宁：《宗教管理模式论争的回顾与思考——从“宗教文化生态平衡论”说起》，《世界宗教研究》2012 年第 5 期。

② 张志刚：《当代中国宗教关系研究刍议——基于国内外研讨现状的理论与政策探讨》，《北京大学学报》（哲学社会科学版）2011 年第 2 期。

③ 斯达克、芬克：《信仰的法则——解释宗教之人的方面》，杨凤岗译，中国人民大学出版社 2004 年版，第 53 页。

④ 同上书，第 44 页。

⑤ 同上书，第 237 页。

"黑色市场"以及处于合法和非法之间的"灰色市场"。[①] 也就是说，宗教管制越严，宗教黑色市场和宗教灰色市场就越大。黑色市场和灰色市场越大，社会就越不稳定。因此，维护宗教稳定与社会和谐，就应该放松管制，实施宗教之间的自由竞争。

与主张放松宗教管制的宗教市场论相反，宗教生态论主要来源于本土宗教学界，核心主张是采取宗教干预政策，维护宗教之间的"生态均衡"。所谓"宗教生态"是指社会中各种宗教的存在状况，它与自然界的生态有类似之处。在正常情况下，各类宗教形态彼此间应该是互相制约而达到一个平衡状态，即各类宗教各得其所，都有它们的市场，满足不同人群的需要。但如果人为地不适当干预，就会破坏它们的平衡，造成有些宗教发展极其迅速，有些则凋零了。改革开放后基督教的快速发展就是中国宗教生态失衡的结果。[②] 在具体表现上，"外来宗教的比重远大于中华传统信仰"，"历史上主导诸宗教精神方向的儒学不仅被边缘化，而且被妖魔化"，"民间信仰缺失"，"填补这一缺失最具活力的是尚未充分中国化的基督教，基督教以历史空前的过快速度在城乡增长，成为正式信徒最多的宗教，削弱了中国宗教文化的民族主体性，急剧地改变着中国宗教原有的结构版图"。[③] 宗教生态论暗含的政策主张是：维持宗教生态平衡需要遏制基督的快速发展，遏制基督教的快速发展需要扶植中国传统宗教，扶植中国传统宗教需要强化宗教管制政策，改变现有的宗教政策，建立新的文化战略。[④]

尽管宗教市场论和宗教生态论在宗教治理的对策建议上相互对立，但二者内在的分析逻辑实质上是一样的，即都是建立在宗教功能论的基础之上。两个"对立"理论的共同启示是：宗教组织具有满足民众需求的重要功能，宗教组织发挥的功能可以相互替代。只不过宗教市场论主张，在满足民众需求、发挥宗教功能上，宗教组织之间应自由竞争、优胜劣汰，

① 杨凤岗：《中国宗教的三色市场》，杨江华译，《中国农业大学学报》2008 年第 4 期。

② 段琦：《宗教生态失衡对基督教发展的影响——以江西余干县的宗教调查为例》，《中国民族报》2010 年 1 月 19 日。

③ 牟钟鉴：《宗教生态论》，《世界宗教文化》2012 年第 1 期。

④ 高师宁：《从"宗教生态失衡"论看中国社会对基督教的认识》，2012 年，来源于普世社会科学研究网，http：//www. pacilution. com/ShowArticle. asp？ArticleID = 3905。

自发地实现相互的功能替代；而宗教生态论主张，政府应通过政策干预，鼓励传统宗教信仰的发展，满足民众的信仰需求，从功能上抑制外来信仰的发展，维护宗教之间的均衡。本文提出的多层次功能替代，不仅包括宗教组织内部的相互替代，也包括非宗教组织与宗教组织之间的功能替代。

原载于《宗教社会学》第三辑

社会组织嵌入式管理中的功能定位

——以广州市社会组织培育基地为例

褚　蓥①

一　问题提出

近几年，全国各地的社会组织培育基地纷纷出现。其大都采用“政府主导模式”、“社会组织主导模式”，以及“政府与基金会合作模式”三种类型。② 但无论哪种模式，其功能设定都集中在社会组织能力建设这一项上。

我国的相关研究认为，“新常态”下，要想实现有效的社会治理，就必须推动政府放权，并提升社会组织能力。其中，培育基地的作用是面向社会组织开展能力建设，进而推动政府权力的下放。比如，张丙宣基于对行政吸纳式支持性组织的潜在问题的分析，提出要实现社会的良好治理，就必须推动支持型社会组织“从行政吸纳向社会自主治理转变”，“从行政吸纳转变到向社会赋权授能”。③ 所以，支持型组织提供的服务内容主要是培训、咨询服务和能力建设。陈友华等基于对社会组织现实状况的分析，认为政府应加大投入，通过培育基地大力提升社会组织的能力。④ 谭志福提出，目前公益孵化器最受政府欢迎的功能是组织培育功能。政府可

---

① 褚蓥：华南师范大学公共管理学院讲师，管理学博士后，研究方向为社会组织管理。

② 谭志福：《公益孵化器：正确的诊断与错误的药方——兼论地方政府在社会组织培育中的角色》，《中国行政》2014 年第 8 期。

③ 张丙宣：《支持型社会组织：社会协同与地方治理》，《浙江社会科学》2012 年第 10 期。

④ 陈友华、祝西冰：《中国的社会组织培育：必然、应然与实然》，《江苏社会科学》2014 年第 3 期。

以借助孵化器，通过资源对接、政策支持等方式，提升社会组织的能力。其余学者也多承袭上述观点。此外，付建军等虽然谈及社会组织培育过程中的政治性嵌入问题的研究，却认为这种嵌入只是过渡路径。“这种过渡路径意味着政府对社会组织的培育最终会发展到第一种路径，即逐步放宽对社会组织的控制。”① 由此可知，上述研究都有一个价值预判，即认为要实现有效的社会治理，就必须推动政府角色的转变，解除行政力量对社会组织的管理。而在此之中，培育基地扮演着提升社会组织能力，加速政府放权的角色。

我国在经济领域及社会其他领域的经验清楚地说明了一个问题：“政府一管就死，一放就乱。”所以，一味地要求政府放权，放开对社会组织的管理，却不建立起配套的社会组织管理体系，不是正确的路径选择，不能实现对社会的良治。只有在破除旧有的社会组织管理体系的同时，建立一套适应新情况的管理体系，才能实现社会组织管理的顺利“过渡”。而这也正是现在我国政府在探索的事情。那么，在这一新的管理体系中，社会组织培育基地应该扮演什么角色呢？其是否仅能发挥社会组织能力建设的功能，还是能在社会组织管理方面有所贡献？为了回答这些问题，我们对广州市社会组织培育基地开展了研究。

二 个案研究

1. 背景介绍

从 2009 年开始，广州市开始筹划建立社会组织孵化平台。根据 2011 年印发的《广州市福利彩票公益金扶持社会组织发展专项资金管理试行办法》和 2012 年 10 月印发的《广州市福利彩票公益金扶持社会组织发展专项资金资助社会组织培育基地建设管理办法》等的规定，目前，广州市已经建立了四级培育基地，包括：市级、区县级、街道（镇）级、群团组织级等。这些培育基地一共有 30 个。其中，市级的培育基地只有广州市社会组织培育基地（下简称“广州市培育基地”）这一家。

---

① 付建军、高奇琦：《政府职能转型与社会组织培育：政治嵌入与个案经验的双重路径》，《理论与现代化》2012 年第 6 期。

广州市培育基地的成立时间略早于其他培育基地。它是广州市第一批成立的培育基地，筹建于2009年。针对该基地，广州市民政局组织起草了《广州市社会组织培育基地管理试行办法》、《广州市社会组织培育基地培育服务指引》等规章制度，对该基地的运营与管理作出了规范。它的经费主要来源于政府的资助，并由市民政局下属事业单位——广州市社区服务中心（广州市社会组织服务交流中心）具体负责运营与管理。

培育基地重点培育在社会管理领域、公益慈善领域有行业影响力、有发展潜力、社会急需的四类社会组织。社会组织入驻该基地需要经过四个流程，包括：申请、审核、批准与签约入驻。单家社会组织的培育期限一般不超过两年，视具体发展情况可申请延期。该基地向入驻组织提供的服务包括：行政办公及后勤、政策及法律咨询、项目策划、服务指导、交流培训、资源链接以及财务托管、人事托管、交流培训、网站托管等。截至2015年3月，该基地共集中引进了两批社会组织：其中，第一期共引入了30家组织；第二期引入了32家组织。在5年的组织孵化过程中，广州市培育基地发挥了两项功能：能力建设与组织管理。

2. 能力建设

与其他培育基地一样，广州市培育基地也具备社会组织能力建设功能。截至2015年3月，广州市培育基地已经成功孵化12个草根组织。比如，广州市培育基地曾孵化一家向癌症患儿提供服务的草根组织，即广州市癌症患儿家长会。针对这家组织，广州市培育基地提供如下服务：(1)提供办公地点；(2)协助、指导制定组织治理文件、项目策划书等；(3)提供资金托管服务；(4)联系相关资源，并帮助争取到了壹基金的资助；(5)提供对公账号，协助其接受基金会和企业捐赠；(6)担任其指导单位，并协助其在广州市民政局注册为民办非企业单位。

由于有广州市培育基地的支持，该组织不断发展壮大，先后成为广州抗癌协会、广州市义务工作者联合会等机构的正式会员，活动范围已覆盖中山大学附属第一医院、广东省人民医院等8家广州市主要收治癌症患儿的医院，每年服务癌症患儿及其家长超过6000人次。其发起的“为爱光头”等活动获得媒体和大众的广泛关注，并先后荣获“2009—2011年度广州市先进集体”、“2012年壹基金透明典范透明参与奖”、“2012年度广东扶贫济困优秀项目”等奖项。所以，广州市培育基地与其他培育基地一样，在提升社会组织市场能力，扩大社会组织社会影响力方面起到了重要作用。

3. 组织管理

在组织管理方面，广州市培育基地起到了三个方面的作用：

第一，政治引导。关于社会组织政治引导工作，广州市培育基地提出了党建“三个同步”的理念，即机构入驻与党员摸查同步、培育服务及党建指导同步、机构成长与党组织发展同步。

（1）机构入驻与党员摸查同步

所谓机构入驻与党员摸查，指的是在广州市培育基地在审查入驻机构的同时，也对申请人的政治背景开展排查，以了解机构创始人政治背景、机构历史情况，机构党员人数情况等信息。2009 年，广州市培育基地开始接受各类社会组织入驻。一开始，由于申请入驻的社会组织不多，其采用主动出击的方式，寻找与自身理念契合的组织，特别是注重对入驻组织的政治背景的排查。2011 年之后，随着广州市培育基地的社会影响力逐步提升，申请入驻的组织不断增多，它也建立了一套完善的入驻流程。其中，与政治引导相关的内容包括两个方面：

其一，入驻申请。根据《广州市社会组织培育基地管理试行办法》第六条规定，申请入驻的组织需要提交各类申请材料，包括：入驻申请书、社会组织概况、法定代表人、负责人身份证复印件、组织章程、社会组织的财务年度报表等文件。其中，与政治背景审查相关的材料包括社会组织概况、组织章程、法定代表人身份证复印件等材料。在收到材料后，广州市培育基地会对申请组织的历史状况、发起人资料人开展书面审查。比如，该基地曾引入一定数量的香港背景的组织。在引入之初，该基地就对这些组织的政治背景开展了严格的审查。在完成书面审查后，该基地还会约谈申请组织的负责人，以更为详细的了解申请组织的设立宗旨、历史背景、负责人信息、党建情况等信息。结合上述情况，广州市培育基地会提出同意或不同意入驻的意见。同意的入驻的，由该基地上报给广州市民间组织管理局（下简称“民管局”）审定；不同意的，由该基地退回申请材料，并说明理由。

其二，政府审查。民管局在收到材料后，会召集拟入驻社会组织，召开社会组织发起人（举办者）座谈会。在该座谈会上，民管局也会进一步了解申请组织的各项信息，以对其政治背景作出更为完整、全面的判断。

（2）培育服务及党建指导同步

针对社会组织普遍存在的“远政府、轻政治”的现象，在培育服务过程中，广州市培育基地大力加强了党建指导工作。具体包括如下四个方面的内容：

其一，开展社会组织党员学习交流活动。广州市培育基地经常结合自身培育服务内容，组织开展了各种类别的社会组织党员学习交流活动，如开展各类沙龙、工作坊、座谈等交流活动，或者组织观看红色电影。在培训服务中，基地也会有意识地引导社会组织学习社会主义先进理念。比如，该培育基地曾组织开展了领航计划培训项目。该项目是面向入驻组织中高层人员的。除了自己搞活动以外，培育基地还会联合入驻的社会组织，共同组织开展党建活动。比如，基地曾联合广州市星空社会服务发展中心，共同组织社会组织在“七一”建党日参观广州市某社区家综服务中心；联合多家入驻社会组织，共同组织参观黄埔军校的学习交流活动等。通过上述活动，入驻社会组织参加党建活动的积极性大为增强，改变了以前逢党建活动就要依靠摊派人头凑人数的做法，有效地扭转了社会组织“轻政治”的传统观念。

其二，以党建带动社会组织工青妇建设。为推动社会组织的群团组织建设，广州市相继成立了社会组织工会工作委员会、共青团广州市社会组织工作委员会和社会组织妇女工作委员会，并在市培育基地挂牌。通过这些工作委员会，群团组织拉近了自身与社会组织的距离，更为直接地吸纳社会组织成员，提高了工作的效率。比如，入驻组织的成员基本都参加了工会，且女性都参加妇联组织的活动。

其三，联合枢纽型组织合作开展政治引导工作。在广州市培育基地入驻的组织中有一些是枢纽型组织。该培育基地利用自身这一优势，与枢纽组织通力合作，针对社会组织开展了多项政治引导工作。比如，广州市培育基地曾与广州市社工协会联合举办“使命同行”培训计划。该计划由广州市培育基地主办，由广州市社工协会承办，发动广州市社工协会的会员组织参加。该培训内容包括社工在社会建设、公共服务中的地位、作用，以及正确的价值判断等。

其四，党建信息化工作。围绕党的十八大提出的党建工作的方向，以及广州市政府提出的“智慧党建”的指导思想，广州市培育基地开展了党建信息化工作，包括：建设社会组织党员信息系统；上线党员学习教育系统（网络学堂）。这为政府有效掌握入驻组织党员的信息开拓了新的渠道，同时也促进了党员教育与培育的多样化发展。

(3) 机构成长与党组织发展同步

在推动社会组织成长的同时，广州市培育基地还在社会组织中不断发展党组织。这包括三个方面的内容：

其一，指导社会组织成立党支部。在开展培育工作的同时，广州市培育基地还不断地向入驻社会组织宣传建立党组织的优越性，鼓励社会组织建立党支部。通过5年的努力，该培育基地先后指导7个社会组织成立了党支部，包括：广州市成长动力社会工作专业发展与资源中心、广州市广爱社会工作服务中心、广州家庭服务业协会、广州市连锁经营协会、中大社工服务中心、广州市金丝带特殊儿童家长互助中心、广州市社会组织联合会等。

其二，结合“培强扶弱”工作，在社会组织中创建党建工作示范点。2014年，根据广州市民管局、组织部的要求，广州市培育基地会组织入驻社会组织申报党建工作示范点，并配合政府相关部门对申报的组织开展评估工作。根据评估结果，广州市民管局选择了三家党建工作成熟的社会组织，授予了“党建工作示范点”称号，并提供一定的资金支持；同时还选出了部分评估不达标的组织，由示范点党组织结对帮扶，以先进带动后进，共同提升党建工作的水平。

其三，社会组织党委工作下派。由于有广州市培育基地的配合，广州市政府能够更为便捷地向入驻社会组织的党支部下派工作。比如，市社会组织党委办公室就曾通过广州市培育基地联系广州市社会组织联合会的党支部，在其下设立了党建指导员。

综上，广州市培育基地发挥了广州市社会组织党建工作桥头堡的作用。其通过组织遴选、能力培育、机构发展等方式，推动社会组织党建工作的不断深入，从而构建起了一条“从服务宗旨审查，到党建活动开展，到党组织成立，再到党委工作下派”的路径（见图1）。通过这条路径，政府可以深入到社会组织内部，引导社会组织走向正确的方向，成为政府在公共服务中的可靠伙伴。

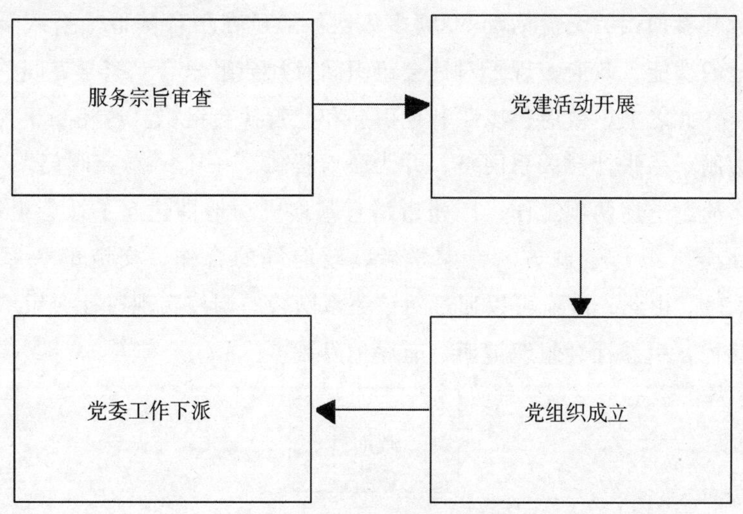

图 1　广州市社会组织培育基地政治引导路径

第二，网络构建。在加强对社会组织的政治引导的同时，培育基地还通过多种方式搭建社会组织外部关系网络，扮演了以下两种角色：

（1）资源共享的平台

广州市培育基地主动为入驻组织对接资源。其主要通过广州市公益项目推介会等平台，与政府部门、爱心企业接洽，引导人力、物力向社会组织流动。比如，在癌症患儿家长会（现为“广州市金丝带特殊儿童家长互助中心”）遇到困难时，培育基地曾主动帮其联系广州市义工联会员单位的资源，并帮助其获得了壹基金的资助。据统计，截至 2015 年 3 月，广州市培育基地已经成功为社会组织链接资金约 3000 万元。通过在广州培育基地上搭载资源共享平台的功能，政府实现了对社会资源的有效引导，使其流向特定的领域和组织。由此，政府便能在不直接干涉社会组织内部治理的情况下，有效引导社会组织向着政府期望的方向发展。而且，资源对接活动也能增强政府与社会组织间的联系。

（2）学习交流的园地

培育基地是社会组织交流学习的平台。培育基地启动了多项社会组织交流学习项目，包括“蝴蝶效应”公益人才培育计划、“领航计划”培训班、广州社会组织主题沙龙等，通过工作坊、讲座、讲堂、沙龙等形式推动社会组织交流。据统计，截至2015年3月，社会组织相关负责人、骨干人员共参加相关交流活动3000多人次。通过在培育基地上搭载学习交流园地的功能，政府实现了对社会组织间及社会组织与专家学者间关系的梳理。在此之上，政府得以顺利地引导和监管社会组织。这相当于为社会组织编制了一张社会关系网络，并为政府提供了一个“总控阀门”。综上所述，通过上述两项工作，广州市培育基地成功地搭建起了社会组织间，以及社会组织与资源方、专家学者、政府等的合作、交流的关系网络（见图2）。由此，政府可以通过对该关系网络的调控实现对社会组织的外部性管控，引导社会组织健康、有序地发展。

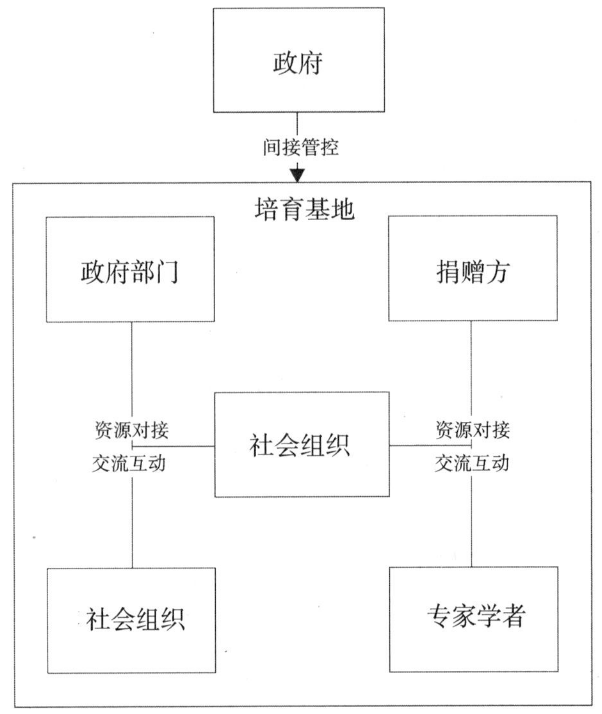

图2 广州市社会组织培育基地结构性嵌入路径

第三，职能转移。广州市培育基地通过资讯传播、政策传达等方式，协助政府将自身公共服务职能向社会组织转移。自2008年以来，广州市开始大力推动政府购买服务的开展。7年来共投入11.11亿元。其中，政府购买服务的主要方向是社工服务。在这一大背景下，培育基地有针对性地引进了广州市大同社会工作服务中心、广州市中大社工服务中心等一批专业社工服务组织。培育基地密切联系广州市民政局社工处，获取各类与政府购买服务有关的政策、信息，并及时分享给入驻社工组织。向这些社工组织提供了专业指导与培训，讲授社工组织与政府部门打交道的方法与技巧等。通过这种方式，广州市大同社会工作服务中心先后进入8个家综中心，承接大量政府委托项目，成为了广州市最知名的社工组织之一；广州市中大社工服务中心先后进入8个家综中心、一个就业辅导服务站，并参加一个计生服务项目，也承接大量政府委托的项目，社会影响力也得到极大提升；等等。

三 讨论：培育基地的功能

培育基地并非仅能发挥社会组织能力建设功能，还能协助政府开展社会组织管理工作。这在现有研究的分析框架中是无法得到合理解释的。那么，我们该如何界定培育基地的社会组织管理功能呢？

1. 讨论的基础

关于政府的社会治理工作，新社会经济学下有一套分析范式，即嵌入式（embeddedness）理论。嵌入式理论认为人们的行动受制于社会关系，"经济行动是一种社会行动，经济行动嵌入于社会关系中并产生了经济秩序"。[①] 基于对社会关系的精准把握，政府可以设计特定的策略组织，以影响人们的行动。这一范式同样可被用于探讨政府与社会组织的关系之上。有学者提出，政府可以针对社会组织的特点设计出独特的策略组织。"基于特定的策略组合对社会组织的运行过程和逻辑进行深度的干预和调控。与此同时，社会组织也愿意主动或被动地接受这种干预和调控，即受嵌行为。"[②]

政府对社会组织的嵌入通常包括三个层面的内容：第一，政治性嵌入，指政府界定自身的政治偏好，并将之在社会组织中传播与渗透，以获取社会组织的拥护与认可。在政治嵌入过程中，政府的工作内容包括：

---

① 冯辉：《论"嵌入式监管"：金融监管的理念创新及制度应用》，《政治与法律》2012年第8期。

② 刘鹏、孙燕茹：《走向嵌入型监管：当代中国政府社会组织管理体制的新观察》，《经济社会体制比较》2011年第4期。

(1)界定自身政治偏好；(2)选定社会组织；(3)在社会组织中反复传播与渗透。第二，结构性嵌入，指政府综合采用各种政策工具，构建与社会组织相关联的社会关系网络，以实现对社会组织的外部性管控。这也就是说，结构性嵌入是要搭建社会组织外部关系网络，并将社会组织纳入到这一网络中去，从而推进政府与社会组织的合作以及政府对社会组织的归口管理。结构性嵌入通常包括三项内容：(1)制定并落实政策；(2)搭建平台；(3)设置归口单位。第三，功能性嵌入，指政府将公共服务职能向社会组织转移，从而实现公共服务职能向社会组织的嵌入。功能性嵌入通常基于结构嵌入之上，必须以结构性嵌入所构建的平台网络为基础。功能性嵌入的目的在于构建社会组织与政府间的良好的伙伴关系，也就是萨拉蒙所说的非营利组织与政府间“伙伴关系”。

2. 可能的解释

结合对广州市培育基地的观察，我们认为培育基地可以作为政府对社会组织开展嵌入式管理的媒介。培育基地除了承担社会组织培育职能之外，还能协助政府对社会组织开展嵌入式管理。具体而言，其在政府的嵌入式管理中作用如下：

第一，政治性嵌入。在政治性嵌入过程中，培育基地能够配合政府，完成对社会组织政治背景的筛选，以及对社会组织的传播与渗透。培育基地扮演了政府对社会组织政治性嵌入的入口的角色，能够协助政府有效地筛选社会组织，提升社会组织的政治理念。

首先，培育基地是政府主导设立的，其中预设了政府的政治偏好。而且，由于培育基地受到政府党委的领导，因此政府也能通过后续的工作强化这一政治预设。在广州市的案例中，广州市培育基地由广州市政府主导设立，保证了该基地的政治导向的正确性，而民管局以及社会组织党委办公室对培育基地的后续工作又强化了这一点。其次，培育基地的入驻流程与标准是政府主导设定的，其中也包含了政府的政治预设。在广州市的案例中，这表现在《广州市社会组织培育基地管理试行办法》等管理规定之中。最后，通过在培育基地对社会组织培育工作中融入政治性工作内容，政府可以实现自身政治理念在社会组织中的传播与渗透。而且，这一种方式是非强制性的，而是基于入驻社会组织对入驻合同的内容的自愿认可之上的。所以，这一渠道更为柔性，更容易为社会组织所接受，效果也更好。在广州的案例中，广州市培育基地通过联合挂牌、开展党员活动等方式，提升了社会组织成员参与党建活动的积极性，推动了党组织在社会组织中的发展，先后指导 7 个社会组织成立了党支部，取得了良好的效果。

第二，结构性嵌入。在结构性嵌入过程中，培育基地能够配合政府构建面向社会组织外部关系网络，增强政府与社会组织间的联系，并为政府对社会组织的管控提供“抓手”。相比政府的其他管理工具，培育基地的优势在于其是一个相对独立的平台，在其上能够搭载多项服务职能。在社会组织发展初期，其发挥的主要是组织培育的职能，即通过资源引导、技能传授等方式，推动社会组织的发展。由此，其便能发挥资源对接平台的功能，并搭建起了一个以其为轴心的“伞状结构”。在社会组织发展中后期，由于社会组织发展较为成熟，其又能转型成为社会组织交流平台，即通过构建社会组织交流机制，如沙龙、政策座谈会等形式，搭建起一个更为复杂的“网状结构”。无论是伞状结构，还是网状结构，都纳入了为数众多的社会组织，是面向社会组织构建起来的外部关系网络。而通过这一网络，政府可以寻找一个切入口，在不干涉社会组织内部治理的情况下，间接地引导和管控社会组织的发展。

在广州市的案例中，我们发现，广州市培育基地同时发挥了资源对接平台和社会组织交流平台的功能。通过这两项职能的发挥，广州市培育基地构建了面向入驻组织的伞状结构和面向更多组织的网状结构。这两个关系网络为广州市政府提供了社会组织管理的“抓手”，使其能够快速动员参与到政府委托公共服务当中，并推动广州市社会治理的良性发展。而这其实也是广州市近两年政府购买服务以及公益创投得以快速发展的重要原因之一。

第三，功能性嵌入。培育基地同样也能协助政府，实现政府公共服务职能向社会组织的转移。培育基地的一大优势在于其位于政府与社会组织之前，能够快速获知政府的最新政策与咨询，并将之及时地传达给社会组织。如此，政府就能快速地找到一定数量的公共服务职能承担主体，从而完成功能性嵌入。在广州市的案例中，广州市培育基地同样发挥了资讯传播、政策传达的作用。其通过联络市民政局民间组织管理局、社工处等部门，获取第一手咨询，并将之快速地在入驻组织中传播，从而提升政府购买服务工作开展的效率。这一成果最终促使很多原本发展较为成熟的社工组织纷纷联系广州市培育基地，希望入驻该基地。由此可见，其在政府功能性嵌入过程中发挥的巨大作用。

四 结论

培育基地并非只能发挥社会组织能力建设的功能。相反，其还能协助政府开展对社会组织的嵌入式管理，即结合政治性嵌入、结构性嵌入和功能性嵌入（政治引导、网络构建、职能转移）三个方面，完成对社会组织的筛选、引导与管理。因此，能力建设与组织管理是社会组织培育基地功能的两个重要方面，其与培育基地一起构成了社会组织培育过程中的“一体两翼”。

此外，值得注意的是，现阶段我国正处于社会组织发展的初期阶段，社会组织普遍能力不强，效率不高。因此，在培育过程中，能力建设的效用更为突出，也更为受到人们的关注。而随着我国社会治理体制改革的不断深入，政府社会治理工作的不断完善，未来十余年间，我国社会组织的能力将得到明显提升。届时，能力建设将不再成为我国为数众多的培育基地的战略重心。其都将面临转型，从能力建设服务的提供者转而成为政府开展社会组织管理的媒介与平台。

中国政府向社会组织转移职能：机理、模式与特点

孙发锋①

自党的十三大强调转变政府职能以来，转变政府职能一直是我国政府管理体制改革的核心和重点。经过多年的探索和实践，我国政府已经认识到社会组织是承接政府卸载职能的适宜主体，没有社会组织的参与和配合，政府职能就不可能转变到位，并事实上形成了政府向社会组织转移职能的四大模式，即给予模式、交换模式、挤压模式和拓展模式。在既定的政治经济环境下，我国政府向社会组织转移职能呈现出边缘性、动态性、非均衡性、渐进性和交互性等特点。

一　政府向社会组织转移职能的机理

分析政府向社会组织转移职能的机理需要从政府职能转变的初始条件谈起。新中国成立后，我国仿照苏联模式建立了与计划经济相适应的高度集权的政府管理体制。在这种体制下，政府控制了几乎所有社会资源，包括生产资料、生活资料和机会资源等。② 适应政府垄断性占用社会资源的需要，中央集权的政府体系对社会的各个领域实行强政治控制，从而导致行政性等级关系普遍化。如同有学者所指出的："在斯大林模式下的社会

---

① 孙发锋，郑州大学公共管理学院副教授，社会管理河南省协同创新中心研究员，主要从事地方政府治理与改革研究。

② 孙立平：《转型与断裂——改革以来中国社会结构的变迁》，清华大学出版社2004年版，第31页。

主义国家，人们既可以观察到一种国家组织内部权力向党和国家的领导机构甚至是向领导人个人集中的过程，即集权化的过程，同时还可以观察到一种国家机构与国家权力关系扩展到社会的各个领域，从而取消或者大大地降低了其他的非权力关系在社会生活中的地位和作用的过程”。① 由于政府垄断和掌握了一切社会资源和公共权力，政府必须承担提供公共物品和公共服务的全责。换而言之，在政府权力支配社会的情况下，自治、自主的社会组织是不存在的，政府是公共物品和公共服务的唯一主体。

改革开放初期，我国的全能型政府面临着种种危机，或者用有些学者的话来说就是“集权失灵”。② 从政治上看，政治集权使领袖个人的重大决策失误酿成全局性的大灾难（“文化大革命”），“极大地损害了马克思列宁主义、社会主义和中国共产党的崇高声誉，玷污了人民民主专政，严重地影响了社会主义建设事业的进程”。③ 从经济上看，“整个国民经济已濒临崩溃的边缘”。④ 从公共产品供给上看，一般政府应该提供的基本公共产品，如稳定的秩序、法律规则、公共服务等，陷入匮乏境地，社会实际上处于“有政治、无政府”的状态。⑤

集权失灵催生改革。中央认识到，不改革就是死路一条。⑥ 中国改革始于经济领域，继而政府管理体制改革也提到议事日程。无论是经济体制改革还是政府管理体制改革，其总的特点是放权。经济体制改革侧重放权于企业，政府管理体制改革偏重政府系统内部的上级放权于下级。但是，以放权为主要特征的改革具有很大的局限性。因为几年后，下放的权力又被陆续收回，重新恢复原先的体制和权力格局。比如，就精简机构来说，1982 年机构改革将国务院工作部门减为 61 个，但 1987 年又增至 72 个。由于社会矛盾和社会问题并没有解决，党和政府不得不启动新一轮的放权

① 唐士其：《国家与社会的关系——社会主义国家的理论与实践比较研究》，北京大学出版社 1998 年版，第 192 页。

② 中国青少年发展基金会，基金会发展研究委员会：《处于十字路口的中国社团》，天津人民出版社 2001 年版，第 21 页。

③ 中共中央党史研究室：《中国共产党历史》第 2 卷（下册），中共党史出版社 2011 年版，第 971 页。

④ 席宣、金春明：《“文化大革命”简史》，中共党史出版社 1996 年版第，352 页。

⑤ 王名：《中国民间组织 30 年》，社会科学文献出版社 2008 年版，第 191 页。

⑥ 《邓小平文选》第 3 卷，人民出版社 1993 年版，第 370 页。

改革。

上述困境使中央认识到，必须转变政府职能，改革才能取得突破性进展。尽管在20世纪80年代初期，邓小平就指出：我们的各级领导机关，都管了很多不该管、管不好、管不了的事，这些事只要有一定的规章，放在下面，放在企业、事业、社会单位，本来可以很好办，但是统统拿到党政领导机关、拿到中央部门来，就很难办，谁也没有这样的神通，能够办这么繁重而生疏的事情。[①] 这实际上已经涉及政府职能问题。但是，当时的认识还是比较模糊和浅显的。至20世纪80年代中后期，出于破除改革困境和深化改革的需要，中央强调："改革必须抓住转变职能这个关键。"[②] 这一重要论断使改革指导思想发生具有重要意义的转变，经济体制改革、政府管理体制改革因而具有新的立意基础，被赋予新的内涵。

当"转变政府职能"这一口号化为实际行动时，立即面临一个现实问题，即由谁来承接政府卸载、释放、放弃、外移的职能。从理论上说，公民个人、市场、企业等均可成为承接的载体。但是，政府非常重视社会组织在政府职能转变中的作用，将之视为适宜的承接主体。自提出"转移政府职能"这一重要论断后，中国政府积极探索利用行业协会、商会等社会组织来协助政府履行行业管理职能。党的十四大指出，政府的职能主要是统筹规划、掌握政策、信息引导、组织协调、提供服务和检查监督。为此，党的十四届三中全会提出发挥行业协会、商会等组织的作用。党的十五大后，中央将政府职能定位于宏观调控、社会管理和公共服务，同时提出要培育和发展社会中介组织。党的十六大将政府职能定位于经济调节、市场监管、社会管理和公共服务。根据十六大精神，"十一五"规划纲要指出，要规范引导民间组织有序发展，发挥民间组织在提供服务、反映诉求、规范行为方面的作用。党的十七大、十八大沿用了十六大提出的"政府四职能说"，并进一步强调了社会组织对于政府职能转移的重要价值。党的十八届三中全会指出："适合由社会组织提供的公共服务和解决的事项，交由社会组织承担。"这就将社会组织与政府职能转移的密切关系在认识上向前推进了一大步。

---

① 《邓小平文选》第2卷，人民出版社1994年版，第328页。

② 《十三大以来重要文献选编》（上册），人民出版社1991年版，第40页。

上述分析表明，随着党对政府职能认识的深化，社会组织的作用愈来愈被强调，越来越多的社会组织参与了政府职能转变过程（从行业组织、社会中介组织、民间组织到社会组织，称谓上的变化很好地说明了这一点），参与的范围和领域也大大扩展。需要指出的是，在全能型政府垄断资源、权力和公共服务供给的情况下，社会组织不具备生存的空间和条件，民众也没有成立社会组织的社会需求。政府职能退缩后，社会组织才获得必要的生存空间和活动空间。所以，政府职能转变不仅对于政府自身建设具有重要价值，而且具有培育社会组织的意蕴。而随着社会组织力量壮大，它们又会推动政府进一步转变职能。图1更直观地解释了政府向社会组织转移职能的机理。

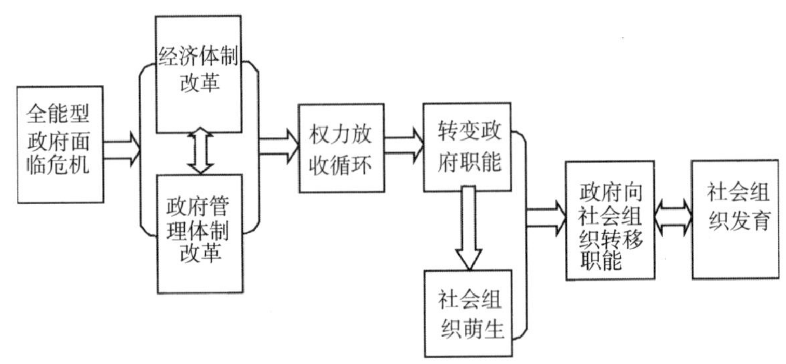

图1　中国政府向社会组织转移职能的机理图解

在政府职能转变过程中，政府为何青睐社会组织？或者说，对于分离的职能，政府为何偏向于交给社会组织？一种理由是，相对于其他主体来说，党和政府认为社会组织更值得信赖。至少相对于市场来说，社会组织的信任度更高。有学者指出："民间组织之于体制外的市场力量来说，它们的优势则在于其并非完全外生于体制而不存在对立甚至对抗的危险。"① 在很多情况下，这种信任来自于一种制度建构，即大量党政官员兼任社会组织负责人。由现任或退休的官员担任社会组织负责人，可以大大提高政府对社会组织信任度，"因为这些人多年来一直是党和政府的骨干力量，在以往多次的重复博弈过程中，这些人被证明在党性和忠诚方面是值得信

① 王名：《中国民间组织30年》，社会科学文献出版社2008年版，第38页。

任的”。[①] 另一种理由是在提供公共服务方面，社会组织具有“比较优势”，比如创新优势、贴近基层优势、灵活优势、效率优势等。[②]

二 政府向社会组织转移职能的模式

改革开放以来，我国各级政府结合各自所处的社会历史条件，积极探索，形成了政府向社会组织转移职能的四种模式。

给予模式。这种模式可以简单地界定为赋予—接受模式，其主要特征是政府的主动性和社会组织的受动性。为了达到调整职能总量、重塑职能体系、改变职能行使方式的目的，政府往往主动将一些具体事项和边缘职能交给社会组织。政府对职能转移迫切性的认知、放弃自身职能的意愿、政府的决心和信心等主观因素，决定了向社会组织转移职能的幅度、范围和速度。政府何时、向谁（哪种类型的社会组织）转移职能，转移什么职能、以什么方式转移职能（委托、授权或其他方式），完全取决于政府的单方面意愿。相对于政府的主导地位而言，社会组织没有作出任何主动争取行为，而消极等待政府的“恩赐”，即政府主动让渡自己的职能空间。显然，在给予模式中，政府与社会组织的地位是不对等的。政府居于支配地位，从自身的主观意图出发自由赋予社会组织某些职能。社会组织的承接行为实质上是对政府赋予行为的一种被动反应。由于缺乏外在的束缚和限制，政府的赋予行为具有很大的随意性：领导人重视，政府向社会组织转移职能的范围就会广一些，参与政府职能转变的社会组织数量就会多一些；领导人的看法和注意力改变了，已经转让的职能可能又被收回。在某些时候，还可能存在“虚给予”情形，即政府只是把处理社会公共事务的责任推给了社会组织，而把处理社会公共事务的权力仍攥在手中。“虚给予”只是做了政府职能转变的表面文章。

交换模式。20 世纪 80 年代后期，我国政府先后进行了多次机构改革。每次机构改革都要裁撤、合并一些政府部门，裁汰大批冗员。在此过

① 谢立平：《关系、限度、制度：转型中国的政府与慈善组织》，北京师范大学出版社 2011 年版，第 198 页。

② 康晓光等：《NGO 与政府合作策略》，社会科学文献出版社 2010 年版，第 146—147 页。

程中，妥善安排“分流人员”的去处不仅关系到机构改革的顺利进行，而且关系到政治稳定。由于不少政府部门举办、创建或者主管有社会组织，并且这些社会组织具有一定的行政级别，享受财政拨款，甚至占有行政事业编制，因而社会组织成为“原政府人员由于体制改革而离开政府后最理想的新集聚点”①。但是，社会组织接受政府分流人员并不是无条件的。当政府提出接受分流人员的要求时，社会组织可能乘机提出转让职能的要求。比如，在民政部决定向中国社会工作者协会分流人员时，“社协负责人就会合乎情理地提出扩大生存空间的要求，要求政府让渡更多的职能给社团，以便社团有更广阔的生存空间”。② 之所以称之为“交换模式”，主要是因为通过这种模式的实施，政府和社会组织都得到了双方想要的东西。政府妥善安排了本部门的富余人员、顺利推进了机构改革，社会组织则获得了新的职能空间和行动空间。

挤压模式。目前学术界的主流观点认为，我国社会组织致力于与政府建立伙伴关系，进而达成合作治理。我国社会组织不会与政府部门的观点相抵牾，不会以施加压力的方式向政府部门提出自己的要求，因而与西方国家的压力集团有本质区别。这种观点显然难以概括政府与社会组织间的全部关系。转型时期，政社关系、政社间的职能地位具有一定的模糊性。也就是说，一些职能应归政府行使还是归社会组织行使，法律法规没有作出明确规定，政府与社会也没有达成共识。在这种情况下，一些组织性强、资源丰富、规模和实力较大的社会组织往往在职能的模糊地带挤压政府，迫使政府从模糊地带撤出。例如，G 省司法厅与 G 省律师协会之间关于律师执业许可权和审核权的争论就说明了这一点。由于法律的模糊规定，G 省司法厅认为，律师执业许可权和审核权属于行政机关的职权，而 G 省律师协会认为该权应该由自己行使。双方僵持不下，二者各发出了一份关于律师年度考核的通知。“府会之争”的最终结果是：律师执业证上出现了两个执业许可章，司法厅的印章在初次颁发执业证时使用，属于行政许可事项；律协的印章，在执业后的每年年度考核时使用，属于执业过

① 张经：《行业协会是政府机构改革、人员分流的保证》，《中国工商管理研究》2002 年第 11 期。

② 贺立平：《让渡空间与拓展空间——政府职能转变中的半官方社团研究》，中国社会科学出版社 2007 年版，第 87 页。

程中监督。“府会之争”使律师与行政机关的关系由多次接触转变为一次接触，律协则代替行政机关与律师多次产生接触。事实上，律协已经侵蚀了政府部门的部分职能，因此，在“府会之争”中，律协可以说是赢家。[①] 当然，在运用这种模式时，社会组织挤压的力度不能过大、过猛，不能超出政府的容忍线，否则，政府会以“添乱子”、“别有用心”等名义，压制或者取缔社会组织，如此，则社会组织面临严重的生存危机。

拓展模式。在经济社会发展过程中，总会出现一些新问题、新矛盾、新需求。这些新问题、新矛盾、新需求处于政府原有职能体系之外，或者是政府想到要做，但是尚无时间、精力去做的事情（顾不上），或者是政府虽然没有想到去做，但是社会组织做了政府也不会反对的事情（不反对）[②]，其原因在于政府会从中得到益处，比如提升合法性和公信力，改善政府形象。在这种模式中，社会组织主要扮演“填补职能空白”、“拾遗补阙”的角色。从表面上看，社会组织做政府部门“顾不上”和“不反对”的事情，不应被纳入政府向社会组织转移职能范畴，其实不然。因为尽管这些事情处于政府原有职能体系之外，但是社会组织要做，还必须得到政府部门允许、支持，至少是默许。从这个意义上，社会组织做政府部门“顾不上”和“不反对”的事情也具有转移政府职能的意蕴。称之为拓展模式，主要是考虑到社会组织的功能和作用已经超出政府原有职能体系之外，开拓了新的职能领域。

三 政府向社会组织转移职能的特点

从总体上看，我国政府向社会组织转移职能具有如下特点：

边缘性。在转变职能过程中，政府只是将一些边缘职能交给社会组织，也就是说，社会组织从政府那里得到是一些次要的、非中心职能。这一点在一些先行省份制定的规范性文件中表现得比较明显。比如，广东省制定的《政府向社会组织购买服务暂行办法》规定，政府向社会组织转

---

① 李建新：《非政府组织视野下律协与政府关系》，法律出版社 2010 年版，第 44—45 页。

② 中国青少年发展基金会、基金会发展研究委员会：《处于十字路口的中国社团》，天津人民出版社 2001 年版，第 112—113 页。

移的职能主要是技术服务事项、社会事务服务事项、辅助性和技术性事务等。[①] 如果说“避重就轻”是政府有意为之，那么充当“助手”和“配角”则反映了社会组织在当下政治环境中的生存智慧。在强政府支配社会的情况下，一旦社会组织有向政府索要核心职能的企图，政府就会压制它的发育，甚至将之列为清理整顿的对象。即使在看似激进的挤压模式中，社会组织占领的也只是政府部门的一些边缘职能。因此，甘当“助手”和“配角”，协助或者配合政府担当一些次要职能，是社会组织获得生存空间的前提。

动态性。尽管社会组织只能对政府职能进行边缘替代，但是何为中心、何为边缘是相对的。从某个时间点来看，社会组织承接的是边缘职能，但是随着时间的推移，随着政府部门思想观念的解放和社会组织能力的提升，社会组织承接的职能越来越多，这些职能如果用旧时的老眼光来看，可能是一些相对重要的职能。事实上，如果观察改革开放以来我国政府向社会组织转移职能的轨迹，会发现社会组织从边缘向中心演化的明显趋势。当然，这是边缘替代的累积效应造成的，因为量变会引起质变。动态性提醒人们，应该从长时段来观察我国政府向社会组织转移职能，不必局限于某一个时间点，片面地断定政府向社会组织转移职能的速度或快或慢。

非均衡性。一般来说，政府职能可以分为政治职能、经济职能、社会职能和文化职能。在这几个职能领域中，发生职能转移的可能性是不均衡的。由于政治职能的履行直接关系到国家政权的稳定和政治统治基础的巩固，因此，在政治领域发生政府向社会组织转移职能的可能性很小。列宁指出：“政治同经济相比不能不占首地，不肯定这一点，就是忘记了马克思主义的最起码的常识。”[②] “一个阶级如果不从政治上正确地看问题，就不能维持它的统治，因而也就不能完成它的生产任务。”[③] 而政府转让经济职能、社会职能和文化职能的意愿要强一些，这些职能往往成为政府让渡的对象。即便在经济领域、社会领域和文化领域里转变职能，其速度也

① 卢轶：《支持社会组织承接政府职能转移》，《南方日报》，2012 年 6 月 1 日。

② 《列宁选集》第 4 卷，人民出版社 1995 年版，第 407 页。

③ 同上书，第 408 页。

是非均衡的。由于中央一直强调政企分开、理顺政企关系是政府职能转变的关键，所以政府向社会组织转移经济职能的速度要远快于社会职能和文化职能。

渐进性。在早期的职能转变过程中，我国政府曾犯过操之过急的错误。20 世纪中后期，我国政府提出以行业协会完全替代政府主管部门的设想。1988 年轻工业部机构改革撤销了下属的各专业局，建立了 44 个协会管理各行业。1993 年国务院机构改革撤销了轻工业部、纺织工业部，组建中国轻工业总会和中国纺织总会。但是，这种完全将政府行业管理职能转移给行业协会的做法，导致许多严重问题。因此，这种激进做法在 1998 年机构改革中得到纠正，国务院各主管部门并入经贸委时，又恢复了纺织工业局和轻工业局的位置。[①] 这个教训使中国政府认识到，脱离实际，盲目追求职能转变的速度和幅度，转变成效往往难以巩固，也越容易走回头路。自此以后，中国政府强调要把政府的意愿与社会组织的数量和质量状况、民众对社会组织的信任度等结合起来，循序渐进，积极稳妥，有重点分步骤地推进政府向社会组织转移职能。

交互性。所谓交互性，是指政府职能转变与社会组织发育之间存在良性互动关系。也就是说，社会组织的萌生和发育得益于政府转变职能，而随着社会组织的成熟壮大，又会为政府职能转变注入源源不断的动力。如前所述，改革开放前，我国不存在真正意义上的社会组织。改革开放后，政府有意识地从某些职能领域淡出，社会组织才获得必要的生存条件。从这个意义上说，政府职能转变与社会组织萌生之间存在因果关系。即是说，社会组织萌生在很大程度上是由政府职能转变引起的。随着政府向社会组织转移职能进程的继续，有越来越多的社会组织承接了政府放弃的职能。在实践锻炼中，这些社会组织的能力得到了很大提高，这使政府更加愿意向社会组织让渡职能。此外，在转变职能过程中，我国政府制定了一系列扶持社会组织的政策措施，比如提供经费支持、给予办公场地、

① 俞可平等：《中国公民社会的兴起与治理的变迁》，社会科学文献出版社 2002 年版，第 146 页。

提供培训机会等，推动了社会组织快速发展。日益壮大的社会组织以更加积极的姿态参与政府职能转变，成为政府职能转变的重要推动力量。

原载于《广西社会科学》2015 年第 8 期

❖农村社会治理❖

采煤沉陷区的治理逻辑：新型城镇化与共同富裕

董江爱[1]

矿产资源是人类赖以生存和发展的物质基础，资源储备及其开发效益是决定国家或地区经济社会发展的重要因素。但对资源型地区来说，资源开采又是一把双刃剑，在创造经济效益、促进经济发展的同时，也造成了生态破坏、环境污染、地质灾害、贫富分化、价值观扭曲和政治生态恶化等突出问题，严重影响了当地的经济发展和社会稳定。尤其对于集生产生活和地质治理并存的采煤沉陷区来说，由于“生态—经济—社会”的矛盾关系凸显，存在着严重的自然风险和巨大的社会风险，潜藏着因自然风险和社会风险交互影响和双重叠加下政治风险。这些风险的背后是多元主体间围绕“煤炭资源”的利益博弈，涉及国家与社会、中央与地方、政府与企业、企业与农民等多种关系。因此，采煤沉陷区治理所遇到的问题，不只是生态环境问题，还有经济问题、社会问题和政治问题。中国是世界第一产煤大国，自改革开放以来的有水快流政策实施以来，由于煤矿资源的掠夺式开采和粗放式经营，导致采煤沉陷区陷入难以自拔的治理困境。本文基于采煤沉陷区这一特殊区域及其复杂的利益关系和治理环境，围绕“生态—经济—社会”多维关系演化规律，从全面、协调、可持续发展的角度探索以城镇化为方向、以共同富裕为目标的采煤沉陷区治理机制。

---

① 董江爱，山西大学政治与公共管理学院院长，教授，博士生导师。长期从事基层民主与乡村治理研究。

一 环境恶化：采煤沉陷区的治理困境

改革开放以来，我国围绕煤矿产权经历了多次改革，每一次改革都在生态环境和生产生活条件、资源管理和收益分配、村矿村企关系、农村集体资产处置和村内权力系统运作等方面引发了大量矛盾纠纷和社会冲突，严重影响了矿区农村的稳定与发展。实际上，我国煤矿产权改革的过程就是国家、地方和企业相互博弈的过程，主要关注经济效益、资源浪费、生产安全和利益分配等问题，忽视了矿区农村和农民最基本的生存、生产和生活等问题，造成了矿区农民负担加重和乡村治理危机加剧，最终为社会灾难和自然灾害的泛滥埋下了隐患，使资源型地区陷入难以自拔的治理困境。①

1. 自然环境：地质灾害和生态破坏

生态环境是人类生存的必备条件和经济社会可持续发展的重要基础，资源开采又是威胁人类生存环境的破坏性产业，尤其是改革开放以来的资源掠夺式开采和粗放式经营，加大了生态破坏和地质灾害的程度，如资源开采造成的山体采空、植被毁坏、地面塌陷、水土流失等地质灾害，严重破坏了资源型地区的生存环境和生产生活条件。以我国第一产煤大省山西省为例：该省自新中国成立以来累计生产原煤约 145 亿吨，净调出 100 亿吨以上，占全国省级煤炭净外调量的 70%。该省在煤炭资源长期大规模开发和掠夺式开采的同时，也付出了沉重的环境代价。据不完全统计，山西因采煤造成了 5000 多平方公里的采空区，其中沉陷区 3000 多平方公里，受灾人口约 230 万人，给人民群众的生命财产安全造成严重威胁。

煤矿开采造成大面积地质灾害的同时，还会造成严重的水土流失和水污染。煤矿开采造成的大面积地下水泄漏，不仅使地下水位下降和地下水均衡遭受破坏，还会使采矿沉陷区变成沼泽或水塘，土地下陷又因雨水无法存留而形成大面积的水土流失，严重影响矿区农民的生产和生活。据一项有 10 名院士参与鉴定的课题表明：山西每挖 1 吨煤损耗 2.48 吨水资

① 董江爱、徐朝卫：《基于煤矿资源的利益博弈与策略选择》，《中国行政管理》2015 年第 2 期。

源，以山西年产5亿吨煤计算，每年有12亿吨的水资源受到破坏，相当于山西省整个引黄工程的总引水量。按每年人均12吨水计算，可供1亿人吃水，可为山西3000万人口每人每月供水3吨。[①] 此外，采矿排出的废水、废液及由此造成的水污染、土壤污染、土地退化等环境破坏，都对矿区农民的生命财产安全形成严重威胁。据专家估计，2004年，山西能源基金收入30亿元，各项收费约5000万元，但仅采矿造成的环境和资源损耗就高达300亿元，而地方政府投入灾害治理的资金却严重不足。据有关部门调查，从1978年到2003年，山西共采煤653108.8万吨，因采煤造成的水资源破坏、水土流失、人畜缺水、房屋建筑破坏等15项损失共计3988.54亿元，处理历史遗留问题总投资需求为1035.44亿元，但山西投资环境治理和生态恢复的资金仅13.85亿元。[②]

在地质灾害严重、生态环境恶化的沉陷区内，形成了“有房不能住、有地不能种、有水不能饮和生活难保障”的特困区，采煤沉陷区成了我国2020年全面建成小康社会的最大障碍。山西省尽管在2004年至2010年已经解决了1049平方公里国有重点煤矿采煤沉陷区内受灾严重的18万余户、60余万人的住有所居问题，目前还有2000多平方公里沉陷区尚未得到治理，170万受灾群众尚未得到安置，其中1352个村、65.5万人因地质灾害亟待搬迁，110万人所居危房亟待加固，治理任务十分艰巨。

2. 社会环境：贫富差距和两极分化

社会发展是包括经济增长在内的人民生活、科技教育、社会保障、医疗保健、社会秩序等方面内容，实质是实现经济社会转型。煤矿开采造成的地质灾害、环境污染、贫富分化、矛盾激化等问题，导致矿区农民的生产生活条件、生存环境、社会福利、医疗、教育、社会公平等进步因素被当作经济增长的代价牺牲了。[③] 我国煤炭资源开采造成了严重的地质灾害和生态破坏，地方官员和煤矿经营者因资源开采暴富但不承担由此产生的负外部成本，矿区农民却在没有获取煤炭资源利益的背景下被动承担了煤

① 邢云鹏：《山西省治理采煤沉陷区纪略》，《中国国土资源报》，2014年3月20日。

② 《“挖煤，山西生态环境之痛”系列报道之五想恢复生态花费要超千亿元》，《山西晚报》，2005年4月29日。

③ 李培林：《另一只看不见的手：社会结构转型》，社会科学文献出版社2005年版，第4页。

矿开采带来的负外部成本，失去了生存环境和生产生活条件，陷入极度贫困。资源型地区由此形成了“贫富差距拉大和两极分化严重”的社会环境。

政府官员利用煤炭资源监管权把国有资源据为己有，或在煤矿审批和经营中收受贿赂，成为煤炭开采和经营的暴富群体。如山西蒲县的郝鹏俊在担任本县地矿局局长、煤炭局局长等职务期间，利用职务之便通过为废旧煤矿办理开采证、利用亲戚名义承包集体煤矿、把集体煤矿低价转变为个体煤矿、利用公共资金对个人煤矿进行技术改造、偷税漏税等手段，在煤炭开采和经营中牟取暴利。据有关部门测算，郝鹏俊经营的煤矿仅从2002年到2008年间就生产原煤213.5万吨，即使按当时的煤炭平均价格计算，经营收入也高达7亿多元。

煤矿经营者在煤炭价格飞涨中获取暴利，却很少承担资源开采带来的负外部成本，成为又一个因资源而暴富的群体。煤炭经营者的暴富主要源于工业化发展对煤炭资源的大量需求以及由此带来的煤价飞涨和煤炭收入在GDP中所占比重增加等因素。与政府官员的暴富相比，煤矿经营者更是闻名全国乃至全球的暴富群体。如煤炭资源丰富的乡宁县自2001年以后，在煤炭价格飞涨中造就了100多个资产数千万甚至逾亿元的煤老板，每个老板的收入相当于一个或多个贫困县的财政收入。再据胡润百富统计，截至2010年底，山西有亿万富翁和千万富翁分别为1250人和14000人，分别位居全国第10、13位。

在地方官员和煤矿经营者因煤矿开采而暴富的同时，矿区农民却因为煤矿开采陷入极度贫困。矿区农村和农民的贫困主要源于资源开采对农业生产条件的破坏、经济结构单一、粮食产量减少与价格不高以及农业收入在GDP中所占比重减少等因素。资源型地区一般通过扩大资源开发规模获取高额利润，而不注重人力资本投资，严重影响人力资源开发、管理创新和技术研发等，进而导致矿区农村人力资源短缺和农民失业，形成地方经济社会可持续发展的瓶颈。煤炭资源型地区大都以煤矿开采和加工为主导产业，矿区农民的主要经济来源也是煤矿产业，但煤企在雇佣劳动中歧视当地农民，使矿区的农民失去了就近就业的机会和最基本的收入来源，加剧了矿区农村和农民的贫困，他们上不起学，看不起病，盖不起房，甚至在寒冷的冬天用不起自己脚下的煤。

3. 人文环境：价值观扭曲和道德滑坡

严重的贫富差距和两极分化导致资源型地区形成了价值观扭曲和道德滑坡。在资源型地区，暴富者的财富非劳动所得，中国农民勤劳致富、邻里互助、救济贫困的传统美德遭遇挑战，拜金主义、享乐主义的生活观念迅速滋生并蔓延，尤其是一些煤矿经营者缺乏事业心和责任心，不注重公益事业和慈善事业，而追求穷奢极欲的豪华生活，他们开高级轿车，住豪华别墅，在国外买奢侈品，在北京、上海等大城市购买高档楼盘，甚至疯狂豪赌、吸毒嫖娼、大肆挥霍，严重影响矿区农村的社会习俗和道德风尚。更为重要的是，暴富的煤矿经营者为富不仁，不仅不承担煤矿开采负外部成本，还通过奢侈的消费行为和不正当的炫富行为加剧了矿区农村和农民的贫困，使他们无法维持体面生活。在煤炭资源丰富的乡宁县流传着两种截然不同的“五子”生活，暴富的煤矿经营者的生活是“盖房子、买车子、包妹子（嫖娼）、掷骰子（赌博）、抽料子（毒品）”，而贫困的矿区农民的生活是“土窑子、泥孩子、破庙子、烂路子、毛票子（指以‘角’为单位的纸币）”。①

地方官员和煤矿经营者利用国有煤炭资源暴富起来，由此造成的负外部成本却由广大矿区农村和农民承担，暴富者的财富获得建立在损害矿区农村和农民利益的基础之上，矿区农村和农民因此遭受的损失却长期得不到补偿，尤其是一些暴富者住高级别墅、开高级轿车等“炫富”行为，挥金如土的生活方式，对待穷人的冷落态度，及其赌博、吸毒、嫖娼等堕落行为，都使得农村原本的淳朴文化和习俗道德完全走样，金钱至上取代人情道义成了资源型农村的文化现象，勤劳致富的优良传统不再被认可，知识、能力、技术等也不再是获取财富的主要生产要素等，这一系列的农村文化衰败，都使得农民的相对剥夺感不断增强，进而形成了较强的“仇富”心理和对社会的不满情绪。

4. 政治环境：社会冲突与政治失序

首先，在煤企与资源型农村和农民的关系上。按照现代产权理论和公平与效率的替代关系理论，人们在享有财富收益的同时必然要承担与这一

---

① 新华网地方联播：《临汾“劝富济贫新政”调查》，2005 年 12 月 8 日。http://www.xinhuanet.com/chinanews/2005-12/28/content_5919370.htm。

收益相关的成本。[①]“如果富人集团无视穷人集团福利进一步恶化的现状，当穷人采取集体行动的边际成本接近于零时，穷人集团与富人集团的谈判就不再依赖于市场规则，而转变为游离于土地、资本和劳动力之外的强取。”[②]说明富人不仅要主动承担财富收益的相关成本，还要注重穷人福利的不断增长。在我国，煤矿经营者因煤矿开采暴富起来，却把因此造成的负外部成本转嫁给矿区农村和农民，使其失去了最基本的生存条件、稳定的职业和收入来源，造成了矿区农村和农民的普遍贫困。煤企长期关注企业效率而忽视煤矿开采给矿区农村和农民造成的损失，最终遭遇矿区农民的集体抵抗。矿区农村和农民针对资源开采引发的地质灾害补偿、征地补偿、道路占用、房屋震裂、地下水破坏、环境污染、合同纠纷、收益分配等问题，采取各种手段甚至暴力手段阻止企业正常生产，企业雇用黑恶势力和不法分子报复村民，很多事件演变为村矿械斗的群体性事件，煤矿经营者被绑架等恶性事件也经常发生，严重影响企业发展和社会稳定。矿区农民绑架勒索煤矿经营者的事件很多，勒索金额从几十万到上百万不等，山西有个煤老板先后 17 次被绑架。

其次，在政府官员与资源型农村和农民的关系上。政府是实现社会良好治理的关键因素，一个开明的政府实际上是为了增进公共利益的一套有组织的制度安排。[③]我国煤炭资源属于国有，政府应该保障其利益的公平分配。但政府官员也是理性经济人，在产权安排为其牟取地方利益和私人利益提供空间时，就可能违背公利牟取私利。在煤炭资源收益分配中，中央关注较多的是矿产资源稀缺性补偿的资源保护和煤矿安全问题，地方政府在行使煤矿监管权中选择地方利益或官员个人利益，都对矿区农村和农民利益缺乏重视，既没有在煤矿开采之前解决矿区农民的移民、居住、生活救助、就业安置等问题，也没有在煤矿开采之后解决矿区水土治理、生态恢复等问题。矿区农民在其利益损失长期得不到合理补偿的情况下，选择集体上访的方式求助于政府，地方官员在处理群众上访事件中，或因上访群众的赔偿要求过高不能满足，或因官煤之间的利益瓜葛而有偏袒煤企

① 平乔维奇：《产权经济学一种关于比较经济体制的理论》，经济科学出版社 2000 年版，第 28 页。

② 魏凤春：《收入分化、制度僵滞与外来的挑战》，《财经研究》2002 年第 12 期。

③ 约翰·密尔：《代议制政府》，商务印书馆 1989 年版，第 26—29 页。

的行为，导致大量的群众上访事件演变为反政府的群体性事件，村民通过打砸政府大楼、公务用车等方式对抗政府，政府通过动用警察等暴力机器的方式镇压群众，最终导致地方治理陷入瘫痪，官民矛盾升级为影响地方社会发展的主要矛盾。

除了矿民矛盾、官民矛盾外，农村干群矛盾也是影响采煤沉陷区治理的重要因素。有的村干部在处理地质灾害补偿、征地补偿、合同签订、福利分配等与村民利益密切相关的经济事务中，不按照村民自治的制度要求做，工作方法简单，民主程序不到位，导致村民对村庄公共事务的决策权、对村庄公共资源的管理权和对村干部的监督权严重缺失，村民自治异化为村干部自治。有的村干部更是以权谋私，把公共资源据为己有，通过暗箱操作中饱私囊。有的甚至与煤企内外勾结，私下低价出卖村庄公共资源，严重损害了村集体和村民利益，引发了村民对村干部的极大不满。

二　新型城镇化：采煤沉陷区的治理方向

新型城镇化是以人为核心的城镇化，关键是解决农业剩余劳动力转移和农民市民化的问题。农民市民化是农民身份由农民向市民转换、农民职业由农业向非农产业转换、农民居住由农村分散居住向城镇集中居住转换的过程，让农民分享城镇化的经济收益和文明成果，实现公共服务均等化。农民在实现这些转换的过程中，需要有稳定的就业、基本的公共服务和社会保障、合适的城镇住房、现代生产生活方式，意味着让农民进入到更高水平、更具现代文明的生产生活方式中来，目的是提高农民的生活水平和社会福利水平。① 采煤沉陷区治理沿着新型城镇化方向，可以降低成本提高效益，使沉陷区农民的居住转换、职业转换、身份转换毕其功于一役。

1. 城镇化方向缺失的治理高成本低收益

采煤沉陷区由于严重的地质灾害和生态破坏，农民失去了基本的生产生活条件，农民居住和职业转换问题成了必须解决的首要问题。在以往的采煤沉陷区治理中，政府和企业都从眼前利益出发，主要采取“移民搬

① 李强：《城镇化关键是农民市民化》，《人民日报》，2013 年 8 月 11 日。

迁和维护加固”等方式解决问题，或整村或部分搬离沉陷区，在本村耕地上盖新村。过几年新村沉陷后，再盖新村再搬迁，花费了大量资金却没有从根本上解决沉陷区农民的居住问题，更没有因煤矿开采提高矿区农民的公共福利和生活水平，还引发并积累了大量的村企矛盾和矿民矛盾，给采煤沉陷区的经济发展和社会稳定埋下隐患。如果沿着城镇化的思路解决问题，必然会在煤矿开采的过程中，逐步解决采煤沉陷区农民转换问题和市民化问题。

2003 年 6 月，国家能源局出台了《关于加快开展采煤沉陷区治理工作的通知》，要求从 2003 年起，力争用三年时间，完成原国有重点煤矿历史遗留的采煤沉陷区全部受损民房、学校、医院的搬迁或加固，以及供水、道路等设施的维修。中央对原国有重点煤矿历史遗留的采煤沉陷区治理投资补助比例提高为：西部地区、东北三省 50%，中部地区（包括河北）40%，东部地区个别矿区 20%。省补助比例要相应提高，把政府扶持的好处切实落实到群众身上。其余资金由地方政府、企业、个人安排和承担。山西在本次中央集中治理中，除了中央财政投资 40% 外，省、市、县、企业、个人的投资比例分别为 10%、5%、5%、30%、10%，对采矿权主体灭失的治理资金，中央、省、市、县、个人分别为 50%、20%、10%、10%、10%。在 2004 年至 2010 年间，集中治理国有重点煤矿沉陷区 1049 平方公里，解决了 18 万户 60 万人的住有所居的问题。但本次集中治理的城镇化方向仍不明显，大多采取以村为单位的集中搬迁，许多搬迁的村庄尽管居住到城镇周围，家家户户也盖起了二层或三层小楼房，但却没有就业的渠道，也无法分享城镇的公共产品和公共服务。同时还由于地质灾害统计中的漏报、错报等原因造成了安置房和安置资金分配不公的问题。一些企业急于开采村庄下面的煤，在城镇周围买地为村民盖起了新村，但却把村民生活最基本的水和气与煤矿接在一起，使村民生活与煤矿命运紧密连接在一起，根本无法融入城镇。还有一些企业借灾害治理之名行资源开采之实，旧灾未治又生新灾，并由此引发了大量的群体性上访事件。

2. *以城镇化为依托的治理低成本高收益*

改革开放以来，我国综合国力的快速增长推动了社会主义现代化进程，但城乡二元结构造成的城乡差距却逐步拉大，农民收入水平和农业生产力水平仍然很低，资源型地区尤甚。进入21世纪后，巨大的城乡差距成为我国生产力发展的严重阻碍，缩小城乡差距、消灭城乡对立迫在眉睫，党的十六大明确提出“统筹城乡经济社会发展”的战略任务。[①] 中央统筹城乡的战略要求，落实到资源型地区的具体实践中，体现为开展“以煤补农”活动，倡导资源企业投资兴办非煤产业和社会公益事业，加快城乡一体化步伐。

山西作为中国煤炭资源第一大省，省委、省政府于2006年针对资源开采造成的巨大灾难，要求建立“以煤补农”的政策机制，鼓励煤炭企业支持和参与所在地区的新农村建设，倡导在全省范围内开展“一矿帮一村、建设新农村”活动，鼓励煤矿经营者主动拿出部分资源利益兴办农村公益事业和兴建非煤产业，希望利用本省的煤炭资源优势提高矿区农民的公共福利。在省委省政府的号召下，各资源型市、县纷纷建立“政府主导、企业主体”的“以煤补农”机制，采取“一矿一村”、“一矿一业”、“一矿一事”等措施，资源企业出资发展非煤主导产业和公益事业，提高矿区农村的公共福利，增加矿区农民的经济收入。

吕梁市是山西省煤炭资源最丰富的地区之一，在全市倡议开展“一企一事一业”的“劝富济贫”活动，具体做法：各煤企按税前利润的15%或每吨煤30元，投资一项社会公益事业（称为一事），或创办一个有利于带动农民增收的非煤产业（称为一业）。全市煤企在活动开展期间共筹集资金360亿元，其中63亿元用于发展公益事业，近300亿元用于兴办非煤产业，在一定程度上解决了采煤沉陷区农民的集中居住和职业转换问题。临汾市在开展这一活动中，重点开展煤企帮助矿区农村发展的帮扶活动，并且不断创新帮扶办法，取得了显著效益。临汾市乡宁县早在2004年就开展了“一矿一业一事”活动，倡导各煤企利用每吨煤30元的资金，兴办本县的非煤主导产业和公益事业，到2008年，全县114个煤企共投资15.3亿元，发展惠农扶农项目641项，极大地改善了生态环境和生产生活条件，增加了农民收入。

从山西各地的经验来看，凡是沿着城镇化的方向解决煤矿沉陷区的问

---

① 江泽民：《全面建设小康社会，开创中国特色社会主义事业新局面》，《人民日报》，2002年11月18日。

题，都取得了较好的效果。而且，煤炭价格连续多年持续上涨，通过“以煤补农”的方式有利于解决沉陷区农民的市民化问题。以山西省为例，2011 年全省煤炭销售收入为 8133 亿元，如果煤炭收益的 10%（也就是 813 亿元）能够用于沉陷区治理，将会建设很多的现代化小城镇和发展非煤产业，从根本上解决采煤沉陷区的农民市民化问题。如果各地长期坚持这样做，就不会出现目前如此巨大的采煤沉陷区治理任务和治理难题。

3. 新型城镇化是采煤沉陷区治理的根本出路

目前，我国采煤沉陷区治理主要针对地方国有煤矿、乡镇集体煤矿、私营煤矿和办矿主体消失的其他煤矿造成的沉陷区问题，按照国家能源局 2003 年出台的《关于加快开展采煤沉陷区治理工作的通知》，这些类型的采煤沉陷区治理资金由省、市、县、企业、个人共同筹措解决，中央原则上不安排补助资金。山西省涉及此类采煤沉陷区的面积 2000 多平方公里，包括 1352 个村 170 多万人，其中 65.5 万人亟待移民搬迁，110 万人的危房亟待加固。山西于 2014 年 5 月启动本轮采煤沉陷区治理，预计治理资金需要 240 亿元，采取试点先行、逐步推进的策略，用 7 年的时间，到 2020 年完成采煤沉陷区治理任务。但由于煤炭市场持续疲软，导致资源型地区的经济收入持续下滑，地方各级政府财政困难，煤矿企业也大都难以运转甚至破产，治理资金难以筹措。在这一背景下，采煤沉陷区治理必须以城镇化为方向，通过顶层设计多渠道合力解决沉陷区农民的居住、就业及其他社会保障问题。

第一，以移民搬迁推进农民市民化。采煤沉陷区治理是一项复杂的系统工程，必须以县为单位进行顶层设计，最大限度地进行大县城、小城镇和新型农村社区建设，以农民自愿为原则，采取政策鼓励、资金倾斜、产业引导、户籍改革、完善保障等措施，帮助采煤沉陷区农民按照自己的意愿和实力分别向大县城、小城镇和新型农村社区转移，有序推进农业转移人口市民化。第二，以基础设施和服务设施建设提高城镇人口承载力。采煤沉陷区治理的重要任务是加大县城和小城镇建设，也可以在适合发展的中心村建设新型农村社区，包括道路、水、电、气等基础设施建设，垃圾和污水处理设施建设，便民店、通信、金融、电商等服务设施建设，学校、医院、文化活动场所、敬老院等公共设施建设，提高大县城和小城镇的人口承载力，满足人民群众日益增长的物质和文化需求。第三，以产业带动推进沉陷区农民向大县城和小城镇转移。把采煤沉陷区土地复垦、发展现代农业与县城和小城镇的产业园区建设结合起来，充分发挥区域自然和文化优势，发展适合自己的主导产业，形成“一村一品、一镇一业、一县一牌”的产业格局和特色品牌。大力发展商贸服务、餐饮住宿、文化娱乐、金融服务、社区服务、乡村旅游等第三产业，以产业发展带动农民转移，并把生态文明建设贯彻到产业发展的全过程。第四，以资源整合降低沉陷区农民转移成本。由于城镇化导向和土地财政的刺激，各县的房地产发展迅速，商品房数量急剧膨胀，导致县城及其周边地区出现了有房无人住的死城、鬼城，资源浪费严重。这就需要政府创新管理服务体制，将县城闲置的房屋资源与沉陷区移民搬迁对接起来，采用政府补贴按揭首付款和贷款贴息等方式，引导沉陷区移民购买这些商品房，既降低了沉陷区农民的转移成本，又盘活了闲置浪费，救活了房地产商，推动了地方经济社会发展。第五，以宅基地换住房承包地换保障等方式壮大沉陷区农民转移实力。农民贫困是采煤沉陷区治理的一大短板，可以发挥沉陷区农民宅基地使用权和土地承包权作用，通过市场机制以宅基地换县城或小城镇的住房，以承包地换城镇社会保障，由开发商通过招标实现沉陷区的土地复垦和现代农业发展，这样既可以增强沉陷区农民的经济实力，又可以降低沉陷区农民的转移风险。

三　共同富裕：采煤沉陷区的治理目标

1. 共同富裕是破解采煤沉陷区治理困境的路径选择

共同富裕是中华民族几千年来持续追求的美好梦想，也是中国共产党孜孜以求的追求目标。新中国成立初期，毛泽东把共同富裕界定为没有压迫和贫困的财富均等，试图通过农业社会主义改造，“使农民能够逐步完全摆脱贫困的状况而取得共同富裕和普遍繁荣的生活。”① 人民公社时期，毛泽东急于带领中国人民摆脱贫困实现共同富裕，以纯而又纯的公有制度和绝对平等的价值取向，搞平均主义，吃“大锅饭”，结果偏离了共同富

① 《毛泽东文集》第6卷，人民出版社1999年版，第442页。

裕走向了共同贫穷。正如马克思断言：“社会主义阶段的共同富裕并不是所有劳动者生活水平得均等。”① 邓小平也从中得出结论：我们“过去搞平均主义，吃‘大锅饭’，实际上是共同落后，共同贫穷，我们就是吃了这个亏。改革首先要打破平均主义，打破‘大锅饭’…… 搞平均主义，吃‘大锅饭’，人民生活永远改善不了，积极性永远调动不起来。”②

改革开放后，邓小平为了实现共同富裕，提出了“效率优先、兼顾公平”和“两步走”的战略构想：“一部分地区有条件先发展起来，一部分地区发展慢点，先发展起来的地区带动后发展的地区，最终达到共同富裕。”③ “要允许一部分地区、一部分企业、一部分工人农民，由于辛勤努力成绩大而收入先多一些，生活先好起来。”④ “我们的政策是让一部分人、一部分地区先富起来，以带动和帮助落后地区，先进地区帮助落后地区是一个义务。”⑤⑥ 但由于过度追求经济效率而轻视甚至忽视公平，导致先富群体并没有担负起带后富的责任，结果造成了严重的两极分化和社会不公。党的十六届五中全会对“效率优先、兼顾公平”做了重要修改，提出了“更加注重社会公平”的要求，为进一步实现共同富裕确定了方向。党的十七大提出了“发展成果由人民共享”的要求及目标，“努力使全体人民学有所教、劳有所得、病有所医、老有所养、住有所居。”党的十八大强调“共同富裕是中国特色社会主义的根本原则”，提出了“必须坚持走共同富裕道路”的要求。党的十八届三中把“使发展成果更多更公平惠及全体人民”作为全面深化改革的目标，把促进社会公平正义、增进人民福祉作为全面深化改革的出发点和落脚点，让劳动、知识、技术、管理、资本等生产要素的活力充分释放，凸显了走共同富裕道路的决心和信心。

中国共产党追求共同富裕的道路充分说明“平均主义”和“两极分化”都不是共同富裕，正如邓小平所说：“社会主义的目的就是要全国人

---

① 《马克思恩格斯选集》第 2 卷，人民出版社 1995 年版，第 269—270 页。

② 《邓小平文选》第 3 卷，人民出版社 1993 年版，第 155—157 页。

③ 同上书，第 374 页。

④ 《邓小平文选》第 2 卷，人民出版社 1994 年版，第 152 页。

⑤ 《邓小平文选》第 3 卷，人民出版社 1993 年版，第 155 页。

⑥ 同上。

民共同富裕，不是两极分化，如果我们的政策导致两极分化，我们就失败了。"[①] 在采煤沉陷区的形成过程中，就因为资源监管不到位和资源利益分配不均衡，造成了严重的两极分化和社会不公，最终使采煤沉陷区陷入了难以自拔的治理困境。只有选择共同富裕的治理目标，逐步缩小贫富差距，化解社会矛盾，才能重新拾起沉陷区农民对党和国家的信心，也才能从根本上破解采煤沉陷区面临的治理困局。

2. 采煤沉陷区治理中共同富裕的内涵

共同富裕主要强调"共同"，实质是反对和防止两极分化，让全体人民共同创造财富，共同分享劳动成果。共同富裕的内涵是动态的和变化的，改革开放初期的共同富裕主要着眼于经济发展和收入增加，提出了"效率优先、兼顾公平"的原则，但在实践中却过度追求效率而忽视公平，结果偏离了共同富裕目标，出现了两极分化、价值观扭曲和道德滑坡现象。在这一背景下，我国的共同富裕从追求物质富裕转向了精神文明建设，提出了"更加注重社会公平"的原则和"发展成果由人民共享"的要求。党的十八大以来，中央又将共同富裕的内涵提升为"使发展成果更多更公平惠及全体人民，促进人的全面发展"。至此，共同富裕的内涵变成了物质文明、精神文明和人自身全面发展的集中体现。采煤沉陷区治理中共同富裕的内涵主要包括以下几个方面：

首先，使资源收益更多惠及沉陷区人民。煤炭资源是不可再生的稀缺资源，是当代人及其后代共同拥有的财富，资源型地区的共同富裕不仅要考虑当代人的共同富裕，还要考虑几代人的共同富裕，更要考虑这一方土地上子子孙孙的持续富裕。这就需要建立合理的资源补偿机制，不仅要在煤矿开采之前解决矿区农民的移民、居住、生活救助、就业安置等问题，至少保障矿区农民的生活水平和生活质量不会因资源开采而下降。在煤矿开采之后，及时解决矿区的地质灾害治理和生态恢复等问题，对当代人的环境损失作出合理的横向补偿，确保资源型地区的生存环境和生产生活条件。而且要为后代人的资源减少作出合理的纵向补偿，使资源收益更多惠及沉陷区人民。同时，要加强采煤沉陷区的基础设施建设和服务设施建设，提高沉陷区人民的生活水平和生活质量。还要建立合理的收入分配机

① 《邓小平文选》第3卷，人民出版社1993年版，第154页。

制、完善社会保障制度以解决采煤沉陷区农民的就业、住房、教育、医疗、养老和最低社会保障等问题。

其次，使现代文明更多向沉陷区辐射。共同富裕不仅包括物质上的共同富裕，还包括精神上的共同富裕。精神文明为物质文明提供精神动力和智力支持，如果不讲精神文明，就会出现精神空虚和理想信念缺失，无法创造高度发达的生产力。正如邓小平所说："良好的社会氛围和思想道德是对物质生活很好的完善与补充，如果一味地发展经济而不注重人民精神生活的提高也是不行的。"① 我们"发挥社会主义的优越性，归根到底是要大幅度发展社会生产力，逐步改善、提高人民的物质生活和精神生活"②。要求物质文明和精神文明"两手抓、两手都要硬"③，"不加强精神文明建设，物质文明建设也要受到破坏，走弯路。"④精神贫瘠"反过来影响整个经济变质，发展下去会形成贪污、盗窃、贿赂横行的世界"⑤。精神贫瘠和道德滑坡是采煤沉陷区治理面临的又一大困境，必须加强精神文明建设，使现代文明向沉陷区辐射，实现采煤沉陷区的风清气正与社会和谐。

最后，实现采煤沉陷区内人的全面发展。党的十六届三中全会首次提出，"我们发展的理念和观念要换一换了，必须坚持以人为本，树立全面、协调、可持续的发展观，促进经济社会和人的全面发展"。习近平特别强调："中国特色社会主义道路，既不断解放和发展社会生产力，又逐步实现全体人民共同富裕，促进人的全面发展。"⑥ 人的全面发展主要体现为人的社会化程度的提高，追求政治、经济、文化、社会、生态的全面协调发展和个人在世界观、人生观、价值观和身心素质的全面协调发展的统一。采煤沉陷区长期以资源开采为主导产业，追求物质生活而忽视精神需求和政治文明，尤其是忽视人的教育和人才培养，无法把人从自然和社

① 冷溶、汪作玲：《邓小平年谱（1975—1997）》（下），中央文献出版社 2004 年版，第 383 页。

② 《邓小平文选》第 2 卷，人民出版社 1994 版，第 231 页。

③ 《邓小平文选》第 3 卷，人民出版社 1993 年版，第 378 页。

④ 同上书，第 190 页。

⑤ 同上书，第 64 页。

⑥ 《紧紧围绕坚持和发展中国特色社会主义　学习宣传贯彻党的十八大精神》人民出版社 2012 年版。

会的束缚中解放出来。由此，采煤沉陷区治理必须关注人的全面发展，把对物的追求变成对人的教育和培养，把人的全面发展贯穿到政治、经济、社会、文化和生态建设的全过程中，在正确处理人与自然、人与人、人与社会的关系中促进人的全面发展。

3. 采煤沉陷区治理中共同富裕的实现方式

共同富裕是社会主义的本质和目的，也是中国共产党赢得民心、夯实执政基础的关键因素，毛泽东自新中国成立之初就肯定了共同富裕与执政的关系，他说："如果我们没有新东西给农民，不能帮助农民提高生产力，增加收入，共同富裕起来，那些穷的就不相信我们。"① 如何实现共同富裕就成为当代中国共产党人一直努力思考和实践的重大战略问题。共同富裕既不是全体人民的"均等"富裕，也不是全体人民的"同步"或"同时"富裕，而是让全体人民共同参与发展的过程，共同分享发展的成果，这种共同富裕的实现方式主要有以下几个方面：

首先，坚持公有制主体地位，发展集体经济。马克思主义认为，共同富裕必须建立在社会主义公有制的基础之上，"共产党人的理论用一句话概括就是消灭私有制"②，"一个公有制占主体，一个共同富裕，这是我们所必须坚持的社会主义根本原则"③。只有坚持公有制主体地位，资源财富也才能转化为全社会的共同财富，国家也才能通过收入分配政策的调控使发展成果由人民共享。邓小平坚信："只要我国经济中公有制占主体地位，就可以避免两极分化"④。集体经济作为社会主义经济制度的基础，一直受到党和政府的高度关注，集体所有制作为社会主义公有制的重要组成部分，为发展壮大集体经济奠定制度基础。邓小平关于"两个飞跃"⑤的思想特别强调公有制与集体经济在农业改革与发展中的重要地位，明确了农村和农业的最终走向是发展集体经济。在采煤沉陷区治理中，要改变以往只发放移民安置费而不重视移民生产生活及发展的做法，在移民安置费的发放中不仅要充分考虑移民的居住转移、身份转变、职业转变和发展

① 《毛泽东文集》（第6卷），人民出版社1999年版，第495页。
② 《马克思恩格斯选集》（第1卷），人民出版社2009年版，第265页。
③ 《邓小平文选》（第3卷），人民出版社1993年版，第138页。
④ 同上书，第149页。
⑤ 《邓小平年谱（1975—1997）》（下），中央文献出版社2004年版，第1310—1311页。

需要，还要考虑发展集体经济。通过发展集体经济为建设公共设施、发展公益事业、增进公共福利、缩小贫富差距、消除两极分化提供资金积累，进而保证人民群众对生产资料和经济命运的掌握。

其次，建立先富带后富机制。政府是实现社会良好治理的关键因素，一个开明的政府实际上是为了增进公共利益的一套有组织的制度安排。[①]政府通过有组织的制度安排，“建立激励和约束机制，控制代理人的机会主义，实现自身利益最大化。”[②] 在如何实现共同富裕的问题上，邓小平在改革开放初期就提出了“先富带后富”[③] 的基本思路，让“一部分地区、一部分企业、一部分工人农民由于辛勤努力成绩大”[④] 先富起来，再通过多交利税[⑤]和示范引导[⑥]的方式带动后富，最终实现共同富裕。但由于缺乏先富带后富机制，一部分地区、一部分人先富起来甚至长期暴富，却没有发挥带后富的作用，最终导致两极分化的结果。所以，在采煤沉陷区治理中，建立先富带后富机制，采取政策引导、税费优惠、财政补贴等措施，激发先富群体带动后富的内在动力。在资源型地区，很多暴富起来的人文化程度较低，他们的财富获取靠的是资源而不是通过劳动和能力，因而也没有能力正确使用巨额资金，找不到赢得社会认可和尊重的正确方式。政府的责任就是引导富人树立正确的人生观和价值观，帮助富人增强社会责任感和使命感，只有这样才会使暴富起来的人有正确的消费观。资源型地区出现的贫富分化以及由此引发的社会问题，都与政府职能不到位密切相关。

最后，完善社会保障制度。资源型地区实现共同富裕的最大障碍就是因资源利益分配不合理而造成的两极分化，实现共同富裕的首要任务就是缩小收入差距、消除两极分化。社会保障是消除贫困、维护公平、缓和矛盾、促进和谐、推动发展的重要手段，所以，缩小收入差距、消除两极分

---

① 约翰·密尔：《代议制政府》，商务印书馆 1989 年版，第 26—29 页。

② Cam Caldwell, Ranjan Karri, Organizational Govemance and Ethical Systems: A Covenantal Approach to Building Trust [J]. *Joumal of Business Ethics*, (2005) 58: 249 - 259.

③ 《邓小平文选》（第 3 卷），人民出版社 1993 年版，第 155 页。

④ 《邓小平文选》（第 2 卷），人民出版社 1994 年版，第 152 页。

⑤ 《邓小平文选》（第 3 卷），人民出版社 1993 年版，第 374 页。

⑥ 《邓小平文选》（第 2 卷），人民出版社 1994 年版，第 152 页。

化首先要从调控分配机制、完善社会保障入手。在采煤沉陷区治理中，各级政府要合力解决采煤沉陷区农民的最低生活保障、就业保障、医疗保险和养老保障等问题。具体来说：一是建立采煤沉陷区社会保障立法体系。制定采煤沉陷区的社会保障基本法、最低生活保障法、就业保险条例、养老保险条例、医疗保险条例等，为采煤沉陷区农民的社会保障提高法律支持和良好环境，同时要建立有效的监督机制，确保采煤沉陷区农民的社会保障有法可依、有法必依。二是建立和完善采煤沉陷区社会保障体系。建立和完善采煤沉陷区最低生活保障制度，根据实际情况，采取分类处理、分别对待的办法，解决农民的最低生活保障问题。对无劳动能力、无生活来源、无法定抚养义务人的老年人、残疾人、未成年人和因病、因缺少劳动能力，或因突发性自然灾害造成生活一时困难的农村居民，可以按照法定程序申请最低生活保障补助；建立和完善采煤沉陷区医疗保障制度和养老保险制度，需要采煤沉陷区政府或农村集体通过发展集体经济，为沉陷区社会保障提高资金积累，提升沉陷区社会保障的能力和水平。

四　结论与讨论

采煤沉陷区治理本应该是“谁引发、谁受益、谁治理”，而且是“边开采、边治理”，政府和资源企业在获取资源收益的同时必须承担因煤矿开采造成的负外部成本。但由于采煤沉陷区治理已经错过最佳治理时期，也就是煤炭市场效益最好的时期，那时有充足资金解决沉陷区农民的市民化问题。但由于那时的政府和企业都没有关注采空区和沉陷区的治理问题，而是追求各自利益最大化，却把资源开采造成的负外部成本转嫁给矿区农村和农民，结果是资源开采的负外部成本没有让获取资源利益者主动承担，而是由不享受资源利益者被动承担，大大增加了灾害程度和治理难度。采煤沉陷区治理的最大困境是因煤矿开采不当造成的地质灾害和生态破坏与因资源利益分配不合理造成的贫富差距和两极分化，以及由此引发的价值观扭曲、道德滑坡和政治生态恶化。所以，采煤沉陷区治理是一个复杂的系统工程，必须通过全社会长时期的共同努力，才能抚平因长期资源掠夺性开采和粗放式经营所造成的巨大伤害。破解治理困境的唯一出路，就是改变以往重移民安置和危房加固的采煤沉陷区治理模式，以新型城镇化为方向，以共同富裕为目标，在解决采煤沉陷区农民的就业、居住、教育、医疗、养老等问题上毕其功于一役，追求采煤沉陷区治理的成本最低化和效益最大化。

在目前的采煤沉陷区治理中，参与治理的主体包括政府、企业和个人都面临着严重的经济困难。资源型地区的政府都因煤炭市场下滑而面临严重的经济困境，有些县的财政甚至到了基本工资都难以开支的地步。资源企业也都陷入困境甚至赔本经营，银行贷款也不可能。农民个体也因资源企业经营困难而失去了重要的收入来源。所以，要顺利开展新一轮的采煤沉陷区治理，必须发挥全社会力量，从以下三个方面作出努力：首先，要充分发挥采煤沉陷区农民的主体作用。采煤沉陷区治理关键要解决沉陷区农民的生存和发展问题，治理资金如何使用、农民需要怎样的生活、怎样搬迁、怎样补偿等问题都应该让农民参与，充分追求农民意见和建议，让农民组织起来用自己的双手创造自己的幸福生活，只有这样才能使有限的治理资金效益最大化。其次，资源型地区的政府要广泛动员社会资本。资源型地区的政府用于煤炭市场下滑而陷入经济困境，地方公共财政难以支付治理资金的比例要求，再加上治理难度的加大，依靠公共财政根本无法解决沉陷区治理问题。这就需要政府采取政策支持、税费优惠、财政补贴、宣传教育等措施，广泛动员社会资本参与采煤沉陷区治理，以解决沉陷区治理的资金短缺问题。最后，资源企业要主动承担沉陷区治理的主体责任。资源企业是资源开采的直接受益主体，也是造成地质灾害和生态破坏的责任主体，必须承担资源开采造成的负外部成本，而且还要主动拿出一定份额的资源收益积极兴办公益事业，发展慈善事业，以回报社会，赢得社会的认可和尊重，进而推动企业的进一步发展。

中国农村治理的联结形态：基于历史演进逻辑下的超越

刘义强　胡　军①

一　导言

转型中的农村社会是一个多元要素参与杂糅的动态性图景的社会，这就决定了农村治理的复杂性。如何在复杂的图景中厘清实现良好治理的有效机制，是推进农村治理现代化首要面对的难题。

首先，从农村基层开始的改革开放以农民的家户经营体制代替了高度集中的人民公社经营管理体制，使农村回归到“家户”的传统上。然而，这是一种新的家户传统，即以农地的承包权与经营权的分离为基础的统分结合双层经营，这就使得农民在村内的家户自主性的扩展并没有脱离集体的框架。不过，改革开放开启了一个农民市场化、社会化的环境，农民向村外的经济社会发展，却越来越将农民引向个体化，并对农民的村内生产生活空间产生巨大的影响。

其次，在前现代化社会和现代化社会中，农村都是国家治理与发展的基石。在中国传统社会，呈现的是国家上层风云变幻、云诡波谲，而作为治理根基的农村社会却鲜有变迁或变化缓慢的图景。不仅如此，传统社会的家国同构体制还使得基层社会成为重建国家统治的修复剂。在中国现代化的历史进程中，尤其是改革开放以来，中国社会呈现的是国家上层有序

---

① 刘义强，政治学理论博士，华中师范大学中国农村研究院教授，博士生导师，海外农村研究中心主任，国家首批“万人计划——青年拔尖人才计划”入选者，主要研究方向中国基层政治和农村发展国际比较；胡军，华中师范大学中国农村研究院博士研究生。

发展，基层社会的结构性变迁图景。

最后，农村治理不得不面对家户自主性日益扩展的农民，也不得不面对市场对农村的侵蚀，同时需要承接来自国家推进农村现代化的发展目标，这是一种现时要素的汇聚所造就的治理复杂性。同时，转型中的农村社会不得不面对来自传统因子与现代性因子的共聚所产生的积极方面和摩擦。这表明，我们当下的农村治理是有着深厚历史命题和现实难题多重挑战的情境。在这个情境中，治理现代化的完成不是撇却哪一个因子或要素的问题，而是如何构筑多元要素之间的联结问题。“离散化”、“碎片化”是无所谓良好的治理的，撇却碎片化和离散化的首要工作即是型构一种或多元联结形态。没有要素之间的联结，就无所谓治理的现代化，更遑论实现良好治理的目标。

历史是发展的最好“导师”。我们当下所处的农村社会正经历从所未有的大发展、大变革，这就决定了没有现实的可供借鉴的直接经验，回归农村发展的历史中，回归到历史基层治理的图景中去探索与发掘将是可行的路径。在这个意义上，克服离散化、碎片化的状态，实现不同要素之间的联结不仅是当前农村治理中需要克服的障碍，也必然是历史图景中的治理所要着力解决的关键问题。唯有将当下的治理联结问题放在历史连续统一的发展进程中审视，才能够厘清其发展演变的趋向，也才可以明晰时代问题的历史情境，从而对于推进农村治理现代化的目标具有重要的价值和现实意义。

二　联结形态：历史镜像的解析

人类社会的发展是实践性的，它是一个从小范围向更大范围扩展的过程，也是一个从小区域的互动向更大区域和更深层次互动的过程。这一不断扩展的人类社会发展过程决定了人们之间的互动存在断裂和联结两种形态。社会的发展会逐渐弥平断裂形态而扩张联结形态，这是在当前农村的复杂动态图景中需要着力于构造有效联结的必要性。

社会的发展是将人引向更广阔社会空间的过程，从个体层面来说，是自主性不断扩展的结果；但从社会层面来说，是由封闭逐步走向开放的过程。从更广泛的意义上说，是个体自主性与社会互动的结果，互动的节点在于流动性。人的流动的最大特点是“变”，随着人的流动性的增强，铸造联结形态的难度将越来越大。在封闭的社会情境中，不同要素之间的互动具有“累积效应”，而在要素之间互动的过程中，受到外力干扰的程度较弱，更容易形成有效的联结形态。开放社会的流变性是一种不稳定的存在，如果缺乏有效的内核机制，稳定联结形态的形成将受到挑战。这是流动性对联结形态构建的影响，是外在嵌入要素层面。

外在嵌入要素既塑造了联结形态建构的可能性，同时也对联结建构所要解决的问题有着很深的影响。在封闭社会中，农村治理的联结所着力的是国家与农村社会的纵向联结关系。由于社会的流动性很低，一方面，意味着农民纵向的升跃的路径很有限，这在传统社会表现为通过科举考试的制度性路径和“揭竿而起”的非制度化路径，而在 1949 年以后的农村社会，则由阶级性所锁定；另一方面，表明农民横向层面的交流极其有限，“鸡犬之声相闻，老死不相往来”以及蜂巢结构均是对封闭治理状态的概括。当然，封闭社会并不意味着完全没有横向的扩展，只不过，它要么是极其有限的，要么是被纳入纵向的治理结构中，社会经济的发展并未脱嵌于社会之中。从封闭社会向开放社会的转变，首要的即是农村社会的横向扩展过程，往往这个过程也伴随着纵向联结关系的大变革。农村社会的横向扩展过程，是以农民对商品经济（或市场经济）的参与过程，不论是主动还是被动，农民都进入到一个全新的风险社会中。由于风险的不确定性，形塑农民的联结也将遭遇各种挑战，这些挑战直接威胁的是联结的稳定性。

在以上分析的基础上，我们认为，联结与联结形态具有以下特性：

其一，联结是一种过程，它的结果是联结形态。人类社会的发展展现的是不同要素的互动组合过程，在长期的发展互动中，一些要素呈现出越来越重要的作用，这些要素的组合过程即是一种联结过程，其目的是支撑特定的社会结构。在封闭社会中，尤其是在传统社会，在长期的国家与农村社会互动中，逐渐找到了联结国家与基层的核心力量，即士绅。由于这个阶层的上下联结效用极其有效，自它产生起就成为历届官僚国家采纳的重要机制，即便是进入中原的少数民族政权也不例外。随着时间的打磨和支撑基础的逐渐形成，传统社会的联结形态就产生了，它不仅形塑了国家与农村社会的纵向联结，而且在农村社会内部也塑造了有效的联结。虽然

1949年以后国家与农村社会的联结过程并不如传统社会般经历了漫长的探索，但由现代国家政权塑造的联结形态在一定范围和一定时间段内是相当有效的。

其二，联结形态具有一定韧性，它具有维护结构稳定性的功能。之所以强调联结的结果是联结形态，是因为形态具有某种程度的稳定性特征，不论是漫长的时间和实践的浸染，还是凭借强有力的支撑力量，联结形态都有着较为稳定的基础。只不过由于支撑基础的不同，联结形态的韧性程度也不同。具有一定韧性的联结形态具有其自身的再生逻辑，传统的伦理宗族联结被历代统治者奉为规则，成为新王朝兴起后的重要治理成规。同时，联结形态具有维护结构稳定性的功能，韧性高的联结形态不仅能自我再生，同时还能够成为修复上层社会的黏合剂。

其三，联结形态不是一成不变的，不同情境下的要素联结将产生特定形态。联结形态是不会轻易改变的，即便改变了其存续的外在表现，但联结形态的内在内容却难以轻易去除。不过，联结形态具有一定的韧性，就决定了社会的发展具有产生使联结韧性断裂的要素。从封闭社会走向开放社会的过程，就是一个对封闭社会形成的特定联结形态产生消解的过程。不过，如果联结形态的韧性程度低，在联结形态内部本就存在消解联结韧性的力量。当这种内部消解的力量与外在的消解力量相结合的时候，具有一定韧性的联结形态中的各联结要素将迅速离散化，这就开启了一个新的联结形态建构过程。

总的来说，如果没有有效的联结，就没有有效的治理。形成联结的过程在中国农村发展的历史中具有多种路径，并没有哪一种联结形态能够维持不变，甚至在某些社会阶段中，只有有限的联结却没有有效联结形态的构建。当今中国农村社会正处在治理与发展的大变局中，是一个多元要素杂糅并存的阶段，如何构建有效的联结形态，需要从历史发展的进程中进行厘清、解析和借鉴。为了考察的便利，本文将中国农村的发展分为封闭社会和开放社会，但中国农村治理的复杂性显现的不是一个简单地从封闭向开放转变的过程，而有着更加复杂的图景，不过本文将展示一个完整的农村治理的联结发展过程。在此基础上，本文立足于当下农村社会转型的实践，提出构建新的联结形态以推进治理现代化的针对性题解。

三　封闭社会的联结形态考察

（一）传统社会的伦理宗族联结

研究者都对中国传统社会的政治做了双层的划分，即县政之上的官僚政治和县以下的乡村政治。这一方面是由于传统国家监控能力的有限性，即国家是不得不维持有限的直接治理边界，而给社会留下一定的自治空间。在这个意义上，吉登斯认为，国家与民众（亦即农民）之间总体上的主要联系在于国家需要征税①，农民对于“天高皇帝远”的中央权力履行了有限的义务后，可以鼓腹而歌，帝力于我何有哉！② 以至于韦伯将乡村称之为“没有品官的自治区”。③ 另一方面，如费孝通先生所说：“一个健全的、能持久的政治必须是上通下达，来往自如的双轨形式……在所谓专制政治的实际运行中也是如此。”④ 由此，在传统农村社会，就产生了两个问题：一是上层政治与基层政治的节点是如何解决的；二是县以下的乡村自治是如何可能的。

用费正清的话说；“士绅的产生是用来填补早期的官僚政府与中国社会（它正在不断扩大，非官僚政府的力量所能控制）之间的真空。”⑤ 由此，“皇帝任命的任何县官只有获得当地士绅的合作才能进行治理。”⑥ 金观涛、刘青峰认为，中国封建社会的“一体化”特点在乡村社会的特点是国家依靠凭借着大量官僚体系之外、但认同这种意识形态的知识分子来实现乡自治⑦，士绅就在地方社会中“居于不可动摇的统治地位”⑧。事实

① ［英］安东尼·吉登斯：《民族国家与暴力》，胡宗泽、赵力涛译，生活·读书·新知三联书店1998年版，第69页。

② 费孝通：《乡土中国》，上海人民出版社2006年版，第150页。

③ ［德］马克斯·韦伯：《儒教与道教》，王荣芬译，广西师范大学出版社2008年版，第137页。

④ 费孝通：《乡土中国》，上海人民出版社2006年版，第147页。

⑤ ［美］费正清：《美国与中国》，张理京译，世界知识出版社2009年版，第37页。

⑥ 同上书，第38页。

⑦ 金观涛、刘青峰：《兴盛与危机：论中国社会超稳定结构》，法律出版社2010年版，第33页。

⑧ 王先明：《中国近代社会文化史论》，人民出版社2000年版，第115页。

上，士绅往往能够成为乡村社会的领导者，也与士绅家族对土地的占有状况有关，而不仅仅是学识文化的优越性。

徐勇教授对古代乡村社会的分层考察认为，土地的占有、政治权力和声望是三维的分析视野，而声望的来源有宗族地位和学识两个方面。[①] 费孝通先生认为由于“乡土社会是安土重迁的”，也是一个变迁很慢的社会，在这个社会中，传统的效力是能够长久维持的。[②] 相比较来说，土地的占有能出现“千年田，八百主”的现象，政治权力有着没落与兴盛的变化，乡村社会的声望维度具有更加持久性的特点，正是这个持久性形成了乡村社会的伦理宗族联结形态。

由血缘生发的宗族在传统乡村社会中是显性的联结组织，它的形成与乡土社会中的农民“所遇着的是四季的转换，而不是时代变更”有关，“好古是生活的保障”[③]，祖宗崇拜就成为农民联结维系的重要内容。“每一个宗族原则上在村里有自己的宗祠，除了祭祀器具外，祠内往往有一块匾，上书宗族承认的‘德律’（家法、家规）……在必要时，宗族还施医舍药、操办丧事、照顾老人和寡妇，特别是兴办义塾。宗族拥有财产，主要是田产。”[④] 此外，村庙或祠堂不只是一种公共的场所，还是村落内部解决纠纷与协调内部关系的“执法”处。[⑤] 宗族除了道德式的维系和经济性的共享之外，对祖宗的敬畏也衍生出了宗族的领袖，即费孝通所说的“长老统治”，他实际上是家庭教化性权力的扩大，在变迁很慢的传统社会，族长成为了宗族得以维系的灵魂。由于宗族所具备的全套意识形态、政治和经济共同体的架构，韦伯将它称之为“最小的行政管理单位，也是一种经济合股方式”[⑥]，金观涛、刘青峰则认为“一个宗法制家族，俨

① 徐勇：《非均衡的中国政治：城市与乡村比较》，中国广播电视出版社 1992 年版，第 56—59 页。

② 费孝通：《乡土中国》，人民出版社 2008 年版，第 62—65 页。

③ 同上书，第 62 页。

④ ［德］马克斯·韦伯：《儒教与道教》，王荣芬译，广西师范大学出版社 2008 年版，第 134—135 页。

⑤ 王铭铭：《村落视野中的文化与权力》，生活·读书·新知三联书店 1997 年版，第 89 页。

⑥ ［德］马克斯·韦伯：《儒教与道教》，王荣芬译，广西师范大学出版社 2008 年版，第 132 页。

然一个小社会”。[①]

如果说宗族是传统社会的显性联结组织，那么人情关系则是隐性的社会联结方式。研究认为，传统中国，家是“维系整个社会凝结的基本力量”[②]，但中国的村庄缺少凝聚力，“与其说是生活和功能性的共同体，还不如说是许多农家的聚居地。”[③] 虽然农民的家庭与村庄之间存在区隔，但一方面血缘宗族将农民纳入到比较挺更大的宗族空间中；另一方面由于土地的不可移动性，即便没有血缘宗族的联系，但土地关系的邻近实际上在造就一种交往关系的密切性。这种伦理性的人情关系蕴含在农民日常生活中，也是村庄作为农家的聚居地所型构的，因为农民不仅需要生产，即作为生产单位的家庭组织，也需要超越于家庭的其乐融融的交往圈子。所以我们可以认同“鸡犬之声相闻，老死不相往来”针对村庄之间的某种合理性，但在村庄之内，由于土地的邻近和聚居的集中，农民的隐性交往是必然存在的。

总的来说，传统社会的基层治理并不是散状的，即便是面对国家呈现出异质性，但在农民所赖以生活的村庄并不是如此。“习俗和传统在乡村社区中持久地存在着”，即便它们有着或显性或隐性的表现形态，“即便它们与统治精英们的信仰和实践具有巨大的差距，它们通常仍是巩固了而不是倾向于以任何方式来动摇国家的权力。”[④] 有学者将这称之为“家国同构一体化”的社会结构的稳定性，由家庭出发型构的这种社区联结是几千年的中国底层社会基本没有变换的秘诀。

（二）国家统合的刚性政治联结

詹姆斯·C. 斯科特认为：“前现代的国家能够有足够的情报保持秩序、征收税赋、招募军队就很满足了，但是现代国家进一步希望要掌握国

① 金观涛、刘青峰：《兴盛与危机：论中国社会超稳定结构》，法律出版社 2010 年版，第 33 页。

② 金耀基：《从传统到现代》，中国人民大学出版社 1999 年版，第 24 页。

③ ［美］巴林顿·摩尔：《民主和专制的社会起源》，华夏出版社 1987 年版，第 166 页。

④ ［英］安东尼·吉登斯：《民族国家与暴力》，胡宗泽、赵力涛译，生活·读书·新知三联书店 1998 年版，第 69 页。

家的物质和人力资源，并使之有更高的生产力。”① 中国现代国家建设进程虽然开始得也比较早，但现代国家政权对基层社会的渗透的真正成功在于“共产党政权的建立，它标志着国家政权‘内卷化’扩张的终结，②”而国家政权“内卷化”是现代国家深入乡村社会必须要克服的障碍。

杜赞奇认为，中国共产党之所以能够实现国家政权建设的成功在于“它从基层开始建立了与国家政权相联结的各级组织”。③ 实际上，建立与国家政权相联结的各级组织只是显性的联结形式，更重要的在于党与民众在意识形态上实现了更好的联结，这是隐性的，也是显性的基层组织得以有效发挥作用的关键。

中国共产党艰苦卓绝的革命道路是从农村开始的，是以争取农民为先的。杜润生先生认为，共产党领导反帝反封建，使“农民取得土地，党取得农民”，从而实现农村包围城市的战略。④ 通过“土地还家”，对于农民来说是土地情结的满足和经济福利的增加，但同时也“涉及一场根本性的权力和地位的再分配，以及原先存在于地主和农民之间的基本社会关系的重新安排。”⑤ 杜润生先生将这称为“重组基层”，使上层和下层、中央和地方整合在一起，使中央政府获得巨大的组织动员能力，以及政令统一通行等诸多好处。⑥ 通过土地改革积攒的动员能力，党将民众组织起来为实现共产主义的理想而先后开展了合作化运动、“大跃进”以及集体化运动，并进而发展为“政社合一”的人民公社体制。人民公社体制是将农民与国家直接对接起来了，劳动是为集体，生产和分配都是由公社决定，从而使得农民的生产生活高度国家化了。“不管是通过党支部还是生

---

① ［美］詹姆斯·C. 斯科特：《国家的视角：那些试图改善人类状况的项目是如何失败的》，王晓毅译，社会科学文献出版社 2004 年版，第 64—65 页。

② ［美］杜赞奇：《文化、权力与国家：1900—1942 年的华北农村》，王福明译，江苏人民出版社 2010 年版，第 214 页。

③ 同上。

④ 杜润生：《杜润生自述：中国农村体制变革重大决策纪实》，人民出版社 2007 年版，第 17 页。

⑤ ［美］塞缪尔·亨廷顿：《变化社会中的政治秩序》，王冠华、刘为等译，上海人民出版社 2010 年版，第 246 页。

⑥ 杜润生：《杜润生自述：中国农村体制变革重大决策纪实》，人民出版社 2007 年版，第 20 页。

产队长，农民都直接感受到了国家的权力。"[①] 然而，这种联结并没有实现"共产主义是天堂，人民公社是桥梁"的口号，因为这种靠积攒的人气推动的刚性政治联结虽然达到了形式上的完美，但在具体的联结构筑中一直存在着反制的因子。

虽然党动员农民积极地参与革命，但农民的"最初目的并不是为了某种特殊的意识形态，他们甚至也不奢望在新的政治中心的决策中扮演有影响的角色。相反，他们只是渴望某种让步，以帮助他们处理社会和经济问题"。[②] 所以，当农民通过土地改革取得土地之后，农民就变得保守了。虽然在土地改革中，国家是通过诉苦机制来让农民确认自身的阶级身份，并建构起国家观念的，但由此建立起的是一种"感恩型的国家观念"。[③] 国家继续带领农民实行集体化运动，并没有获得农民心理上的认可，而是建立在农民对国家的感恩心态上。即便党通过共产主义的意识形态来作为组织农民的基础，但"农民不相信来日方长的许诺，只承认立竿见影的好处"。[④] 但在强大的政治压力下，农民身份上和生产生活上都纳入了国家的政治序列中，杜润生先生将农民的这种选择称之为"无权者的机会选择，或者说'羊群效应'"。[⑤] 然而，一方面，共产主义的意识形态并没有解决农民饿肚子的问题，农民集体的"瞒产私分"现象较为普遍；另一方面，由于合作化和集体化运动使得农民与土地的关系疏远了，即农民不能直接从耕种的土地上获得产出，"出工不出力"成为农民对集体劳动体制的一种非对抗性的反应。[⑥] 所有这些，高王凌称之为农民的"反行为"，即"反道而行"的"对应"行为。

---

① 金太军：《村庄治理中三重权力互动的政治社会学分析》，《战略与管理》2002 年第 2 期。

② J. 米格代尔：《农民、政治与革命——第三世界政治与社会变革的压力》，李玉琪、袁宁译，中央编译出版社 1996 年版，第 179 页。

③ 郭于华、孙立平：《诉苦：一种农民国家观念形成的中介机制》，《中国学术》2002 年第 4 期。

④ J. 米格代尔：《农民、政治与革命——第三世界政治与社会变革的压力》，李玉琪、袁宁译，中央编译出版社 1996 年版，第 179 页。

⑤ 杜润生：《杜润生自述：中国农村体制变革重大决策纪实》，人民出版社 2007 年版，第 79 页。

⑥ 徐勇：《论农民劳动的国家性建构及其成效——国家整合视角下农民劳动的变化》，《山西大学学报》2008 年第 3 期。

不过，这些“反行为”的存在，绝不是农民个体的选择，而是一种集体的选择，只不过集体的范围可能是生产大队，也可能是生产小队。这需要从传统的伦理宗族联结与新政权的政治行政整合的博弈中找寻原因，王沪宁对此有过细致的分析。王沪宁认为，“人们通过多次的政治和文化变革来打击村落家族文化，这些活动在一定程度上冲击了家族文化，但是其作用从根本上说是有限的。因为关键是社会生产力的发展有没有为人们突破旧的结构积蓄下足够的力量。”①如果说作为显性的宗族组织被破坏，但村落内在的血缘秩序以及长期交往形成的人情关系是难以依靠刚性权力来消解的。而且“三级所有、队为基础”的人民公社确定生产小队作为农民生产和生活的组织单元，通过相互之间的密切空间接触，强化了自然村村民之间的情感羁绊和利益的高度联系。② 这种小范围的传统联结方式的延续虽没有能力向更大的范围扩展，即并没有造成农民与国家的对立，但却直指经营体制，这成为破除人民公社体制的“炸弹”。

要之，党领导人民革命取得胜利建立了新的政治，新政治彻底改造了旧政权的基础，但却没有“按现代的政治和行政原则来组织乡村社会”③，而是通过“运动”构建向共产主义理想的推进。虽然裹挟了农民的高度认同和共产主义意识形态作为刚性权力的外衣，但政治权力所造就的联结也必然是刚性的。由此，刚性的联结虽然取得了形式上联结的成功，但在联结的构建中，乃至在联结形态的内容中都存在着瓦解形式上稳定的联结的因子。④

四 开放社会的联结状况考察

农村社会由封闭走向开放是现代化的必然，虽然现代化本身会带来城

---

① 王沪宁：《当代中国村落家庭政治文化——对中国社会现代化的一个探索》，上海人民出版社 1999 年版，第 150 页。

② 贺雪峰：《论半熟人社会——理解村委会选举的一个视角》，《政治学研究》2000 年第 3 期。

③ 王沪宁：《当代中国村落家庭政治文化——对中国社会现代化的一个探索》，上海人民出版社 1999 年版，第 153 页。

④ ［美］塞缪尔·亨廷顿：《变化社会中的政治秩序》，王冠华、刘为等译，上海人民出版社 2010 年版，第 55 页。

乡差距的政治后果。20世纪的中国农村社会经历了两次走向开放的过程，一次是从传统社会中走出来的；另一次则是从高度集中的人民公社体制中走出来的。虽然两次农村社会的开放所要破除的内容不尽相同，但却都是国家政权建设和经济商品化所导引的，这必然带来联结形态的某些相似性和不同性。

（一）传统稳定性联结的消解

杜赞奇认为，20世纪上半叶的中国乡村，经济商品化的发展和国家政权对乡村社会的控制是这一时代的两个巨大历史进程。[①] 与传统国家相比，20世纪前期的民族危亡使得中国走上强化国家权力的道路，对乡村社会的直接表现是政权下沉吸取更多的财源。为了保障财源的稳定，国家不仅要使县级吏役官僚化，而且要使县级以下的行政体系正规化，使其能更有效地推行国家政策。[②] 这与传统社会“皇权不下县，县下唯自治”的状态迥然不同。杜赞奇认为，“二十世纪的国家政权现代化运动迫使乡村领袖与传统文化网络逐渐脱离关系而越来越依赖于正规的行政机构”[③]，结果是大部分乡村精英“退位”，地痞恶棍充斥于乡村政权，乡村领导人从“保护型”经纪人向“营利型”经纪人转变。结果是国家扩大了税源、国家政权深入了乡村社会，但国家却并没有能力控制深入乡村社会的政权力量，按照杜赞奇的解释是“国家政权的内卷化”。

20世纪上半期，农业的加速商品化引起了农村社会结构的变化，不过它的作用是与国家政权的下沉共同推动了传统农村社会的联结形态的消解。租税结构的变化、税赋的增加以及保护型领导人的退位的综合作用，使得乡村社会的农民迅速分化，村庄内在的伦理宗族联结形态也出现了多元的变化。黄宗智对华北农村的考察发现，“紧密内聚的自耕农村庄，大多团结起来应付外界，甚至集体武装起来保护自己的利益。高度分化松散了的村庄，则多任凭外界权势服务的投机分子摆布。半无产化了的村庄，

① ［美］杜赞奇：《文化、权力与国家：1900—1942年的华北农村》，王福明译，江苏人民出版社2010年版，第1页。

② 同上。

③ 同上书，第180页。

则在官僚机构与村庄社团的拉锯中来回折腾。"①

总的来说，农业商品化这个来自市场力量对传统联结的消解力度远没有国家政权这个刚性的要素大，刚从两千多年封闭状态中走出的农村社会在接受商品化中有的可能是观望和慢步适应，但对国家政权这个熟悉而且强势力量的介入则没有任何回旋的余地。不过，20 世纪上半期的历史显现的却是这两种力量的急促增强，依靠精心构建和时间沉淀的传统联结形态不说被完全破除，也呈现出风雨飘摇的特点。

（二）脆弱的联结：村民自治的理念与现实

对人民公社体制的破除来自于依靠国家政权构筑的刚性政治联结本身的不稳定性，这破除的力量是深嵌在乡村社会自身中的。国家在加强与农民的政治联结构建的同时，农民非对抗的抵制行为也从来没有停止过，最终的破除仍在一个"分"字。

家庭经营体制相对于"一大二公"的人民公社体制来说，是一种对家户主义的回归，而首要的原因是"中国的家户经营有利于调动农业生产积极性"②。这是一种"将小规模的家庭经营与较大规模的地产联系起来的制度安排"③，即土地归集体所有，而农民享有承包经营权。与此相适应的是，农民获得了积极的自主性，虽然这种自主仍然是一种有限的自主。具体体现在：第一，农民的劳动是自主的，不再是集体劳动；第二，农民的人身是相对自由的（受户籍限制），不再是被督促的公社社员。

农民经济上的自主消除了人民公社管理体制存在的基础，国家和基层社会都亟须一种新的联结机制来重构失序的基层社会。改革释放的活力使农民成长为现代意义上的公民，部分地方自发地选择了一种"自我管理、自我服务和自我教育"的基层群众性自治组织。国家迅速将这种群众性自治组织提升到国家层面进行推广，形成了一种国家帮助在基层社会建立自治组织的效应，并通过法律保障群众性自治组织的合法性。按照《村民委员会组织法》的规定，"村民委员会主任、副主任和委员，由村民直

① ［美］黄宗智：《华北的小农经济与社会变迁》，中华书局 2009 年版，第 314 页。

② 徐勇：《中国的家户制传统与农村发展道路——以俄国、印度的村社传统为参照》，《中国社会科学》2013 年第 8 期。

③ 吴敬琏：《当代中国经济改革》，上海远东出版社 2004 年版，第 95 页。

接选举产生。任何组织或者个人不得指定、委派或者撤换村民委员会成员”。“村民委员会办理本村的公共事务和公益事业，调解民间纠纷，协助维护社会治安，向人民政府反映村民的意见、要求和提出建议。”“乡、民族乡、镇的人民政府对村民委员会的工作给予指导、支持和帮助，但是不得干预依法属于村民自治范围内的事项。村民委员会协助乡、民族乡、镇的人民政府开展工作。”[①] 这在理念上和法律上一方面型构了农民、村委会组织之间的民主联结的关系模型，即由农民通过民主选举自主选择村委会成员，而村委会成员代表村民进行村庄治理，村民与村委会成员之间的这种双向互动形成了村内的民主联结：另一方面又型构了村委会组织与基层政府（基层地方国家）之间的协调配合的关系模型。这两者的结合被学界称之为“乡政村治”的治理模式。

事实上，村内的这种民主联结模型有其合理性基础。其一，农民回归到家户经营固然激发了活力，但同时村庄公共事务却无人管理，通过农民自主选择的村委会组织填补了村庄公共事务管理的需要。其二，农民自主性的增强和身份仍受限于村庄内，以及农民赖以耕种的土地属于集体所有而不是家户所有，这都使得村委会组织具备了联结村民的基础。如果这些条件与民主联结模式的铸造诞生于一个封闭的社会，也许能够形成更高的效力。只不过，20 世纪 80 年代以来的农村社会所要面对的是一个流动性日益增强的开放社会，它为稳定性联结形态的构建提供了消解环境。

乡村社会走向开放的过程，实际上是一个农民被卷入市场化、社会化的过程，最为突出的表现是农民的流动。所谓农民流动，就是“农民为寻求其他生活来源而暂时或长时间离开原村而处于流动状态”。[②] 对于农民的城乡流动，从积极的意义上说，农民“从偏僻的、落后的、被历史遗忘的穷乡僻壤”走出来，“卷入现代社会的旋涡中”，通过社会化配置方式，首先他们在经济上获得了远高于农村生活的资本财富，在思想上“不再迷信传统和权威”[③]。他们的“文化及觉悟得到提高，养成文明的习

① 《中华人民共和国村委会组织法》，第十一条，第二条，第五条。

② 徐勇、徐增阳：《流动中的乡村治理》，中国社会科学出版社 2003 年版，导论第 8 页。

③ 阿历克斯·英格尔斯等：《人的现代化》，四川人民出版社 1985 年版，第 46 页。

惯和需要”[1]，“在态度、价值观和行为方面转变得更加现代化”[2]。然而，也正是农民流动，土地产出的价值对农民的吸引力越来越低，紧随而来的是村落社区生活对于农民的意义在下降。正如涂尔干所说，“一旦他可以频繁地外出远行，积极地同他人进行交往，在外地经营自己的业务，他的视线就会从身边的各种事物中转移开来。他所关注的生活重心已经不再局限在生他养他的地方了，他对他的邻里也失去了兴趣，这些人在他的生活里只占了很小的比重”。[3] 从这个意义上说，定位于村级层面的村民自治需要面对来自农民流动引起的不关注的消解力量，同时农民对外的开放形态并没有转化为朝向行政村的“半熟人社会”打交道的社会制度当中，这是对民主联结所能够构造的理论强度的消解。

另一重消解力量仍是来自于国家和基层政府，这是由国家发展战略的客观非均衡性和“压力型体制”[4] 这个大环境造成的。在乡村社会的实际运转中，村级运作必须接受乡镇分派的诸多任务，有人将这种状态称之为“上面千条线，下面一根针”，农业税费、计划生育等政策性任务要落实到农民身上，自上而下的行政权力就将这些任务全部压到了村委会组织身上，乡村关系不仅变得比制度性规定复杂。景跃进认为，“只要村委会承担着来自上级政府的行政管理任务，那么，它们的关系就非常可能具有领导与被领导的特征，而很难保持指导与被指导的性质”。[5] 同时村级干群关系也远比民主治理来得复杂，徐勇将这种治理概括为“力治”，即依靠个人能力、政治权力和宽社会暴力进行治理。[6] 徐勇认为：“‘力治’是转型时期的乡土社会的离散性造成的，而以个体本位的‘力治’又进一步

① 《列宁全集》第3卷，人民教育出版社1984年版，第530—531页。

② 阿历克斯·英格尔斯等：《人的现代化》，四川人民出版社1985年版，第146页。

③ ［法］埃米尔·涂尔干：《社会分工论》，渠东译，生活·读书·新知三联书店2008年版，第257页。

④ “压力型体制”指的是“一级政治组织（县、乡）为了实现经济赶超，完成上级下达的各项指标而采取的数量化任务分解的管理方式和物质化的评价体系”。详见荣敬本等《从压力型体制向民主合作体制的转变》，中央编译出版社1998年版，第28页。也可见景跃进、张小劲、余逊达主编《理解中国政治——关键词的方法》中杨雪冬编写的“压力型体制”词条，第166—181页，中国社会科学出版社2012年版。

⑤ 景跃进：《国家与社会视野下的村民自治》，《中国书评》1998年5月号。

⑥ 徐勇：《乡村治理与中国政治》，中国社会科学出版社2003年版，第206—207页。

强化了乡土社会的离散性，迫切需要以新的方式加以整合。"①

总的来说，改革开放以来的乡村社会是一个农民自主性得到扩张的阶段，国家以村民自治的理念和制度实现基层社会的民主联结具有战略性和可能性。然而，农民的自由流动和行政体系自上而下的压力型体制都对逐渐成长的村级民主联结形成了巨大的挑战，也必然造成成长中的民主联结形态的脆弱性和不稳定性。乡村社会呼唤新的改变，呼唤新的有效联结来形成更有效的治理与发展。

五 弹性联结的构建：农村治理现代化的实现路径

开放社会的发展是越来越趋向多元化的，多元化的社会要形成有效的治理所要照顾和面对的要素也呈几何级增长，要在多元要素汇聚的农村社会生态中型构有效的治理，首要的是实现多元要素的联结型治理，但这种联结不是一种松散的关联，而是一种建立在自主性基础上的弹性联结。弹性联结的构建虽然不是良好治理的终极机制，但却是推进农村治理现代化和实现良好治理的关键前提。

与21世纪初不同的是，改革开放之后的20世纪八九十年代是一个"分"、"流"和"压"汇聚发展的过程，形成了乡村社会的离散，也正是这些对于国家型构的民主联结形成了强大的消解力。而21世纪以来，这些消解力或者发生了转变，或者向更深层次的方向发展，也必然展现出一种新的治理图景。

在中国农村治理的历史进程中，国家作为一种有组织性的权力，自始至终都发挥着最重要的形塑功能。在西方话语体系中，这被定格为"东方专制主义"。② 因为国家自始至终都扮演着对乡村社会的资源汲取功能，只不过国家是一种直接"在场"还是一种间接汲取的差别而已。自2001年以来，先是农业税赋的逐渐减免，接着从2006年开始，农业税赋的全

① 徐勇：《乡村治理与中国政治》，中国社会科学出版社2003年版，第208页。

② 徐勇教授对东方社会的深度挖掘，挑战了西方话语体系的"东方专制主义"，认为促使中国近三十年发展的基础正是"东方自由主义"，它"是在东方中国自由小农经济社会基础上产生的农民的自由状态和追求。""它深深植根于农民的日常生活之中。"详细可参考徐勇《东方自由主义传统的发掘——兼评西方话语体系中的"东方专制主义"》，《学术月刊》2012年第4期。

面取消，以及新的支农惠农政策的不断加强，这就扭转了国家对农村社会的资源配置方式，从资源汲取转变为资源赋予。在农业税取消的争论中，有一种观点认为："在中国农民的意识里，种地纳粮是天经地义的事情。现在农民不缴农业税了，他们的国家意识和集体观念一定会受到影响。"[①]这是从时段来看可能存在的问题，然而在较短的时间内，通过农业税费的取消以及支农惠农政策，农民对国家的感恩观念再次建构起来了。所以，问题的关键是农民"感恩型国家观念"向何处发展，是否能够向权利与义务对等的现代公民实现实质性转变。当前，由于没有国家义务的存在，农民获得了残缺的权利，但现代公民义务观念还没有有效建构起来，农村社会的治理进一步走向了离散化状态。

这是一个新的发展契机，不仅是因为国家角色的创造性转换，而且市场对农民的吸纳、对农村的侵蚀都越来越强。这一方面是农民的自主性选择的结果；另一方面是市场资本特性所造就的。但正如波兰尼所说，现代社会的各种变化是由一种所谓的"双向运动"所支配的，即"市场的持续扩张以及这一运动所遭遇的在特定方向上制约其扩张的反制运动"。[②] 这种反向的社会运动体现为保护人民、他们的土地和文化。虽然社会化、市场化不断把农民卷入到陌生、充满不确定性和风险的社会里[③]，但另一方面，国家已经开始在农村社会推行一系列的保障性政策，但这只是一个有效的补充，农民积极行动起来重构联结才是克服离散化和碎片化的主要路径。

要重构农村治理的联结形态，除了要接受当下的挑战，即市场经济的深化乃至全球化的挑战，以及国家治理现代化的基层社会的根基性稳固问题。同时，还要正确面对来自历史长时间段积累的联结传统的挑战，一是止于晚清社会的伦理宗族联结形态；二是 1949 年后形成的国家刚性权力联结形态，以及改革开放以来形成的脆性联结形态等。也就是新型联结形态的构建所需要面对的既有历史的承载，同时又有当下时空的挑战，这是构建弹性联结形态的时空条件，如图 1 所示。

① 转引自司徒朔《农民何谓》，中信出版社 2014 年版，第 199 页。

② 转引自马骏《改革以来中国的国家重建："双向运动"的视角》，《中国"行政国家"六十年历史与未来》，2012 年。

③ 徐勇：《如何认识当今的农民、农民合作与农民组织》，《华中师范大学学报》（人文社会科学版）2007 年第 1 期。

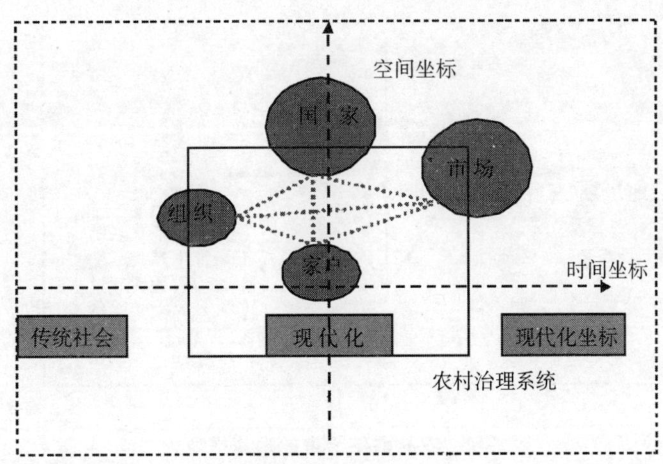

图 1　农村联结治理的时空体系

在这个复线杂糅的时代，徐湘林认为，“中国目前面临的危机是一种‘转型的危机’，即在经济——社会转型中由于各种利益冲突和治理能力滞后所产生的危机，是在特定历史背景下结构性转型的必然现象”。① 要克服农村治理转型中所面对的挑战，必须要明确体现为构建一种弹性联结形态。国家与社会之间、政府与市场之间、市场与社会之间，没有有效的联结就难以构筑有效的治理。农村治理的有效联结，必须能够在横向上联结农民家户、村庄与市场资源的快速融合，在纵向上能够实现农民家户、村庄组织与国家政治组织的有效对接，以实现资源和信息的融通。这也就决定了农村社会的联结治理已经超越于封闭社会的单线联结形态，而是一种多元化、多层次的复性联结形态，如图 2 所示。

从纵向上来看，农民是以家户为行动单位，在家庭内部是一种情感归依式的联结。中国传统有所谓“相依为命”的说法，这说明在家户作为统合单位是以家庭成员的“感情支持”来支撑的。在家户单位中，可以为了家而牺牲个人，但如果出现为了个人牺牲家，那就是对家户的背离。当前，深受市场化环境影响下的农民在家户的养老反哺上呈现出了某种程度的情感消解，对这种情感消解的反强化是维持治理的稳固家户基础的关键。以家户为根基，农民向村民自治的组织空间扩展，虽然村民自治的民

① 徐湘林：《转型危机与国家治理：中国的经验》，《经济社会体制比较》2010 年第 5 期。

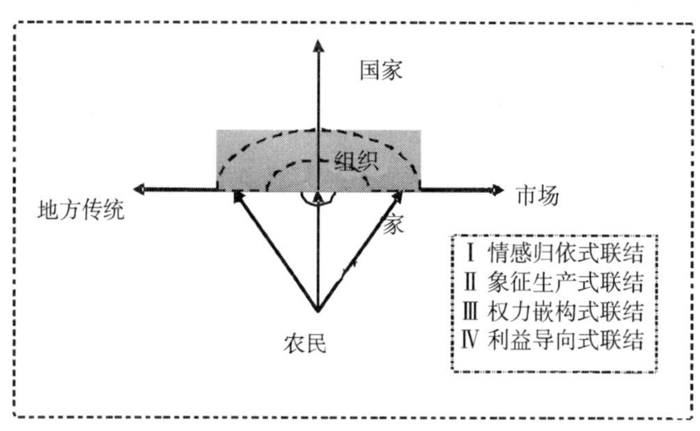

图 2　农村联结治理的理想类型

主联结愿景受到了来自多元化的挑战，但正是通过村民自治的村委会，农民实现了与国家的间接勾连。而从自上而下的视角来说，国家从中央到乡镇乃至行政村的联结则是一种权力嵌构方式，只不过权力的呈现方式不同，有对基层资源汲取中的强制力，也有对基层资源赋予的柔性表征。

从横向层面来看，来自传统社会的联结因子与来自市场的利益因子在农民个体或家户的层面上的博弈一直存在。虽然伦理宗族联结形态不复存在，但在市场化环境下，农民从共同的宗族纽带中寻找认同联结的愿景再次呈现出来。不过，这已经难以凝结为有效的联结形态，而是通过象征的再生产满足个人的心理归属需求。来自市场的利益因子对传统联结形态的消解虽然是慢节奏的，但却是“革命性”的。然而，市场在制造对传统的消解的同时，也在形塑一种新的联结因子，即以利益为导向的联结。市场是利益的“角逐场”，也是劳动分工的必然产物。参与市场的分工是以利润和货币为目标的，不论这最终指向是维持生存还是扩大再生产。在这个意义上，市场对于农民的刺激是利益导向的。即便农民以家户为单位参与市场面对的是难以预估的风险，但农民从来就没有停止过向市场的嵌入，这是利益的驱动。同时，市场也将在它所感觉到利益的地方无孔不入，这是资本的逐利本性使然。

总的来说，本文建构的弹性联结的理想形态至少在某种程度上提供了一种新的治理现代化的尝试。当前，国家通过“项目下乡”嵌入到农村公共服务中，有研究认为，这种国家通过外源性输入完善农村公共产品供给的形式是一种建构国家与农民有机联系的制度安排和现实选择。[①] 也有研究关注市场化的经济精英或农村自发的经济合作组织在整合农村内在资源与市场资源中的联结关系。所有这些研究可以认为是在回应构建多元化弹性联结的尝试，而我也相信本文亦是在系统研究农村治理联结形态的有效尝试。最后，需要明了的是，构建有效弹性联结的过程中，不可忽视不同面向的联结机制的“异化”问题，主要体现在三个方面：一是联结机制的杂糅性，即农村治理要素的构筑并不是单一要素的作用，而是多元的互构，如权力嵌构与市场的利益导向相结合，所产生的权力化资本或资本的权力化等；二是联结机制的变异性，如家户是个人的情感依归，却可能产生理性的叛逆等；三是联结机制的排除性，如权力嵌入对象征再生产的压制等。这表明没有一劳永逸的治理现代化路径，需要通过实践的力量不断予以完善，也需要理论研究的不断推进，在这方面，相信本文能够起到“抛砖引玉”的作用。

① 应小丽：《“项目下乡”发生与发展的政治社会学阐释——一个功能主义的分析路径》，《浙江师范大学学报》（社会科学版）2014 年第 1 期。

“村改居”社区治理中社会资本的流失与重构

吴晓燕　关庆华[①]

一　社会资本理论及其在社区治理中的功能分析

政治学者帕特南将社会资本理论引入到政治学领域，并产生了广泛而深远的影响。他认为，“社会资本指的是社会组织的某种特征，例如，信任、规范和网络，它们可以通过促进合作行动而提高社会效率”。[②] 这一概念界定为研究社会资本理论提供了重要的分析框架和研究视角，即从社会信任、互惠规范以及关系网络三个核心要素来测量和分析社会资本。社会信任可以分为特殊社会信任和普遍社会信任，其中，特殊信任体现为人们基于血缘亲缘关系、地缘关系而建立的信任关系，而普遍信任表现为人们基于业缘关系、制度遵守而同陌生人建立的信任关系。互惠规范在传统社会体现为“‘报’的观念和‘人情’法则”[③]，而在现代社会体现为以平等、自治、参与、宽容、妥协为主的公共精神和以契约意识、合作观念、遵守秩序为主的互惠价值观念。关系网络有垂直与横向之分，横向关系网络超越垂直关系网络的层级限制将社会成员广泛的连接起来，在社区

---

① 基金项目：国家社科基金一般项目（11BZZ060）；中国博士后科学基金资助项目（2013M531917）阶段性成果。

吴晓燕，重庆师范大学马克思主义学院教授，硕士生导师，主要从事农村经济与政府治理研究；关庆华，西华师范大学政治学研究所，政治学理论硕士。

② ［美］罗伯特·D. 帕特南：《使民主运转起来：现代意大利的公民传统》，王列、赖海榕译，江西人民出版社 2001 年版。

③ 夏建中：《中国城市社区治理结构研究》，中国人民大学出版社 2011 年版。

中主要体现为："为满足居民个性化需求而形成的文体娱乐性组织网络；为居民和社区提供公共服务和公益服务的社区志愿者组织网络；为优化秩序，实现邻里互助，管理楼栋（院）公共事务而形成的楼栋自我管理网络。"①

作为一个基本研究单位，社区已经被广泛地运用于社会科学研究之中。研究者最初比较突出社区的地理性概念。但随着研究的深入，社区的内涵也日益丰富起来，具体内容涵盖了地理空间、人际关系、价值规范、情感联系、互动关系等多方面内容。例如，阿米泰·艾兹奥尼就认为社区应当包括两个基本因素："一是以情感为黏合剂的关系网络；二是成员间共同的价值观念、规范以及身份认同等。"② 不难发现，社区内涵中所强调的诸如关系网络、规范、价值观念等要素正是社会资本理论的重要内容。同时，社区治理过程中特别强调社区多元主体间的对话协商与合作治理，内在地包含了社会资本理论所倡导的诸如信任、互惠、合作等一些价值理念。因此，社会资本理论不仅与社区治理具有很多契合之处，更能够成为社区治理的重要资源，在社区治理过程中发挥重要的功能。

首先，有利于和谐社区人际关系，提高社区居民的认同感。积极培育社区认同，努力构建和谐社区是现代社区治理的重要目标。作为协调人际关系的润滑剂，社会信任是一种社会整合力量，对于维护社区协作秩序，降低欺诈行为的发生，以及改善社区人际关系，提升社区认同感都有重要意义。普遍的互惠规范，诸如知恩图报、礼尚往来、合作双赢，可以加强社区居民的情感交流与利益共享，对构建和谐的社区人际关系，提升社区居民认同感都大有裨益。此外，横向密集的邻里关系网络，可以为社区居民广泛参与社区事务提供种类繁多的组织载体和互动平台，进而为构建和谐的社区人际关系，以及提升社区认同提供强大的支撑条件。

其次，有利于降低社区交易成本，促进社区成员合作。社区成员以协商、合作的形式参与社区治理是现代社区治理的重要内容。社会信任关系

① 文军、张赛军：《社会资本与社区脱贫：对社会资本独立性功能的分析》，《西北师大学报》（社会科学版）2006 年第 3 期。

② ［美］罗伯特·D. 帕特南：《独自打保龄球：美国社区的衰落与复兴》，刘波等译，北京大学出版社 2011 年版。

的建立可以降低社区合作时的交易成本，解决社区合作中的“集体行动困境”。普遍互惠规范内含着契约意识、合作观念、诚实守信等价值理念，可以有效地约束和规范人们的行为，降低社区合作时的监督成本，提升社区成员间的合作水平。此外，横向密集的邻里关系网络可以增加社区居民重复博弈的机会，强化其诚信意识、声望观念、互惠规范，进而降低社区成员的机会主义行为，深化社区合作。

最后，有利于提升社区自治力量，改善社区治理结构。培育社区自治力量，逐步完善社区治理结构是现代社区治理的应有之义。社会信任与互惠规范是社区自治组织发展的重要资源，在信任和互惠的基础上社区居民积极参与到社区组织中来，既可以为社会自治组织发展提供良好的外部环境，又可以提升社区自治组织的发展活力。社区邻里关系网络内在要求包括文化娱乐组织、志愿公益组织、自我管理组织等各类社区自治组织的充分发展与良性互动，必将壮大社区自治力量，满足社区居民的多样化参与需求，传递社区居民的多元利益诉求，对完善社区多元治理格局，改善社区治理绩效具有重要意义。

二 “村改居”社区治理中的社会资本：传统消解与现代缺失

当前，在“村改居”社区，传统社会中的社会资本不断消解，现代社会中的社会资本尚未建立，导致社区社会资本流失严重，社会信任难以建立起来，互惠规范十分匮乏，邻里关系网络不够密集。

（一）社区社会信任难以建立

“村改居”社区，社区社会信任难以建立起来，社会信任状况不断恶化。具体而言，社区居民的特殊信任半径向家庭内部收缩，信任程度呈下降趋势，普遍社会信任关系难以建立。

其一，特殊社会信任半径向家庭内部收缩。传统乡村社会秩序是一种差序格局，社会信任的程度因关系亲疏而有所不同，血缘关系的先赋性与绵延性使得家庭、宗族内部建立起了深厚的信任关系，而频繁的社会互动维系着邻里朋友等熟人信任关系。在“村改居”社区中，社区居民被高度卷入到市场中来，利益观念不仅影响人们的市场交易，更渗透到人们的相互交往之中，亲缘关系、地缘关系都深深地打上了利益的烙印，人际关系的"货币化"倾向明显。亲戚朋友为了利益而反目成仇，生意场上的杀熟现象与传销组织对熟人关系的利用等，都严重侵蚀着传统的熟人社会及其信任关系，社区居民的特殊社会信任半径逐渐向家庭内部收缩。

其二，特殊社会信任程度有下降趋势。在传统社会中，农民具有较为强烈的宗族认同与地域认同，并由此建立起深厚的社会信任关系。然而，在"村改居"社区中，绝大多数居民失去了长期以来赖以生存的土地，并由此引发了一系列变革。工作性质的改变引发社交活动的变革，现代单元楼房的兴建，公共生产空间的消失，以及私人电子休闲方式的兴起都极大地减少了社区居民情感交流的机会，流动性的增加促使人们预期的不确定性增加，提高了人们行为决策的短期效益。这些变革共同促使了社区人际关系由密切转向疏远，而关系的疏远无疑又引发了社会信任程度的降低。

其三，普遍社会信任呈现恶化倾向。在乡村社会中，村民同外界的联系主要依靠熟人关系，通过中间人的熟人与熟人对接将生人转化为熟人，进而加深了对陌生人的信任程度。但在"村改居"社区中，社区居民的普遍社会信任有恶化的倾向。一方面，传统社会依靠熟人关系维系的普遍信任难以为继。不断涌入的外来人口使"村改居"社区逐渐变为"半熟人"社区，原有的熟人关系难以继续支撑同大量陌生人的交往关系。另一方面，现代社会依靠契约关系维系的普遍信任尚未建立。工作流动频繁与职业规范匮乏使得"村改居"社区居民难以建立业缘关系基础上的信任关系。

（二）社区互惠规范比较匮乏

在"村改居"社区中，社区互惠规范仍然很匮乏，表现为以"报"的观念和"人情"法则为主体的传统互惠规范约束力日趋下降，以公共精神和互惠价值为主体的现代社区互惠规范并未形成，并且在新旧社区互惠规范对接上还有空白之处。

首先，传统互惠规范的道德约束力下降。在传统农村中，农民"生于斯、长于斯、死于斯"，熟人社会的重复博弈和频繁互动维系声望体系的道德约束力量，迫使人们社会互动中都恪守互惠规范。然而，在“村改居”社区中，这些传统互惠规范正悄然发生变化。一方面，“村改居”社区中，土地的失去与流动性的增加打破了传统乡村社会的封闭性特征及其熟人关系网络，熟人社会中有效运作的声望体系及其互惠规范的道德约束力不断弱化。另一方面，“村改居”社区中，社区居民的职业分化日趋显著，不仅降低了人们的利益关联，更削弱了互惠规范所赖以支撑的经济基础，互惠规范的道德约束力逐渐式微。

其次，现代互惠规范尚未真正形成。在“村改居”社区中，现代互惠规范还未真正形成。一方面，社区公民教育相对缺失，对个人私利的狂热追逐已经损害互惠规范的发展。“在推崇私利的‘唯我独尊的年代’，则‘以人不助我，我不助人’为特征，这是对互惠准则的颠覆和讽刺。”① 另一方面，邻里关系网络还不够紧密，社区居民互动频率还比较低，也不利于互惠规范的培育。现代社区互惠规范的培育离不开社区居民在日常实践中的积极参与和频繁互动。但在“村改居”中，社区邻里组织发展还比较滞后，社区居民的组织化参与和互动行为依然十分欠缺，密集的关系网络尚未形成，不利于社区现代互惠规范的生长。

最后，新旧互惠规范尚无法有效对接。在“村改居”社区，传统乡村熟人社会变为“半熟人社区”，传统互惠规范的道德约束力不断式微，与此同时，宏大的政治教育和空洞的道德宣传并未能有效培育起现代社区互惠规范，由此引发某些领域中新旧互惠规范对接上的空白。例如，当前在“村改居”社区合作中，较为突出的“搭便车”和“道德风险”问题，可以说与社会互惠规范对接上的空白不无关联。在新旧互惠规范对接存在空白的情况下，社区居民在日常社区实践中便遭遇了价值选择难题，徘徊在道德与法理、人情与功利的分界线上，而社区成员的一时一己之私便可能打破“施恩者不图回报，受恩者知恩必报”的互惠链条，给社区互惠规范以沉重一击。

（三）社区邻里关系网络不够密集

衡量社区居民的社会关系网络有三个维度，即“网络大小、连带强

---

① ［美］罗伯特·D. 帕特南：《独自打保龄球：美国社区的衰落与复兴》，刘波等译，北京大学出版社 2011 年版。

度和连带地位”。① 换言之，社区居民的邻里关系网络可以用网络规模、关系紧密度、网络地位三个维度进行衡量。在“村改居”社区中，社区邻里关系网络规模还比较小，邻里关系网络紧密度不断弱化，邻里关系网络在社区治理网络中的地位还不高。

其一，邻里关系网络规模还比较小。当前，在“村改居”社区中，社区邻里关系网络规模还比较小，横向广泛的社区邻里关系网络并未形成。一方面，社区居民的邻里关系网络随着互动频率的降低和利益观念的侵蚀而不断收缩，邻里关系网络中的外围部分日益疏远和消解，社区邻里关系网络有缩减的危险。另一方面，社区邻里组织发育滞后，严重影响了社区邻里关系网络的发展壮大。在“村改居”社区中，社区邻里组织的发展既面临资金有限、成员业余、制度建设落后等发展困境，又存在居民参与度低、组织间互动不足等运转难题，社区邻里组织发展举步维艰，这也影响了社区邻里关系网络的发展。

其二，邻里关系网络紧密度不断弱化。乡村熟人社会中，血缘关系、地缘关系、亲缘关系把乡村社会编织成一条条纵横交错、紧密连接的关系网络，并为生活在其中的个体成员提供了重要的生存和发展资源。但在“村改居”社区中，邻里关系网络的紧密度却不断弱化。一方面，利益观念的侵蚀导致“村改居”社区中邻里互动呈现出功利化、形式化的色彩，人际关系的“货币化”倾向使得传统社会中亲密无间的邻里关系貌合神离。另一方面，传统的村落文化衰败，乡村集体记忆式微，逐渐瓦解了社区内部的团结协作，导致邻里关系网络的紧密度降低。“文化败坏导致社会分崩离析，充满生命力的民间传统的丧失，削弱了个人之间的道德关系。”②

其三，邻里关系网络地位还不够高。传统乡村社会中，农村社区邻里关系网络在协调邻里关系、维持乡村秩序、改善乡村治理方面发挥着重要的作用。在现代社会中，社区邻里组织及其邻里关系网络是社区治理的重要基础，邻里组织的发展及其关系网络的建构是实现社区善治的重要条

① 王国猛、郑全全、黎建新：《社会网络特征、工作搜索策略对新生代农民工再就业的影响》，《农业经济问题》2011 年第 10 期。

② ［美］克利福德·格尔兹：《文化的解释》，纳日碧力戈等译，上海人民出版社 1999 年版。

件。但在“村改居”社区中，社区邻里组织发育仍然相当滞后，社区邻里组织及其关系网络在社区治理中的地位和作用并未得到有效发挥。社区治理中仍然偏重于自上而下的“刚性”管理方式，而自下而上的“协商”、“参与”等“柔性”治理方式还很欠缺，导致社区居民对社区事务的参与度不高、回应性不足，不利于社区善治的实现。

三 “村改居”社区社会资本流失带来的治理困境

社会资本是社区治理的重要资源，在社区治理中对培育社区认同、提升治理绩效、完善治理格局都发挥着重要的作用。但在“村改居”社区，社会资本的严重流失使社区治理陷入困境。

（一）社区认同感缺失

学术界一般采用三个维度衡量社区认同，即“社区意识、社区凝聚力和社会依恋度”。[①] 换言之，社区认同感的培育要先后经生成社区意识、实现社区参与和形成社区依恋三个阶段。但在“村改居”社区，社会资本的流失带来居民的社区认同感缺失，具体而言：

一是社区意识淡薄。“村改居”社区的社会资本存量不足，是导致居民社区意识淡薄的主要原因。在“村改居”社区中，社区居民的“我社区”群体认知与地理认知观念不强，社区居民的责任意识和主人翁精神不足，往往会对涉及自身利益之外的社区事务选择“理性的无知”，导致社区居民对社区人口规模、发展历程缺乏了解，对社区公共事务、未来规划漠不关心。此外，“村改居”社区文化建设滞后也是社区居民社区意识淡薄的重要原因，社区中的文化建设并未将宏大的思想政治教育与生活化的社区文化巧妙地衔接起来，社区居民的社区意识淡薄便不可避免。

二是社区参与不足。“认同感不仅来自集体意识的塑造，更重要的需要社区成员对社区生活的主动参与。”[②] 但在“村改居”社区中，社区居

① 吴晓燕：《从文化建设到社区认同：村改居社区的治理》，《华中师范大学学报》（人文社会科学版）2011 年第 5 期。

② 同上。

民参与社区治理的组织载体欠缺，社区居民参与社区治理的意识不强，导致"村改居"社区居民的主动社区参与不足。一方面，社区自治组织发育滞后，社区自治组织间的横向联系不够紧密，横向密集的互动参与网络还没有建立起来，难以吸纳社区居民广泛地参与社区治理。另一方面，社会资本存量不足，社区居民在参与社区公共事务时还存在相互推诿、讨价还价、隐性抗拒等现象，在公共事务的动员、决策、执行、监督各环节都存在不确定性因素，影响了社区居民参与的意愿和效果。

三是社区依恋度不高。"传统乡村不仅是人们从事生产和交往活动的社会生活共同体，而且也是一种经验传承、绵延传统、代代相袭的文化共同体。"[①] 在"村改居"社区中，乡村庙会、祠堂、戏台等物质文化资源逐渐消失，历史传说、节日习俗、祭祀仪式等非物质文化资源趋向瓦解，农民向市民的快速转身带来了新的身份和文化认同困境，这些问题都在一定程度上降低了社区居民的社区依恋度。此外，在"村改居"社区中，集体资产消失与就业形式多元化，不仅降低了社区居民的利益关联度，更是削弱了社区认同的根基。"社会认同的构建离不开其现实的利益基础，利益是形成社会认同的根源所在。"[②]

（二）集体合作陷入困境

"村改居"社区社会资本流失严重，社区成员间的合作成本不断增加，并经常陷入"集体行动的困境"。

一是"搭便车"现象严重。在"村改居"社区中，传统熟人社会中声望体系所提供的激励和监督机制难以为继，而现代社区互惠规范生长又十分缓慢。因而，在社区合作中，社区居民的行为规范缺乏有效监督和约束，导致"搭便车"现象问题突出。"搭便车"现象短期内会诱使其他成员加入到"搭便车"的队伍中来，长期而言必将侵蚀社区合作的基础。为此，必须着力克服集体合作中"搭便车"行为，积极培育普遍互惠的社区规范，构建行之有效的激励机制和监督机制，为社区合作提供重要的保障条件。

---

① 卢璐、许远旺：《建构认同：新型农村社区建设与社区意识的生长》，《学习与实践》2012年第4期。

② 吴晓燕：《从文化建设到社区认同：村改居社区的治理》，《华中师范大学学报》（人文社会科学版）2011年第5期。

二是“道德风险”问题突出。在“村改居”社区中，社会资本存量不足，增加“道德风险”发生的几率。社区成员的社会信任状况堪忧，导致社区合作或是难以达成，或是在社区合作中欺诈行为频发。社区互惠规范以及邻里关系网络的稀缺，致使社区合作过程中诚实守信的行为难以得到充分鼓励和褒奖，损人利己的行为难以得到有效地监督和制约，既为“道德风险”的发生埋下了隐患，也给社区合作带来了负面影响。为此，防范和化解“道德风险”的发生，必须积极构建和培育社区社会资本，创设良好的社区合作环境。

三是陷入“永不合作”困境。在社区社会资本存量不足的情况下，社区合作中的行为失范问题往往会比较突出，反复博弈中“利用”和“背叛”将逐渐取代“信任”与“合作”成为获取更大利益的现实策略，若任由其发展，这种“永不合作”策略将成为“村改居”社区中的一种“均衡状态”，并不断地自我强化。这样一种“永不合作”的策略，必将给社区合作带来毁灭性打击，并给社区治理带来更大的困难和挑战。为此，必须打破社区合作中“永不合作”的困境，积极培育社会资本，改善社区合作的支撑条件，逐步过渡到自我强化的“互惠博弈”。

（三）多元治理格局尚未形成

在“村改居”社区中，社会资本的流失带来社区社会资本存量不足，而这也是多元治理格局并未真正形成的重要原因所在。

一是多元主体力量结构失衡。在“村改居”社区，社会资本的流失导致多元主体的力量结构发展失衡。一方面，“村改居”社区中政府组织一家独大，不仅设置有社区工作站、社区警务室等组织机构，更将其政府职能延伸到社区基层，以支撑对社区的有效管理。另一方面，社区自治组织发育比较滞后，组织运行不规范，组织力量较为薄弱。社区居委会的执行性较强，群众自治功能异化。社区居民的参与动力不足、参与水平不高，难以发挥其在社区治理中的主体性作用。可见，在“村改居”社区，多元主体的力量结构发育还很不平衡，这也不利于社区多元治理格局的形成。

二是主体角色定位不明晰。理顺社区多元治理主体的角色定位是构建现代社区多元治理格局的重要前提。在“村改居”社区中，政府组织力量过于强大，特别是社区工作站几乎将政府的"一只脚"踏入了社区，面临着转变职能和简政放权的任务。社区居委会在运行中行政化倾向明显，与其群众性自治组织的功能定位存在差距。社区自治组织发育力量薄弱，成为政府组织的"影子"，与其自治组织的功能定位相差甚远。社区居民参与仍然较多沿用动员式执行性的参与方式，并未能充分发挥其主体性作用。可见，在"村改居"社区中，多元主体的角色定位不清晰，已经影响了社区治理的效果。

三是主体间互动机制尚未形成。"理想的合作治理主体间互动机制应当包含对话、信任、协商和共享四种机制。"① 但"村改居"社区中，社会资本流失严重，多元主体间的良性互动机制并未形成。一方面，社会信任的缺失增加了多元主体间合作治理的成本，多元治理主体间并未建立稳定的沟通平台，因而难以形成持续有效的对话机制和信任机制。另一方面，互惠规范的匮乏与参与网络的稀疏不仅给多元主体间合作治理带来不便，也难以培育多元主体间的妥协意识和共享观念，因而难以建立起多元利益主体间协商机制和共享机制。社区多元主体间互动机制的欠缺，不利于社区善治的实现。

四 "村改居"社区治理中重构社区社会资本的路径分析

社区社会资本是社区治理中的重要资源，对于增进社区认同、促进社区合作、改善治理绩效都具有重要意义。面对社区社会资本流失给社区治理带来的诸多难题，破解之道在于重构社区社会资本。

（一）积极培育社区社会信任

积极培育社会信任是重构社区社会资本的关键所在。在"村改居"社区中，传统伦理信任关系消解，现代契约信任关系缺失，社区信任状况恶化。为此，社区社会信任的培育，既要积极重构传统伦理信任关系，又要积极建立现代契约信任关系。

其一，促成传统文化与现代文化的契合，重构社区社会信任。"村改

① 李培林：《村落的终结：羊城村的故事》，商务印书馆2004年版。

居”社区文化兼具传统乡土特性与现代文化因素，重构社区社会信任便要以此为出发点，积极寻求传统文化与现代文化的契合。一方面，要传承和弘扬传统优良美德和优秀文化，密切情感纽带和互惠原则，倡导和睦的邻里关系，以增进社区社会信任。“村落组织的传统本土资源，并不完全是现代性的对立面，它也可以融入或被用来构建现代化的新传统。”① 另一方面，要加强现代社区文化建设，塑造社区居民的公共精神和互惠价值，增进社区居民的契约信任。总之，要积极培植内聚性社区文化，借助传统文化和现代文化合力来重构社区社会信任。

其二，完善法律和制度建设，建立社会信任的保障机制。“社会信任只有在能够得到保障的情况下，才是一种珍贵的社会资产。”② “村改居”社区要积极培育契约信任，通过完善法律和制度来建构社会信任的保障机制，使社区信任关系建立在对制度规范的信任基础之上。具体要求是建立起社会信任的长效激励机制和长效惩罚机制，前者要求政府加强法律和制度建设，综合运用实物奖励和授予荣誉等多种激励手段，建立正向奖励机制。而后者则需要通过法律法规和制度建设，综合运用物质受损和名誉损失等综合手段，对破坏社会信任的违规行为进行严厉惩罚。

其三，提高社区居民的互动频率，培植社区社会信任。在密集的邻里关系网络中，社区居民可以进行重复博弈与频繁互动，从而有助于培植社区社会信任。因此，在“村改居”社区中，要着力提高社区居民的互动频率，借此培植社会信任。一方面，积极发挥社区邻里组织的作用，开展形式多样的社区文化活动和互帮互助活动，搭建社区参与的公共空间和基础设施，例如兴建社区图书馆、社区文化广场、社区体育健身中心等。另一方面，构建社区居民利益攸关的公共议题，积极发展社区公共事务和社区公益事业，以共同的利益牵连吸引社区居民参与到社区互动中来，进而增进社区社会信任。

（二）着力完善社区互惠规范

努力完善社区互惠规范是重构社区社会资本的重要内容。在“村改

---

① 李培林：《村落的终结：羊城村的故事》，商务印书馆 2004 年版。

② 文军、张赛军：《社会资本与社区脱贫：对社会资本独立性功能的分析》，《西北师大学报》（社会科学版）2006 年第 3 期。

居"社区中，着力完善社区互惠规范，既要挖掘和弘扬传统互惠规范，又要培育和发展现代互惠规范，寻求两者的巧妙结合。

首先，通过推进社区文化建设来培育互惠规范。在"村改居"社区中，可以通过社区文化建设来培育社区互惠规范。其一，要大力加强公民教育。要发挥社区网站、社区宣传栏、社区宣传队、社区文化体验室等文化宣传合力，以群众喜闻乐见的形式开展、弘扬传统美德，培育现代互惠精神。其二，要增强社区文化建设的包容性。要深入挖掘滋养互惠规范的传统文化资源，立足实际开展现代社区文化建设。其三，要构建生活化的社区文化。只有把宏大的政治灌输与空洞的道德宣传转变为社区居民切实可行的道德实践，融入到社区居民的日常生活中来，社区文化建设才有生命力，互惠规范培育才能真正取得实效。

其次，借助社区横向密集的邻里关系网络来培育互惠规范。邻里关系网络中的声望道德体系可以为互惠规范的生长提供激励和约束机制，因此，在"村改居"社区中，可以借助社区内横向密集的邻里关系网络来培育社区互惠规范。搭建横向密集的社区邻里关系网络，既是声望道德体系发挥作用的前提，也是互惠规范生长的重要条件。在日益开放的社区中，声望道德的作用效力有弱化倾向，为此，还需要大力加强公民道德建设，提升社区居民的道德互惠意识，同时积极发展社区自治组织，加强社区邻里间的互动交流与互帮互助，编制密集的社区邻里关系网络。

最后，以完善的制度规范来弥补社区新旧互惠规范对接上的空白。在"村改居"社区中，针对新旧互惠规范对接上的问题，可以建立和完善法律法规和制度规则，增强社区行动的稳定预期，指引和约束人们的行为选择。一方面，可以通过倡导和宣传社区的管理规范和规章制度，增强社区居民的规则意识，从而构建良好社区公共秩序。另一方面，还可以通过宣传和践行社区文明公约，来逐步扭转人情往来中的攀比之风。总之，通过建立健全社区制度规范来解决社区新旧互惠规范对接上的困难，有助于创造良好的社区发展环境，促进社区互惠规范的发育和完善。

（三）努力构建横向密集的邻里关系网络

构建密集的邻里关系网络是重构社区社会资本的应有之义。为此，在"村改居"社区中，要着力构建以社区文化娱乐组织、社区志愿性公益组织、社区自我管理服务组织为组织载体的邻里关系网络，不断提升社区居民参与社区邻里组织的动力来保障邻里关系网络。

其一，建立形式多样的社区自治组织，搭建邻里关系网络的组织载体。通过建立各种形式的社区文化娱乐组织，将不同爱好的社区居民聚集起来，有助于密切社区居民间的交往，满足社区居民的多样化需求。通过健全规章制度、提供资金支持等措施改善志愿组织运转的基础条件，规范社区志愿组织的发展，为社区居民提供安全巡逻、法律咨询、便民服务、爱心捐赠等多种形式的志愿服务需求。通过提供人力、物力、财力支持，不断改善社区自我管理组织的运转条件，促进社区居民的自我管理和服务。总之，应当建立形式多样的社区自治组织，整合社区居民的多样化需求，为构建横向密集的社区邻里关系网络提供组织载体。

其二，密切各类组织间的交流互动，编织横向密集的邻里关系网络。在“村改居”社区中，各类组织之间的交流互动频率有限，影响了邻里关系网络的紧密程度。为此，必须不断开展社区各类组织之间的交流与合作，文化娱乐组织既可以为社区志愿活动提供宣传动员，也可以为社区竞赛活动烘托氛围，而社区志愿组织中的法律咨询组织还可以为社区自我管理组织提供政策咨询。总之，可以开展灵活多样的社区内部组织交流与合作，既可以实现社区组织间的优势互补，又可以调动社区居民的广泛参与，从而为编制横向密集的邻里关系网络创造条件。

其三，提升社区居民参与社区邻里组织的动力，保障横向密集的邻里关系网络。横向密集的邻里关系网络的建立，既需要邻里间的日常交往，更离不开社区居民对邻里组织广泛而有效的参与。一方面，必须大力改善社区公共服务和基础设施，提高社区居民对社区的认同感，进而提高对社区中自治组织的参与积极性。另一方面，要促进社区居民的利益社区化，增强社区居民参与社区邻里组织的动力源泉。通过兴办社区公益事业，构建社区公共议题，发挥利益关联的桥梁作用，来激发社区居民的参与动力。总之，通过认同驱使和利益诱导来调动社区居民广泛参与到社区邻里组织中来，保障社区邻里关系网络的良性运转。

原载于《求实》2015 年第 8 期

❖基层公共服务❖

政府向谁购买服务：一个国家与社会关系的视角

管　兵①

在传统的公共管理和政府治理的文献中，除了以政府作为利维坦提供公共服务和私人提供公共服务的选择之外，公私合作（Public Private Partnership，简称 PPP 模式）、福利多元主义或者多中心治理成为了第三条道路。在这中间，公指的是政府部门，私则是指私人企业或者社会组织。在社会建设和社会管理不断创新的具体实践中，以政府购买公共服务为代表的公私合作方式在我国城市和乡村推广开来。那么，在我国的实践中，政府主要向谁购买服务？如果是向社会组织购买服务，那么哪些社会组织能够获得政府的项目？哪些因素决定和影响了政府如何选择合作对象？

政府购买服务的具体模式和实践受制于国家与社会的关系。政府在选择合作对象的过程中，必然受到两方面的约束：第一，传统的国家与社会关系必然在政府购买过程中有所体现，政府与社会机构的合作关系是传统的国家社会关系的延伸；第二，政府购买服务必然受到新时期与国家社会关系相关的宏观政策影响，尤其是最近一些年，从中央政府到地方政府都极力强调和推动社会建设和社会管理实践与创新。在这两种宏观的背景约束下，具体的政府购买服务能够展示出来什么样的国家社会关系？是否为传统的国家与社会关系提供了新的因素？政府决定跟什么样的私人或社会组织合作，可以从一个侧面透视出国家社会关系的传

---

① 本研究受中山大学“985 工程”三期建设项目、中央高校基本科研业务费专项资金、广东省普通高校人文社会科学重大攻关项目“基于社会管理创新的广东和谐社区研究”、国家社科基金重大项目“扩大公民有序政治参与：战略、路径与对策”（12&ZD040）资助。

管兵，中山大学政治与公共事务管理学院讲师，博士，研究方向为社会组织与社会治理。

统的或新有的模式。传统上认为，我国国家与社会关系的模式有三点表现：第一，传统的隶属于政府的社会组织在该领域中居于垄断地位，比如工会、妇联、共青团等；第二，在特定地区的特定领域内，社会组织是垄断性的，社会组织之间不存在竞争；第三，社会组织通过顺服和合作的方式谋求嵌入式发展机会。基于这种理解，如果政府购买服务中表现出来的国家与社会关系仍然符合这三种特征，那说明政府购买服务仍然完全受制于传统的国家与社会关系。如果政府购买服务中表现出来的国家与社会关系与这三种特征有着明显差异，则说明政府购买服务的具体实践带来了新的国家与社会关系。

本研究以上海市政府购买服务作为具体案例，来分析该市政府购买服务所表现出来的国家与社会关系的变化。从 2009 年开始，上海市就全面开展了社区基层公益服务购买项目，这一项目并不是个别案例的试点，涉及的也不是个别社会与政府的合作关系，上海市每年公开招投标上百个政府购买服务项目，涉及的社会组织数百个。研究搜集了上海市从 2009 年开始利用福利彩票的部分收入用于向社会组织购买社区公共服务以来的服务项目和承担的社会组织的具体信息，共计 942 个采购项目和 356 个承担项目的组织。通过对这些项目和组织的分析，研究发现：第一，传统的大政府主导的国家社会关系在政府购买服务实践中仍然表现明显，这其中主要体现为有政府背景的社会组织在这一过程中存在优势；第二，传统的大政府主导的国家社会关系在这一制度实践中也被部分地消解了，主要表现为这一制度刺激了纯粹民间的社会组织的发展，同时也给它们提供了制度化的竞争性发展的空间和机会。因此根据上海市政府购买服务的案例研究，我们认为政府购买服务带来了新的混合性的国家社会关系模式，在这一过程中，既延续了传统的国家与社会关系模式，也带来新的竞争性的社会团体发展模式。

一　政府购买服务与社会组织发育

社会组织发展已经成为一项重要的政治和社会议题，在社会建设和社会管理的宏观政策下，社会组织被赋予了现实的政策上的重要性。政府购买服务正是在这一背景下广为推广的一项具体的政策实践，而这一实践的核心就是政府与社会组织的关系。社会组织发展在中国已经有着广泛地研究，并且学术界也逐步发现中国社会组织发展的传统模式。

（一）传统国家与社会关系下的社会组织

社会组织作为第三部门的指标性表现，它的发育水平对于政治、经济都有重要而关键的影响。而社会组织的发育，主要的影响因素可以分为两个层次。

宏观层面的因素主要包括经济发展水平、政治特征、社会问题以及历史传统等。经济发展水平越高，社会组织就越多元活跃，一个国家在经济上越发达，社会组织的发展上也越发达。政治的开放或者预期中的政治上的开放都可以带来社会组织的发展。[①] 在鼓励多元主义的政治文化氛围中，利益集团是被鼓励的，社会组织是一个良好的社会的具体指标。而认为多元主义会破坏社会的共同的美好意愿的政治文化氛围下，利益集团以及代表利益集团的社会组织都不被鼓励的，政府的角色和职能更为重要。[②] 在全能主义或者极权主义的国家，政治权力渗透到社会和个人生活的各个领域，在政治权力和个体之间，并不允许中间组织的存在，政治权力直接作用到个体，因此社会组织是不鼓励甚至是禁止存在的。[③] 社会问题的产生也会刺激到社会组织的出现。美国进步时代，社会巨变，大量移民涌入美国，城市化迅速，失业、贫困、犯罪问题严重，而与此同时，这一时期却是美国社会组织发育最为迅速的一个时期，当代仍然保持活力的一些大型的社会组织，有很大比例是进步时代诞生的。[④] 历史传统与社会组织的发育有着密切的关系，托克维尔发现美国人对于社区集体活动的热爱一直植根于美国殖民地产生的最初期，从新英格兰地区殖民地开始，还没有形成美国的殖民者进行自我管理，组建乡镇会议和各种委员会，自我管理区域内的集体事务。[⑤]

---

① Almeida, Paul D："Opportunity Organizations and Threat - Induced Contention：Protest Waves in Authoritarian Settings", *American Journal of Sociology*, 2003, Vol. 100, No. 2, pp. 345 - 400.

② 迈克尔·G. 罗斯金等：《政治科学》，中国人民大学出版社 2011 年版。

③ 邹谠：《二十世纪中国政治》，牛津大学出版社 1994 年版。

④ 罗伯特·D. 普特南：《使民主运转起来》，江西人民出版社 2001 年版。

⑤ 德·托克维尔：《论美国的民主》，商务印书馆 1989 年版。

微观层面的因素包括个体之间的信任、权利意识的觉醒、社会企业家的出现等。信任是社会资本的基石。传统中国的人际交往和信任是差序格局模式。[①] 家庭成员最值得信任，然后是家族，再向外，往往是不信任。当目前中国从熟人社会越来越快地过渡到陌生人的社会时，以家庭家族为基础的差序格局式的信任失去了基础，而新的信任机制还没有建立起来，所以导致了社会普遍的不信任。[②] 这种不信任的氛围必然影响人与人之间的交往，限制集体行动的产生，导致社会组织面临困境，这正是意大利南部地区的真实写照。[③] 个体权利意识的觉醒会产生参与意识和培养行动者群体，关于公民身份的诸多研究证明了公民权利意识和政治参与及集体行为之间的关系。[④] 社会企业家表现为有着献身精神和理性策略的社会活跃人士，他们作为领导者可以号召更多的人参与行动，进行有策略的集体行动，组建社会组织。[⑤]

在这些宏观和微观的因素中，与中国特别相关的以及研究中国的学者们特别关心的是宏观的政治因素和社会组织发育的关系。社会组织作为改革开放之后的产物，市场经济为社会组织的复兴和发展提供了动力，而社会组织发展的具体形态和规模则与政治密切相关。长期以来，政府对社会组织的发展一直是采取谨慎的态度，形成了比较稳定的国家社会关系。

虽然对于中国是否符合严格和经典的法团主义定义有一些理论上的讨论和争议[⑥]，但在经验研究层面上，法团主义仍然是用来描述中国国家与社会关系的最普遍使用的术语，因为这一术语抓住了中国国家与社会关系最宏观最核心的维度，即大政府的维度。

第一，整体上，政府对社会组织的发展是比较谨慎的。传统社会中国的社会组织比较稀少，并且主要体现为农村的宗族和宗教组织。在新中国

① 费孝通：《乡土中国与生育制度》，北京大学出版社 1998 年版。

② 郑也夫：《信任论》，中国广播电视出版社 2001 年版。

③ 弗兰西斯·福山：《信任：社会道德与繁荣的创造》，远方出版社 1998 年版。

④ 陈鹏：《从“产权”走向“公民权”——当前中国城市业主维权研究》，《开放时代》2009 年第 4 期。

⑤ Mertha, Andrew C., 2008, China's Water Warrior, Ithaca & London: Cornell University Press.

⑥ 陈家建：《法团主义与中国社会》，《社会学研究》2010 年第 2 期；吴建平：《理解法团主义：兼论其在中国国家与社会关系研究中的适用性》，《社会学研究》2012 年第 1 期。

成立后，国家权力渗透到最基层，社会组织瓦解。改革开放之后国家权力放松了对社会的渗透和管治，然而仍然把社会组织看作是比较敏感的机构，总体上还是采取管理控制的态度。①

第二，在具体管理方式上，社会组织受到了严格的管理。每一个社会组织必须同时满足一个业务主管单位和一个登记单位的要求，社会组织必须是非竞争性的和非跨区域性的。社会组织的日常工作和领导人的产生也有着严格的要求。这一点非常明显地体现在《社会团体登记管理条例》的具体条款上。

第三，在行为方式上，登记在册的社会组织并不谋求反对政府，而是试图通过顺从和服从获得嵌入式发展的机会，通过政府的认可，获得发展的资源和机会。②

总之，在传统的国家与社会关系模式下，社会组织发展表现出来这样的一些特征：

社会组织成立需要具有比较好的政治资源，才能够获得两个主管单位的认可。我们甚至能够看到政府部门亲自培育了很多的社会组织。可以看到一些社会组织的成立者。社会组织跟政府的合作更多地是一种非正式合作的方式。社会组织与政府的合作更多地是政府的主观的和控制性的挑选，而非竞争性的方式。

（二）政府购买服务带来的新变量

政府购买服务的制度安排在新时期国家与社会关系增添了新的变量。传统的国家与社会关系中，政府与社会组织发生关系主要表现在登记注册管理方面。而社会组织跟政府的交往最核心方面也是如何通过政府的审核

---

① 顾昕、王旭：《从国家主义到法团主义——中国市场转型过程中国家与专业团体关系的演变》，《社会学研究》2005 年第 2 期；康晓光、韩恒：《分类控制：当前中国大陆国家与社会关系研究》，《社会学研究》2005 年第 6 期；Unger，Jonathan，1996，“‘Bridges’：Private Business，the Chinese Government and the Rise of New Associations”，*The China Quarterly*，No. 147，pp. 795 - 819。

② Peter Ho：“Greening Without Conflict? Environmentalism，NGOs and Civil Society in China，” *Development and Change*，2001，Vol. 32，pp. 893 - 921.

获得合法身份。[①] 在完成这一步之后，两者的互动和合作则更多地取决于社会组织领导人的嵌入性政治活动和游说，是非常非正式的、个案性的交往互动模式。政府购买服务使用财政资源通过招投标方式面向社会组织购买公共服务，在几个方面带来了与传统国家社会关系不同的新变量。

第一，政府购买服务的方式将政府与社会组织的关系正式化、制度化。2002 年，国家颁布《政府采购法》。该部法律详细规定了政府采购货物、工程和服务的方式、程序。政府购买服务受该部法律的约束。采购法之后，政府首次向非政府组织按照比较正式的制度去采购服务是由国务院在 2006 年 2 月通过招投标的方式，选择非政府组织参与在江西省试点进行的农村扶贫工作。在 2007 年首次选出宁夏扶贫与环境改造中心等 5 家非政府组织，由国务院扶贫办和江西省扶贫办提供 1100 万元人民币。[②] 随后，这一做法在全国推广开来。

第二，政府购买服务给社会组织提供了直接的资源，并赋予其开展活动的空间。上海市政府拿出数亿元的资金购买服务，为社会组织提供了相对客观的资助，从而为扩大社会组织队伍提供了初步的财政基础。对于社会组织来说，开展活动的空间也是非常难得的。这些空间传统上是由政府垄断的，社会组织的进入需要政府的开放和认可。政府购买服务就同时提供了这项最为核心的资源和机会。

第三，政府购买服务提供了明确的政府选择社会组织的标准，在制度上排除了主观性和政府单方面的操控。按照《政府采购法》，政府一方面必须要对购买服务项目的内容作出清楚的说明和罗列；另一方面也必须要对竞标的组织进行严格的考察和考核，以满足财政资源支出有效性的要求。

针对国家社会关系的传统特征和政府购买服务带来的新变量，我们可以提出以下两组竞争性假设：

假设 1：传统大政府模式维持假设。

传统的国家社会关系模式下，政府一方面会直接成立或培育社会组

① 顾昕、王旭：《从国家主义到法团主义——中国市场转型过程中国家与专业团体关系的演变》，《社会学研究》2005 年第 2 期。

② 韩洁：《国务院首次选择 11 家非政府组织参与农村扶贫》，2007 年 1 月 19 日，http：//news. xinhuanet. com/society/2007 –01/19/content_ 5627546. htm。

织；另一方面会努力把自主性的社会组织纳入到政府管理体系中。对于社会组织来说，在这种关系下，会选择嵌入性发展的策略，社会组织会谋求获得政府的认可和资源。[①] 在这种考量下，我们可以分别提出政府在培育社会组织、不同背景的社会组织获得政府购买服务机会以及政府在平衡竞争性和垄断性方面的行为取向，由此建立以下具体的研究假设。

假设 1. 1 相对于纯粹的民间组织，具有国家背景的组织，获得项目的可能性越大。

假设 1. 2 政府购买服务承接组织法人行政级别越高，获得项目的可能性越大，获得的项目越多。

假设 1. 3 不同类别的政府购买项目中，是由不同的承接组织垄断性主导这一类别的购买服务的。

假设 1. 4 项目涉及的资源越多，相对于纯粹的民间组织，具有国家背景的组织，更能够中标。

假设 1. 5 相对于纯粹的民间组织，具有国家背景的组织，获得的项目越多。

假设 1. 6 随着项目的推进，时间上越靠前，政府对购买服务比较规范，竞争性越大。

假设 2：大政府模式消解假设。

通过上述对政府购买服务的介绍，我们可以看出，政府购买服务这一具体实践最早起源于欧美，是随着努力建设最小化政府而进行的治理体系改革中的一部分，通过这一方式把政府的一部分职能转包给外部机构。这一制度模式重视政府和外部机构的平等合作，强调实现多中心治理的良性模式。[②] 那么，这一标榜与政府平等合作的制度模式移植到中国，固然有着变通的可能性，但也必然有其自身的制度逻辑。与大政府模式维持假设相对应，我们提出一系列表明政府购买服务本身内在制度逻辑方面的假设。

假设 2. 1 政府购买服务承接组织与政府的关系对获得项目的可能性并

---

① 王思斌：《中国社会工作的嵌入性发展》，《社会科学战线》2011 年第 2 期。

② 埃莉诺・奥斯特罗姆：《公共事务的治理之道：集体行动制度的演进》，上海译文出版社 2012 年版。

没有显著影响。

假设 2.2 政府购买服务承接组织的法人行政级别对获得项目的可能性和获得项目的多少并没有显著影响。

假设 2.3 不同类别的政府购买服务项目中，并未由垄断性的组织主导这一类别的购买服务项目。

假设 2.4 政府购买服务项目的规模越大（或资金越多），竞争性就越大。

假设 2.5 一个项目的竞争性越大，相对于国家背景的组织，纯粹民间组织获得项目的可能性就越大。

假设 2.6 随着项目的推进，时间上越靠后，政府购买服务越制度化，竞争性就越大。

假设 2.7 政府购买服务承接组织与政府的关系对获得项目资金的多少并无显著影响。

二 数据、变量和方法

（一）数据

通过对上海市公益招投标网（http：//www.gysq.org/）上面截至2013年8月1日的全部招标和中标公告的整理，我们梳理出来942项政府购买服务项目，通过对承接政府购买服务项目的机构进行整理，并通过查阅上海社会组织网（http：//stj.sh.gov.cn/）和上海市事业单位登记管理网（http：//www.sydjsh.cn/newsManageAction.do？op=findAllNewsType），以及通过搜索网站（www.google.com 和 www.baidu.com）查找社会组织法人背景，我们整理出来356个机构的信息（部分机构的部分信息无法查找到，在数据记录中为暂缺）。本研究的数据描述和分析分别来自于这两个数据。

（二） 变量

1. 被解释变量

每一个政府购买服务项目的竞标机构数量

上海市公益投标网在挂出招标公告之后，会预留大约两周的时间给机构前来提交竞标书。在中标公告中，有多家机构前来竞标的信息是公开的，但仅仅公开机构的数量，具体机构的名称没有公布。根据统计，最多的竞标数量是 7 家机构，最低的是 1 家。平均 2.422 家，标准差为 1.106。

每个组织承接项目数

通过对 356 个组织承接的 942 项项目进行整理，计算出来每一个机构承接的项目数量。承担项目最多的达到 32 项，最少则为 1 项。平均数为 2.637 家，标准差为 3.360。

每个组织承接项目总金额

本研究搜集到的金额是一个估计的金额，估计上有可能偏大。在招标和中标文件上，给出的唯一的金额标准是最高限价。由于整体上实际金额的不可得，我们只能采取公布出来的最高限价。通过数个具体案例的比对，实际金额与最高限价并无较大的差异。通过对该总金额的回归分析，每个组织承接的项目数与总金额数有显著的相关，并且 R 方达到 0.9011。所以该金额可以具有较大的指标意义。呈现项目总金额最高的是 1491.092 万元，最低的为 4.11 万元，平均数为 96.830 万元，标准差为 147.578。

2. 解释变量

项目招标年份

政府购买服务项目从 2009 年开始，把各个项目按照年度从 2009 年到 2013 年分为 5 个时间段，2009 年半年时间有 85 项招标项目，2010 年减少为 42 项，2011 年到 2013 年逐年递增，分别为 167 项、263 项、385 项。

中标单位类别

通过查阅上海社会组织网和上海市事业单位登记管理网，作者对中标单位按照性质分为三类：事业单位、民办非企业单位、社会团体。

承担项目组织法人背景

通过搜索网站，作者对各个组织的法人代表身份进行了确认。作者重点搜索和查阅两类网站：新闻媒体网站、政府网站（活动报道、工作总结和人事公示通知），获得可信的交叉验证信息。法人背景分为以下类别：事业单位、居委会、街道工作人员、公务员、政府所属的人民团体(GONGO)、商人、大学教授、民间人士。有部分法人背景无法通过这样的方法获得。

在机构的数据库中以及关于估计每一个项目获得项目资金的 OLS 决定模型中，把商人、大学教授、民间人士定义为纯粹民间人士，事业单位、居委会、街道工作人员、公务员、政府所属的人民团体定义为国家背景人士。

承担项目组织的法人行政级别

该变量的获得跟上一个变量的获得方式相同。法人的行政级别分为：无、居委会主任或者书记、科级、副处级、处级、副厅级及其以上，另外还有人大代表和政协委员。在关于估计每一个项目获得项目资金的 OLS 决定模型中，人大代表和政协委员并定义为无行政级别一类。

承担项目组织主管部门

每一个组织都有一个主管部门。本研究把主管部门分为：GONGO、街道政府、区职能政府、区民政局、市职能部门、市民政部门。

项目规模

该变量是计算每个项目服务的街道的数量。以一个街道最多，有 520 个项目，占到 55.2%。区层面的项目有 228 个，这些项目的规模则按照每个区的街道总数量来计算。市层面上的项目有 14 个，这些项目的规模按照全市所有的街道数量计算，共有 210 个街道。平均数为 7.53，标准差为 25.77。

项目资金

同第三个介绍变量一样，本研究搜集到的项目金额是一个估计的金额，估计上有可能偏大。在招标和中标文件上，给出的唯一的金额标准是最高限价。由于整体上实际金额的不可得，我们只能采取公布出来的最高限价。均值为 36.67，标准差为 19.65。

（三）方法

本研究主要采用最为基础的普通最小二乘回归分析模型（Ordinary Least Square，OLS）来估计每一个项目的竞标单位数量、估计每一个项目获得项目资金或者项目数量。针对纯粹民间组织或者国家背景组织获得政府购买服务项目决定因素使用的是 logit 模型。

表 1　　上海市政府购买项目样本描述及项目竞争性 OLS 决定模型相关变量的描述统计

变量	频次	百分比（%）
项目招标年份		
2009	85	9.02
2010	42	4.46
2011	167	17.73
2012	263	27.92
2013	385	40.87
中标单位类别		
事业单位	60	6.38
民办非企业	633	67.27
社会团体	248	26.35
承担项目组织法人背景		
暂缺	16	1.7
事业单位	131	13.91
居委会和街道工作人员	39	4.14
GONGO	27	2.87
公务员	442	46.92
商人	43	4.56
民间人士	204	21.66
大学教师	40	4.25
承担项目组织法人级别		
暂缺	16	1.7
无	390	41.4
居委会主任书记	18	1.91
科级	323	34.29
副处	44	4.67
处级	100	10.62
副厅级以上	37	3.93

续表

变量	频次	百分比（%）
人大政协	14	1.49
承担项目组织主管部门		
GONGO	84	8.93
街道政府	336	35.71
区职能政府	126	13.39
区民政局	386	41.02
市职能部门	2	0.21
市民政部门	7	0.74
	均值	标准差
每个项目竞标数	2.63662	3.359834
项目规模	7.53397	25.76812
项目资金	36.6716	19.65468
N	942（部分变量有缺失值）	

表 2　　上海市政府购买服务承接组织样本描述和承担金额 OLS 模型相关变量的描述统计

变量	频次	百分比（%）
法人背景		
纯粹民间组织	92	26.74
国家背景组织	252	73.26
法人行政级别		
无	137	39.83
居委会主任书记	8	2.33
科级	149	43.31
副处	19	5.52
处级	27	7.85
副厅级以上	4	1.16
主管单位类别		

续表

变量	频次	百分比（%）
GONGO	45	12.68
街道政府	132	37.18
区职能部门	54	15.21
区民政局	118	33.24
市职能部门	2	0.56
市民政部门	4	1.13
	均值	标准差
每个组织承接项目数	2.63662	3.359834
每个组织所获金额总额	96.82981	147.5777
N	356（部分变量有缺失值）	

三 数据分析结果

由于本研究本身数据的局限性，我们只能搜集到中标的机构，而无法获得前来竞标而没有中标的机构的信息，这让我们无法进行谁可以获得项目或无法获得项目的决定因素的回归分析。为了能够在这方面有所弥补，我们针对不同性质组织获得项目和每一个项目的竞争性情况分别做了 logit 模型和 OLS 模型，可以从不同方面对这一缺失进行补救。

模型一：不同性质组织获得项目可能性的决定因素分析

在标量的描述性介绍里面，我们能够看到有三类组织参与了政府购买服务过程，分别是事业单位、民办非企业单位、社会团体。其中事业单位属于直接的传统的国家部门，民办非企业单位和社会团体属于法律意义上的民间组织。根据对民间组织进一步的分析，我们发现大量的法律意义上的民间组织其法人代表具有直接或者间接的国家背景，他们或者是公务员，或者是事业单位工作人员，或者是居委会的工作人员，仅有约 1/4 的民间组织是由比较纯粹的民间人士成立，主要有大学老师、商人和专业社会工作人士等组成。为了考察纯粹民间人士成立的社会组织与具有一定国家背景的社会组织之间在获得项目上的差异性，我们把纯粹民间组织定义为零，具有国家背景的社会组织定义为1，对之进行 logit 回归分析。回归分析结果参见表3。

回归分析发现，项目规模越大，相对于纯粹民间社会组织，国家背景组织获得项目的可能性减少。反之，项目规模越小，对国家背景组织中标是有利的。在其他条件保持相同的情况下，当项目规模为1，即在1个街道提供服务时，国家背景组织获得项目的可能性最大。这一点与主管单位类别这一变量的结果是一致的。相对于主管单位为国家传统的人民团体（GONGO）的社会组织，主管单位为街道政府的社会组织，具有国家背景的社会组织获得项目的可能性显著高于纯粹民间组织。也即是说，与社区公益服务最直接相关的基层政府，会更倾向于通过成立和扶持国家背景的社会组织来落实政府购买服务。在街道层面上，假设1.1成立，假设2.1不成立。而规模越大，在其他条件保持不变的情况下，纯粹民间组织比政府背景的社会组织获得项目的可能性越大。在这一点上，也即是说，项目推行的行政区域越多或者越高，纯粹民间组织的优势反而越明显，因此，当项目涉及较高的行政级别时，假设1.1不成立，假设2.1成立。

回归分析发现，项目资金越大，相对于纯粹的民间组织，具有国家背景的社会组织获得项目的可能性在增大。因此假设1.4也是成立的。项目资金越大，就意味着资源越多，对组织发展更为有利，这种情况下，国家背景的社会组织更倾向于去争取项目。

回归分析发现，项目竞争越激烈，相对于纯粹的民间组织，具有国家背景的社会组织获得项目的可能性也在增大，这一发现直接否定了假设2.5。竞争越激烈，反而对具有国家背景的社会组织有利，而对纯粹的民间组织不利。

表3　纯粹民间组织或国家背景组织获得项目的决定因素的 logit 模型

解释变量	相关系数	标准误
年份（2009年为参照组）		
2010	-0.182	0.583
2011	-0.645	0.409
2012	-0.741	0.396
2013	-0.516	0.391

续表

解释变量	相关系数	标准误
项目规模	-0.012***	0.004
项目资金	0.009*	0.004
项目竞标数量	0.222***	0.028
主管单位类别（GONGO 为参照组）		
街道政府	0.954**	0.313
区职能部门	-1.081**	0.341
区民政局	-0.067	0.301
市职能部门	-1.724	1.466
市民政部门	0.991	1.211
常数项	-0.497	0.524
N	873	
Pseudo R2	0.156	

* $p<0.05$ ** $p<0.01$ *** $p<0.001$

模型二：每一个项目竞争性的决定因素

项目的竞争性是政府购买服务的内在要求，也是《政府购买法》的法律要求。政府购买服务作为新公共管理的具体实践，尤为强调经济人和市场化理念。《政府购买法》也有着严格的竞争性的法律条文。传统国家通过法团主义的模式来管理社会，鼓励社会中的不同具体部门内部的管理方式也是社会法团主义的，是鼓励垄断而非竞争的。[①] 因此，对于竞争性的考察对于判断国家与社会关系的演变是一个核心指标。

我们以每一个项目前来竞标的组织数量作为被解释变量，考察项目年份、项目规模、项目资金、中标单位类别、法人背景、法人行政级别对被解释变量的决定影响。回归结果参见表 4。

在时间序列上，回归分析发现相对于 2009 年，2010 年的项目的竞争性程度与之不差上下，并无显著性差异，而随着时间推移，2011 年到

① 顾昕、王旭：《从国家主义到法团主义——中国市场转型过程中国家与专业团体关系的演变》，《社会学研究》2005 年第 2 期。

2013 年，这三年间的政府购买服务项目的竞争性与 2009 年相比，显著下降，从 2011 年到 2013 年，负相关系数逐年增大，也即与 2009 年相比，竞争性在逐年下降。这一发现接受了假设 1.6，而假设 2.6 不成立。

回归分析发现，项目规模和项目资金对于每一个项目的竞标单位数量有着显著的正相关关系。项目规模越大，或者项目资金越大，项目的竞争性就会越大。这一发现接受了假设 2.4。同时也间接拒绝了假设 1.3。

表 4　估计每一个项目的竞标单位数量的 OLS 模型

解释变量	相关系数	标准误
年份（2009 年为参照组）		
2010	0.013	0.187
2011	-0.380**	0.134
2012	-0.869***	0.125
2013	-1.382***	0.120
项目规模	0.004***	0.001
项目资金	0.006***	0.002
中标单位类别（事业单位为参照组）		
民办非企业	0.318*	0.138
社会团体	0.251	0.143
法人背景（纯粹民间为参照组）	0.063	0.094
法人行政级别	-0.034	0.028
常数项	2.815***	0.199
N	926	
R sqare	0.220	

* $p < 0.05$ ** $p < 0.01$ *** $p < 0.001$

模型三：每一个组织获得项目总资金的决定模型

组织获得的总资金和组织获得的项目总数就有非常显著的相关性，组织的项目数量解释了 90% 以上的项目获得的总资金方面的差异。在这一部分，我们就仅仅汇报估计每一个组织获得项目资金的 OLS 决定模型。由于组织获得的项目资金并非正态分布，我们对之进行了处理，对这一变量取对数，两个模型进行对比，我们发现后者解释力更好，R 方由 0.070 提高到 0.111。

回归分析发现，相对于纯粹的民间组织，具有国家背景的组织在获得项目的总金额方面，反而显著的低。纯粹民间组织可以获得更多的项目金额。这一发现拒绝了假设 1.5，即相对于纯粹民间组织，具有国家背景的组织可以获得更多的资金。同时对于假设 2.7 形成了支持。

组织的法人行政级别与该组织所能获得的资金显著正相关，即组织的法人代表的行政级别越高，则该组织获得的资金总额就越大。这一发现接受了假设 1.2，拒绝了假设 2.2。

主管单位类别也与组织获得资金总额的差异有一定关系。相对于 GONGO，主管单位是街道政府和区民政局的组织，获得资金总额就越大，而区职能部门和市级部门主管的组织则无此显著性差异。由于社区公益服务主要是在街道落实，街道政府本身扶持了大量的社会组织，这一安排对这些社会组织是有利的，这与模型一中关于街道政府的发现是一致的，就是在城市的最基层，直接主管政府的背景有显著性的影响力，而政府级别越高，或者是其他职能部门，这种影响力显著下降。

区民政局的角色相对较为复杂，它是绝大多数社区公益服务招投标的具体负责单位，而有较多的纯粹民间组织的主管部门也是区民政局，区民政局下也有较多直接培育出来的社会组织，因此这里面表现出来的显著性需要更详细的考察才能判断其究竟是意味着对纯粹民间组织更为有利，还是对有国家背景的社会组织更为有利。

表 5　　估计每一个组织获得项目资金的 OLS 决定模型

	Y：每一个社会组织所获资金		Y：每一个社会组织所获资金取对数	
解释变量	相关系数	标准误	相关系数	标准误
法人背景（纯粹民间为参照组）	-65.085**	24.469	-0.531***	0.156
法人行政级别	25.971***	7.960	0.179***	0.051
主管单位类别（GONGO 为参照组）				
街道政府	49.368	25.981	0.632***	0.165
区职能部门	20.844	29.848	0.129	0.190

续表

	Y：每一个社会组织所获资金		Y：每一个社会组织所获资金取对数	
解释变量	相关系数	标准误	相关系数	标准误
区民政局	83.289***	25.822	0.724***	0.164
市职能部门	-49.768	105.715	-0.460	0.673
市民政部门	-12.169	76.650	0.284	0.488
常数项	-56.987	39.962	2.803***	0.254
N	344		344	
R sqare	0.070		0.111	

* $p<0.05$ ** $p<0.01$ *** $p<0.001$

四 政府购买服务后果：一种转型中的国家社会关系

数据分析结果给我们呈现出来一个混合的图景。传统国家与社会关系维持假设并未大获全胜，传统国家与社会关系消解假设也没有全盘皆输。两大假设都有一些维度被模型所接受，一些方面被模型拒绝，具体情况参见表6。政府购买服务带来一种混合的国家社会关系，这一制度性在一些方面强化了传统的国家与社会关系；而在另一方面又引入了消解传统国家社会关系模式的动力，让传统的国家与社会关系面临着转型的契机。

表6 大政府模式维持和消解假设接受与拒绝情况一览表

大政府模式维持假设							
1.1	1.2	1.3	1.4	1.5	1.6		
部分成立	√	×	√	×	√		
大政府模式消解假设							
2.1	2.2	2.3	2.4	2.5	2.6	2.7	
部分成立	×	√	√	×	×	√	

传统大政府模式的维持

通过对变量的描述性和分析性介绍，我们可以发现在以下环节和纬度，传统大政府模式是维持的。

1. 获得项目的社会组织以国家背景的组织为主。通过表 1 中的变量描述性介绍，我们可以发现在获得项目的组织的背景上，有两处直接体现出来传统的国家的影响力。政府直接向事业单位进行购买服务。事业单位是国家成立的并且普遍得到国家财政和人力支持的部门，政府向事业单位购买服务，实际上是资源在国家内部流动。如果把组织的法人背景进行进一步地分析，我们可以发现大部分的组织具有国家的背景，而纯粹为民间组织的数量仅占到较小比例。

2. 组织法人级别对组织获得项目资金的总额具有显著的影响力。在表 5 的回归分析中，可以看到在其他条件不变的情况下，组织法人级别越高，获得的项目资金总额就会越大，两者是显著的正相关。显然易见，组织法人行政级别越高，越有可能在项目的获得上具有优势。这一点延续了政府内部权力分配的方式，将这一方式延续到社会领域，体现了政府对于社会的直接影响力和掌控力。

3. 竞争性越大的项目单个项目资金额越高，政府的影响力显著。通过表 4 的回归分析，我们发现资金越高的项目，竞争力就越大，而竞争越激烈，有政府背景的组织中标的可能性显著高于纯粹民间组织。因此，我们发现，尽管在政府购买服务过程中存在着竞争性，但竞争越激烈，有政府背景作用就越明显。

4. 街道政府主管的社会组织在获得项目的机会和总金额方面具有显著优势。这显然是有其合理的逻辑存在。第一，社区公益购买项目主要是在街道层面上实施，街道成立的社会组织存在了极大的方便之处；第二，街道政府本身更倾向于扶持成立社会组织来承接辖区内的社区服务购买项目。

传统大政府模式的消解

通过对变量的描述性和分析性介绍，我们可以发现在以下环节和纬度，传统国家与社会关系被消解了。

1. 纯粹民间组织在获得项目金额总额方面具有优势。尽管获得项目的组织绝大多数都有直接或者间接的政府背景，但在单个组织获得项目金额方面，纯粹民间组织具有显著的优势。这在一定程度上反映出来纯粹民间组织具有一定的专业优势，有利于它们拿到更多的政府购买服务项目。而在这一点上，具有政府背景的组织在总体上占有的比例较高，也可能与纯粹民间组织还在发育成长的阶段相关。一旦纯粹民间组织数量更多，行业上更多元，那么有可能会在数量和质量上都具有优势。

2. 行政级别越高或者项目范围越大，对纯粹民间组织越有利。在表3中，我们可以发现，项目服务的范围越大，也即开展服务活动的街道数量越多，对纯粹的民间组织获得项目就越有利。换而言之，也就是仅仅在一个街道提供服务，对纯粹民间组织获得项目是不利的，这一点与传统国家与社会关系维持的第四点发现是一致的。在城市街道层面上，传统国家与社会关系维持的假设获得明显的支持，而随着范围和层级的提高，传统国家与社会关系维持的假设遇到挑战，而传统国家与社会关系消解的假设被接受。

3. 项目在2009年、2010年，竞争性显著较高，之后，仍然具有一定的竞争性。政府购买服务项目一直通过招投标方式进行，具备制度性的竞争性。通过比较不同年份的竞争，我们发现，在政府购买服务实践开始的头两年，竞争性是很高的，之后显著下降。

4. 项目规模越大、资金越大，竞争性越高。而法人的背景和行政级别并不能影响竞争性。在关于竞争性的考察中，我们发现，项目本身的特点直接影响了各个项目竞争性的差异，而最终竞标组织与国家的关系并不能影响到项目本身的竞争性。虽然通过其他的回归分析我们发现一个项目的竞争性越高，对有国家背景的组织越有利，但国家背景并不能降低竞争性本身。无论有无国家背景，各个组织都需要面对竞争。项目规模越大、资金越大，带来了越高的竞争性，这是政府购买服务所体现出来的一般性规律。

一种转型中的国家社会关系及其走向

从以上对于上海市从2009年到2013年政府购买服务带来的后果进行的描述和分析，我们发现了一幅混合的国家社会关系的图景。与以往对于大政府小社会的讨论不同，本研究描述出来一个变化中的国家与社会关系，这中间有着传统的大政府模式的强化和维持，也有着对于大政府模式的挑战与塑造新型政府与社会组织关系的可能性。

政府购买服务提供了考察国家社会变化和内部动力机制的一个契机。政府购买服务直接体现出来的就是国家与社会的关系，而政府购买服务给这一关系引入了新的变量。这主要体现在政府购买服务的制度化特点。按照《政府采购法》的要求，政府与社会组织的关系应该是制度化的，社会组织之间应该是竞争性的和市场化的。这与其他类别的政府与社会组织之间的关系截然不同，其他类别的关系并没有这种制度化的和竞争性的特征。这些新的变量在我们的数据中得到了具体的体现，政府购买服务确实带来明显的制度后果，虽然没有颠覆传统的大政府的模式，但确实在一定程度和某些维度上，改变了传统的大政府模式。

政府购买服务所带来的转型中的国家与社会关系的未来发展主要取决于两个方面的演变。第一，纯粹民间社会组织的发展情况。在目前的背景下，纯粹民间组织得到良好的发展，在上海市出现了一群活跃的社会企业家，他们去培育新的社会组织，在公益服务这一领域，政府对于社会组织也相对开放。如果这一势头能够保持下去，社会组织呈现更多的数量，行业分布上更为多元，那么传统国家与社会关系的模式被瓦解的可能性会提高。如果相反，纯粹的民间组织无力发展，甚至出现了倒退，那么传统大政府模式必将继续维持。第二，政府是否会坚持民间组织的竞争性发展模式。一方面，政府会不会继续给纯粹民间组织较大的自主发展空间，甚至提供比较优越的发展条件；另一方面，政府会不会在纯粹民间组织领域发展一种社会法团主义的管理模式，也与竞争性密切相关。

政府购买慈善服务的风险识别及其防控

孙远太①

一 问题的提出

在政府治理能力现代化背景下，政府购买成为我国政府职能转变和管理方式创新的一条基本路径。党的十八届三中全会《关于全面深化改革若干重大问题的决定》指出，“推广政府购买服务，凡属事务性管理服务，原则上都要引入竞争机制，通过合同、委托等方式向社会购买”。② 政府购买服务聚焦于公益性范畴，慈善服务作为一种公益性的社会服务形式，无疑是政府购买服务的重要组成部分。我国一些地方政府围绕购买慈善服务已经进行了实践探索，总结这些探索经验，评估购买过程中的风险，提出相应的防控对策，有助于进一步推动政府购买慈善服务的发展。

政府购买慈善服务是政府购买服务的一种表现形式。在新公共管理运动中，发端于英美的政府购买服务已成为国内外理论界研究的热点。政府购买服务也称为公共服务合同外包，即政府通过与营利或非营利机构签订承包合同的形式来提供公共服务的过程。国内有学者曾通过案例分析，总结出政府购买服务的三个模式：依赖关系非竞争性购买、独立关系非竞争性购买和独立关系竞争性购买。③ 政府购买慈善服务是一种更有效的慈善

---

① 河南省教育厅重点科研项目（14A630028）。

孙远太，郑州大学公共管理学院副教授，硕士生导师，社会管理河南省协同创新中心研究员，主要研究方向：政府治理与社会政策。

② 《中共中央关于全面深化改革若干重大问题的决定》，新华网，2013 年 11 月 15 日。

③ 王名、乐园：《中国民间组织参与公共服务购买的模式分析》，《中共浙江省委党校学报》2008 年第 4 期。

资源配置模式，在政府购买公共服务的背景下，慈善组织有了更大的生存空间，慈善事业有了新的发展路径。但是，相对于抽象的、一般性的政府购买公共服务的研究，政府购买慈善服务的研究文献较少。这可能因为慈善服务购买往往通过政府公共服务网络来进行，学者把其纳入到更广泛的政府购买公共服务的研究之中，没有关注到政府购买慈善服务的独特性。[①]

随着政府购买公共服务的实践发展，购买过程中的风险及其控制问题开始受到关注。政府购买公共服务的风险主要来自于购买双方的投机行为。一般认为，政府购买公共服务并没有有效控制政府规模扩张，也没有抑制财政赤字上涨，购买服务过程存在着风险。约翰斯通和荣姆泽克分析了政府管理外包合同的复杂性特征：私人获益的比例降低；对产出的衡量困难；对产出进行衡量的时间长；产出是无形的；供应方之间竞争减少。[②] 凯特尔则从“供给方缺陷”和“需求方缺陷”两个层面来解释政府购买公共服务的失败风险，认为政府要应对不确定性，成为“精明买主”。[③] 王名认为政府购买公共服务的每一种模式都存在风险问题，依赖关系非竞争购买实际上侵害了政府购买的内涵与原则；独立关系非竞争购买一般是政府主导、精英推动，以定向委托的方式进行；独立关系竞争性购买中，政府与民间组织之间的合作基础薄弱。[④] 有关政府购买慈善服务风险控制的研究成果尚不多见，仅有一些媒体对购买过程中存在的问题进行报道和描述。

总之，从现有文献看，政府购买公共服务是一个复杂的过程，风险与机会并存，政府购买公共服务中的风险问题开始成为研究的新焦点。我国研究者对于政府购买慈善服务的关注不足，更没有深入分析购买过程中的风险问题，对媒体报道的问题没有进行理论剖析。因此，随着政府购买慈善服务已经成为一种趋势，在关注政府购买慈善服务优势的同时，也要对

---

① 冯晶、宋宗合：《中国慈善服务发展报告》；杨团：《中国慈善发展报告（2012）》，社会科学文献出版社2012年版。

② 王春婷：《政府购买公共服务研究综述》，《社会主义研究》2012年第2期。

③ 唐纳德·凯特尔：《权力共享：公共治理与私人市场》，北京大学出版社2009年版。

④ 王名、乐园：《中国民间组织参与公共服务购买的模式分析》，《中共浙江省委党校学报》2008年第4期。

其可能存在的风险有充分的认识，并探寻相应的防控对策。

二 我国政府购买慈善服务的风险识别

政府购买慈善服务作为一种新的慈善资源配置模式，无论对于政府，还是对于慈善组织，以及作为受益者的社会公众，都具有重要的价值。政府购买慈善服务有利于改善政府与慈善组织间的关系，有利于提升慈善组织的公信力，有利于拓展慈善组织的生存空间。[①] 但是，政府购买慈善服务在我国仍然属于新生事物。由于长期以来包括慈善服务在内的基本公共服务都由政府提供，从既有的政府供给模式向政府购买模式转变，无论从政府层面还是公众层面，无论是制度规范还是文化认同方面，都存在一些不适应的地方，引发政府购买慈善服务过程中的制度风险、技术风险和文化风险。

（一）政府购买慈善服务的制度风险

作为一种政府治理模式创新，尽管政府购买服务已经从地方探索上升为国家意志，但政府购买慈善服务过程中依然面临着可利用的制度资源不足以及由此导致的制度保障能力不强的困境。

首先，顶层设计不完备。在权威的顶层设计没有出台的情况下，各地政府根据政府购买慈善服务探索的实际需要，出台了一些相关的指导意见。但这些政策措施不仅效力低，而且带有很大的随意性，在执行过程中可操作性弱，难以落实到实践中。“由于各地方政府对于政府向社会组织购买公共服务普遍缺少理论指导和实践经验，所以往往其出台的行政法规或条例实际缺少指导性，其规定的具体实施方法往往缺少可操作性。”[②] 政府购买慈善服务过程由于制度不完善，或者制度执行不利，难以约束购买方和承接方的机会主义行为，增加了损害服务对象利益的可能性。

---

① 颜素珍、蔡萌生：《政府公共服务外包：慈善组织发展新选择》，《学海》2009 年第 5 期。

② 王浦劬、萨拉蒙等：《政府向社会组织购买公共服务研究：中国与全球经验分析》，北京大学出版社 2010 版。

其次，权利保障不健全。政府购买慈善服务不单纯地是一项市场行为，其对于公共利益的追求使其具有明显的政治性特征，涉及对弱势群体基本权利的保护。我国关于政府购买服务参照的是《政府采购法》，但政府购买慈善服务不完全等同于政府采购商品，其提供的是面向特殊群体的公共服务。国务院办公厅2013年年底出台《关于政府向社会力量购买服务的指导意见》，对政府购买服务的相关内容作出了原则性规定，以规范政府购买服务过程，但缺少对公民权利的保障及其救济机制，其实施效果也有待于实践检验。

最后，监管机制不完善。政府购买慈善服务实践中的乱象很大程度上反映了监管制度的缺失。由于慈善服务多属于软服务，其服务标准与成本的衡量不同于一般的商品，导致监管标准不易制定，政府部门的监管出现“虚化”特征。特别是由于购买服务的政府和承接服务的慈善组织之间存在着依附关系，竞争不足导致二者之间出现合谋，以公益的名义谋求私利。社会公众或者慈善服务的受益方在慈善服务过程中面临购买内部化的困境，作为监管主体的第三方无法参与其中，更造成政府购买慈善服务的监管流于形式。

（二）政府购买慈善服务的技术风险

政府购买慈善服务的技术风险是指监管技术不成熟，无法克服购买过程中的信息不对称问题。这主要表现为购买程序不规范和购买标准不清晰。

首先，服务程序不规范。政府购买服务过程中的竞争机制有利于实现绩效预期。尽管根据采购法的相关要求，购买服务一般以公开招标的形式进行，但由于政府与慈善组织之间复杂的关系，使得政府购买很多时候成为“内部购买”，通过定向购买方式把慈善服务项目交给某个组织。与此同时，由于社会组织登记门槛较高，很多从事慈善服务的社会组织没有登记，这导致他们无法参与慈善服务购买，因而购买过程中参加竞标的慈善组织不多，尤其是一些草根性慈善组织实力较弱，无法形成严格意义上的竞标局面。

其次，服务标准不清晰。在购买标准方面，在政府购买慈善服务过程中，政府对于自己必须购买哪些服务、不需要购买哪些服务，缺乏明确的标准。现实中的案例表明，政府与慈善组织的双方合作或者是基于熟人关系的非制度化程序，或者实质上是内部化合作。大多数情况下，购买方都未能提供所购买的产品细目与技术标准，也没有合理确定服务的价格，而且作为购买者的政府有关部门，对于诸如此类的问题尚没有作出应有的对策。

最后，服务过程不平等。政府在购买中处于绝对的主导地位，掌握着慈善资源的绝对分配权，在没有标准化流程作为约束的情况下，政府部门很容易利用自身职权优势强迫签订不公平的契约，这样会影响慈善组织参与慈善服务购买的积极性。

（三）政府购买慈善服务的文化风险

政府购买慈善服务的文化风险是指社会公众对参与政府治理缺乏认同，以及慈善组织过度依赖政府，造成二者关系不均衡、信任缺失。

首先，治理理念没有转型。我国政府购买慈善服务中，治理的理念还未得到贯彻，科学有效的治理方式尚未确立，民众对于如何参与治理也存在一定的认知障碍。传统的慈善服务以政府供给为主，相应地管理也多以行政命令为主，治理主体与治理对象往往是处于科层制中的等级关系。在政府购买的慈善服务模式中，治理主客体的关系变为相对平等的契约关系。慈善服务由科层模式向契约模式转变，要求治理理念相应转型，以创新治理方式。

其次，合作关系没有形成。在政府购买慈善服务过程中，基于平等的相互信任与合作是十分重要的。但是，在目前的实践中政府与慈善组织的关系依然是一种不均衡的依赖关系。一方面，政府的主导地位使得慈善组织更多地按照行政化模式进行运作，缺乏自主安排的空间；另一方面，慈善组织的依赖地位使得其没有足够的能力和资源来独立承担最终责任。

最后，信任文化没有出现。慈善组织与服务对象的关系方面，服务对象与慈善组织尚未充分建立起信任与被信任的关系。这既可能是服务对象传统的依赖心理所致，也可能是慈善组织作为新兴的服务提供者，尚未以实际的业绩取得服务对象的信任。

三 我国政府购买慈善服务风险防控的路径选择

政府购买服务作为公共管理运动的一项举措，在世界范围内成为政府主导变革的一种趋势。政府购买慈善服务无疑有多重优越性，但其优越性的发挥受限于供需双方的一系列条件。我国慈善组织的发育滞后，明显落后于慈善服务的增长需求，慈善组织不但数量少，而且相对依附于政府，慈善服务能力也非常弱，更缺乏参与服务提供的实践经验。在这种情况下，政府购买慈善服务的发展必须与相应的配套措施共同推进，其中最根本的是，政府应加强对购买慈善服务风险的认识和管理。① 在政府购买慈善服务中确立以政府、慈善组织和社会公众三方为主体，以公共责任为核心的风险防控框架，加强制度建设，完善购买标准，推动公众参与。

（一）加强政府购买慈善服务的制度建设

我国政府购买慈善服务目前缺乏全国性的法律和法规，而一些地方行政法规和条例缺乏普遍有效的约束。因此，在推动政府购买慈善服务发展过程中，需要进行相应的制度和法律建设。

首先，建立政府购买慈善服务的法律基础。既可以选择对《政府采购法》进行相应的修订，把政府购买慈善服务的相关内容补充进这一法律，也可以出台专门性的《政府购买公共服务法》，用以指导政府购买包括慈善服务在内的公共服务。无论选择哪一种方式，都需要在法律中明确政府购买慈善服务的基本内容，包括购买主体资格、购买内容、购买对象、资金来源、购买规程、合同管理和监督、评估等。

其次，健全政府购买慈善服务的监管制度。监管可以分为内部监管和外部监管，尤以外部监管为重。就内部监管而言，发挥审计部门的作用，对购买服务的过程进行全程审计；慈善组织完善内部治理结构，以“透明慈善”提升其公信力。就外部监督而言，畅通社会公众和其他利益相关者参与监督的渠道，提高第三方参与监督获取信息的便利性。

最后，完善政府购买慈善服务的绩效评价制度。建立健全政府购买慈

① 周俊：《政府购买公共服务的风险及其防范》，《中国行政管理》2010年第9期。

善服务的绩效评估体系，明确以评估提升绩效的目的定位，坚持过程评估与结果评估相统一，引入包括第三方评价在内的多元评估主体。建立绩效评估结果改进机制，把评估结果向社会公布，作为选择慈善服务承接主体的重要依据。

（二）完善购买服务过程的标准化流程

在政府购买慈善服务过程中引入全面质量管理体系，完善购买过程的标准化建设。政府全面质量管理就是一种全员参与、以各种科学方法改进公共组织管理与服务的，对公共组织提供的公共服务进行全面管理，以获得顾客满意为目标的管理方法、管理理念和制度。① 政府购买慈善服务应包括以下流程：明确需求、制定规划；公开招标、签订合同；项目实施、监督管理；评估服务、后续跟进。

首先，明确购买服务的内容。建立政府购买慈善服务的“负面清单”制度。原有政府提供的慈善服务，原则上都作为可以购买的内容。对于涉及国家安全及其他不适合采取购买措施的慈善服务，可以不采取政府购买的方式，但要明确列出。以“负面清单”为基础制定政府购买慈善服务指导性目录，根据慈善事业发展情况进行动态调整。

其次，突出购买合同的作用。购买主体和承接主体是一种契约关系，合同是这种关系的主要约束机制。购买主体（政府）要按照合同管理要求，与承接主体（慈善组织）签订合同，共同履行合同约定的权利与义务，满足服务对象的需求，完成慈善服务过程。

最后，提高政府的合同管理能力。政府的管理要从科层管理向契约管理转变，保障合同所约定事项的实现，当服务达不到既定标准时，不仅要追究供应方的责任，也要追究购买方的责任。为此，政府有必要加强对管理人员的培训以提升谈判和合同管理能力。

（三）推动购买服务过程中的公众参与

在现代社会中，“公民既是公共服务的消费者，也可能是公共服务的

---

① 史蒂文·科恩、罗纳德·布兰德：《政府全面质量管理：实践指南》，中国人民大学出版社 2002 年版。

生产者与参与者”[①]。在政府购买慈善服务过程中，公众参与固然未必会产生更有的结果，但是我们可以通过公众参与不断发现其新的需求，也会使得公众学会更好地利用慈善服务。

首先，培育和发展慈善组织。政府购买慈善服务的对象包括慈善组织、企业等主体。但相对于其他承接主体，慈善组织更易于取得公众信任等原因，因而是实际上最主要的慈善服务成就主体。政府要在改革社会组织登记制度的基础上，优化慈善服务发展的制度环境，通过激励和扶持措施给予其更大的生存和发展空间。

其次，建立公众为本位的慈善需求反应机制。慈善服务是满足公众的慈善需求，政府购买慈善服务要回应公众的慈善需求。为此可以通过调查和定期联系等机制，倾听公众的慈善需求，积极把公众的慈善需求纳入政府购买服务的目录之中。

最后，培育公众的慈善文化。一方面，积极促进公众慈善意识的提高，鼓励公众参与慈善服务的提供，使其成为慈善服务的生产和消费双主体；另一方面，指导公众合理享有慈善服务，明白哪些是正当需求，哪些是非正当需求，增强自我约束能力。

（四）建立政府购买慈善服务的差异化防控机制

我国的政府购买公共服务的发展历程显示，根据承接服务的社会组织相对于作为购买方的政府部门是否具有独立性，可以分为独立性服务购买与依赖性服务购买；根据购买程序是否具有竞争性，分为竞争性购买与非竞争性购买[②]。政府购买慈善服务可以分为四种基本模式：独立性竞争模式；依赖性竞争模式；独立性非竞争模式；依赖性非竞争模式。政府购买慈善服务的风险防控，既要控制所面临的制度风险、技术风险和文化风险，又要防范每一种模式所面临的独特风险，注重分类施策。

首先，克服独立性竞争模式的信息不对称问题。由于信息成本导致的信息不对称现象在市场经济条件下是客观存在的。在政府购买慈善服务过

---

① 王浦劬、萨拉蒙等：《政府向社会组织购买公共服务研究：中国与全球经验分析》，北京大学出版社 2010 年版。

② 王名、乐园：《中国民间组织参与公共服务购买的模式分析》，《中共浙江省委党校学报》2008 年第 4 期。

程中，要把慈善组织建立良好的内部治理结构作为投标的条件，并注重提高政府购买慈善服务的信息化水平。

其次，防范依赖性竞争模式下的有限竞争问题。要推动政府与慈善组织由依赖关系向合作关系转变，在政府购买慈善服务过程中积极推行契约化治理。如果有限竞争问题的出现是由于慈善组织数量不足的原因，为此要通过积极培育慈善组织来克服。

再次，消除独立性非竞争模式下的合谋现象。购买过程中的合谋现象既对公共利益造成损害，也会伤害服务对象的切身利益。合谋现象的消除要依靠购买过程中的透明化运作，建立利益冲突的防范和协调机制，维护公共利益和服务对象的利益。

最后，解决依赖性非竞争模式下的内部购买问题。内部购买不是一种完全意义上的政府购买慈善服务。这种现象在政府购买慈善服务的探索初期会出现，随着购买慈善服务的制度环境逐步完善，为实现内部购买向外部购买转变提供基础。为此，要建立健全政府购买慈善服务的公开招标机制，推动政府购买行为的外部化。

原载于《中国行政管理》2015 年第 8 期

城乡义务教育资源的变动态势与配置差异[①]

——以河南省为例

何　水

中共十八大报告指出，“教育是民族振兴和社会进步的基石”，强调“大力促进教育公平，合理配置教育资源，重点向农村、边远、贫困、民族地区倾斜”。义务教育作为国家统一实施的所有适龄儿童、少年必须接受的教育，是国家必须予以保障的基本公共服务。均衡配置城乡义务教育资源，实现城乡义务教育均衡发展，是实现教育公平的重要基础，也是基本公共服务均等化的应有之义。而准确把握城乡义务教育资源配置状况则是推动城乡义务教育资源均衡配置的前提和基础性工作。河南作为全国人口大省、农业大省，城乡二元特征明显，城乡义务教育资源配置状况颇具代表性。本文根据《国家中长期教育改革和发展纲要（2010—2020）》“均衡配置教师、设备、图书、校舍等资源”的要求[②]，立足2009年至2012年《河南省教育统计年鉴》有关数据[③]，从教师、设备、图书、校

---

① 河南省教育科学规划重大招标项目“河南省教育治理能力现代化问题研究”（〔2016〕-JKGHZDZB-01）研究成果。

何水，郑州大学公共管理学院副教授、公共管理博士后，社会管理河南省协同创新中心、郑州大学公共管理研究中心研究员，主要从事政府改革、地方治理研究。

② 《国家中长期教育改革和发展纲要（2010—2020）》。http：//www. gov. cn/jrzg/2010-07/29/content_1667143. htm。

③ 《坚定不移沿着中国特色社会主义道路前进，为全面建成小康社会而奋斗——在中国共产党第十八次全国代表大会上的报告》，人民出版社2012年版。

舍四个方面对河南省城乡义务教育资源配置状况进行透视和比较，力图掌握变动态势，找出城乡差异所在，以期对我国城乡义务教育资源配置的国情分析有所启示。在具体分析指标上，“教师”方面结合数量指标与质量指标，主要选取反映“存量”的“生师比”、反映“流量”的“专任教师变动差值”以及反映“质量”的“专任教师中专（本）科及以上学历教师占比”三个指标；“设备”方面主要选取“生均计算机数量”和“生均仪器设备值”两个指标；“图书”方面主要选取“生均纸本图书藏量”和“生均电子图书藏量”两个指标；“校舍”方面主要选取“生均校舍面积”和“生均校舍危房面积”两个指标。

一 城乡义务教育教师资源的变动态势与配置差异

首先，教师资源存量小有改善，城乡差异不明显。从生师比来看，2009 年至 2012 年间，在变动态势上，小学生师比，城区、镇区总体上略有下降，分别减少 0. 15、0. 25，乡村则略有上升，增加 0. 09；普通初中生师比，城乡总体上均有不同程度下降，城区、镇区、乡村分别减少 0. 27、1. 09、1. 6；就城乡比较而言，小学、普通初中生师比四年间均表现为镇区略高于城区和乡村，但城乡差异均不大（见表 1）。由此表明，四年间河南省义务教育教师资源在存量方面小有改善，但整体变动不大，且城乡差异不明显。

表 1 河南省城乡义务教育生师比状况

年份	2009	2010	2011	2012	
城区	小学	21. 73	21. 96	21. 02	21. 58
	普通初中	16. 32	16. 69	15. 8	16. 05
镇区	小学	22. 82	23. 39	22. 48	22. 57
	普通初中	17. 69	17. 69	17. 25	16. 6

续表

年份	2009	2010	2011	2012	
乡村	小学	21.18	21.43	22.14	21.27
	普通初中	16.83	16.5	16.16	15.23

其次，专任教师从乡村流向城镇问题明显，不利于教师资源的城乡均衡。从专任教师变动差值来看，2009 年至 2012 年间，城区小学专任教师各年变动差值除 2009 年外均为正，即增加的教师多于减少的教师，四年年均净增加额为 1482.25 人；镇区小学专任教师各年变动差值均为正，四年年均净增加额为 3937 人；乡村小学专任教师各年变动差值除 2009 年外均为负，四年年均净减少额为 2527.25 人（见表 2）。城区普通初中专任教师各年变动差值 2009 年、2010 年为负，2011 年、2012 年为正，四年年均净增加额为 1178.75 人；镇区普通初中专任教师各年变动差值均为正，四年年均净增加额为 2868.75 人；乡村普通初中专任教师各年变动差值均为负，四年年均净减少额为 2495.5 人（见表 3）。鉴此，结合《河南省教育统计年鉴》中“专任教师”的“增加”主要表现为“录用毕业生”、“调入”、“校内变动”及“其他”四个方面且“调入”占比较大，而“减少”主要表现为“自然减员”、“调出”、“校内变动”及“其他”四个方面且“调出”占比较大，可以推知，四年间河南省义务教育教师资源的变动存在较为明显的专任教师从乡村流向城镇问题。而一般来说，从乡村流向城镇的专任教师多为优质教师资源。因此，这种流动十分不利于河南省义务教育教师资源的城乡均衡。

表 2　　河南省城乡小学专任教师变动情况（人）

年份	城区			镇区			乡村		
	增加	减少	差值	增加	减少	差值	增加	减少	差值
2009	5200	5264	-64	10228	6361	3867	37291	37243	48
2010	5016	4481	535	10388	6480	3908	31965	35134	-3169

续表

年份	城区			镇区			乡村		
	增加	减少	差值	增加	减少	差值	增加	减少	差值
2011	10646	6531	4115	17152	12109	5043	24828	28575	-3747
2012	7852	6509	1343	17403	14473	2930	27116	30357	-3241
年均	7178.5	5696.25	1482.25	13792.75	9855.75	3937	30300	32827.25	-2527.25

表3　河南省城乡普通初中专任教师变动情况（人）

年份	城区			镇区			乡村		
	增加	减少	差值	增加	减少	差值	增加	减少	差值
2009	4450	4743	-293	11920	7856	4064	11470	13396	-1926
2010	3664	4059	-395	9691	7385	2306	8764	12075	-3311
2011	7303	4085	3218	12514	8918	3596	6854	8116	-1262
2012	6261	4076	2185	12692	11183	1509	5853	9336	-3483
年均	5419.5	4240.75	1178.75	11704.25	8835.5	2868.75	8235.25	10730.75	-2495.5

最后，教师资源质量明显提升，城乡差距显著缩小，但城乡差距特别是普通初中的城乡差距依然较大。从专任教师中专（本）科及以上学历教师占比即小学专任教师中专科及以上学历教师占比和普通初中专任教师中本科及以上学历教师占比来看，2009年至2012年，在变动态势上，城区和镇区小学专任教师中专科及以上学历教师占比、城区普通初中专任教师中本科及以上学历教师占比均经历了上升、下降、再回升的变动过程，而乡村小学专任教师中专科及以上学历教师占比、镇区和乡村普通初中专任教师中本科及以上学历教师占比则一直呈上升态势。其中，城区、镇区、乡村小学专任教师中专科及以上学历教师占比四年间分别增加2.2%、4.35%和11.47%，城区、镇区、乡村普通初中专任教师中本科及以上学历教师占比四年间分别增加5.48%、11.3%和14.36%。就城乡比较而言，小学和初中阶段四年里均表现为城区占比最高、镇区占比次之、乡村占比最低，城乡差距总体上有明显缩小但依然较大，其中，普通初中的城乡差距相对小

学更为明显（见图 1、图 2）。由此表明，四年间河南省义务教育教师资源质量总体上有明显提升，其中乡村提升相对更快，城乡差距有显著缩小，但乡村仍不如镇区，更不如城区，城乡差距特别是普通初中

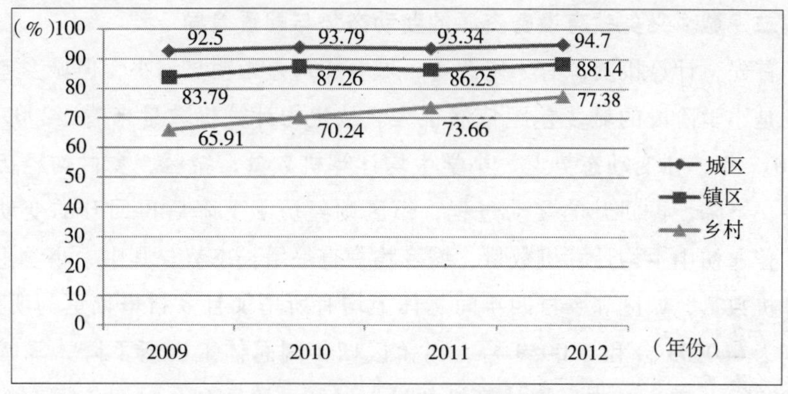

图 1　河南省城乡小学专任教师中专科及以上学历教师占比情况

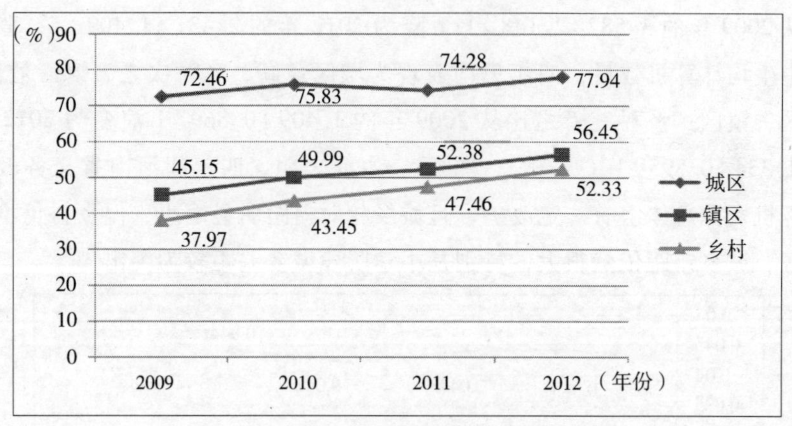

图 2　河南省城乡普通初中专任教师中本科及以上学历教师占比情况

的城乡差距依然较大。综上，从“生师比”、“专任教师变动差值”以及专任教师中专（本）科及以上学历教师差距显著缩小，但教师资源配置不均衡依然是河南省城乡义务教育不均衡的主要表现，也是促进河南省城乡义务教育均衡发展所要解决的关键问题。这种不均衡主要表现在“质量”方面即教师队伍整体素质乡村与城镇有较大差距，其中普通初中的

城乡差距较为突出。而较为明显的专任教师从乡村流向城镇问题则一定程度上加剧了这种不均衡。

二 城乡义务教育设备资源的变动态势与配置差异

首先，计算机资源有一定改善，城乡相对差距明显缩小，但城乡差距特别是小学阶段的城乡差距依然很大。从生均计算机数量来看，2009 年至 2012 年，在变动态势上，小学生均计算机数量，城区、乡村均经历了上升、下降、再回升的变动过程，镇区则经历了下降后再回升的变动过程；普通初中生均计算机数量，城乡均一直呈增长态势。其中，小学生均计算机数量，城区和乡村四年间总体上均有所增加且乡村增幅更为明显，分别为 0.0003 台和 0.0059 台，而镇区四年间总体上有所下降，降幅为 0.0007 台；普通初中生均计算机数量，城区、镇区和乡村四年间增幅大致相当，均为 0.012 台左右。就城乡比较而言，小学生均计算机数量，四年里均表现为城区最高、镇区次之、乡村最低，城区、镇区、乡村三者之比从 2009 年的 3.582∶2.148∶1 下降为 2012 年的 2.431∶1.409∶1；普通初中生均计算机数量，四年里均表现为城区最高、乡村次之、镇区最低，城区、镇区、乡村三者之比从 2009 年的 1.409∶0.869∶1 演变为 2012 年的 1.334∶0.895∶1（见图 3、图 4）。由此表明，四年间河南省义务教育计算机资源总体上有一定改善，且城乡相对差距明显缩小，但乡村仍不如城区，城乡差距依然很大，特别是小学阶段城乡差距较为突出。

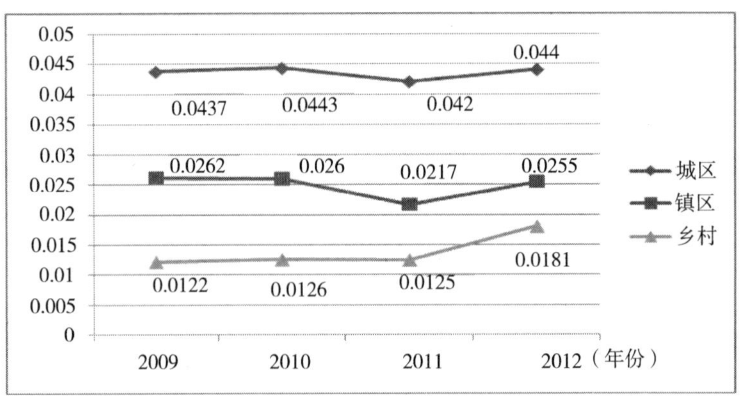

图 3 河南省城乡小学生均计算机数（台）

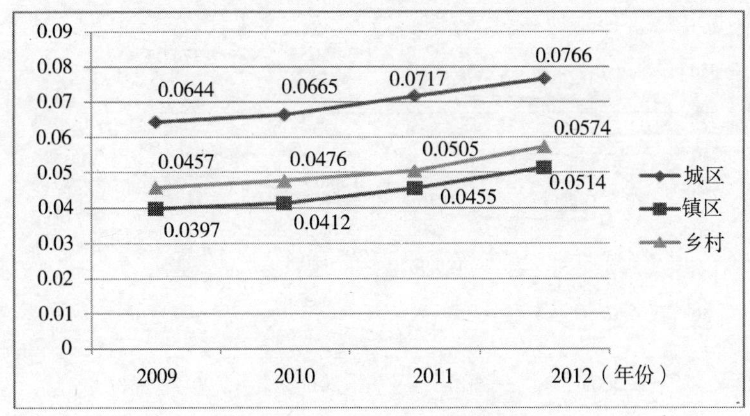

图4 河南省城乡普通初中生均计算机数（台）

其次，仪器设备资源明显改善，城乡相对差距在小学阶段有所缩小但依然很大，在初中阶段不仅未能缩小反而有所扩大。从生均仪器设备值来看，2009 年至 2012 年，在变动态势上，城乡义务教育生均仪器设备值均呈增长态势。其中，小学生均仪器设备值，城区、镇区和乡村四年间分别增加 60.89 元、57.01 元、43.74 元，分别增长 19.39%、33.89%、34.36%；普通初中生均仪器设备值，城区、镇区和乡村四年间分别增加 211.18 元、141.45 元、107.84 元，分别增长 45.28%、51.5%、37.5%。就城乡比较而言，小学生均仪器设备值，四年里均表现为城区最高、镇区次之、乡村最低，城区、镇区、乡村三者之比从 2009 年的 2.486∶1.332∶1下降为 2012 年的 2.205∶1.324∶1；普通初中生均仪器设备值，四年里均表现为城区高于镇区和乡村，镇区在前两年均略低于乡村、在后两年又均略高于乡村，城区、镇区、乡村三者之比从 2009 年的 1.622∶0.955∶1 扩大为 2012 年的 1.714∶1.053∶1（见图 5、图 6）。由此表明，四年间河南省义务教育仪器设备资源总体上有明显改善，且小学阶段的城乡相对差距有所缩小，但乡村仍不如镇区，更不如城区，城乡差距依然很大，而初中阶段的城乡差距不仅未能缩小反而有所扩大。

综上，从“生均计算机数量”和“生均仪器设备值”两个指标来看，2009 年至 2012 年，河南省义务教育设备资源总体上有一定改善，但城乡差距依然十分明显。其中，计算机资源的城乡相对差距总体上明显缩小但城乡差距特别是小学阶段的城乡差距依然很大；仪器设备资源的城乡相对差距在小

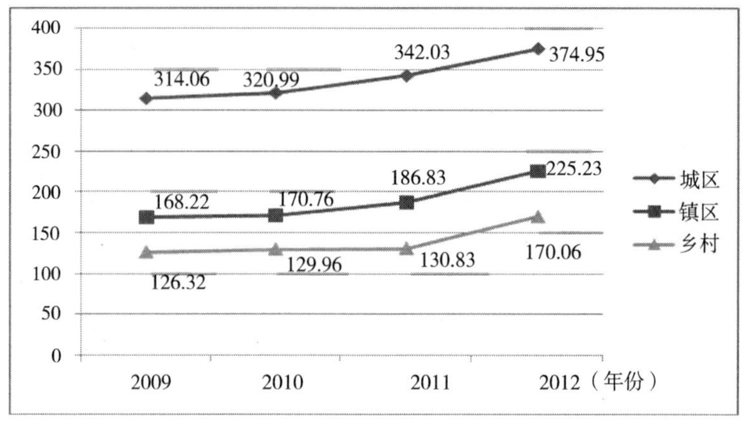

图5 河南省城乡小学生均仪器设备值（元）

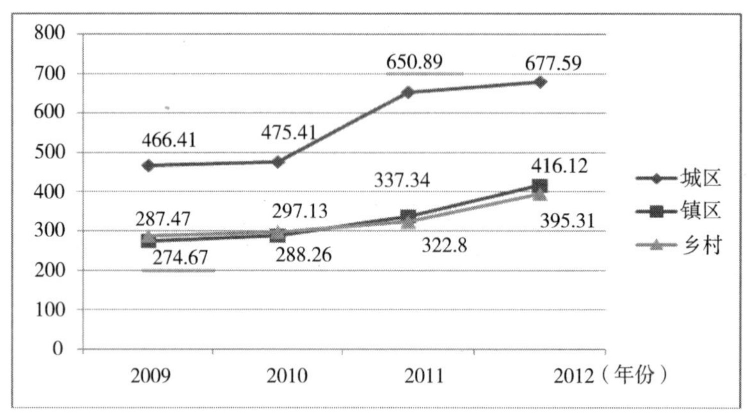

图6 河南省城乡普通初中生均仪器设备值（元）

学阶段有所缩小但依然很大，而在初中阶段不仅未能缩小反而有所扩大。

三 城乡义务教育图书资源的变动态势与配置差异

首先，纸本图书资源有所改善，小学阶段乡村渐优于城镇，初中阶段乡村相对城镇优势更加明显。从生均纸本图书藏量来看，2009年至2012年，在变动态势上，小学生均纸本图书藏量，城区、镇区均经历了下降后再回升的变动过程，乡村则经历了上升、下降、再回升的变动过程；普通初中生均纸本图书藏量，乡村一直呈增长态势，而城区和镇区均经历了下降后再回升的变动过程。其中，城乡小学生均纸本图书藏量四年来总体上均有所增加，镇区、乡村小学生均纸本图书藏量增幅相对城区更为明显，城区、镇区、乡村增幅分别为0.13册、0.62册和1册；城乡普通初中生均纸本图书藏量四年来总体上均有所增加，且乡村增幅最为明显，城区、镇区、乡村增幅分别为2.23册、3.23册和5.15册。就城乡比较而言，小学生均纸本图书藏量，四年里镇区均为最低，而乡村在前三年均低于城区，2012年又略高于城区，但三者差异并不太大；普通初中生均纸本图书藏量，四年里均表现为乡村最高、镇区次之、城区最低，城区、镇区、乡村三者之比从2009年的0.768∶0.861∶1演变为2012年的0.699∶0.813∶1（见图7、图8）。由此表明，四年间河南省义务教育纸本图书资源总体上有所改善，且小学阶段纸本图书资源乡村逐渐优于城镇，而初中阶段纸本图书资源乡村相对城镇的优势变得更加明显。

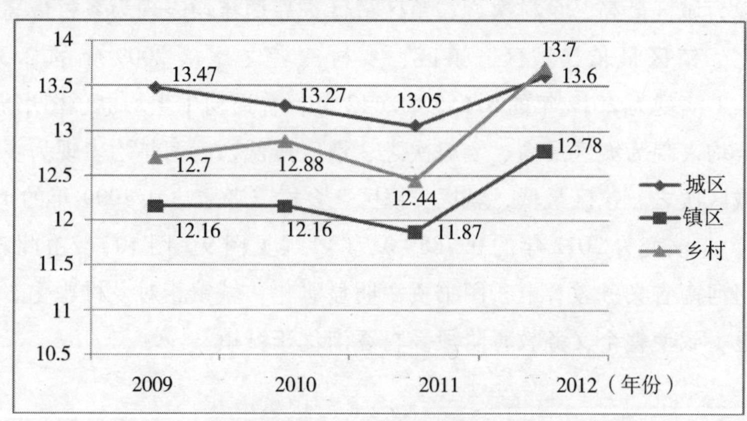

图7　河南省城乡小学生均纸本图书藏量（册）

其次，电子图书资源明显恶化，城镇尤甚，致使乡村渐优于城镇。从生均电子图书藏量来看，2009年至2012年，在变动态势上，小学生均电子图书藏量，城区、镇区均一直呈明显下降态势，且城区降幅尤为明显，乡村则经历了先上升后下降的变动过程；普通初中生均电子图书藏量，城乡均经历了先上升后下降的变动过程。其中，小学生均电子图书藏量，城区、镇区、乡村四年间分别减少0.628GB、0.125GB、0.0409GB，分别下降75.85%、38.95%、11.81%；普通初中生均电子图书藏量，城区、镇区、乡村四年间分别减少0.2731GB、0.014GB、0.0929GB，分别下降52.7%、6%、23%。就城乡比较而言，小学生均电子图书藏量，前两年

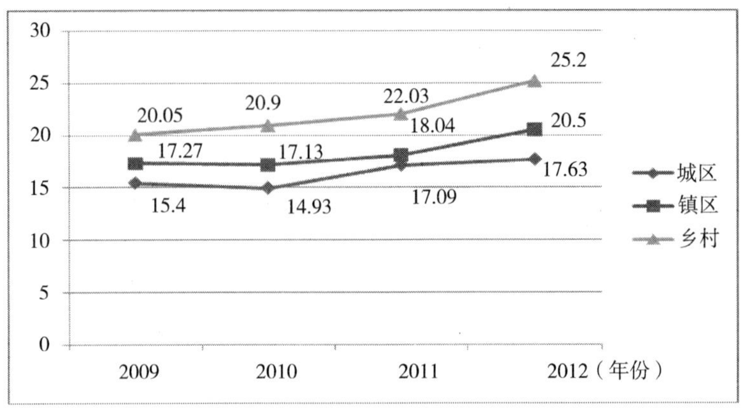

图 8 河南省城乡普通初中生均纸本图书藏量（册）

均表现为城区最高、乡村次之、镇区最低，后两年均表现为乡村最高、城区次之、镇区最低，城区、镇区、乡村三者之比从 2009 年的 2. 392 ∶ 0. 927 ∶ 1 演变为 2012 年的 0. 655 ∶ 0. 642 ∶ 1；普通初中生均电子图书藏量，前两年均表现为城区最高、乡村次之、镇区最低，后两年均表现为乡村最高、城区次之、镇区最低，城区、镇区、乡村三者之比从 2009 年的 1. 284 ∶ 0. 581 ∶ 1 演变为 2012 年的 0. 788 ∶ 0. 71 ∶ 1（见图 9、图 10）。由此表明，四年间河南省义务教育电子图书资源明显恶化，城镇相对乡村恶化态势更为明显，致使整个义务教育阶段乡村逐渐优于城镇。

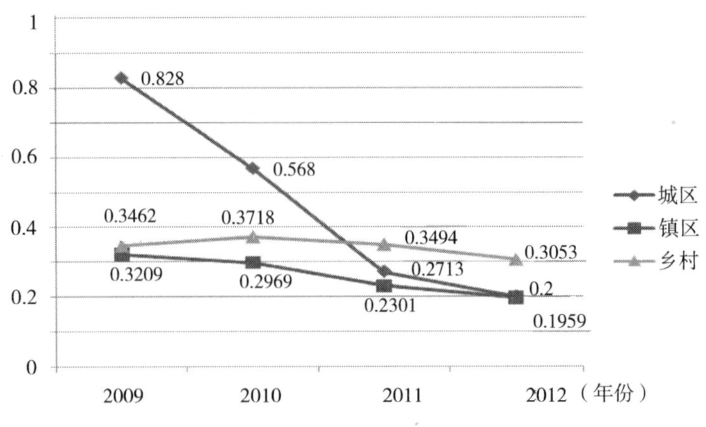

图 9 河南省城乡小学生均电子图书藏量（GB）

综上，从“纸本图书藏量”和“生均电子图书藏量”两个指标来看，2009 年至 2012 年，河南省义务教育图书资源中纸本图书资源有所改善、电子

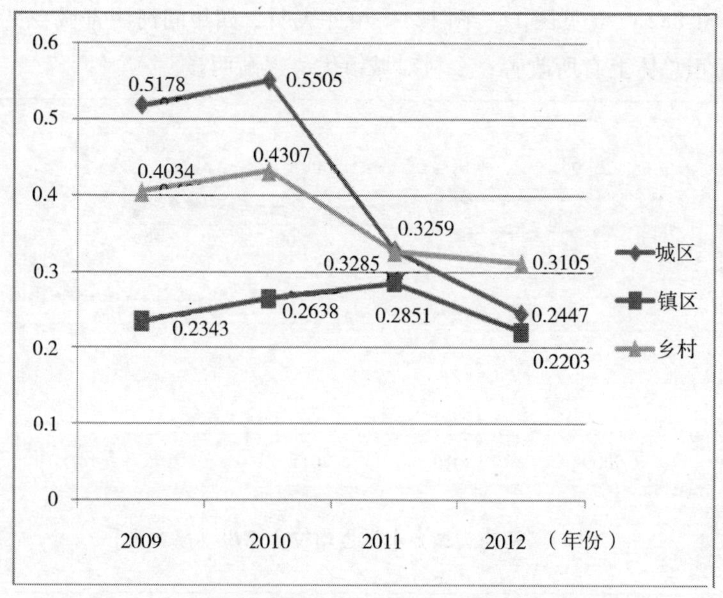

图 10　河南省城乡普通初中生均电子图书藏量（GB）

图书资源明显恶化，乡村学校图书资源逐渐优于城镇，且优势较明显。

四　城乡义务教育校舍资源的变动态势与配置差异

首先，校舍面积有所改善，乡村对城镇优势逐渐明显。从生均校舍面积来看，2009 年至 2012 年，在变动态势上，小学生均校舍面积，城区、镇区均经历了下降后再回升的变动过程，乡村则经历了上升、下降、再回升的变动过程；普通初中生均校舍面积，城乡均一直呈增长态势。其中，小学生均校舍面积，镇区、乡村四年间分别增加 0.47 平方米、0.41 平方米，分别增长 12.02%、8.76%，城区四年间则减少 0.16 平方米，下降 3.52%；普通初中生均校舍面积，城区、镇区和乡村四年间分别增加 0.97 平方米、1.46 平方米、1.68 平方米，分别增长 13.57%、22.85%、23.27%。就城乡比较而言，小学生均校舍面积，四年里乡村均高于城镇，城区、镇区、乡村三者之比从 2009 年的 0.97∶0.84∶1 演变为 2012 年的 0.86∶0.86∶1；普通初中生均校舍面积，四年里乡村除 2011 年略低于城区外均高于城镇，城区、镇区、乡村三者之比从 2009 年的 0.99∶0.893∶1 演变为 2012 年的

0.912∶0.882∶1（见图 11、图 12）。由此表明，四年间河南省城乡义务教育校舍面积总体上有所改善，乡村对城镇优势逐渐明显。

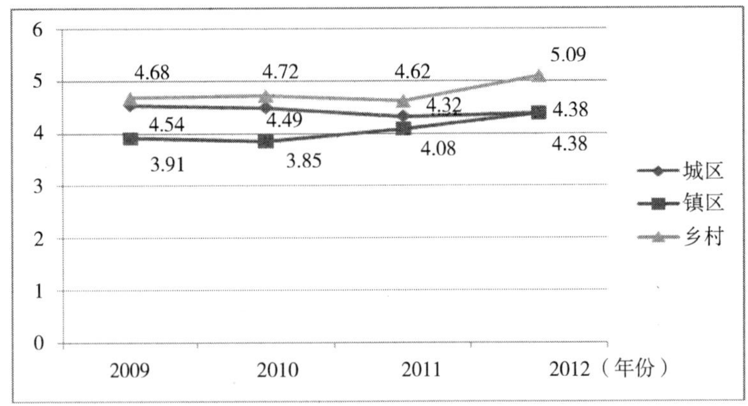

图 11 河南省城乡小学生均校舍面积（平方米）

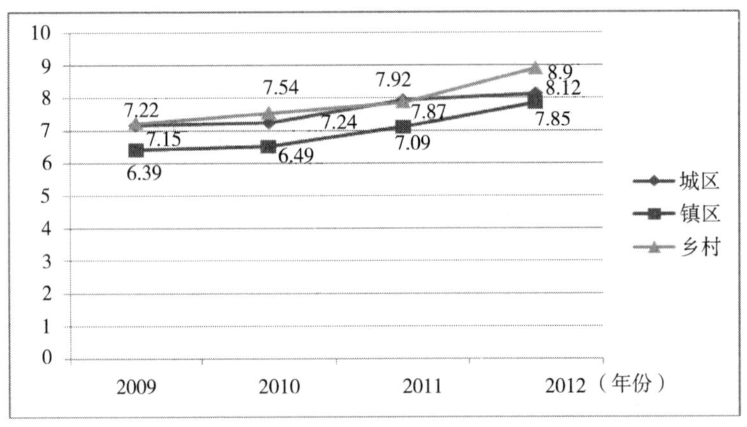

图 12 河南省城乡普通初中生均校舍面积（平方米）

其次，校舍危房面积明显下降，城乡差距显著缩小，但城镇对乡村优势依然非常明显。从生均校舍危房面积来看，2009 年至 2012 年，在变动态势上，小学生均校舍危房面积，城区、乡村均一直呈明显下降态势且乡村降幅更为明显，镇区则经历了先上升后下降的变动过程；普通初中生均校舍危房面积，镇区、乡村均一直呈明显下降态势且乡村降幅更为明显，城区则经历了下降、回升、再下降的变动过程。其中，小学生均校舍危房面积，四年间城区、镇区、乡村分别减少 0.1271 平方米、0.1751 平方米、0.5513 平方米，分别下降 51.27%、47.87%、60.72%；普通初中生均校舍危房面积，四年间城区、镇区、乡村分别减少 0.1967 平方米、0.4068 平方米、0.5894 平方米，分别下降 46.03%、59.11%、50.67%。就城乡比较而言，小学生均校舍危房面积，四年里乡村均高于城镇，城区、镇区、乡村三者之比从 2009 年的 0.273∶0.4029∶1 演变为 2012 年的 0.3388∶0.5348∶1；普通初中生均校舍危房面积，四年里乡村同样均高于城镇，城区、镇区、乡村三者之比从 2009 年的 0.3673∶0.5916∶1 演变为 2012 年的 0.4019∶0.4904∶1（见图 13、图 14）。由此表明，四年间河南省城乡义务教育校舍危房面积明显下降，城乡差距总体上有显著缩小，但城镇对乡村优势依然非常明显。

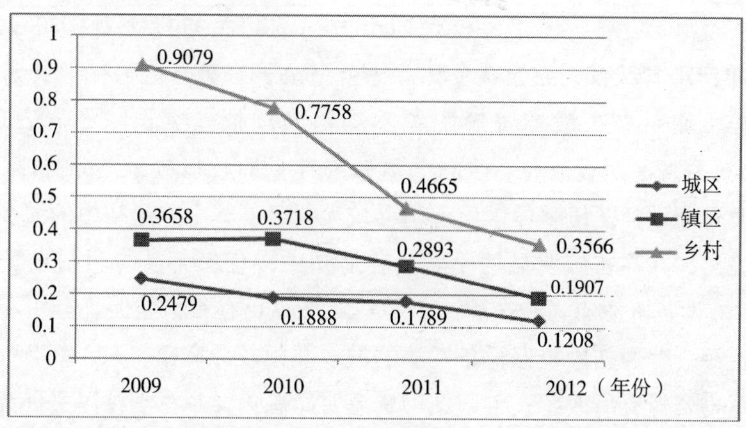

图 13　河南省城乡小学生均校舍危房面积（平方米）

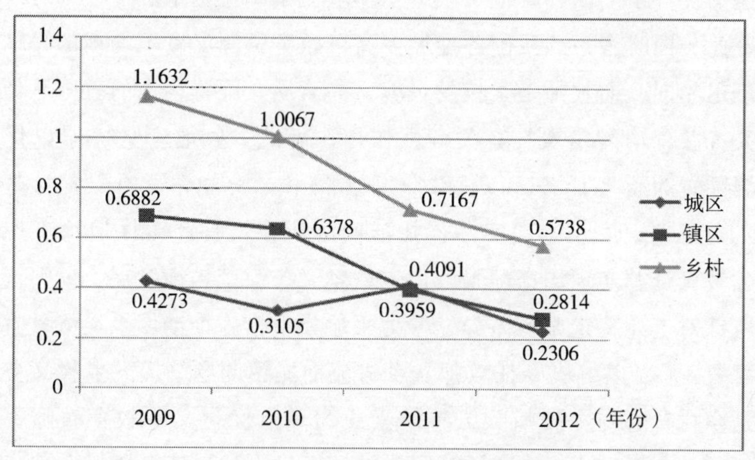

图 14　河南省城乡普通初中生均校舍危房面积（平方米）

综上，从“生均校舍面积”和“生均校舍危房面积”两个指标来看，2009年至2012年，河南省义务教育生均校舍面积总体上呈增长态势而生均校舍危房面积总体上呈下降态势，表明河南省义务教育校舍资源有较大改善；义务教育生均校舍面积、生均校舍危房面积乡村均高于城镇，表明河南省城镇义务教育学校面临的校舍扩容工作较乡村更重，而乡村义务教育学校面临的危房改造工作较城镇更重。

五 结论与建议

从教师、设备、图书、校舍四个方面的相关指标来看，2009年至2012年河南省城乡义务教育资源总体上呈改善态势，但仍存“特定”城乡差异，城乡义务教育资源配置不均衡问题依然突出。具体表现为：(1)教师资源有明显改善，乡村与城镇在存量即教师数量上差异不明显，但在质量即教师队伍整体素质上仍存较大差距，其中普通初中的城乡差距较为突出，并存在较明显的小学、普通初中专任教师从乡村流向城镇问题；(2)设备资源有一定改善，但乡村与城镇仍存很大差距，其中小学计算机资源、普通初中仪器设备资源的城乡差距较为突出；(3)图书资源中纸本图书资源有所改善、电子图书资源明显恶化，乡村学校图书资源逐渐优于城镇，且优势较明显；(4)校舍资源有较大改善，乡村对城镇有校舍面积上的优势，但面临的危房改造工作较城镇明显更重。

鉴此，同时考虑到我国各地城乡义务教育资源配置不均衡的具体表现可能不尽相同，而教师是学校的灵魂，高素质、配置均衡的教师队伍对于城乡义务教育均衡发展具有关键性作用，因此，各地应坚持“以优化教师资源配置为首要任务，以优化设备、图书、校舍等资源配置为基本保障”的总思路，立足本地实际，找准问题所在，有针对性地稳步推动城乡义务教育资源实现均衡配置，促进城乡义务教育均衡发展。就河南省而言，应针对上述特定城乡差异，着力采取如下措施推动城乡义务教育资源均衡配置：(1)以解决专任教师从乡村流向城镇问题、提升乡村义务教育特别是乡村普通初中教师队伍整体素质为重点优化义务教育教师资源配置；(2)以改善乡村学校设备资源特别是乡村小学计算机资源和普通初中仪器设备资源为重点优化义务教育设备资源配置；(3)以加强城镇学校纸本图书资源和城乡学校电子图书资源为重点优化义务教育图书资源配置；(4)以增加城镇学校校舍面积和改造乡村学校危房校舍为重点优化义务教育校舍资源配置。

原载于《理论月刊》2015年第9期

新生代农民工城市居住的困境与出路

朱　磊[①]

在当前关于新生代农民工的研究中，“如何居住”是一个逐步受到重视的议题。这一议题散落在关于新生代农民工的群体特征、城市化、适应与融入、身份认同、社会保障等主题的研究文献中。近年来产生了一些专门探讨新生代农民工居住现象的文献，这类文献基本上聚焦于现象描述和政策探讨，呈现了新生代农民工在城市“如何居住”的现状，并对政府的住房保障政策实践之得失进行评价或建议。本文旨在尝试对新生代农民工的居住现象进行理论剖析，以试图获得学理性认识，这是对现象描述与政策研究的有益补充。

一　新生代农民工的居住现状

（一）居住权利的排斥

居住权利遭遇制度性排斥，是新生代农民工与其父辈共同的现实命运。1958 年颁布实施的《户口登记条例》把公民分成“农业户口”和“非农业户口”两类不同的户籍，之后陆续建立了与户口类型相捆绑的住房、医疗、教育、养老等相关制度，不同的户籍类型意味着享有不同的社会保障待遇，由此形成了坚固的“社会屏蔽”制度，将农业户口居民屏蔽在分享城市的社会资源之外。[②] 换言之，新生代农民工由于制度性身份

---

① 朱磊，江苏徐州人，河南大学哲学与公共管理学院讲师，社会管理河南省协同创新中心研究人员，主要研究方向：农村社会学、组织社会学。

② 李强：《户籍分层与农民工的社会地位》，《中国党政干部论坛》2002 年第 8 期。

是“农民”，尽管在城市就业与生活，但仍没有“资格”进入城市住房保障范围，经济适用房、廉租房、住房公积金制度等住房保障在事实上与他们无缘，从而导致农民工与市民在居住条件上相差悬殊。[①] 这种“社会屏蔽”在改革开放后逐渐松动，近年来上海、长沙、重庆、苏南、湖州等地相继推出缓解农民工住房问题的政策实践[②]，但对农村迁移者均等享受城市社会福利待遇的制度性排斥并没有从根本上得到撼动。[③] 自20世纪80年代在城市施行的住房改革制度（住房公积金制度、买公房给优惠制度、提租制度、安居工程项目、住房分配的货币化制度、廉租房制度）具有分割性，都没有把城市中日益增多的农民工的住房问题考虑在内[④]，几乎看不到国家或者地方政府的正式部门在解决农民工居住方面的直接贡献。[⑤] 在当前快速的城市化和大规模城市改造过程中，农民工遭遇了“群体性的住房排斥”，这一排斥过程主要是以城市政府的政策为基础，以城市自身利益为出发点考虑的结果。[⑥]

（二）居住空间的隔离

放在城市的居住空间大格局中来看，新生代农民工基本上居住在城市的角落位置或边缘地带。这种空间区位上的边缘性只是表层现象，更为本质的是新生代农民工与城市社区的“隔离”，即在生活方式、人际交往、心理、文化等方面处于封闭、孤立的状态。居住隔离最直接的表象是在大中城市郊区和“城中村”等位置形成了大量的农民工聚居区，是与城市生活相互隔离的“孤岛”，他们的生活不稳定、不完整，缺少初级社会关系；与城市社会联系松散，缺少公共生活空间；社会交往局限于内群

---

① 俞可平：《新移民运动、公民身份与制度变迁——对改革开放以来大规模农民工进城的一种政治学解释》，《经济社会体制比较》2010年第1期。

② 张志胜：《新生代农民工住房保障的阙如与重构》，《城市问题》2011年第2期。

③ 郭庆松：《农民工市民化：破局体制的“顶层设计”》，《学术月刊》2011年第7期。

④ 李斌：《中国住房改革制度的分割性》，《社会学研究》2002年第2期。

⑤ 吴维平、王汉生：《寄居大都市：京沪两地流动人口住房现状分析》，《社会学研究》2002年第3期。

⑥ 赵晔琴：《“居住权”与市民待遇：城市改造中的“第四方群体”》，《社会学研究》2008年第2期。

体。[①] 农民工聚居区与城市居民居住小区是两套相互独立的社会系统，二者之间的关系“如油在水面上”[②]，是一种“二元社区”[③]，很难融合成一个整合性的社区结构。居住空间的隔离既反映了城市社会空间资源在各阶层之间的分布状态，也是农民工处于城市社会阶层结构最底层的表征。由于居住与生活方式、社会交往、阶层认同之间存在着复杂的相互作用，居住隔离会加剧社会阶层化以及社会封闭趋势的显性化[④]，一方面，居住隔离使“看不见的”阶层分化以“看得见的”居住差别呈现出来，使居住的物理表征获得区分阶层地位的“标签”功能，加剧了社会的阶层化；另一方面，居住隔离产生了“有形的”与“无形的”障碍，使农民工与城市居民之间的互动、融合面临困难，加剧了群体之间的相互封闭。

（三）居住选择的非自主性

在遭遇制度性排斥、缺乏政策保护的情况下，资本（企业）乘虚而入，把新生代农民工的居住纳入到劳动力日常再生产模式，以获得廉价而稳定的劳动力供给。“集体宿舍、工地工棚以及生产经营场所”等居住方式便于资本（雇主）方对劳动力进行控制，被概括为“宿舍劳动体制”，[⑤] 资本（雇主）方“管住”是经济理性的体现。根据表1数据，有58.6%的新生代农民工被纳入到宿舍劳动体制的居住安排；即使是有更高居住需求、更有可能一起租房生活的“夫妻一起外出的新生代农民工”，仍有45.4%的“夫妻”居住在不具备家庭生活功能的单位宿舍、工地工棚以及生产经营场所。表1数据还表明，与上一代农民工相比，新生代农民工更多地居住在单位宿舍，而更少居住于工地工棚，其他居住方式相差不大；导致这种差别的可能原因是，新生代农民工更多地“进工厂”（加

① 王春光：《农村流动人口的“半城市化”问题研究》，《社会学研究》2006年第5期。

② 朱力：《农民工阶层的特征与社会地位》，《南京大学学报》（哲学、人文科学、社会科学）2003年第6期。

③ 周大鸣：《外来工与“二元社区”——珠江三角洲的考察》，《中山大学学报》（社会科学版）2000年第2期。

④ 刘精明、李路路：《阶层化：居住空间、生活方式、社会交往与阶层认同——我国城镇社会阶层化问题的实证研究》，《社会学研究》2005年第3期。

⑤ 任焰、梁宏：《资本主导与社会主导——“珠三角”农民工居住状况分析》，《人口研究》2009年第2期。

工制造业)，而更少“进工地”（建筑业)。总之，影响新生代农民工“如何居住”主要因素，并不是个人和家庭生活需要，而是资本（雇主）方的安排以及职业需要。新生代农民工在居住上的经济理性表面上是自主自愿选择，实质上受制于资本逻辑，他们的居住选择是被动、非自主的。

表1　　农民工的住所类型（%）

住所类型	所有外出农民工	上一代农民工	新生代农民工	夫妻一起外出的新生代农民工
单位宿舍	37.4	27.2	43.9	32.7
工地工棚	11.3	18.9	6.5	5.4
生产经营场所	8.4	8.6	8.2	7.3
与人合租住房	19.3	16.0	21.3	18.5
独立租赁住房	18.8	24.0	15.5	32.7
务工地自购房	0.9	1.3	0.7	2.0
其他	3.9	4.1	3.8	1.4

数据来源：国家统计局2010年对10个省新生代农民工专题调查数据，见国家统计局:《新生代农民工的数量、结构与特点》，http: //www.stats.gov.cn/tjfx/fxbg/t20120427_402801903.htm。

（四）居住条件的绝对劣势

根据笔者的经验观察，建筑业农民工基本上居住在施工场地搭建的活动板房、工棚以及未竣工的房屋内，基本上不会配备空调、电扇、电视、卫生间、洗漱间、自来水等，卫生状况极差，不具备基本居住条件；从事制造业的农民工多居住在集体宿舍，有基本的公共设施，虽然不同地区和雇用方的集体宿舍有较大差异，但整体上要好于建筑业农民工的居住条件。更重要的是，对于大部分农民工而言，“居住”可能只意味着“一张床”，并不具备作为个人和家庭生活的功能或意义。

农民工居住条件上的绝对劣势已经成为研究者的共识，几乎所有从住房面积、住房设施、社区环境等方面对农民工或者专门对新生代农民工居住条件的考量都能验证这一共识。杨菊华教授对不同年龄段、不同人群的比较研究能更准确、客观地把握新生代农民工的居住条件（见表2)：根据住房条件因子得分，与本地市民、城—城流动人口相比，农民工（即乡—城流动人口）的住房条件处于明显的劣势；各年龄段农民工的住房条件相差不大，但仍显示新生代农民工的住房条件最差。

表2　　不同人群住房条件因子得分

年龄段	本地市民	城—城流动人口	乡—城流动人口
16～25岁	62.9	55.5	44.3
26～35岁	64.9	60.1	45.9
36～45岁	65.5	59.1	45.3
46～55岁	65.7	58.1	46.9

数据来源：杨菊华：《对新生代流动人口的认识误区》，《人口研究》2010年第2期，第44—54页。

二　新生代农民工的居住特征之一：居住在共同体之外

"共同体"无论是在其发明者滕尼斯笔下，还是在当代著述中，都饱含着熟悉、信任、温情、互助等美好因素。滕尼斯把共同体视为"持久的和真正的共同生活"，与之相对的社会"不过是一种暂时的和表面的共同生活"①。鲍曼把共同体的精神发挥到极致："首先，共同体是一个'温馨'的地方，一个温暖而又舒适的场所。它就像是一个家，在它的下面，可以遮风避雨；它又像是一个壁炉，在严寒的日子里，靠近它，可以暖和我们的手……我们相互都很了解，可以相信我们所听到的事情……我们相互之间从来都不是陌生人。其次，在共同体中，我们能够互相依靠对方，如果我们跌倒了，其他人会帮助我们重新站起来；没有人会取笑我们，也没有人会嘲笑我们的笨拙并幸灾乐祸……我们的责任，只不过是互相帮助。"②

故乡是新生代农民工的天然的、与生俱来的共同体。在故乡，新生代农民工拥有家庭、亲属、近房、宗族、邻里、同乡、朋友、同辈群体等初

① 斐迪南·滕尼斯：《共同体与社会》，商务印书馆1999年版。

② 齐格蒙特·鲍曼：《共同体：在一个不确定的世界中寻找安全》，江苏人民出版社2003年版，第2—4页。

级社会关系，享有土地、房产、受教育权、社会福利、参与村庄公共事务等权利，具有村庄成员资格，在村庄社会中占有特定位置，并得到村庄社会网络以及正式制度的确认与维护。这种天然的共同体状态是费孝通教授笔下乡土社会的特征之一，“血缘与地缘的合一是社区的原始状态”①。然而，村庄共同体并没有跟随新生代农民工一起来到城市——相反，新生代农民工逐渐疏远甚至背离了村庄共同体：一方面，他们对村庄生活产生不适应，与上一代农民工相比，他们回家的次数和时间更少，缺乏基本的农业生产和乡村生活技能，村庄人际关系网络逐渐缩小，对城市有更多的憧憬，更渴望融入城市、获得市民身份；另一方面，他们一年之中的大部分时间都处于“背井离乡”状态，与村庄共同体发生了长时间的分离，伴随着这一分离过程的是村庄互惠网络的收缩与关闭，是故乡情结的淡薄与消退，是对村庄生活的陌生与逃离。总之，流动的生活方式导致新生代农民工长年居住在村庄共同体之外，并逐渐远离村庄共同体的庇护。

新生代农民工难以融入城市的生活共同体。新生代农民工日益脱离村庄共同体的趋势、融入城市愿望的实现必然要求在城市中更广阔、多元的群体空间中形成新的关系纽带，包括建立稳定的互惠网络以及获得正式制度的确认。但这一进程遭遇阻碍甚至中断，导致新生代农民工难以融入城市的生活共同体。首先，新生代农民工的交往对象局限于同乡或其他外来打工者等内群体，在这样一个高度流动性的群体中没有条件生成稳固而持久的互惠网络，新的地缘、业缘关系随时会因为更换工作和居住地点而瓦解；其次，由于居无定所，新生代农民工往往被视为“过客”和“临时人员”，得不到更高的社会信任和信用水平，社会交往关系中的短期性、功利性、投机性因素较多，无法形成具有约束力的互惠规范；再次，尽管身在城市，但由于户籍身份的限制，新生代农民工被排斥在城市社区之外，没有资格成为某一社区的“正式成员”，无法享有相应的社会保障、公共服务等权利，他们的生活与安全没有得到正式制度的确认与保护。

上述分析表明，新生代农民工在日渐脱离村庄共同体的情况下，并不能顺利在城市融入或者构建新的生活共同体。由此导致了新生代农民工处于十分尴尬的境地：在事实上未生活在任何一个稳固而持久的共同体之

---

① 费孝通：《乡土中国·生育制度》，北京大学出版社 1998 年版，第 70 页。

中，在现实中居住在共同体之外。我们不能理解为什么城市中的农民工聚居区能够不断形成并顽强生存，这根源于农民工通过自身的方式在城市的夹缝中再造共同体的努力。

三 新生代农民工的居住特征之二：居住的价值剥离

在稳定的社会中，人们一般在共同体的范围中居住、生活，从中获得资源、信任与支持。共同体的庇护确保个体能够获得本体性安全，并在群体的共同生活中体验生活的价值与意义。共同体精神使以物理形式呈现的住房获得了丰富的社会价值，“建筑师塑造空间，除了赋予它们社会效用，还给予它们人的意义和审美、象征意义。建筑师塑造和保存着长期的社会记忆，并努力给予个体和集体的渴望和欲望以具体形式”。[①] 住房日益获得了标识个体身份地位、提供情感寄托与归属、显示与维系社会信任等功能，稳定的住所有助于建立稳固持久的关系纽带，促进社会交往中信任、互惠等积极因素的积聚与增长。

安东尼·奥罗姆赋予“一天辛苦工作结束之后可以返回的家”四个方面的含义：一种个人身份认同感，一种说明“我们是谁”的感觉；一种社区感，成为一个大集体（或者家庭或者邻里人群）的归属感；一种过去和将来感，一种我们身后和我们面前的地点感；一种在家里的感觉，一种舒适感。[②] 这一分析思路在住房与人类需要之间建立联系，从人的本质属性及其需要出发理解住房的本质价值：它为人们提供了身份认同感、社区归属感、过去和将来感以及舒适感，是将个体整合进生活共同体的重要纽带，是个体获得生存价值的重要途径。

具体而言，居住有三个方面的价值：其一是使用价值，即住房在保护人身财产安全、提供休息与娱乐、作为个人和家庭生活场所、作为私密空间的功能；其二是象征价值，住房与家庭紧密联系在一起，是一个家庭的显著标识，住房的位置、外观、质量等可以显示个人的社会地位与身份类

① 大卫·哈维：《希望的空间》，南京大学出版社 2006 年版，第 196 页。

② 安东尼·奥罗姆：《城市的世界：对地点的比较分析和历史分析》，人民出版社 2005 年版，第 15—16 页。

别；其三是发展价值，稳定的住所不但可以降低人际交往中的短期性、功利性和投机性因素，还有助于提高个人的信用水平、建立稳固持久的地缘关系与互惠网络，是个体融入社区的重要前提条件。

以住房的多重价值作为衡量标准，新生代农民工的居住处于价值被剥离的状态：他们享受不到住房带来的安全、舒适与家的感觉，无法分享共同体（社区）的庇护，难以从居住上获得成就感、归属感与身份认同。导致居住价值被剥离的根源，是新生代农民工居住、生活在共同体之外。丧失共同体精神的居住，只不过是冷冰冰的砖瓦石块和一张仅供睡觉的床。

四　共同体再造与居住价值重构

新生代农民工“如何居住”并不是无关宏旨的“微小叙事”（minor narrative），它处在农村与城市两种生活方式的交汇处、城乡二元制度结构最具冲突性的地带、大规模制度变迁相互叠加的关口，贯穿了历史的、文化的、政治的、市场（资本）的、主体实践的多重逻辑，形塑了新生代农民工十分复杂的生活世界和生存体验；与上一代农民工相比，新生代农民工在成长经历、群体特征、社会认同、城市融入等方面存在着显著的独特性，更为漂泊不定，更具群体分化与身份转换的张力；这些特征都可以从他们的居住现象上得以管窥。

新生代农民工是一个“日益脱离农村却又难以融入城市”的群体，这一现实经验引发了研究者关于“根”的想象与叙事，如许传新把新生代农民工的城市社会适应定位于“落地未生根”的状态①，何绍辉用“在‘扎根’与‘归根’之间”来描述新生代农民工在城市和乡村均面临着社会适应的困境②，李若建用“无根的群体”表达了对“居住地不是其户籍地、在居住地没有合法享受社会福利的身份、对自己的户籍所在地又非常

① 许传新：《“落地未生根”——新生代农民工城市社会适应研究》，《南方人口》2007年第4期。

② 何绍辉：《在扎根与归根之间：新生代农民工社会适应问题研究》，《青年研究》2008年第11期。

陌生的群体如何融入居住地社会的担忧”[①]，朱力用“城市社会中的无根阶层”描述了农民工没有归属感和认同感、在城乡之间循环流动、阶段性流动等社会地位特征。[②] 毅鹏对城乡结合部非定居移民的研究揭示了由于社区认同危机而导致的大量悬浮与社会上的游民和“社会无根”群体。[③]

尽管研究者对“根”的理解有所差异，但对新生代农民工“无根性”的学术判断日益成为共识。“无根性”是指个体与社会的深度疏离状态，以关系网络退缩、社会权利难以保障、社区归属感与身份认同失调等为表征，根源于现代社会的高度流动性以及日益增长的个体化。“居住在共同体之外、居住的价值剥离”正在使新生代农民工的“无根性”得以增长：一方面，居住在共同体之外，意味着新生代农民工与关系网络的疏离，社会权利无法得到保障，难以获得社区归属感与新的身份认同；另一方面，居住的价值剥离导致新生代农民工在城市的居住具有短期性、临时性、易变性、价值不可累加等特征，难以生成共同体精神。

居住困境已经成为新生代农民工市民化面临的重大障碍。推动新生代农民工的身份转换，必须实现共同体的再造以及居住价值的重构，一方面要引导新生代农民工选择合适的共同体并促进其融入，大中城市并不是唯一的选择，相比于大中城市不可企及的房价以及高昂的生活成本，县城周边、中心镇和农村集市更有利于新生代农民工实现安家落户，近年来这些区位的快速城镇化以及新型农村社区的实践，释放了广阔的发展空间，吸纳了一大批新生代农民工“落地生根”，顺利实现共同体再造；另一方面要重构居住的多重价值，使新生代农民工的住所不但在基本条件和舒适性上得以改善，而且能够重获积聚地缘、业缘等互惠网络、标识个人信用、提供社区归属与身份认同的功能。

---

① 李若建：《广东省外来人口的定居性与流动性初步分析》，《人口研究》2007 年第 6 期。

② 朱力：《农民工阶层的特征与社会地位》，《南京大学学报》2003 年第 6 期。

③ 田毅鹏等：《城乡结合部非定居移民的“社区感”与“故乡情结”》，《天津社会科学》2013 年第 2 期。

结语

本文归纳了新生代农民工的居住现状：居住权利的排斥、居住空间隔离、居住选择的非自主性以及居住条件的绝对劣势。造成这种现状的原因，既有历史的因素，也有制度、政策与现实的根源。理论分析揭示了新生代农民工“居住在共同体之外、居住价值的剥离”的特征，正在加剧新生代农民工的“无根性”，使新生代农民工与社会产生深度隔离，导致其身份转换陷入困境。走出这一困境，可以从共同体再造与居住价值重构两个思路入手。本文的分析思路与结论对重新审视当前关于农民工的公共政策及实践具有一定的理论价值。

本文以《走出困境：共同体再造与价值重构——对新生代农民工居住状况的分析》为题发表于《学习与实践》（2013 年第 11 期）